创业金融

理论与实践

ENTREPRENEURIAL FINANCING

THEORY AND PRACTICE

冯涛 沈睿 著

中国人民大学出版社
·北京·

序　言

创业难，创业融资更难。在传统金融体系里，中小创业企业一直深受融资难、融资贵的困扰。30 多年来，中国多层次资本市场的建立和不断完善为中国创业金融的发展提供了良好的条件来破解这一困扰。2007 年 6 月 1 日修订后的《中华人民共和国合伙企业法》施行，明确了合伙制创投的组织方式、税收政策，有力地促进了创业投资机构的发展。2009 年 10 月深圳证券交易所第一批 28 家创业板公司开市交易，2019 年 7 月上海证券交易所首批科创板公司上市交易，这两个注册制的证券板块为科技创新型中小企业提供了优质的融资和发展平台，为创业、创新、创富建立了有效的激励机制。党的二十大报告提出，要“以中国式现代化全面推进中华民族伟大复兴”，对中国资本市场而言，建设中国特色现代资本市场就是新征程上的使命任务。中国创业金融行业十多年来蓬勃发展，取得了辉煌成就，截至 2020 年，我国风险投资机构累计投资项目多达 28 145 个，累计投资金额高达 6 271.8 亿元，成为仅次于美国的世界第二大创业投资市场。

我从 2008 年初开始专注于创业投资，至今已有 15 年了，有幸亲身经历了中国创业投资行业的起步、发展和繁荣，积累了一些经验和教训。我投资了十几家创业企业，涉及智能制造装备、通信技术、互联网科技、大消费等行业。2016 年，我受浙江大学管理学院 MBA 中心的邀请，为创业 Track（创客班）讲授“创业投融资”。这门课主要是为正在或者即将创业的同学传授一些创业融资的方法和技巧。由于内容理论结合实践，讲解和讨论贴近实战，课程受到了同学们的欢迎。但是，在这些年的教学实践中，我一直很遗憾没有找到一本适合的教学参考书。从 2022 年秋季学期开始，课程改名为“创业金融”，学分、课时都有所增加，因此，向同学们推荐一本专业的教学参考书迫在眉睫。我以六年的教案为基础，结合教学中的思考和投资实践的体会，经过大半年的努力，终于完成了这本《创业金融：理论与实践》。本书可供商学院 MBA、EMBA 学员和本科生学习创业金融、创业投资等相关课程使用，对于创业及创业金融有兴趣或者从事相关研究的社会人士也可参考借鉴。

本书总体构架从创业金融研究的重点内容——创业融资和创业投资两类活动展开。一条线索是分析创业者从创业计划、项目策划与展示、创业融资到企业价值创造的成长、发展过程；另一条线索是创业投资者（机构）从风险投资的组织、运行、估值及投资意向协议、尽职调查、投后管理到退出全过程助力创业活动。创业投融资就像一个硬币的两面不可分割，同一个金融活动从不同角度来看就是创业企业的融资和投资者（机构）的风险投资活动，我们探讨的目标就是投融资双方如何通过协同价值创造来实现合作共赢。

本书由九个理论章节和一个实践案例章节组成。第 1 章是“创业金融导论”，介绍创业金融活动的全过程和核心内容，论述创业金融对于中国经济转型升级的重要意义。第2章是“创业计划与创业融资”，从创业者的角度分析创业机会的识别和把握以及在创业过程中对资金的需求和安排。第3章是“认识创业风险投资”，介绍风险投资的发展历史、组织方式、运行机制和评价标准等，投融资双方知己知彼方能合作愉快。第4章是“商业计划书与路演”，从创业企业预测现金流、把握融资节奏入手，分析如何写好商业计划书，并且做好项目路演和电梯游说，成功吸引并获取风险投资。

本书第5章开始从投资机构的角度探讨创业金融。第5章是“估值与创业投资协议”，如何对创业企业估值是创业金融学习的一个难点，该章从经典估值方法和创业企业估值两大方面分别阐述估值的计算方法和实践操作；创业投资协议条款是重点内容，该章详细讲解十个主要条款的法律内涵和其适用条件。第6章是“尽职调查和商业谈判”，优秀的尽职调查是规避和控制投资风险、做好投资谈判工作的基础。第7章是“风险投资投后管理”，投后管理是当前风险投资机构的一项核心竞争力，也是投融资双方共同创造企业价值的过程。第8章是“风险投资的退出”，风险投资的退出是实现收益的必然要求，也是资金循环周转的保障。风险投资就像是创业企业困难时的加速器，企业一旦进入正常发展阶段，可选择的融资方式就增多了，风险投资也就完成了使命。中国多层次资本市场是风险投资退出的重要平台，境外资本市场也是可供选择的退出方向。第9章是“创业金融发展的趋势与展望”，介绍中国创业投资发展的几种主要趋势、创投型城市的发展、公司风险投资、创业者和投资者融合以及对股权众筹模式发展的研究分析，为进一步做好创业金融提供了一些思路和建议。上述九章均包含本章导读、主体内容、章节回顾和思考题，供教学参考。第10章是可用于分析讨论的国内外创业投融资的五个经典案例，包括Facebook、豆瓣网、阿里巴巴、宏睿通信以及康奋威，有的案例是我在投资实践中的体会和总结。

本书出版之际，我要感谢浙江大学管理学院MBA中心邬爱其教授，他作为创业Track的学术主任，对于本课程内容的设计、教学安排起到指导作用，也是在他的帮助和鼓励下，本书得以顺利成稿。在此，还要感谢合著者浙江大学管理学院的沈睿老师以及卢青云博士等人，正是他们的辛勤付出，才使得本书顺利完成。同时我还要感谢杭州康奋威科技股份有限公司的任天挺先生，六年来，每一届浙江大学MBA创业Track的学生都从这个移动课堂中收获良多。此外，感谢国家自然科学基金青年项目(72002196)、浙江省自然科学基金探索青年项目（LQ21G020007）的支持。最后，感谢我的家人对我的支持。

由于水平有限，本书存在错误和不足之处，敬请批评指正。

冯　涛

于杭州钱江新城

目　录

第1章

创业金融导论

【本章导读】

本章是全书的导论部分，通过分析创业金融的内涵和特征，从创业企业和创业投资机构两端介绍了投融资相关的金融活动。对于创业企业而言，如何做好创业计划和融资决策，选择合适的风险投资，才能实现企业的快速成长？对于创业投资机构而言，如何做好资金募集，做好项目投资分析、尽职调查、投资协议谈判、投后管理及退出，才能实现资金循环？在当下中国经济转型升级的大背景下，鼓励并支持创业及创业投资具有十分重要的意义。

1.1 创业金融的本质和内涵

1.1.1 创业金融的定义

创业金融是研究创业过程中的金融决策的新学科，包括创业融资和创业投资两个主要组成部分，创业金融是把金融学、微观经济学和管理学等理论与方法应用于创业融资和创业投资的一个新兴研究领域。

美国哈佛大学教授乔希·勒纳认为，创业投资业的发展其实是一个集中性的金融经济行为——创业金融。而所谓创业金融，就是指为创业企业筹资和为具有冒险精神的资本投资提供的一套金融制度安排。我国学者房汉廷则提出："创业金融是将创业企业筹资与创业投资有机结合的金融制度，它可以将目前分散的政府基金、各种创业投资资金和创业板市场纳入统一的创业金融框架下，通过科学规范的管理运作，为中小企业的技术创新，特别是创业初期的研发活动提供积极有效的金融服务。"[①]

大多数新企业成立时，运营产生的现金流还不足以覆盖成本或支持公司进一步发展，所以它们必须获得一笔额外的资金来启动或者助推企业发展。创业企业在无法从银行等传统金融机构获取资金支持的情况下，以企业股权即企业未来收益权作为主要融资手段从创业投资机构获取资金成为必然的选择。这种股权融资的目的是保证企业在成长的每

① 贲圣林，陈雪如，等．创业金融实践．北京：清华大学出版社，2017.

个阶段有足够的现金，可以发展到下一阶段。而股权作为企业的未来收益权具有高度的不确定性，需要专业机构来评估和判断，因此创业投资就是在投资机构对创新型、有发展潜力的创业企业作出专业判断和评估的基础上，为其发展提供权益性资本的金融活动，并且通过企业的价值创造实现创业者和投资者的共赢。

综上所述，创业金融是一门尚在发展中的学科，其主要研究对象是有发展潜力的创新型企业和以风险投资为主要代表的创业投资机构，以股权作为主要融资方式和手段进行的一系列金融活动及相关规则和制度安排。

1.1.2 创业金融的主要特点

创业金融以股权为纽带将创业企业与创业投资有机结合，它通过一整套科学规范的管理运作将目前分散的社会资金、政府基金和各种投资资金集中起来，投入有发展潜力的创新型企业，为中小企业的技术创新，特别是创业初期的研发活动提供积极有效的金融服务。和传统的金融活动相比，创业金融有以下四个特点：

1. 高收益和高风险并存

创业投资主要用于支持创新的技术和产品，因此其估值是以企业未来收益权为基础的，具有高度的不确定性，也就意味着它伴随着高风险。

因此，创业投资通常的做法是设计一个投资组合，一个基金往往投资 8～10 个项目，利用成功项目变现后取得的高回报来抵偿失败项目的损失并取得收益。从融资者的角度讲，越早期投入的资金对企业发展贡献越大，风险也越大，因此给予早期投资人的回报也应该越大。

2. 长期性的权益投资

由于创业企业初期很难盈利，而且几乎没有可供质押、担保的资产，因此传统金融机构的借贷资金较少参与创业企业融资活动。创业投资是一种权益资本，而不是一种借贷资金，其着眼点并不在于其投资对象当前的盈亏，而在于它们的发展前景和资产的增值，以期能通过上市或并购退出取得高额投资回报。

以风险投资为例，风险投资退出要经历较长的时间窗口，一般 3～7 年才能退出取得收益，而且在此期间通常还要对有成功希望的项目进行增资。在创业企业长期发展的过程中，投融资双方必须合作共赢，投资机构不仅向创业者提供资金，其管理者还提供积累的经验、技能，以及广泛的人脉关系，并积极参与和创业者共同创办的风险企业的经营管理，尽力帮助创业者取得成功。而融资方通过企业的发展、估值的提升，为投资方带来丰厚的回报。

3. 分阶段、多轮次投融资

处于不同阶段的创业企业融资需求具有差异化的特征，且估值水平也不同，因此，创业投资通常提供多轮次的融资方案来应对。在现实中，创业企业往往有天使轮、A 轮、B 轮、C 轮等多轮投资。最初，投资额往往较少，随着企业的发展，资金需求越来越大，创业资本也会不断跟进投入。创业投资者在这个过程中一旦发现问题，就可能终止投资，相当于期权投资法，可以把投资风险降到最低。

对于创业企业而言，分阶段融资也可以提高资金使用效率，检验资金投入和目标实现之间的差距。另外，前期少量的融资可以避免股权过快稀释，为后续融资留有足够的空间。

4. 灵活多样的融资方式

创业、创富对中国建立创新型社会、解决社会就业问题、激发市场活力具有十分重要的意义，各级政府都在大力提倡和鼓励创业企业和创业投资的发展。除了创业投资机构提供资金外，政府也以引导基金、孵化器、创业加速器等多种方式提供创业资金和创业支持，同时银行等各类金融机构也以投贷联动等创新金融业务参与创业金融活动。目前以创业投资为主、金融机构借贷资金为辅，政府引导基金为基础、多层次资本市场配合加持的有效创业金融体系日趋成熟和完善。

小案例

Facebook的多轮分阶段融资

Facebook是全球最大的社交媒体，从2004年Facebook正式上线到上市，一共进行了7轮融资。2004年9月，Facebook获得彼得·蒂尔的天使投资，后者以50万美元获得10%的股权，此时Facebook的估值约为500万美元。2005年5月，Facebook获得1 270万美元的A轮融资，此时Facebook的估值已经翻了20倍，达到1亿美元。2006年4月，Facebook获得2 750万美元的B轮融资，估值达到5.5亿美元。2007年10月，Facebook获得2.4亿美元的C轮融资，此时估值已经高达150亿美元。时隔两年，2009年5月，Facebook又在D轮获得2亿美元的融资，但此时估值下降到100亿美元。2010年6月和2011年1月，Facebook又分别获得1.2亿美元融资和5亿美元融资，估值分别达到240亿美元和500亿美元。Facebook于2012年5月18日上市，当天市值达到1 152亿美元。

Facebook之所以采用分阶段融资的方式，一是因为Facebook业务发展迅猛，用户数量增长迅速，分阶段的融资方式能够更好地适应其不同阶段的估值，减少误差；二是分阶段融资能够减缓对股权的稀释，保证创始人对公司控制权的掌握。

1.2 创业与创业融资

1.2.1 创业企业

创业企业是指尚处于创业阶段、以高成长性和高风险性并存为特点的创新型企业。创业企业天生具有开拓创新的特质，只要确保外部良好的经济环境和适合的资源条件，今天的创业企业就有可能成为明天生机勃勃、成熟的领军企业，成为社会繁荣发展的中坚力量。

管理学家彼得·德鲁克（Peter Drucker，1989）认为，创新“不一定是技术上的，甚至可以不是一个实实在在的东西”，他将创新概念推广到管理学领域，即“赋予资源以创造财富的能力的行为”。创新进化论（Nelson，Winter，1982）提出，创新除技术创新外，还应包括组织创新和制度创新。非技术的管理创新和技术创新是企业创新的双核心，非技术创新包括商业模式、组织、管理、供应链等的创新。

创新型企业一般具有以下几个特点：

第一，具有高新技术方向。一般创新型企业中从事技术和产品研发、设计的工程技术人员占比较高，其产品和服务具有行业领先优势。行业往往集中在国家鼓励发展的新兴战略领域，如电子信息、生物工程、新材料、新能源、先进制造技术与装备等。

第二，具有创新的管理模式。创新型企业通过服务、管理、技术等创新手段来发掘还未被发现的商业机会，率先进入市场，争取新客户。

第三，具有高成长性。创新企业凭借其掌握的高新技术和技术诀窍所带来的高附加值迅速获取竞争优势，占领市场，从而快速发展。

第四，具有高风险性。创新企业由于技术创新和市场环境的不确定性，在创业初期会面临较高的失败风险。据统计，在中国约有 70%的企业存活时间不超过 5 年，创业型中小企业的平均寿命只有 2.9 年。

1.2.2 创业企业的融资

创业如火如荼地发展，创业金融行业也随之变化万千。由于创业企业对于融资的需求越来越多元化，市场上出现了多种多样的创业融资形式，政府也颁布了一系列制度，成立了一些机构来契合创业企业在不同成长阶段的融资需求。不同阶段市场和政府共同作用，以不同的创业金融形式助力创业企业的发展，如图 1-1 所示。

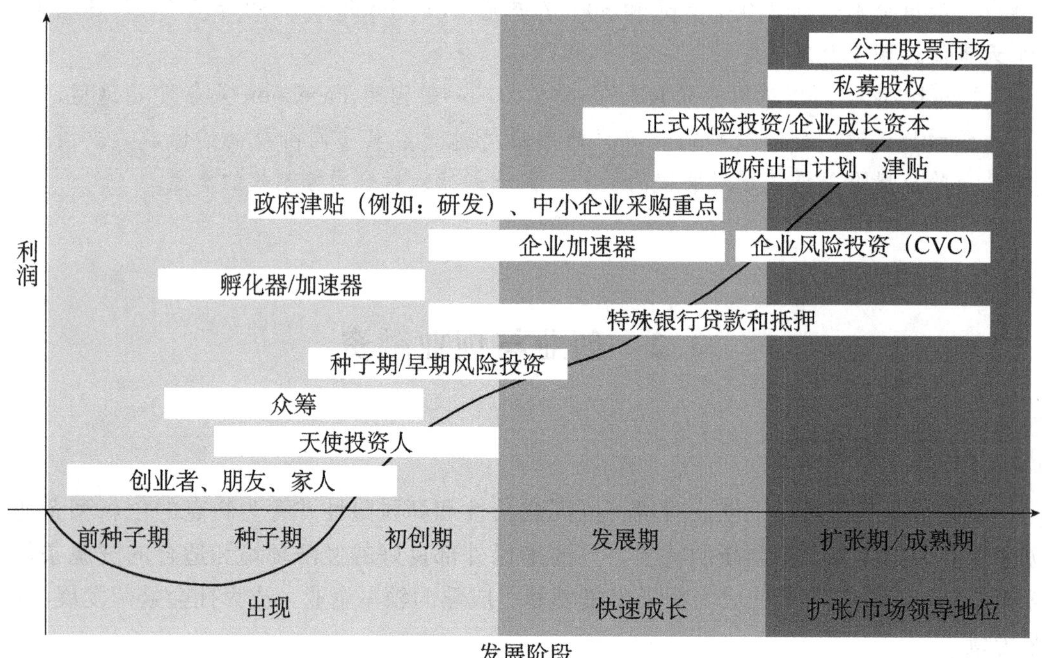

图 1-1 创业阶段及融资指南

资料来源：The EY G20 Entrepreneurship Barometer 2013. https://www.apcconline.com/index.php/resources/the-ey-g20-entrepreneurship-barometer-2013.

1. 4F/自有资金

4F通常指创业企业早期资金的主要来源：Founder、Family、Friend、Fool，即创业者的自有资金，家人或朋友的资助以及其他愿意出资的人（一般是指天使投资人）。而创业企业的发展阶段与资金来源往往存在一定的对应关系，此时的创业企业往往处于前种子期或种子期。

在这一阶段，创业者萌生了一个初步的创业概念，但还未产生任何具体的实物产品或服务，也没有明确详细的商业计划或任何营运模式，一切仅仅基于一个初步想法，因此，这一阶段往往只有家人、朋友愿意出手相助。

2. 天使投资

天使投资又称为商业天使（business angel），往往是自有资金充足并且愿意为创业企业提供资本的个人或机构。处于天使轮的创业企业通常能够提供初步的商业计划书，并且有运营模式的雏形。部分企业已经形成了产品的原型（prototype），甚至积累了少量的用户群体。在天使投资阶段，企业几乎没有完善的数据和资料，投资人看重的主要是创始人和创业团队的能力。

可想而知，这一阶段投资的风险依然较高，因此处于早期的创业企业也存在融资难的问题。但是相应地，高收益总是相随而来，总有投资人愿意相信创业企业的潜力，赌创业企业未来有更大的价值。

需要说明的是，在资金耗尽之际，如果营收还没有达到A轮募资之前的水平，创业企业很有可能需要寻求Pre-A轮融资。Pre-A轮的投资人大多是之前的天使投资人，但也有可能是新投资人，一般引入Pre-A轮投资人的目的在于引进资金或战略性协助产品及完善商业操作。

3. 股权众筹

股权众筹（crowd funding）即大众筹资，和其他融资方式不同的是，众筹以社会公众为融资对象，利用互联网和社会网络的传播特性，让小企业主、创业者等个人向公众展示他们的创意，进而获得公众的资助，促成创意落地。

众筹也是在创业企业早期会出现的一种融资方式，此时创业企业只有比较初步和雏形化的产品和运营模式，甚至有的产品尚处于创意阶段，具有极高的风险。众筹的募集范围广泛，单个募集者出资较少，因此属于群体承担风险的形式，一定程度上能够降低高风险施加在个人或单个组织上的压力。

众筹模式在欧美和印度发展较好，目前在中国遇到一定的瓶颈，这与众筹市场前期一哄而起的无序发展有很大关系，但随着相关法律和政策的细化、落实，股权众筹模式愈发顺应互联网金融的特点，小额、分散化、多元化将成为新的发展趋势。

4. 风险投资

风险投资（venture capital，VC）是创业金融的主要形式。美国风险协会（National Venture Capital Association）对风险投资的定义是：由职业投资者投入新兴的、迅速发展的、具有巨大经济发展潜力的企业的一种权益资本。目前几乎所有的科技型企业背后都有风险投资的身影。风险投资以高于资产数倍的估值进行投资，并且在企业最需要的时候进行一轮又一轮的再投资，这是真正对创业者技术、团队、商业模式等的认可和激励，有力地促进了企业的发展壮大。

风险投资机构作为一种金融中介，从众多的投资者中获得资金，再投入投资组合。其投资标的是私有企业，即未上市公司，获得风险投资的股权不能立即在证券交易所上市交易。

风险投资不仅为私有企业提供资金，还积极参与企业的经营和管理，最终目标是通过出售或首次公开募股（IPO）等方式退出，从而实现收益的最大化。

5. 私募股权

私募股权（private equity，PE）投资，是指投资于非上市股权，或者上市公司非公开交易股权的一种投资方式。一般来说，私募股权进入的阶段是扩张期或成熟期，在这一阶段，企业受到市场的认可并在行业内形成一定的影响力，也开始筹备上市。此时，由于创业企业的过往业绩趋于成熟和完备，投资者能够更加理性地作出决策，相比于早期风险投资，此时风险程度更低。私募股权投资者往往会根据企业上市的估值进行评估。

私募股权投资有广义和狭义之分，广义的私募股权投资是相对于在公开市场募集的基金而言的，包含企业 IPO 前各阶段的权益投资，即对种子期、初创期、发展期、扩张期和成熟期各阶段企业进行的投资。按照投资阶段可以分为发展资本、并购基金、夹层资本，以及上市后的私募股权、不良债权和不动产投资等。

狭义的私募股权投资指的是对已经形成一定规模并产生稳定现金流的成熟企业的投资，属于创业投资后期的私募股权投资部分。在我国，狭义的私募股权投资主要指的是 PE 基金，包括对处于扩展期、成熟期等时期企业的投资。

6. 公开股票市场

首次公开发行股票也是企业融资的一项重要手段，特别是在创业板和科创板上市是对创业企业具有里程碑意义的事件。资本市场为创业企业提供了一个广阔的融资平台，同时对投资人来说其也是重要且较为理想的退出渠道。在中国，多层次资本市场既有主板，也有中小企业板、创业板、科创板、新三板等不同板块可供不同类型的创业企业选择，同时还有地方的、区域性的股权场外交易市场可供选择。

创业板是深圳证券交易所（简称“深交所”）专属的板块，相较于主板和中小企业板，创业板更加看重企业的成长性，是创业企业重要的上市渠道。

科创板是上海证券交易所（简称“上交所”）重要的板块，目前实行股票发行注册制，是科技型创业企业理想的上市渠道。

7. 政府基金

政府基金是创业企业的融资渠道之一，为不同阶段创业企业的发展提供宝贵的资金支持。其中，由政府主导的孵化器和加速器是政府为种子期企业提供资金支持的重要方式。

孵化器是以促进科技成果转化、培养高新技术企业和企业家为宗旨的科技创业服务载体。[①] 对于早期创业企业而言，孵化器为创业企业提供了场所，节省了早期开支。此外，孵化器也能为创业企业链接一定的外部资源。其中，国有背景孵化器的发起目的主要是承担国家扶持科技创新的职能，体现了国家的科技政策导向。

加速器是将孵化功能与金融中介功能相结合的创新组织形式，创业加速器能够通过提供特定的服务，在有限的时间内帮助初创企业快速成长。[②] 由政府主导的加速器正成为国家或地区培育创新型企业、形成高新技术创新集群的重要政策工具。除了孵化器和加速器之外，广泛的政府投资基金也为创业企业提供了成长空间，成功地培育了一批优秀企业，助力地区的经济发展。

1.3 创业金融的主要形式和作用

1.3.1 风险投资是创业金融的主要形式

创业金融的主要表现形式是风险投资，它是一种私募股权融资方式，是指风险投资机构把资金提供给具有高增长潜力或已证明具有高增长潜力的初创企业，以期获得高资本收益的一种商业投资行为。风险投资机构以投资换取这些企业的股权，通过其中成功项目的上市或出售其股权获得高额回报。[③]

初创企业由于面临较高的市场风险，难以通过传统的融资渠道获得发展所需的足够资金。风险投资机构在筛选、识别、监督以及辅导高风险企业方面具有传统融资中介所缺少的知识和技能，是初创企业获得资金和管理知识的重要渠道，对于那些运营规模很小，无法在公开市场上筹集资金并且还没有达到能够获得银行担保能力的初创企业具有很强的吸引力。[④]

风险投资通常会拥有企业很大比例的股权（一般在20%左右），同时还会参与企业的经营管理，甚至会获得企业某些重大决策的控制权。像优步、爱彼迎、Flipkart和滴滴打车这样高价值的初创企业，通常被称为独角兽企业，在这些初创企业中，风险投资者的贡献不只在资金方面，他们还经常向企业高管提供有关商业模式和营销策略的战略建议。风险资本也是私营和公共部门构建制度的一种方式。风险投资机构系统地为新企业和新行业创建业务网络，为它们提供财务、技术、人才培养、战略合作伙伴关系、营销诀窍和业务模型等方面的指导。这些新企业一旦整合到业务网络中，便更有可能获得成功，因为它们成为了搜索网络中设计和制造其领域产品的“节点”。

---

① 孵化器定义及分类．(2015-02-02)．http://politics.people.com.cn/n/2015/0202/c70731-26489935.html.

② 潘涌，茅宁．创业加速器研究述评与展望．外国经济与管理，2019，41（1）：30-44.

③ 成思危．积极稳妥地推进我国的风险投资事业．管理世界，1999，(1)：2-7.

④ 张曦如，沈睿，路江涌．风险投资研究：综述与展望．外国经济与管理，2019，41（4）：58-70，138.

知识点

独角兽企业

独角兽企业（unicorn company）："独角兽"是投资领域的术语，最早由美国硅谷投资人艾琳·李提出，一般指成立时间10年以内、估值超过10亿美元且未上市的企业。我国主要独角兽企业见表1-1。

表1-1 我国独角兽企业榜单Top 10

序号	公司	地区	新一轮融资	融资类型	融资金额	最新估值
1	字节跳动	北京	2021.08.18	战略投资	未透露	3 480亿美元
2	蚂蚁集团	浙江	2018.06.27	战略投资	218亿人民币	1 500亿美元
3	阿里云	浙江	2015.07.29	战略投资	60亿人民币	1 238亿美元
4	Sheln领添科技	广东	2022.04.07	F轮	数亿美元	1 000亿美元
5	京东科技	北京	2020.06.26	战略投资	17.8亿人民币	304.31亿美元
6	万达商管	广东	2021.09.16	战略投资	60亿美元	300亿美元
7	菜鸟网络	浙江	2019.11.08	战略投资	233亿人民币	298.72亿美元
8	大疆	广东	2015.05.06	C轮	7 500万美元	220亿美元
9	极兔速递	上海	2021.11.18	C轮	25亿美元	200亿美元
10	小红书	上海	2021.11.08	战略投资	5亿美元	200亿美元

资料来源：https://www.itjuzi.com/unicorn.

斯坦福大学对风险投资者的一项调查显示，风险投资者在选择投资对象时通常会精心挑选，每个风险投资者都会选择100家左右寻求融资的企业作为考察目标，最终那一个接受融资的创业企业必须表现出有出色的管理团队、巨大的潜在市场以及最重要的高增长潜力，因为只有这样，才有可能在规定的时间内提供财务回报和成功退出。

风险投资缺乏流动性，需要较长的收获时间，风险投资者应在投资之前进行详细的尽职调查。创业企业还希望得到风险投资者的培育，以增加在估值有利时进入IPO阶段的可能性。

由于不可能在公开交易所发行证券，创业企业只得以多种方式与风险投资者和其他私人股权投资者会面，包括投资者可信赖的推荐和其他业务联系，投资者会议和座谈会，以及企业在面对面会议上直接向投资者团体的路演，类似于"资本相亲会"的活动，投资者在5～10分钟内决定是否跟进投资。

对高回报的要求使风险投资成为创业企业昂贵的资本来源，最适合前期具有大量资金需求但无法通过债务之类的替代品来筹集资金的企业。风险投资对于生产无账面价值的无形资产的企业，例如生产软件和其他知识产权的企业尤为常见，因为传统的银行信贷业务往往无法为无形资产提供资金。反过来，这也解释了为什么风险投资在快速发展的高科技领域最为普遍。

1.3.2　创业金融对创业企业的作用和意义

做好创业金融工作不仅对创业企业的发展意义重大，而且对构建创新型社会，鼓励“大众创业、万众创新”起到很好的引领作用。

1. “资金+服务”模式

创业金融的投资机构不仅向创业企业投入资金，大部分还会以投后管理的方式参与创业企业的经营活动。许多专业的投资机构有较强的行业背景和从业经验，能从发展战略、内部管理、资源整合、风险控制等各方面赋能创业企业，为创业企业做大做强提供坚实的支撑。

2. 风险和收益共担

创业投资机构作为股东加入创业企业，实现了收益共享、风险共担的利益格局，与创业团队成为真正的一家人。作为股东，创业投资机构将从有利于企业中长期发展的角度来决策，与创业企业共同克服各种风险挑战。

3. 改善企业资产负债表

创业投资作为一项权益类投资，在企业资产负债表中增加了企业所有者权益，对于降低企业资产负债率，提升企业抗风险能力具有十分重要的意义。这种股权投资是一项长期权益类投资，短期内没有利息等使用成本，能够降低企业经营成本。而创业企业增加所有者权益，降低杠杆率，为银行借贷资金的进入创造了有利条件。

4. 引领民间资金投向

专业的创业投资机构有能力和经验发现并培育有潜力的、具有投资价值的创业企业，从而推动科技创新和社会发展。创业投资机构可以提供中介服务，从社会上募集资金投向优秀的创业企业，有利于引导民间资金流向科技型创业企业。

1.4　中国创业金融的发展

在宏观经济方面，我国已成为世界第二大经济体，和美国的差距逐渐缩小。2000年，我国GDP超过意大利成为世界第六，2005—2007年，我国GDP陆续超过法国、英国、德国等传统欧洲强国，2007年我国GDP达到25.73万亿元。2010年，我国GDP总量超过日本，成为世界第二，如今和世界第一大经济体美国的差距越来越小。

同时，1990—2020年我国多层次资本市场逐渐完善，法律体制建立健全。1990—2000年，《中华人民共和国公司法》《中华人民共和国证券法》相继发布，中国证监会和中国证券业协会建立，截至2000年，A股上市企业近1 000家，股权投资机构活跃机构数100多家。2001—2010年，《中华人民共和国证券投资基金法》《中华人民共和国合伙企业法》相继发布实施，截至2010年，A股上市企业突破2 000家，而活跃投资机构数几乎翻了10倍，达到1 000多家。2012年，中国证券投资基金业协会成立，截至2020年，A股上市企业多达4 000多家，活跃投资机构数又翻了4倍，达到4 000多家。

在技术方面，从1990年起，三次科技浪潮改变了我国技术产业的面貌。1990—2010

年发生了第一次科技浪潮，也被称为“PC & 互联网时代”。20 世纪 90 年代，万维网（WWW）的诞生和商业化浪潮标志着 Web 1.0 时代的到来，万维网推动互联网走向大众，以浏览器、门户和电子商务等应用开启了互联网发展的第一次投资热潮。21 世纪初，伴随着博客、社交媒体等的兴起，网民成为内容的生产主体，截至 2010 年，中国网民数量达到 4.57 亿，互联网普及率攀升至 34.3%，预示着 Web 2.0 时代的到来。

移动互联网开启了第二次科技浪潮。2007 年 1 月，苹果发布 iOS 系统；2008 年 7 月 11 日，苹果在发布 iphone 3G 的同时，正式推出应用商店 App Store，带动了整个互联网开发和应用规模的重大变革，为 21 世纪 10 年代移动互联网的发展做铺垫。随着智能手机行业的全面崛起，移动互联网成为全球互联网新一轮扩散的主力军，更加深入地改变人们的日常生活。

21 世纪 20 年代开启智能互联时代，第三次科技浪潮席卷全国。截至 2021 年底，我国已经建成 5G 基站 142.5 万个，总量占全球 60%以上。5G 技术具有传输快、延迟低、多服务等优势，5G 的落地有助于云办公、智能家居、智慧城市、自动驾驶、工业自动化等多领域的发展。云计算和人工智能等的应用，也催生出新市场，为传统市场注入新的活力。

就我国风险投资的发展而言，2009 年创业板的开板是一个重要的里程碑，标志着我国创业企业有了较为完善的本土上市退出渠道。因此，以 2009 年为节点，1985—2008 年被称为中国风险投资的起步期；而结合移动互联网发展的浪潮，以 2015 年为节点，可以将 2009—2014 年划分为中国风险投资的发展期，2015 年至今为成熟期。

1.4.1 起步期（1985—2008 年）

在风险投资行业发展的起步期，政府起主导作用。1985 年 3 月，中共中央作出《关于科学技术体制改革的决定》，指出“对于变化迅速、风险较大的高技术开发工作，可以设立创业投资给予支持”。1986 年中国新技术创业投资公司（中创公司）成立，标志着我国风险投资行业的开始。此后，大量政府背景的投资机构相继诞生，几乎各省都有一两家风险投资机构，如浙江科技风险投资有限公司等。但由于当时我国资本市场尚在起步阶段，法律法规尚不健全，投资退出渠道也不通畅，许多投资机构难以为继，行业整体发展缓慢。

在政府推动风险投资行业发展的过程中，市场化的投资力量也开始向中国进军。1993 年，美国国际数据集团（IDG）在上海建立了第一家风投机构——上海太平洋技术创业投资公司，其投资部就是今天 IDG 资本的雏形。除了 IDG，美国国际集团（AIG）、高盛集团（Goldman Sachs）等外资机构也在 20 世纪 90 年代初登陆中国。

1998 年 3 月，时任民建中央主席成思危代表民建中央提交的《关于尽快发展我国风险投资事业》的提案被全国政协九届一次会议列为“一号提案”，自此，中国风险投资行业真正受到政府的重视，引起人们的广泛关注，掀起了行业发展的一个高潮。在这一时期，搜狐、新浪、网易、腾讯成立不久，通过创业投资机构获得了宝贵的资金，得以继续发展壮大。

但在 2000 年，美国的互联网泡沫破裂，世界经济局势恶化，我国经济也进入低迷状态，创业风险投资发展停滞。2003年，资本市场回暖，2004年，中国的风险投资行业全面复苏，迎来了上市“窗口期”。携程、前程无忧、盛大网络等赴美上市，许多外资投资机构在这一时期取得了丰厚的回报，而此时中国本土创投机构依然处在募资不能到位、投资无法退出的艰难境地。

直到2005年4月，中国证监会发布《关于上市公司股权分置改革试点有关问题的通知》，宣布启动股权分置改革试点，我国本土创投机构此前投资的项目终于可以在二级市场退出。2006年，A股IPO重启，同洲电子作为第一批全流通发行上市的公司在深交所中小企业板挂牌上市。其IPO发行价为16元，上市首日最高达44元，收盘价为35.63元。这个在股改全流通后上市的案例，标志着中国本土创业投资在国内资本市场迎来首个真正意义上的成功退出。

2005年，分众传媒、百度、尚德电力先后在纳斯达克上市，促使美国顶级风险资本进入中国市场。此后，红杉资本组建中国投资团队，DCM将新一轮募集的5亿美元全部投向中国，北极光、赛伯乐、恩颐等投资机构都在中国开设办事处。这一时期还有许多风险投资机构开始裂变，如软银亚洲更名为软银赛富，从软银独立出来；徐新离开霸菱投资，创办今日资本集团等。

2008年，北京奥运会落幕，金融危机席卷全球，处于上升阶段的风险投资行业遭受重创，中国企业在境内外各资本市场上市陷入低迷。这样的低谷期提供了整合的机会，2008年TMT行业、能源行业并购总额均达到历史高峰。

1.4.2 发展期（2009—2014年）

2009年10月，创业板开市，风险投资通过资本市场IPO退出得以实现。达晨创投、深创投等投资机构多个项目通过创业板上市成功退出，本土创投机构开始崛起。据统计，2010年深创投投资的企业有26家IPO上市，创下全球同行业年度IPO退出世界纪录。

2009—2014年也是电商发展势头最为强劲的时期。2010年，当当网登陆纽交所，成为中国第一家完全基于线上业务、在美国上市的B2C网上商城，随后唯品会、聚美优品、京东、阿里巴巴接连上市，给投资人带来了巨大的回报。

中国的移动互联网恰恰也是在这一时期起步的。2010年4月小米创立，到2014年底估值已经达到450亿美元，抓住了智能手机的风口。2013年，滴滴与快的、58同城与赶集网、美团与大众点评之间也一直在争夺市场，最后在各投资机构的推动下成功合并。阿里巴巴、腾讯、百度三家互联网巨头在壮大自身移动互联网业务的同时，投资众多移动互联网公司并参与大型公司发展走向的制定，如阿里巴巴入股新浪微博，百度并购91无线等。

1.4.3 成熟期（2015年至今）

2005年前后，中国风险投资行业曾经历一次裂变：沈南鹏、阎焱、徐新、张磊纷纷设立新的基金，催生了红杉资本中国、赛富亚洲、今日资本、高瓴资本。大约十年后，一批新生代投资人也从老牌基金出走，创立新的基金。如IDG资本的张震、高翔、岳斌请辞，创立高榕资本；前红杉中国副总裁曹毅建立源码资本；原达晨创投合伙人、副总裁傅哲宽创立啟赋资本。已经形成的风险投资行业格局又开始被新的机构改变。除了明星投资人自立门户，还有部分投资机构自身分拆成两三家机构，如 2014 年国资背景的江苏高投国企改制，拆分出毅达资本和邦盛资本；青云创投的人民币基金分离出来，更名为青域基金等。

这一时期风险投资机构的特点是，原创始人都有丰富而出色的投资履历，敏感度高，决策灵活，而且逐渐走向行业专业化。例如，原鼎晖高级合伙人王晖和原软银中国合伙人赵刚创办的弘晖资本，原华兴资本执行董事刘浩和原联想之星投资副总裁丁亚猛创办的浩悦资本，都是专门投资医疗健康领域的专业化基金。

到 2016 年，离职创业的投资人大多来自外资基金。这些投资人或荣誉退休，或关闭中国区业务，或关闭原品牌另起炉灶，设立新的本土创投机构。如 IDG 资深合伙人章苏阳荣誉退休，创立新的投资公司，取名火山石资本；高原资本中国基金关闭，原高原资本中国基金董事总经理涂鸿川牵头设立沸点资本；等等。

外资基金体系酝酿出更多本土创投的同时，本土创投自身也正在经历一个调整期与更新期。行业内最早的探索者让出机会的同时布局另一番事业，整个行业开始新老更替。如带领深创投摸索前进的靳海涛，退休后创立前海母基金，这只基金也凭借 215 亿元人民币的总规模成为国内最大的商业化募集母基金。

虽然风险投资裂变使得一批优秀的投资人离开大机构，但经历裂变最多的几家大型投资机构仍然处在风险投资行业的前列。老牌美元基金美国中经合正在考虑以创新的组织架构来做人民币基金，和深创投一样设立母基金；具有相似国资背景的另一家巨头中科招商，也在积极谋求向系统性平台转变。目前来看，大机构平台化有三种方式：（1）赋予细分行业的投资团队独立决策权；（2）成立合作基金，在普通合伙人（GP）层面分股权；（3）机构本身系统性上升为有限合伙人（LP），与投资团队形成上下游关系。

同时，机构本身立足于风险投资、私募股权投资，向早期天使投资，后期甚至向二级市场延伸，大型风险投资机构的全产业链模式正在形成。

随着 2021 年科创板开板交易，注册制全面推进，中国股权投资又迎来新的春天。2020—2021 年，风险投资市场的投资金额从 8 871.49 亿元增加到 14 228.7 亿元，投资案例数从 7 559 例增加到 12 327 例，是近十年来风险投资市场最为繁荣的一年。但是受到复杂严峻的国际形势和新冠疫情的影响，2022 年第一季度呈现出投资节奏放缓的趋势，投资案例数和投资金额分别同比下降 27.5％和 47.1％。

1.4.4 经济环境和对策

对于创业者和投资者而言，只有充分了解宏观经济才能较好地把握创业和投资的形势方向，看清形势方向才能作出正确的决策。因此有必要认真分析宏观经济的走势，从而更好地理解创业金融对于当前中国经济转型升级的重要意义。

1. 中国经济面临新常态

国内生产总值（gross domestic product，GDP）是一定时期内一个国家或地区运用生产要素所得到的最终产品的市场价值，是需求“三驾马车”——投资、消费和净出口之和，与之相对应的是供给“四大要素”，分别是劳动力、土地、资本和创新。“三驾马车”通过需求侧刺激经济增速影响短期的经济增长率，而“四大要素”则通过影响经济潜在增速决定中长期的经济增长率。无论是供给侧还是需求侧改革，其目标都是相似的，即拉动经济增长，但是对于如何实施各有侧重，见图1-2。

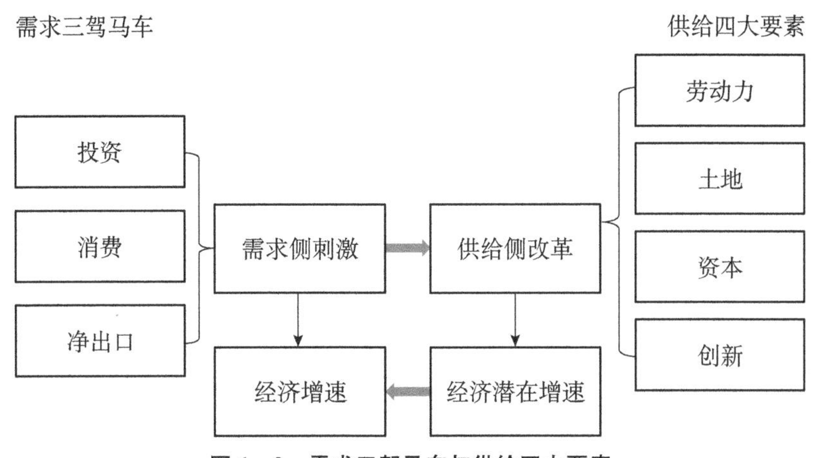

图1-2 需求三驾马车与供给四大要素

图1-3展示的是1990—2020年中国GDP增速变化的折线图，从图中可以看出，自1990年起，我国GDP一直呈现增长趋势，只是增速有缓有快，2011年之后，几乎稳定在6%～7%这一区间内，说明我国越来越注重经济的高质量发展。

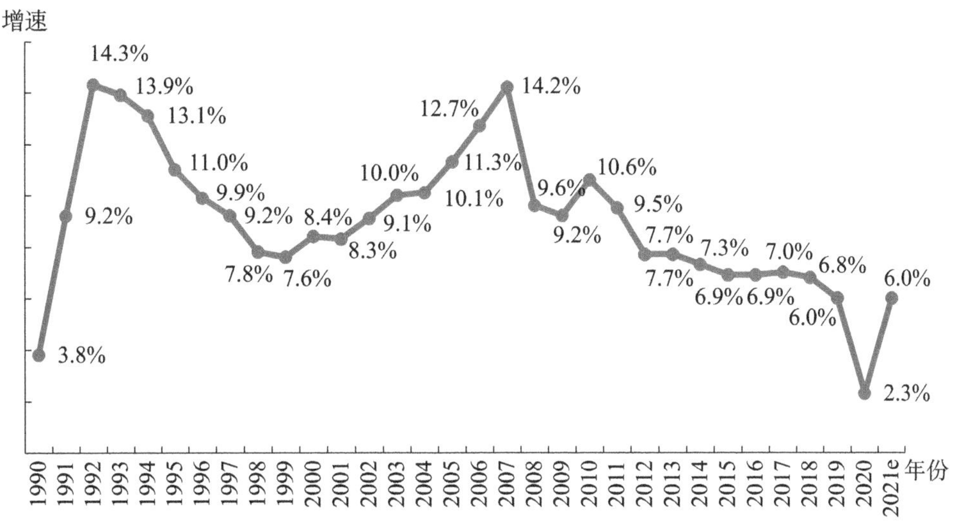

图1-3 1990—2020年中国GDP增速

资料来源：tradingeconomics.

需求侧管理认为需求不足导致产出下降，所以拉动经济增长需要“刺激政策”（货币政策和财政政策）来提高总需求，使实际产出达到潜在产出。供给侧管理则认为市场可以自动调节使实际产出回归潜在产出，拉动经济增长需要提高生产能力，即提高潜在产出水平，其核心在于提高全要素生产率，政策手段包括简政放权、放松管制、金融改革、国企改革、土地改革、提高创新能力等。从供给侧管理角度看，以上政策本质上都属于提高全要素生产率的方式。在目前人口红利消失、劳动力增长遇到瓶颈和房地产行业紧缩、土地资源的利用开发难以为继的情况下，充分调动创业创新的热情，完善资本市场，激发市场主体活力成为当今中国经济转型升级的关键。

2. 充分调动社会的创新创业热情

供给侧改革以完善产权制度和要素市场化配置为重点，充分发挥了市场在资源配置过程中的决定性作用。增强微观主体活力，是供给侧结构性改革取得成效的关键；提升产业链水平，是供给侧结构性改革的重要目标；畅通国民经济循环，是提高供给体系质量和效率，推动经济高质量发展的基本条件。供给侧改革通过去产能、去库存、去杠杆、降成本、补短板，充分降低了全社会各类企业的经营成本，在减轻企业负担方面发挥了巨大作用，从而激发了全社会的创新创业热情。

2019 年，科创板试点注册制取得重大成就，2020 年成功开板交易。2020 年，创业板引入注册制，注册制改革从增量改革走向存量改革。2021 年，北京证券交易所（简称"北交所"）设立后也实施注册制，使注册制改革的范围进一步拓展。注册制试点在降低上市门槛、多元化上市标准、推进定价制度和配售制度市场化方面发挥了重要作用，引导资本市场在入口端逐渐形成以信息披露为核心的制度体系。中央经济工作会议明确在 2022 年全面实行股票发行注册制。为进一步消除不同板块之间的发行制度差异，2022 年围绕全面注册制改革，资本市场基础制度体系将不断完善。多层次资本市场的改革将使创业投资的退出渠道越来越多元化、便利化。

1.4.5 风险投资在中国

《中国科技统计年鉴 2021》数据显示，截至 2020 年，中国风险投资机构累计投资项目多达 28 145 个，累计投资金额高达 6 271.8 亿元，成为仅次于美国的第二大创业投资市场。2016—2020 年我国风险投资的基本情况见表 1-2。

表 1-2 中国创业风险投资基本情况

项目	2016 年	2017 年	2018 年	2019 年	2020 年
一、机构数（个）	2 045	2 296	2 800	2 994	3 290
二、管理资本总额（亿元）	8 277.1	8 872.5	9 179.0	9 989.1	11 157.5
三、投资强度（万元/项）	1 842.0	3 145.8	1 924.0	1 232.3	2 326.3
四、累计投资					
1. 累计投资项目（项）	19 296	20 674	22 396	25 411	28 145
累计投资高新技术企业（项目）数	8 490	8 851	9 279	10 200	11 235
2. 累计投资金额（亿元）	3 765.2	4 110.2	4 769.0	5 635.8	6 271.8
累计投资高新技术企业（项目）额	1 566.8	1 627.3	1 757.2	1 944.1	2 160.7
五、投资轮次（%）					
首轮投资	69.0	72.7	70.9	70.3	64.2
后续投资	31.0	27.3	29.1	29.7	35.8

续表

项目	2016年	2017年	2018年	2019年	2020年
六、投资阶段					
1. 按投资项目分（%）					
种子期	19.6	17.8	24.1	22.2	18.5
起步期	38.9	39.5	40.3	39.5	32.0
成长（扩张）期	35.0	36.2	29.4	32.0	42.4
成熟（过渡）期	5.7	5.9	5.4	6.0	6.7
重建期	0.8	0.6	0.8	0.3	0.4
2. 按投资金额分（%）					
种子期	4.3	4.5	10.9	15.6	9.2
起步期	30.3	20.8	33.0	34.8	24.2
成长（扩张）期	38.5	44.7	44.6	35.7	55.0
成熟（过渡）期	26.3	29.8	10.4	13.7	11.4
重建期	0.6	0.2	1.1	0.2	0.2
七、退出方式（%）					
上市	15.5	13.7	16.2	16.8	19.2
收购	31.0	32.7	33.0	27.4	25.8
回购	37.5	34.8	39.2	42.3	39.8
清算	6.5	8.9	9.9	11.0	11.0
其他	9.5	9.9	1.7	2.5	4.2

资料来源：《中国科技统计年鉴2021》。

1. 风险投资机构地理分布

《中国科技统计年鉴》数据显示，北京、广东和上海这三个省份拥有的风险投资机构数量最多，从位置上看，三个省份分别处于环渤海、长三角和珠三角三个经济区，分别拥有4 075家、4 035家和3 759家风险投资机构。仅次于这三个省份的是浙江和江苏，位于东部沿海地区。而拥有投资机构最少的分别是青海、宁夏和甘肃，青海地处我国的西南地区，而甘肃和宁夏接壤，都位于我国的西北地区，见图1-4。

2. 风险投资机构活跃程度

为了研究风险投资机构的活跃程度，本书按照《中国科技统计年鉴》数据的分类标准，将各阶段偏好的风险投资机构按照该机构历史投资事件数由高到低进行排序，然后计算投资事件数的累计百分比，当该比例达到约80%时，所覆盖的机构可以称为活跃投资机构。由于不同阶段偏好的投资机构具有不同的特征，因此，活跃机构的历史投资事件数量有一定的差别，如表1-3所示。

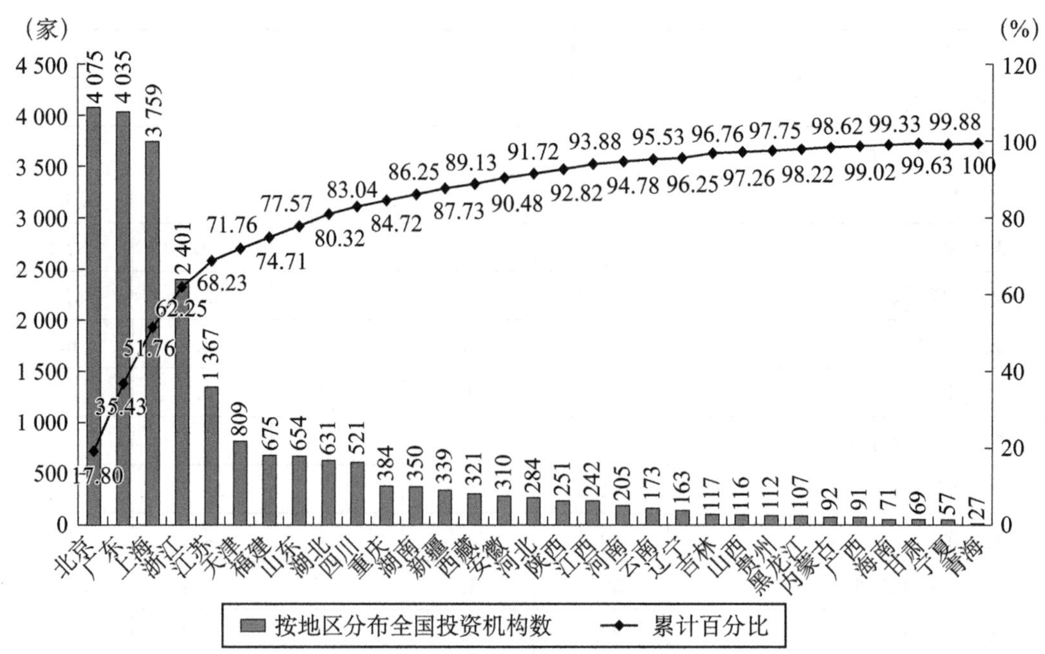

图 1-4　各省份的风险投资机构数

表 1-3　活跃投资机构的认定标准和数量指标

机构类型	活跃机构数量占比（%）	投资事件数占比（%）	临界投资时事件占比（%）
VC	7.52	78.51	10
VC/PE	8.01	78.89	10
PE	13.96	83.19	2

资料来源：清科研究。

从表 1-3 可以看出，活跃机构整体上近似服从二八定律，具体而言，7.52%的 VC 机构投资了 78.51%的案例，而 8.01%的 VC/PE 机构投资了 78.89%的案例，13.96%的 PE 机构投资了 83.19%的案例。从中可以看出，我国的 VC 机构以及 VC/PE 机构规模差异度大且集中度高。相比而言，PE 机构的差距较小，投资分布较为均匀。

图 1-5 展现的是我国各省市风险投资活跃机构的对比，和机构总数相似的是，前三名依然是北京、上海和广东，只不过位次有所调整，上海位列第二，广东位列第三，说明上海活跃机构的比例总体比广东要高。浙江位列第四，江苏位列第五，也说明浙江活跃机构的比例相比江苏更高，而青海、宁夏和甘肃不仅投资机构总数最少，活跃机构数量也最少。

3. 风险投资行业政策

我国风险投资行业的高速发展离不开相关行业政策的大力支持。表 1-4 梳理了 1990 年以来我国风险投资行业的代表性政策。

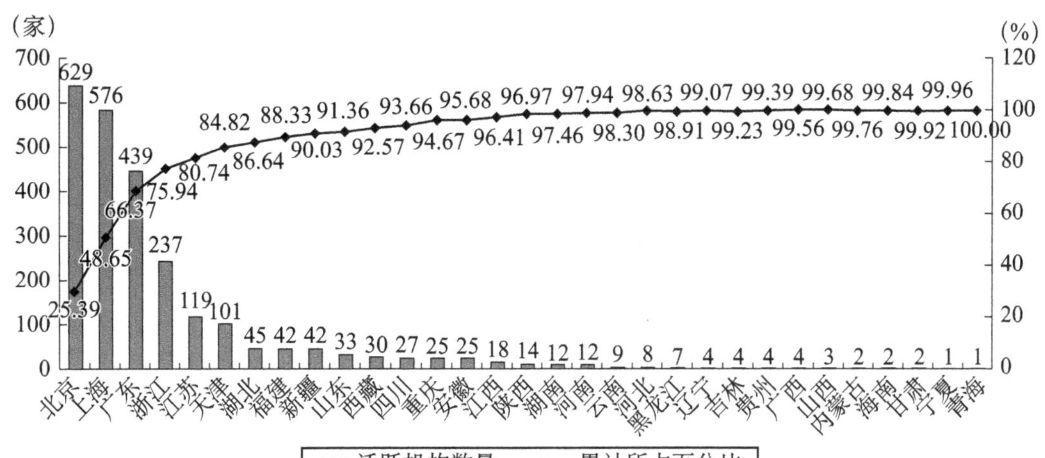

图 1-5　各省份的风险投资活跃机构数

表 1-4　中国风险投资行业代表性政策

发布时间	发布方	政策名称	风险投资相关内容
1991 年	国务院	《国家高新技术产业开发区若干政策的暂行规定》	提出有关部门可以在高新技术产业开发区建立风险投资基金，用于风险较大的高新技术产业开发。
1995—1996 年	中共中央、国务院	《关于加速科学技术进步的决定》 《关于“九五”期间深化科学技术体制改革的决定》	强调要发展科技风险投资。受国家政策引导和相关制度发展的影响，国内出现一批风险投资公司，国际资本也采取新的投资战略进入中国市场。
1999 年	中共中央、国务院	《关于加强技术创新，发展高科技，实现产业化的决定》	培育有利于高新技术产业发展的资本市场，逐步建立风险投资机制，适当时候在现有的上交所、深交所专门设立高新技术企业板块。
1999 年	科技部等部门	《关于建立风险投资机制的若干意见》	一、建立风险投资机制的意义； 二、建立风险投资机制的基本原则； 三、培育风险投资主体； 四、建立风险投资撤出机制； 五、完善中介服务机构体系； 六、建立健全鼓励和引导风险投资的政策和法规体系。
2005 年	国务院	《创业投资企业管理暂行办法》	从官方层面对创业投资、创业企业、创业投资企业等概念作出法律界定，从多个方面对创业投资企业提供特别法律保护；明确了对创业投资企业的政策扶持措施。
2006 年	全国人民代表大会常务委员会	《中华人民共和国合伙企业法》	确立有限合伙制度，为合伙型私募股权基金企业的设立构建了法律基础。

续表

发布时间	发布方	政策名称	风险投资相关内容
2007年	财政部和国家税务总局	《关于促进创业投资企业发展有关税收政策的通知》	首次确立了我国促进创业投资企业发展的税收政策，规定对投资中小型高新技术企业的投资额的70%抵扣该创业投资企业的应纳税所得额。
2008年	发展改革委、财政部、商务部等	《关于创业投资引导基金规范设立与运作的指导意见》	创业引导基金是由政府设立并按市场化方式运作的政策性基金，主要通过扶持创业投资企业发展，引导社会资金进入创业投资领域。
2008年	国务院	《关于加快发展服务业的若干意见》	鼓励各类创业风险投资机构和信用担保机构对发展前景好、吸纳就业多以及运用新技术、新业态的中小服务企业开展业务。
2009年	国家税务总局	《关于实施创业投资企业所得税优惠问题的通知》	创业投资企业采取股权投资方式投资于未上市的中小高新技术企业2年（24个月）以上，凡符合政策条件的，可以按照其对中小高新技术企业投资额的70%，在股权持有满2年的当年抵扣该创业投资企业的应纳税所得额；当年不足抵扣的，可以在以后纳税年度结转抵扣。
2010年	财政部、国资委、证监会、社保基金会	《关于豁免国有创业投资机构和国有创业投资引导基金国有股转持义务有关问题的通知》	经国务院批准，符合条件的国有创业投资机构和国有创业投资引导基金，投资于未上市中小企业形成的国有股，可申请豁免国有股转持义务。解决了国有创投机构发展的瓶颈问题。
2011年	财政部、发展改革委	《新兴产业创投计划参股创业投资基金管理暂行办法》	中央财政资金将通过直接投资创业企业、参股创业投资基金等方式，培育和促进新兴产业发展。
2011年	发展改革委	《关于促进股权投资企业规范发展的通知》	首次明确了境内设立的股权投资企业的规范运作和强制性备案管理。
2012年	全国人民代表大会常务委员会	《中华人民共和国证券投资基金法》（2012年修订）	将“非公开募集基金”纳入规定，私募基金首次取得法律身份。
2014年	证监会	《私募投资基金监督管理暂行办法》	对私募基金登记备案、合格投资者、资金募集、投资运作等作出规定。 投资者风险识别能力和承担能力问卷及风险揭示书的内容与格式指引，由基金业协会按照不同类型私募基金的特点制定。 第十七条　私募基金管理人自行销售或者委托销售机构销售私募基金，应当自行或者委托第三方机构对私募基金进行风险评级，向风险识别能力和风险承担能力相匹配的投资者推介私募基金。 第十八条　投资者应当如实填写风险识别能力和承担能力问卷，如实承诺资产或者收入情况，并对其真实性、准确性和完整性负责。填写虚假信息或者提供虚假承诺文件的，应当承担相应责任。

续表

发布时间	发布方	政策名称	风险投资相关内容
2015年	国务院	《关于大力推进大众创业万众创新若干政策措施的意见》	发展联合投资等新模式，探索建立风险补偿机制。鼓励各地方政府建立和完善创业投资引导基金。加强创业投资立法，完善促进天使投资的政策法规。促进国家新兴产业创业投资引导基金、科技型中小企业创业投资引导基金、国家科技成果转化引导基金、国家中小企业发展基金等协同联动。推进创业投资行业协会建设，加强行业自律。
2015年	国务院	《关于加快构建大众创业万众创新支撑平台的指导意见》	众筹，汇众资促发展，通过互联网平台向社会募集资金，更灵活高效满足产品开发、企业成长和个人创业的融资需求，有效增加传统金融体系服务小微企业和创业者的新功能，拓展创业创新投融资新渠道。
2015年	财政部	《政府投资基金暂行管理办法》	第二十四条　各级政府单独出资设立的投资基金，由财政部门根据年度预算、项目投资进度或实际用款需要将资金拨付到投资基金。政府部门与社会资本共同出资设立的投资基金，由财政部门根据投资基金章程中约定的出资方案、项目投资进度或实际用款需求以及年度预算安排情况，将资金拨付到投资基金。
2015年	国务院	《关于新形势下加快知识产权强国建设的若干意见》	创新知识产权投融资产品，探索知识产权证券化，完善知识产权信用担保机制，推动发展投贷联动、投保联动、投债联动等新模式。在全面创新改革试验区域引导天使投资、风险投资、私募基金加强对高技术领域的投资。
2016年	国务院	《关于促进创业投资持续健康发展的若干意见》	加快培育形成各具特色、充满活力的创业投资机构体系。鼓励各类机构投资者和个人依法设立公司型、合伙型创业投资企业。鼓励行业骨干企业、创业孵化器、产业（技术）创新中心、创业服务中心、保险资产管理机构等创业创新资源丰富的相关机构参与创业投资。鼓励具有资本实力和管理经验的个人通过依法设立一人公司从事创业投资活动。鼓励和规范发展市场化运作、专业化管理的创业投资母基金。
2017年	财政部、国家税务总局	《关于创业投资企业和天使投资个人有关税收试点政策的通知》	天使投资个人采取股权投资方式直接投资于初创科技型企业满2年的，可以按照投资额的70%抵扣转让该初创科技型企业股权取得的应纳税所得额；当期不足抵扣的，可以在以后取得转让该初创科技型企业股权的应纳税所得额时结转抵扣。

续表

发布时间	发布方	政策名称	风险投资相关内容
2018 年	国务院	《关于推动创新创业高质量发展打造“双创”升级版的意见》	(二十四) 引导金融机构有效服务创新创业融资需求。加快城市商业银行转型，回归服务小微企业等实体的本源，提高风险识别和定价能力，运用科技化等手段，为本地创新创业提供有针对性的金融产品和差异化服务。
2019 年	中国证券投资基金业协会	《私募投资基金备案须知》	(二十四)【信息披露】管理人应当在私募投资基金的募集和投资运作中明确信息披露义务人向投资者进行信息披露的内容、披露频度、披露方式、披露责任以及信息披露渠道等事项，向投资者依法依规持续披露基金募集信息、投资架构、特殊目的载体（如有）的具体信息、杠杆水平、收益分配、托管安排（如有）、资金账户信息、主要投资风险以及影响投资者合法权益的其他重大信息等。
2019 年	国务院办公厅	《关于推广第二批支持创新相关改革举措的通知》	推动政府股权基金投向种子期、初创期企业的容错机制：针对地方股权基金中的种子基金、风险投资基金设置不同比例的容错率，推动种子基金、风险投资基金投资企业发展早期。
2021 年	证监会	《关于加强私募投资基金监管的若干规定》	在总结近年市场典型问题和监管经验的基础上进一步细化私募基金监管的底线要求。

【章节回顾】

1. 创业金融是把金融学、微观经济学和管理学等理论与方法应用于创业融资和创业投资的一个新兴研究领域，创业金融本身具有高风险和高收益并存、长期性权益投资、分阶段和多轮次以及灵活多样的特点。

2. 风险投资是创业金融的主要形式之一，是指风险投资机构把资金提供给具有高增长潜力或已证明具有高增长潜力的初创企业，以期获得高资本收益的一种商业投资行为。

3. 中国创业金融的发展经历了起步期（1985—2008 年）、发展期（2009—2014 年）和成熟期（2015 年至今）三个阶段，已成为仅次于美国的第二大创业投资市场。

【思考题】

1. 创业企业融资的主要渠道包括哪些？不同渠道的特点和优劣势体现在哪里？

2. 风险投资具有哪些典型的特征？对创业企业的生存和发展有哪些影响？

3. 风险投资行业在中国是如何萌芽和发展的？对于中国经济的转型升级具有怎样的意义？

第2章

创业计划与创业融资

【本章导读】

创业机会描述的是创业者对技术、制度、社会和产业结构变革所带来的创新机遇的识别和把握，并且将自身能力、资源与之进行有效的整合。对于创业者而言，重要的是组建一个角色齐全、技能互补、有凝聚力的创业团队，并且合理地分配创业团队的股权。创业企业必须要快速、低成本地设计并建立可验证的商业模式，在不同的发展阶段采取合适的创业融资策略，助力企业发展。

2.1 发现创业机会

2.1.1 创业与创业机会

创业（entrepreneur）是指在高度不确定的环境下，不拘泥于当前资源条件的限制，将不同的资源组合并且加以利用和开发从而创造价值的过程。“entrepreneur”一词来源于16世纪法文中出现的“entreprendre”（企业家），最初的含义是“承担”（to undertake），指参与军事征战的人们。18世纪初，法国人又将该词用于表示从事探险活动的人。20世纪80年代，哈佛大学教授霍华德·史蒂文森将创业明确定义为“在不拘泥于资源约束的前提下，追逐机会并创造价值的过程”。可见，机会是创业的核心要素，也是创业活动的起点。

机会一般是指未明确的市场需求或未充分利用的资源或能力，不同于有利可图的商业机会，创业机会的特点是通过发现甚至创造新的“目的-手段”（end-means）关系来实现价值创造。所谓目的（end），就是我们需要解决什么问题、谁会关心这个问题、市场在哪里；所谓手段（means），指的是如何解决问题、为什么用户会选择我们、我们能提供的好处是什么。创业的起点就是在问题（目的）与解决方案（手段）之间建立联系，通过为目标用户解决问题而创造价值并获取利润。

谈及创业机会，一个相关的重要概念是机会窗口（window of opportunity）。机会窗口是指将新的想法和创意市场化的时间，一旦新产品市场建立起来，机会窗口就打开了。当创业者利用机会时，机会窗口必须是敞开的；随着市场的成长，企业需要快速进入市场并设法建立有利可图的市场地位；当达到某个时点，市场成熟，同质化竞争者不断涌现时，机会窗口就关闭了。因此，创业者需要把握时机，才能将创业机会转化为价值和利润。通俗而言，好的创业就是在正确的时机（需求），用正确的方式（手段），做正确的事情（目的）。

2.1.2 如何识别创业机会

创业机会往往源于环境的变化，没有变化，就很难诞生新的创业机会。2020年初新冠疫情暴发，疫情的冲击改变了人们的沟通方式、社会距离、工作方式、消费习惯、时间分配等，很多企业受到疫情冲击业绩大幅度下滑，但也催生了一些新的机会，在线办公、在线社交、短视频、医疗等领域的创业企业抓住了风口，迎来了快速的发展。胡润研究院发布的《疫情两个月后全球企业家财富变化特别报告》指出，在疫情后两个月内，全球百强企业家中只有9人财富增加，其中包括视频会议平台Zoom的创始人袁征，其财富增长了77%，医疗设备制造商迈瑞的创始人徐航，其财富增长了26%。①

1. 创业机会的来源

宏观环境的变化可能会创造或激发新的问题，强化或削弱已有的问题，创业者若能把握住市场缺口，用创新的方式解决问题，便能很好地识别创业机会。宏观环境的变革可进一步从技术、政治与制度、社会与人口结构、产业结构四个方面来剖析，这四个维度的变革都有可能带来良好的创业机会。

（1）技术变革。在技术变革方面，机器视觉技术的成熟为包括“形色”在内的识图软件带来了机会，机器学习和人工智能技术的广泛应用为AlphaGo的出现提供了技术支撑。《麻省理工科技评论》（*MIT Technology Review*）自2001年起每年都会评选出年度“十大突破性技术”，持续关注新兴技术的发展和商业化落地，其中2021年度的“十大突破性技术”包括mRNA疫苗、GPT-3、数据信托、锂金属电池、数字接触追踪、超高精度定位、远程技术、多技能人工智能、TikTok推荐算法和绿色氢能，相信这些未来可能对世界产生极大影响的新技术能为创业者发掘技术变革带来的创业机会提供指导。

（2）政治与制度变革。在政治与制度变革方面，很多产业的兴起和发展都离不开政策的大力扶持。例如，2009年我国发布《新能源汽车生产企业及产品准入管理规则》，并于2010年发布国内新能源补贴政策，我国掀起了“造车”热潮，国产新能源汽车领域涌现许多机会；2020年我国明确给出了碳中和时间表，将碳达峰、碳中和写入国务院政府工作报告，由此催生了清洁能源、可再生能源、碳交易等领域的创业机会。

（3）社会与人口结构变革。在社会与人口结构变革方面，一些新兴的社会问题会为部分产业带来用户和需求的增加，甚至直接促进新产业的崛起。例如，为应对人口老龄化问题，我国在2011年11月开放双独二孩政策，又在2021年进一步提出优化生育政策，国家提倡适龄婚育、优生优育，一对夫妻可以生育三个子女。这一系列政策在优化人口结构的同时为母婴产业带来了更多发展机会。生育政策的变化和人口老龄化的趋势也促进了养老领域创业机会的产生，尤其在老年人健康监护与日常陪伴领域涌现出很多优质的创业项目。

---

① http://www.hurun.net/CN/Article/Details? num=D5B81E94F263.

（4）产业结构变革。在产业结构变革方面，数字经济时代平台的涌现改变了一些产业的结构。平台是一种为供需及相关主体提供连接、交互、匹配与价值创造的媒介组织，是一种基于数字化技术的新型资源配置方式①，因其交易类型不同呈现多种多样的形式，例如电商平台、社交平台、搜索引擎平台等等。平台的出现导致原有的双边交易形式向多边交易形式转变，滴滴出行、淘宝、京东等就是受益于产业结构变革带来的创业机会的典型例子。再以制造业企业的数字化转型为例，2015 年 5 月，国务院颁布《中国制造 2025》总纲领，其中提到推进信息化与工业化深度融合，把智能制造作为两化融合的主攻方向，2021 年颁布的《中华人民共和国国民经济和社会发展第十四个五年规划和 2035 年远景目标纲要》又一次阐述了"以数字化转型整体驱动生产方式、生活方式和治理方式变革"，制造业的数字化转型为创业者提供了大量的机会。

2. 影响创业机会识别的因素

哪些因素会影响创业机会的识别？拥有哪些特质的创业者对创业机会更加敏感？实践经验和理论研究都表明，创业者的经验背景和社会关系在识别创业机会的过程中发挥着重要作用，具体包括创业者的行业经验、创业经验、职能背景和社会网络。创业者和机会的匹配是创业迈向成功的第一步。

（1）行业经验。过往行业经验是影响创业机会识别的关键因素之一。IT 桔子曾对创业者的过往工作经历做了一个统计（如表 2-1 所示），发现从阿里巴巴、腾讯、百度、华为、微软离职创业的群体数量位居前列，这与近年来互联网和移动互联网领域涌现出大量的创业机会是密不可分的。除了创业者，阿里系、腾讯系、百度系等还涌现出大量的投资人，打造了一个良好的创业投资生态。

表 2-1　创业者及投资人过往工作经历（前 10 位）

原任职企业	创业者数量	投资人数量
阿里巴巴	1 047	110
腾讯	793	99
百度	728	81
华为	521	95
微软	506	60
新浪	316	42
IBM	312	64
盛大	276	49
网易	276	24
搜狐	272	20

资料来源：IT 桔子。

调查结果还表明，BAT 创业者的成功率远远高于市场平均水平，这反映在其融资表

① 平台经济正在改变产业发展格局.（2019-08-16）. https://jjsb.cet.com.cn/show_509860.html.

现上。百度系创业者获得融资的比例高达62.24%，腾讯系创业者获得融资的比例为60.49%，阿里系创业者获得融资的比例为46.75%，这与行业平均值28.82%形成了鲜明的对比。百度创始人曾说："现在创业热潮非常火，有各种各样的风险投资机构在我们大楼旁边的咖啡馆里长期驻扎，天天在那里和我们的员工谈，想把他们忽悠出去、去创业。"

从BAT创业者选择的行业和赛道也不难看出，他们识别的创业机会与过往工作经历密不可分，见表2-2。例如，百度系创业者第一阶段离职创业的方向多与搜索技术相关，例如做旅游搜索的酷讯、做歌词搜索的酷我、做视频搜索的迅雷，第二阶段则投身于电子商务领域，也或多或少带有搜索基因。

表2-2　BAT代表性创业者及其创业机会选择

	创业者	创业方向及过往工作经历
阿里系创业者	程维	嘀嘀打车创始人，曾担任淘宝B2C事业部副总经理
	陈琪	蘑菇街/卷豆网创始人，曾担任淘宝产品经理
	冯大辉	丁香园CTO，曾担任支付宝首席DBA、数据架构师
	吴志祥	同程网创始人，曾在阿里巴巴工作
	王皓	虾米网创始人，曾在阿里巴巴工作
腾讯系创业者	吴国鸿	口袋视频创始人，曾担任腾讯无线搜索产品总监
	谢国雄	搭伴玩创始人、CEO，曾在腾讯负责QQ的UI设计
	李朋涛	微印创始人，曾担任腾讯产品经理
	李建成	房多多联合创始人、CTO，曾担任腾讯深圳研发中心总经理
百度系创业者	雷鸣	酷我创始人，曾担任百度首席架构师
	谢文斌	海淘网/背篓科技创始人、CEO，曾在百度无线部门工作
	程浩	迅雷联合创始人，曾担任百度企业软件事业部门高级技术经理
	吴世春	酷讯联合创始人，曾担任百度企业软件事业部门高级工程师
	刘曹峰	融360联合创始人、CTO，曾担任百度高级研发总监

资料来源：IT桔子。

（2）创业经验。除了行业经验之外，创业经验也是不可或缺的因素。如果我们把创业的道路比作一条走廊，当有经验的创业者进入走廊时，这条走廊中的各种机遇和门路会变得更加清晰可见，这就是著名的"走廊原理"，表明经验和知识对于个体发现和把握创业机会的重要意义。不少投资人和投资机构也会对具有过往创业背景的连续创业者情有独钟。以IDG资本为例，IDG资本持续投资了多位专注于同一个领域的连续创业者，例如在文娱视频领域持续耕耘的土豆网创始人王微、专注于本地生活领域的Wonderlab创始人肖国勋和刘乐、深耕教育行业十年的猿题库创始人李勇等。可见，连续创业者的经验、韧性以及专一是助力其成功创业的关键。

（3）职能背景。除了行业经验和创业经验，创业者过往的职能背景同样在其识别创业机会的过程中发挥重要作用。职能背景主要包括管理、技术、运营、市场、财务等方面。研究表明，相比于只在同一个岗位任职的创业者，担任过的职能岗位越多的创业者越容易发现创新机会，丰富的职能背景可以使创业者开阔视野、积累人脉资源，也能从多方面锻造其能力。① 当然，多样化的职能背景并不是识别机会的必要条件，对于职能背景单一的创业者而言，可以通过寻找具有互补背景的合伙人组建创业团队，进而促进创业机会的识别。

（4）社会网络。除了经验背景之外，创业者的社会网络关系也是影响创业机会识别的重要因素。根据互动的频率，可以将人与人的关系分为强关系和弱关系。与亲戚、配偶、密友的关系可以认为是强关系，他们会影响和强化个人已有的见识和观念；与同事、同学、一般朋友的关系可以认为是弱关系，彼此间的意识差异更容易激发新的创意。著名社会学家马克·格兰诺维特发表于 1973 年的文章强调了社会网络结构中弱关系的重要性，他提出强关系之间互动所带来的信息流动通常是重复的、冗余的，而相比于强关系，弱关系更能够为网络中的行为主体带来新奇的、本来不太可能看到的信息和知识，能够帮助创业者识别出新兴的创业机会。②

2.1.3　如何评价创业机会

1. 什么是好的创业机会

当创业者识别出多个创业机会时，应该如何判断创业机会的价值？什么才是好的创业机会？创业机会的吸引力、可行性、及时性以及匹配性是评价创业机会的四个重要维度。

（1）吸引力。吸引力指的是机会对于消费者的吸引力，这和客户思维的逻辑存在一定的相似性，创业机会如果能够落地，最终的受众是消费者，任何离开受众对创业机会的评估都是空谈。创业者在评估创业机会时，应该优先考虑受众是否会为此买单。然而，创业者在寻找和评价机会的过程中常犯的一个错误是，根据自己的喜好挑选一个产品或服务，然后试图围绕它不断建立和优化业务。这看似是明智的，但识别机会的关键是识别他人需要并愿意购买的产品或服务，而不是创业者自己想要生产或推销的产品或服务。

（2）可行性。可行性同样是评价创业机会时需要考虑的重要因素之一。项目管理强调在实施项目之前最好进行可行性分析，这同样适用于对创业机会的评估。在创业机会具体落地之前，创业者需要判断创业机会是否能够在商业环境中实施，这本质上就是判断机会的市场和价值。

（3）及时性。识别创业机会时，同样要考量机会的及时性，也就是判断此时是不是合适的进场时机。及时性主要是指其能够在现存的机会窗口中执行。

（4）匹配性。匹配性是评价创业机会的重要维度之一，指的是创业者和创业机会的匹配。如果创业者拥有创立企业的资源和技能，或者创业者知道谁拥有这些资源和技能并且愿意与其共同创业，机会和人就形成了匹配，这个创业机会对于创业者而言是合适

---

① Beckman, et al. Early teams: the impact of team demography on VC financing and going public. Journal of Business Venturing, 2007, 22: 147-173.

② Granovetter. The strength of weak ties. American Journal of Sociology, 1973, 78 (6): 1360-1380.

的。若创业者识别出了创业机会，但是自身不具备相应的资源和技能，且难以通过外部联系解决这一难题，这时候就难以形成机会和人直接的匹配，这个创业机会对于这个创业者来说可能是不适合的。

2. 如何对机会作出初始判断

在对创业机会的吸引力和可行性进行初步评估的基础上，创业者可通过“创建假设+简单计算”的方式进一步判断创业机会的价值，避免市场不确定性带来的风险。其中，在创建假设时，创业者需要注意假设必须要“可证伪”，可证伪的假设=［具体并且可重复的动作］可以导致［预期的可评估的目标或结果］。常见的假设包括：我认为［客户类型］在［场景类型］时会遇到［问题类型］，相应地，我认为采取［行为策略］会带来［客户类型］增长［数量］。

在假设的基础上，创业者可借助用户访谈、可用性测试、问卷调查、数据分析等方式计算和验证市场规模以及潜在的市场用户价值。例如，多宝箱（Dropbox）的创始人有了初始的产品概念后，需要验证用户是否真正需要这样一款具有同步、备份和云存储功能的工具，但在短时间内又很难开发出产品原型供用户使用，于是他拍摄了一个产品概念视频，通过三分钟的短片讲述产品的使用过程，结果这个短片吸引了几十万人的访问，验证了他对于客户需求的假设。

3. 创业者、机会和资源的匹配

蒂蒙斯（2005）提出了一个系统性评估创业机会的模型，该模型充分体现出创业者、机会和资源匹配的重要性。具体而言，蒂蒙斯创业机会评价模型涉及八大类共 53 小项的指标，大类包括行业与市场、经济因素、收获条件、竞争优势、管理团队、致命缺陷、创业者的个人标准、理想与现实的战略性差异（见表 2-3）。这些量化指标能够帮助创业者迅速作出判断，这些要素组合是否能够组成一个有足够吸引力的机会。。

表 2-3　BAT 代表性创业者及其创业机会选择

评估维度	具体指标
行业与市场	（1）市场容易识别，可以带来持续收入；（2）顾客可以接受产品或服务，愿意为此付费；（3）产品的附加值高；（4）产品对市场的影响力高；（5）将要开发的产品生命长久；（6）项目所在的行业是新兴行业，竞争不完善；（7）市场规模大，销售潜力达到 1 000 万～10 亿元；（8）市场成长率在 30%～50%甚至更高；（9）现有厂商的生产能力几乎完全饱和；（10）在五年内能占据市场的领导地位，份额达到 20%以上；（11）拥有低成本的供货商，具有成本优势。
经济因素	（1）达到盈亏平衡点所需要的时间在 1.5～2 年；（2）盈亏平衡点不会逐渐提高；（3）投资回报率在 25%以上；（4）项目对资金的要求不是很高，能够获得融资；（5）销售额的年增长率高于 15%；（6）有良好的现金流量，能占到销售额的20%～30%以上；（7）能获得持久的毛利，毛利率要达到 40%以上；（8）能获得持久的税后利润，税后利润率要超过 10%；（9）资产集中程度低；（10）运营资金不多，需求量是逐渐增加的；（11）研究开发工作对资金的要求不高。
收获条件	（1）创业项目带来的附加价值是否具有较高的战略意义；（2）是否存在现有的或可预料的退出方式；（3）资本市场环境是否有利且可以实现资本的流动。

续表

评估维度	具体指标
竞争优势	(1) 创业项目固定成本和可变成本低；(2) 对成本、价格和销售的控制较高；(3) 已经获得或可以获得对专利所有权的保护；(4) 竞争对手尚未觉醒，竞争较弱；(5) 拥有专利或具有某种独占性；(6) 拥有发展良好的网络关系，容易获得合同；(7) 拥有杰出的关键人员和管理团队。
管理团队	(1) 创业团队是一个优秀管理者的组合；(2) 行业和技术经验达到了本行业的最高水平；(3) 管理团队的正直廉洁程度能达到最高水准；(4) 管理团队知道缺乏哪方面的知识。
致命缺陷	创业项目不存在任何致命缺陷。
创业者的个人标准	(1) 个人目标与创业活动相符合；(2) 创业者可以做到在有限的风险下实现成功；(3) 创业者能接受薪酬减少等损失；(4) 创业者渴望进行创业这种生活方式，而不只是为了赚大钱；(5) 创业者可以承受适当的风险；(6) 创业者在压力下状态依然良好。
理想与现实的战略性差异	(1) 理想与现实情况相吻合；(2) 管理团队已经是最好的；(3) 在客户服务管理方面有很好的服务理念；(4) 所创办的事业顺应时代潮流；(5) 所采用的技术具有突破性，不存在许多替代品或竞争对手；(6) 具备灵活的适应能力，能快速地进行取舍；(7) 始终在寻找新的机会；(8) 定价与市场领先者几乎持平；(9) 能够获得销售渠道，或已经拥有现成的网络；(10) 能够允许失败。

2.2　设计商业模式

2.2.1　什么是商业模式

无论是对于投资人还是创业者而言，商业模式一词都不陌生。琼·玛格丽塔（2002）认为商业模式是企业讲述的一个关于自己想做什么、能做什么以及怎样做的商业“故事”。[①] 因此，商业模式必须回答管理者关注的一些基本问题，即谁是顾客，顾客的价值是什么，如何在此领域中获利，以及如何以合适的成本为顾客提供价值。阿米特和佐特（2001）则提出，商业模式是利用商业机会的交易成分设计的体系构造，是公司、供应商、辅助者、伙伴以及雇员连接的所有活动的整合。[②]

简而言之，商业模式是企业价值创造的核心逻辑。商业模式帮助企业通过价值发现、价值匹配，最终实现价值获取。其中，价值发现是明确价值创造来源的过程，需要注意，在此过程中不能异想天开，认为只要我们生产出产品，顾客就会来买。价值匹配的核心

① Joan Magretta. Why business models matter. Harvard Business Review，2002，80（5）：86－92，133.

② Amit R，Zott C. Value creation in e-business. Strategic Management Journal，2001（22）：493－520.

是明确合作伙伴，实现价值创造，这是因为新企业不可能拥有满足顾客需求所需的所有资源和能力。价值获取的核心是制定竞争策略，占据创新价值，企业需要建立自己的竞争优势，使得企业无法在短期内被模仿甚至超越。

2.2.2 如何设计商业模式

1. 商业模式设计的一般过程

商业模式设计的过程包括以下三步：第一，分析并确定目标客户；第二，定义并检验价值主张；第三，设计营收模式和关键流程资源。创业者首先要了解目标客户群体，描述顾客画像、详细列出顾客的问题、确认并厘清重要问题，在此基础上，定义他们的价值主张，通过市场调查等方式检验价值主张，最后考虑如何通过内部流程设计和资源整合支持价值主张。

2. 商业模式设计的工具

为了使商业模式更加可视化，亚历山大·奥斯特瓦德和伊夫·皮尼厄在《商业模式新生代》(*Business Model Generation*)一书中提出商业模式画布九要素模型，见图2-1。在此模型中，商业画布主要由九个格子组成，分别是客户细分、客户关系、渠道通路、价值主张、关键活动、核心资源、关键伙伴、成本结构和收入来源。这九个格子相互影响，密不可分。

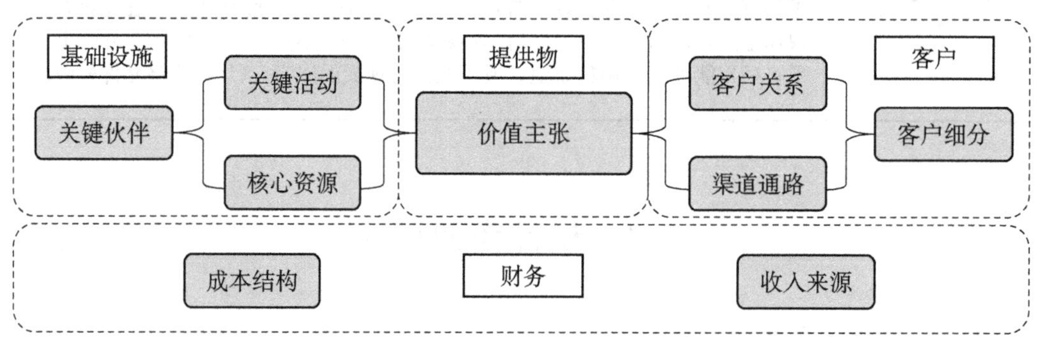

图2-1 商业模式画布九要素模型

资料来源：奥斯特瓦德，皮尼厄．商业模式新生代．北京：机械工业出版社，2011.

和商业模式设计的步骤相对应，创业者一般也会遵循分析并确定目标客户、定义并检验价值主张、设计营收模式和关键流程资源的步骤来使用商业模式画布。其中，与第一步分析并确定目标客户对应的是客户细分、客户关系和渠道通路。

(1) 客户细分。客户细分主要描述商业化过程中想要接触或服务的人群和组织，是窄化一般产品市场的过程，即把一个整体的市场划分为有意义的、具有较强相似性的、可以识别的、较小的顾客群的过程。这一步骤主要回答的问题是“我们正在为谁创造价值”以及“谁才是我们最重要的顾客”。

(2) 客户关系。客户关系主要描述的是一种关系类型，尤其是与细分客户群体建立的关系类型。创业者需要思考的是“理想中与细分客户群体建立或保持的关系是怎样的”“哪些计划中建立的关系已经实现，哪些还有待进一步发展”“已经建立的关系维护成本是怎样的”“如何将建立的客户关系和商业模式的其他部分进行有机整合”。

（3）渠道通路。渠道通路描述的是一种接触顾客、与顾客沟通进而传递价值的手段。这一步骤主要回答的问题是“创业者通过哪些渠道可以接触到顾客，尤其是细分的顾客群体”“渠道和渠道之间如何实现整合”“在众多渠道中哪些渠道是最为有效的，哪些渠道效益是最好的”“如何整合创业者的渠道和顾客的例行程序”。

第二步定义并检验价值主张对应的是价值主张。

（4）价值主张。所有的产品或者服务都是给用户提供价值，在创造价值的过程中实现商业利益，价值主张可以将产品和服务明确地传达给消费者。这一步骤主要回答的问题是“创业者应该向顾客传递什么价值”“创业者帮助消费者解决的难题类型是什么”“创业者正在满足消费者的什么需求”“创业者给消费者细分群体提供什么产品和服务”。

第三步设计营收模式和关键流程资源对应关键活动、核心资源、关键伙伴。

（5）关键活动。关键活动又叫企业内部价值链，描述企业活动流程的安排和资源的配置，尤其是创业企业为确保商业模式可行性必须要做的最重要的事情。这一步骤和价值主张、渠道通路等格子中的内容相关性较高，旨在回答“创业者的价值主张、渠道通路、客户关系以及收入来源等部分需要哪些关键活动”。

（6）核心资源。核心资源，顾名思义描述的是确保商业模式可行、能有效运转所必需的核心要素。和关键活动相似，核心资源也和价值主张、渠道通路有所关联，它回答的问题是“创业者的价值主张、渠道通路、客户关系以及收入来源等部分需要哪些核心资源”。

（7）关键伙伴。关键伙伴描述的是确保商业模式可行、能有效运作所需要的合作伙伴网络，主要包括上游供应商、下游分销商或零售商等。这一步骤旨在回答“创业企业的重要伙伴有哪些”“重要供应商有哪些”“创业企业正在从关键伙伴处获得的核心资源有哪些”“关键伙伴执行的关键任务有哪些”。

在以上三个步骤的基础上，需要分别根据新产品/服务为用户创造的价值和支撑新产品/服务的提供所需的成本来填充收入来源和成本结构。

（8）收入来源。收入来源描述创业企业是如何赚钱的，即企业从消费者端获得的总收入，与客户细分、客户关系和渠道通路密切相关。这一步骤主要回答的问题是“消费者愿意为什么样的价值付费”“消费者的支付方式有哪些，是现金支付还是电子支付”“消费者更偏爱哪一种支付方式”“不同支付方式占总收入的来源比例是多少”。

（9）成本结构。成本结构展示的是维持商业模式所需要的所有成本总和，包括固定成本和可变成本，与关键活动、核心资源和关键伙伴密切相关。这一步骤主要回答的问题是“商业模式中最重要的固定成本是什么”“哪些关键活动的成本最多”“哪些核心资源的成本最多”。

2.2.3　初创企业的商业模式设计

创立初期的企业资源禀赋有限，组织结构也尚未成熟，很难像成熟企业一样，拥有明确的目标客户、清晰的盈利模式和完善的内部流程。尽管设计思路一致，但是创业企业在商业模式具体内容的设计上与成熟企业存在一定差异。其中，最明显的差异体现在目标用户和核心资源两方面。

1. 天使用户

小米创始人雷军在2018年公开演讲中曾经强调过天使用户的重要性："八年前，我们研发了第一个产品MIUI，第一版只有100个用户。"虽然只有100个天使用户，但这足以引爆一个产品。这些天使用户在产品发布早期愿意义务帮助产品团队测试难以使用而且无比粗糙的产品，并积极免费提供反馈，我们也可以称之为"发烧友用户"。那么，如何识别天使用户呢？天使用户一般有以下几个主要特征：

第一，天使用户不受历史习惯约束。天使用户一般年轻且富有活力，愿意接受新事物。所以通常来讲，天使用户是目标客户群体中相对年轻的客户，他们更少受到历史习惯的约束，能够发现新问题。

第二，天使用户乐于分享产品建议。这里包含两个要素：一是天使用户在相关产品赛道中体验的经验，这是乐于分享建议的前提。若天使用户缺乏此类经验，则难以和相似竞品对比，提出宝贵的意见。天使用户一般是产品的高频使用者。数据显示，其一天使用次数超过3次，总时长在15分钟到半个小时。二是天使用户乐于发表自己的意见，一般在社群中发言活跃。若一个天使用户不愿意提供产品建议，即使他能够发现问题，也不能被称为有效的天使用户。

第三，天使用户是先锋者。天使用户追求新潮和新鲜事物，一定程度上可被称作这一类产品赛道中的先锋者，也就是大众通常所说的"弄潮儿"或者"潮人"，他们的显著特点是无论在心理还是生理上都可以突破歧视和阻碍，用批判的眼光看待新事物。

第四，天使用户具有高密度。高密度带来的好处是天使用户能够帮助创业企业沟通和传播产品与文化，有利于企业获得潜在用户的文化认同。

以Facebook为例，为什么天使用户会来自哈佛大学？Facebook早期以文字输入为主，同时需要电脑和随时随地上网等前置条件，受约束较小的大学生成了当时符合条件的用户群里年龄段最小的群体。在美国的高校中，哈佛是当时领导思潮的先锋院校，相较于西海岸喜欢体育运动的学校，哈佛的学生更愿意用文字表达意见，因此成为了Facebook的天使用户。随着移动通信设备的普及，内容的生产方式从文字变成了图片和视频，Snapchat等基于图片的社交平台的爆火从更为活跃的西部开始就合乎情理了。

天使用户为何重要？这与社会网络的传播方式密切相关。社会网络遵循一定的规则连接：第一，"我们"决定网络的形状，简言之，网络即人。第二，"我们"因网络而改变，换言之，人即网络。第三，我们的朋友影响着我们，即网络的因果性。第四，我们的朋友的朋友也影响着我们，即网络的传导性。这一规划与著名的三度影响力原则（the principles of three degrees of influence）相似。三度影响力理论传达了社会网络的作用方式和机制，主要强调个人在社会网络中的影响力，简单而言，个人的网络分为三度，即朋友（一度）、朋友的朋友（二度）、朋友的朋友的朋友（三度）。个人的行为、情绪都会在三度分隔之内产生影响，超过三度这种影响几乎消失。第五，网络不受网络中人的控制，即网大于人。

根据六度分隔理论（six degrees of separation），以一个人为中心，其和任何陌生人之间的间隔人数都不会超过六个，因此也被称为“小世界效应”。六度分隔理论表明世界的渺小及人在网络中起到重要的传播作用。用这一理论类推发展天使用户的重要性，一个天使用户就可能带动其三度分隔网络，帮助创业企业传播产品以及文化，发挥超乎想象的巨大力量。

2. 初始资源

传统的管理思维认为，企业首先需要开展市场研究和竞争分析，找到目标细分市场，接着制定营销战略、计算边际成本并制定财务规划，最终撰写商业计划、整合资源、组建团队并开展新业务。而创业者往往会采取另一种思维方式。面对环境的高度不确定性，创业者很难对未来的市场状况作出准确判断。不同于被目标驱动，他们倾向于从“我是谁、我认识谁、我知道什么”出发，进一步思考能做些什么，采用一种工具或资源驱动的效果逻辑，这也就是创业的“手中鸟原则”。

小案例

爱彼迎成长史

2020 年 12 月，爱彼迎正式在纳斯达克上市，首日收盘市值超过 864 亿美元。然而你很难想象，这个项目一度被众多天使投资人放弃，被认为是不可能实现的“疯狂念头”，而当时它的创始人也只是旧金山付不起房租的两位年轻人。2007 年，布莱恩和乔因创业失败入不敷出，已经无法支付 1 200 美元的房租。于是他们诞生了一个疯狂的想法——“让别人付钱”，他们决定将房内的三张气垫床租出去，为租客提供早餐、网络等服务，收取一定的费用。这一想法很快得到了市场的正向反馈，三位客人上门，共计支付 1 000 美元，解决了他们的燃眉之急，“air bed and breakfast”（气垫床加早餐）的网站也由此诞生。然而，这个疯狂的念头并没有得到投资人的认可，面对经济压力，布莱恩和乔只得依靠卖麦片赚到的 3 万美元以及 Y Combinator 提供的 2 万美元的启动资金维持收入，支撑网站的运行，继续打磨创业想法，挨家挨户走访房源了解用户的需求，推广他们的产品和服务，完善商业模式。如今，爱彼迎已成为覆盖 190 个国家的 35 000 个城市、拥有 100 万间房源的独角兽企业。

回顾爱彼迎的成长史，布莱恩和乔正是利用可用的资源（三张气垫床）去发现机会，在遇到融资困境时，他们以卖麦片赚到的 3 万美元来维持推动项目而没有选择放弃。正如 Y Combinator 投资人对他们的评价，“这群甚至可以靠卖麦片来维持项目的人，他们的项目死不了”。虽然并没有非常明确的目标或是长期的规划，但他们每一步都把握好可利用的资源去创造最大的价值。

3. 初创企业的商业模式特征

考虑到初始用户和初始资源的不同，初创企业在设计商业模式时也和成熟企业有所差异，如表 2－4 所示。

表 2-4　初创企业与成熟企业的商业模式设计思路对比

商业模式要素	初创企业	成熟企业
客户细分	找到天使用户，列出问题和现有解决方案	找到目标客户群（一个或多个的集合）
客户关系	如何与天使用户建立信任关系	产品和用户的关系（一锤子买卖/长期合作）
渠道通路	如何找到天使用户（小规模的特殊渠道）	如何将产品送达用户
价值主张	针对天使用户的问题和现有解决方案的不足，提出价值主张	提供给核心用户的核心价值、核心需求
关键活动	基于现有资源能做什么以满足用户需求	运作中必须要从事的具体业务
核心资源	现有哪些资源（我是谁、我认识谁、我知道什么）	拥有的资金、技术、人力等
关键伙伴	缺少哪些资源，如何获取	哪些人或企业可以提供战略支持
收入来源	盈亏平衡点：多少位用户	从提供的价值中取得收益
成本结构		为了提供价值而付出的成本

在商业模式设计的第一步分析并确定目标客户的过程中，初创企业和成熟企业最大的不同在于前者的目标客户是天使用户。具体而言，从客户细分要素来看，相比于成熟企业，初创企业更加关注天使用户，因此，这一步骤旨在找到细分的天使用户，列出问题和现有的解决方案；从客户关系要素来看，成熟企业一般已经有一定的用户基础，其考虑的除了拓展新关系之外，还有如何维系现有关系，但初创企业关注的更多是后者，尤其是赢得天使用户的信任，和其建立起关系；从渠道通路要素来看，初创企业强调如何接触到天使用户，尤其是通过一些小规模的特殊渠道。相应地，在第二步定义并检验价值主张方面，初创企业需要根据天使用户的问题和现有解决方案，提供有针对性的价值主张。

在第三步设计营收模式和关键流程资源方面，初创企业由于自身的新进入劣势，需要更多地从自身实际出发，考虑凭借现有的资源和伙伴排列组合能够做什么。具体而言，从关键活动要素来看，相比于成熟企业，初创企业对于维持商业模式所必需的业务并不明晰，因此更要抓住已有的资源，思考这些资源组合能够做什么以满足目标用户的需求，而不是花费时间精力去寻找资源业务；从核心资源要素来看，初创企业在起步之初，几乎难以拥有谈判或者议价权去获取一些关键资源，因此创业者更多考虑的是已经拥有的资源，例如我拥有什么、我认识谁；从关键伙伴要素来看，初创企业同样也是从现有可以联系上的伙伴入手，而不是一开始就好高骛远，去寻求一些难以企及的伙伴资源。在上述步骤的基础上，创业者可以尝试寻找企业的盈亏平衡点，即需要多少位用户才能够支撑该模式的运转。

2.3　组建创业团队

2.3.1　创业团队的重要性

创业团队是指由两个或两个以上具有一定利益关系，彼此间通过分享认知和合作行动以共同承担创建新企业责任，处在创业企业高层主管位置的人共同形成的有效工作群体。创业团队与普通工作团队在以下几个维度存在显著的差异。从团队目标来看，普通工作团队往往存在明确的目标，而创业团队在初期往往是“摸着石头过河”，以使命和梦想为目标导向。这一定程度上也决定了创业团队往往面临高投入和高风险，而普通工作团队目标明晰，一般风险较低。从角色分配来看，普通工作团队中的角色相对固定，而创业团队中的角色往往是“哪里需要往哪里搬”的。从决策流程来看，创业团队的决策流程较为灵活，尤其是早期团队规模较小时，缺乏一套完整的决策流程，相比之下，普通工作团队的决策流程相对固定。

蒂蒙斯（1989）在创业过程模型中将创业活动视为商业机会、资源和创业团队的组合，见图 2－2。可以把这三个要素看作创业过程中的三角，商业机会是基础，是创业计划的核心驱动力；各类资源是保障，只有机会而没有资源难以保证创业计划的实施；而创业团队是创业过程的主导者，也是过程中唯一可以发挥人的主观能动性的部分。没有优秀的创业团队，机会和资源都是空谈，而创业团队的配置和平衡使机会和资源能够有效地运用在创业过程中，以推进整个创业过程。

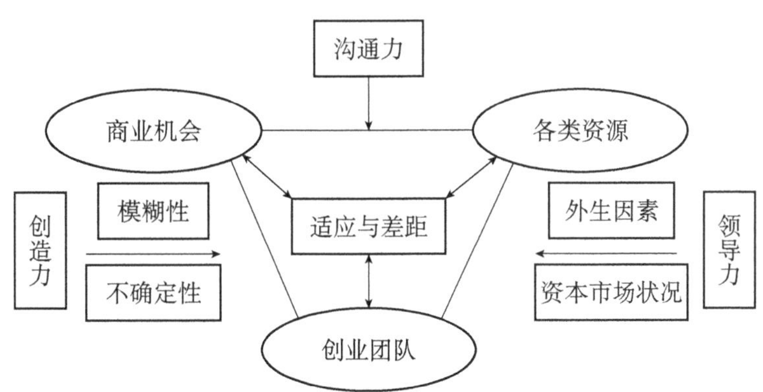

图 2－2　蒂蒙斯创业过程模型

创业团队为什么重要？一方面，以团队形式创业在创业活动中非常普遍，古言道“独木难支”，在创业活动中亦是如此。研究数据表明，仅有一位创始人的高潜力创业企业只占 16%，其余企业至少有两位联合创始人，1/4 的创业企业有三位联合创始人。另一方面，创业团队的协同很大程度上影响创业的成败。曾任职于哈佛大学商学院的诺姆·沃瑟曼在《创始人的窘境》（*The Founder's Dilemmas*）一书中写道：“如果创业是一场战斗，那么，大多数伤害来自友军和自残。”虽然大多数情况下创业者把创业失败归因于外部，但研究表明，61%～65%的创业失败归因于创业团队内部。[①] 同时，诺姆·沃瑟曼指出了创始人和创业团队在发展壮大的过程中可能遇到的八大窘境，为创始人组建创业团队提供了有益的指引。

知识点

创始人的窘境

1. 创始人的职业窘境：是否要开始创业？是否已经积累了足够的经验、资源？

2. 创业团队的窘境：自己创业还是团队创业？

3. 团队关系窘境：和谁一起创业？是否和朋友、家人、同事一起创业？

4. 团队角色窘境：团队中每个人应该扮演什么角色？分工明确还是模糊？哪些决定由创始人自己做？哪些决定由团队一起做？

5. 团队利益窘境：是否应该把股权和其他利益均分？

6. 雇用窘境：在企业发展的不同阶段应该雇用什么样的人？如何处理早期员工和其他员工的关系？

7. 投资人窘境：在企业发展的不同阶段应该寻找什么样的投资人？引进投资人会带来什么麻烦？

8. 财富与权力窘境：创始人应出让多少股权吸引外部管理者与投资人？如何平衡金钱与控制权之间的关系？

2.3.2 如何组建创业团队

1. 什么是一个好的创业团队

在回答如何组建创业团队之前，我们首先要考虑：什么是一个好的创业团队？好的创业团队的结构是什么？有什么特征？包含什么要素？只有明确了这些问题，我们才能对症下药，解决创业团队的组建问题。表 2-5 展现的是从不同维度衡量创业团队的标准。

表 2-5 创业团队的衡量标准

衡量维度	衡量标准
角色维度	各种角色齐全
	关键角色的权责利明确
	关键角色人员配置合理
技能维度	具备目前事业发展所需的基本技能
	成员的基本技能各不相同
	成员的技能是确定其角色的依据

① Noam Wasserman. The founder's dilemmas: anticipating and avoiding the pitfalls that can sink a startup. Princeton: Princeton University Press, 2012.

续表

衡量维度	衡量标准
权力维度	权力与角色相匹配
	权力与能力相适应
	权责对等

（1）角色维度。首先，一个好的创业团队应当角色齐全。在创业初期，为了节省成本，公司的大小事务几乎都是创业团队在打理，无论是技术，还是财务、法务，创业团队中最好都能有成员负责对接。其次，关键角色的权责利界限明确且关键角色人员配置合理。由于团队成员在初期需要面对一人多角色的场景，因此更需明确成员的权责利分配，以防互相推诿。

（2）技能维度。首先，一个好的创业团队的前提是创业团队成员具备目前事业发展所需要的基本技能。在创业初期，企业几乎所有的事务都需创业团队成员去完成，因此团队的技能缺失可能导致团队在某一方面面临巨大挑战。其次，创业团队成员的技能各不相同，简言之，创业团队成员同质性不能过强，需要具有差异性。若创业团队成员同质性过强，则会导致企业在某一职能领域的人才过剩，而在另一些领域无人负责。成立一家企业并不是只懂技术或只懂市场就可以，需要来自不同领域成员的精诚配合。最后，成员的技能是确定其角色的依据。若角色和技能不匹配，则既会浪费成员技能，也很难使成员作出应有的贡献。

（3）权力维度。首先要注意的是权力与角色的匹配性、权力和能力的适应性以及权责的对等性，这和普通团队几乎是一致的，甚至由于创业团队的不确定性，权责失衡的影响会更加显著。若权力和角色不匹配或者权力和能力失衡，则会造成团队内部结构不稳定，内部的矛盾可能会从内部瓦解创业企业，企业在这种团队的引领下难以获得长足发展。

2. 如何组建创业团队

在团队组建过程中，成员之间的互补性和同质性是需要考量的两大主要因素。团队的互补性遵循经济逻辑，即在创业团队中，每个成员拥有的资源和技能不能趋于同质，这也和角色维度的角色齐全标准和技能维度的技能差异化标准相对应；团队的同质性遵循社会逻辑，俗称“相似相吸”效应，如是否志同道合、风格匹配、相互信任等，简言之，就是是否“合眼缘”，两位成员即使技能互补，但如果性格或者做事风格不合，那么长期处于同一团队中产生矛盾的概率也会较大。

创业团队在组建过程中需要平衡互补性和同质性之间的关系。总体而言，在知识、技能和经验方面需要关注互补性，例如，创始团队成员是否有互补的行业经历、职能领域经验；而在动机和个人特征方面则需要考虑相似性，例如，创业动机是为了金钱、自我实现还是权力，在性别、年龄、家乡等方面是否相似等。技能互补性与个人相似性的结合，能够保障创业团队在具备高创业能力的同时避免人际关系的冲突，进而促进创业的成功。

上述标准并非凭空产生，而是从大量的实践中总结出的，“腾讯五虎将”就是实践中组建创业团队的鲜活案例。

小案例

“腾讯五虎将”

腾讯 CEO 马化腾和他的创业伙伴张志东、陈一丹、许晨晔和曾李青被外界誉为“腾讯五虎将”。为了避免权力纷争，在团队创立之初，他们就彼此约定各司其职。马化腾先找到张志东，张志东是马化腾大学同班的“学霸”，也非常沉迷技术，从深圳大学毕业后，他在华南理工大学读硕士，后来在黎明网络工作。张志东找了陈一丹一起加入，陈一丹在深圳大学读的是化学系，马化腾还找了好友许晨晔，而曾李青是最后加入的，他曾经在深圳电信工作，是许晨晔以前的同事。

团队组建完成后，五位成员筹集了 50 万元作为初始资金，并明确了分工。马化腾担任首席执行官，负责公司的总体事务，占股 47.5%；张志东担任首席技术官，负责公司技术部分，占股 20%；曾李青担任首席运营官，负责公司日常运营，占股 12.5%；许晨晔担任首席信息官，负责公司信息部分，占股 10%；陈一丹担任首席行政官，负责公司行政，占股10%，见表 2-6。

表 2-6 “腾讯五虎将”背景及分工

	教育背景	团队分工	股权比例
马化腾	深圳大学计算机系	首席执行官（CEO）	出资 23.75 万元，占 47.5%
张志东	深圳大学计算机系	首席技术官（CTO）	出资 10 万元，占 20%
曾李青	西安电子科技大学计算机系	首席运营官（COO）	出资 6.25 万元，占 12.5%
许晨晔	深圳大学计算机系	首席信息官（CIO）	出资 5 万元，占 10%
陈一丹	深圳大学化学系	首席行政官（CAO）	出资 5 万元，占 10%

2.3.3 创业团队的股权分配

股权一般是指投资人向企业法人投资而享有的权利。创业团队的股权分配是贯穿创业企业发展始终的核心问题，涉及合伙人的利益分配和激励。然而，很多企业在创立初期并没有对股权分配问题给予足够重视，不愿意直面问题，或是只花费很短的时间草草决策，为企业后续的发展埋下了隐患。有数据表明，仅有 68%的企业在公司成立之日或之前即确定股权分配方案，有 42%的企业仅花费不到一天的时间确定股权分配方案。①

在创业团队股权分配的过程中，一般有以下几种出资方式：货币、实物、知识产权、土地所有权等，在上述腾讯案例中，五位创始人就是通过货币出资进行股权分配，这也是最为常见的出资方式，一般来说，其他的出资方式最终也会量化为现金进行股权分配。

① Thomas Hellmann，Noam Wasserman. The first deal：the division of founder equity in new ventures. Management Science，2017，63（8）：2397-2771.

除此之外，一些特殊的有价证券和可以量化的无形资产也可以作为出资方式。腾讯的案例是一个股权分配较为成功的案例，但实践中，也常有因股权分配不妥而导致创业团队分崩离析的例子。

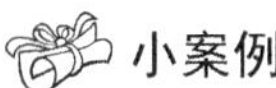 小案例

西少爷的股权纷争

西少爷的创始人在创立西少爷之前曾经成立奇点兄弟计算机科技（北京）有限公司，创始人孟兵、宋鑫、罗高景三人股权占比分别为 40%、30%、30%。三人均是西安交通大学的毕业生，孟兵毕业于自动化专业，曾在腾讯和百度工作；罗高景毕业于计算机专业，既是孟兵的校友，也是前同事；宋鑫毕业于土木工程专业，与其他两人不同，他曾经任职于风险投资机构。三人也各自发挥所长，孟兵和罗高景擅长技术，负责项目开发，宋鑫则负责销售。

然而好景不长，成立四个月后，由于效益不佳，三人放弃原项目，开始重新创业，转做肉夹馍。创办西少爷之初，三人巧用话题和流量带动销售，一篇《我为什么要辞职去卖肉夹馍》的文章令许多白领和大学生感同身受，西少爷的生意一度十分兴隆。在西少爷大热之时，也有投资机构想要注资，且给出了 4 000 万元的高价估值。这是西少爷的高光时刻，也是其生命周期的拐点。在引资过程中，孟兵和宋鑫两人因股权架构问题发生激烈矛盾。孟兵提出组建 VIE 架构，即他的投票权将会是其他创始人的三倍，这一提议遭到了宋鑫的反对。在矛盾进一步激化后，宋鑫被迫离开管理层，并独自创立“新西少”，西少爷肉夹馍正式分家。

创业团队从志同道合到分道扬镳，西少爷在股权分配上存在哪些问题和隐患？创业团队应该如何分配股权？

第一，杜绝股权均分。西少爷之所以出现股权纷争，一大问题在于其公司股权分配过于平均，导致公司缺乏实际的领导者。另一大问题在于协商战线拉得过长，从孟宋两人爆发矛盾开始，直到最后宋鑫出走，一直没有谈拢。因此创业初期股权分配要有一定的差异，使公司能够集权和统一指挥，投资人偏好的股权结构一般是“创始人 50%～60%＋联合创始人 20%～30%＋期权池 10%～20%”。

第二，重视契约精神。西少爷的案例给后来的创业者敲响警钟，如果在创立之初就把确定的所有权分配方案写入法律文件，今天的西少爷会不会是另外一番光景？因此，创业团队需要重视契约精神，以契约形式明确创业团队成员的利益分配机制，事先规避可能存在的风险。

第三，贡献决定权利。在西少爷的案例中，存在权责不清的问题，创业团队需要在资金、技术、市场之间作出合理的权衡，根据实际贡献分配所有权。同时，诺姆·沃瑟曼（2012）建议采用动态视角来分配股权，即每年根据创业团队所作的贡献适当调整股权比例，并事先设计好退出机制，这种分配方式能够更好地适应企业发展不同阶段所面

临的挑战。[①]

2.4 获取创业投资

2.4.1 创业企业的成长阶段

创业企业从创立至发展壮大，离不开资本的助力和支持。因此，理解创业企业的生命周期以及不同阶段的融资选择至关重要。根据风险投资行业的实践，创业企业的成长阶段一般可以分为种子期（seed stage）、成长期（growth stage）、扩张期（expansion stage）和成熟期（mature stage）。

1. 种子期

种子期是整个创业企业生命周期的起点，在这个阶段创业企业甚至还没有正式成立，创业者只是有初步的想法，还要考虑可行性。

在这一阶段，创业者应该竭尽所能去论证创业机会的可行性，包括寻求身边的朋友、家人、同事等的建议，最好能够向在行业内摸爬滚打多年的人进行咨询。最终创业企业能否活下来取决于很多因素，包括创业者自身的能力、进入市场的饱和度和竞争程度、创业企业的资金链等等，所以种子期是寻求建议和试错的最好阶段。

在创业想法经过多方论证之后，就到了正式注册成立创业企业的阶段。数据显示，种子期是整个企业生命周期风险最大的阶段，俗话说“好的开始是成功的一半”，如果开始时出错，则后果不堪设想。

2. 成长期

处于成长期的创业企业一般开始有稳定的收入来源和细分客户群体，并且依然处于吸引新客户的阶段。

这一阶段中，创业者面临的最大挑战是如何合理分配时间和精力去满足企业一系列增长的需求，例如管理不断增加的客户群体，应对来自行业内的竞争，管理处于增长中的企业员工等。同时，这一阶段也是企业广泛吸纳人才的阶段，创业者通常会亲自参与招聘过程，以帮助企业物色具有互补技能的人才。也就是说，创业者在这一阶段依然会经常投身于企业一线，但是也需要花费时间建立企业的制度和秩序，明确责任的界限，使得扩大的团队更有效地运作。

3. 扩张期

这一阶段，创业企业的运行基本进入正轨，员工各司其职，企业也在行业内积累了一定的知名度。创业者更多考虑的是在维持现状的基础上，通过推出新产品或者进入其他地区市场的方式来拓展业务，扩大企业规模。虽然一定程度上的扩张能够助力企业发展，但也要警惕过度扩张的陷阱。虽然商业模式已经得到了实践的检验，但并不能保证其在新产品或者其他地区同样适用，创业者需要在寻求扩张的过程中不断迎接新的挑战。

---

① Noam Wasserman. The founder's dilemmas: anticipating and avoiding the pitfalls that can sink a startup. Princeton: Princeton University Press, 2012.

在收入和现金流方面，随着企业蓝图的确立，处于这一阶段的企业一般会出现收入和现金流的快速增长。

4. 成熟期

在成功度过扩张期之后，创业企业进入成熟期，此时现金流和利润稳步增长。在这一阶段，创业者面临两难的抉择：一是进一步扩张业务板块，二是退出企业。如果创业者决定进一步扩张，需要考虑是否有足够的扩张机会，业务能否保持进一步增长，业务是否能够稳定地应对不成功的尝试。

创业者甚至需要自省是否做好了带领公司进一步扩张的准备。事实上，这一阶段很多创业企业更换了 CEO，聘请经验丰富的职业经理人以应对新的挑战。也有创业者选择出售部分或者全部的企业股权，套现退出。

2.4.2　创业企业的融资选择

处于不同阶段的创业企业有不同的阶段性发展目标，因此对应不同的融资选择。种子期创业企业融资的主要目的是组建团队、明确“痛点”和寻找商业模式，成长期和扩张期融资的主要目的是验证商业模式、拓展团队和业务、力求实现规模化成长，而成熟期融资主要是为了寻找自身发展的“第二曲线”，开发新产品、新业务以保持增长潜力。

1. 天使轮融资

在种子期，创业企业没有稳定的现金流，仅有产品原型，处于高风险状态，很难满足一般风险投资的筛选标准。为了解决这一阶段创业企业的融资需求，市场上涌现出天使投资、创业加速器和孵化器等一系列融资选择方式。

天使投资是权益资本投资的一种形式，主要是指富有的个人出资帮助具有专门技术或独特概念的原创项目或小型初创企业，进行一次性的前期投资。虽然面临高风险，但同时也具有高收益的诱惑。市场上甚至有专门的天使投资机构去寻找有潜力的种子项目，成功的种子项目可以带来高达几十到几百倍的收益。

早期的创业企业很难有固定的办公场所，创业孵化器能够为早期不成熟的创业团队提供办公场所，甚至帮助其链接一些需要的资源，因此是种子期创业企业重要的融资选择之一。加速器对于孵化器的功能起补充作用，孵化器旨在孵化企业的初步想法，顾名思义，加速器则是加速创业企业成长。孵化器的受众较为广泛，门槛较低，只要是拥有创业想法的初创企业即可，而加速器的受众更多是优秀的成长期创业企业。

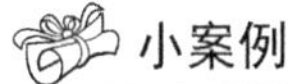

9.2 万美元与 2 200 倍的天使投资回报

1976 年沃兹尼亚克向惠普展示自己研发的计算机主机 Apple 被拒，然后在乔布斯的劝说下成立了苹果公司。对于初创企业来说，资金是一个问题，于是乔布斯找到了风险投资家瓦伦丁，此人后来创建了红杉资本。乔布斯频繁的纠缠，让瓦伦丁甚是烦扰，于是向乔布斯提出“我可以投资，但你需要找个市场营销专家，你们两个人都不懂市场，对未来的市场规模也没有一个明确的概念，这样无法开拓市场”。

瓦伦丁推荐了马库拉，马库拉一下就喜欢上了苹果，同时还成为苹果的初期投资人，不但自己投入9.2万美元，还筹集了65万美元。另外，还由他担保从银行贷款25万美元，总金额100万美元。

1979年苹果再次进行融资，1980年12月12日苹果上市，当天以每股22美元开盘，收盘29美元。乔布斯身价升至2.17亿美元。而最初的投资人马库拉身价达到3.03亿美元，9.2万美元的天使投资增值了2 200倍。

马库拉的9.2万美元是乔布斯和沃兹尼亚克好的创业梦想走向成功的关键。

2. A、B、C轮融资

成长期和扩张期的创业企业一般会向风险投资机构寻求资金支持。该阶段的创业企业往往具有相对完整的团队和较为清晰的商业模式，A、B、C轮的轮次反映的是融资的先后顺序，融资规模一般也呈现递增的趋势。A轮的出资规模一般在2 000万～3 000万元之间，主要目的是验证商业模式的可行性，同时辅助团队进行磨合。B轮和C轮都是在A轮融资基础上的进一步完善，一般B轮和C轮的融资都会考虑扩大现有产品线，进行市场开拓，到C轮之后，效益好的企业几乎可以实现稳定的盈利。这个阶段企业从成长期发展到扩张期，在资本的助力下快速成长。

成熟期的创业企业已具有一定的生产能力、销售规模以及盈利能力，占据较为稳定的市场份额，但同时企业的增长速度逐渐减缓，利润增长率也开始下降。此时，企业需要改善已有产品的性能，投入资金开发新产品和开拓新市场以保持增长潜力。在该阶段，企业为了冲刺IPO，改善财务状况，加速业务发展，可以进行一轮私募融资，即Pre-IPO轮融资。企业进一步发展，具备了公开募集资金的要求和条件后，就可以发行股票或债券。考虑到主板上市门槛较高、周期较长，中小企业板、创业板和科创板是我国众多企业在成熟阶段募集资金的首要选择，早期投资方也能实现成功退出。

小案例

创业企业的多轮次融资及估值

以某创业企业为例，假设其创业团队的原始股份为10 000股，后续获得了天使轮、A轮、B轮、C轮融资并最终实现上市，其各阶段融资和股权情况如表2-7所示。天使轮创业团队获得融资20万元，出让16.67%股权，融资后估值120万元；A轮融资200万元，按每股价值计算，所占股份比例为28.57%，天使投资人股份稀释为10.24%，企业估值700万元，并且按照风险投资机构的要求，设立了员工持股计划（ESOP）10%；B轮融资1 000万元，按A轮投资后每股股价计算，所占股份比例为20%，此时创业企业估值达到5 000万元；C轮融资3 000万元，按B轮投资后每股股价计算，所占股份比例为16.67%，企业估值为18 000万元。在成熟阶段，该企业顺利实现IPO，各阶段投资人也实现了投资回报，估值达到50 000万元。其中，早期投资人的投资回报比最高，天使投资人的增值倍数高达136.5，后期投资人承担的风险相对较小，投资时间较短，相应的投资回报比也较低，例如 C 轮投资人的增值倍数为 2.22。

表 2－7　某创业企业不同轮次的融资及估值

天使轮							
	原始股东			天使投资			
总股本（股数）	10 000				12 000	（扩股 2 000 股）	
每股价值（万元）					0.010		
股东名单	股份数量	股份比例	股权价值（万元）	投资额（万元）	股份数量	股份比例	股权价值（万元）
创业团队	10 000	100.00%			10 000	83.33%	100
天使投资人				20	2 000	16.67%	20
合计		100.00%				100.00%	120
融资前估值（万元）				100			
融资后估值（万元）				120			

A 轮融资	投资时增加职工持股计划（ESOP），A 轮投资者不参与稀释						
	天使投资			A 轮融资			
总股本	12 000				19 534		
每股价值（万元）	0.010				0.036		
股东名单	股份数量	股份比例	股权价值（万元）	投资额（万元）	股份数量	股份比例	股权价值（万元）
创业团队	10 000	83.33%	100		10 000	51.19%	358
天使投资人	2 000	16.67%	20		2 000	10.24%	72
员工持股计划					1 953	10.00%	70
A 轮投资人				200	5 581	28.57%	200
合计		100.00%	120			100.00%	700
融资前估值（万元）				500			
融资后估值（万元）				700			

B 轮融资							
	A 轮融资后			B 轮融资后			
总股本	19 534				24 417		
每股价值（万元）	0.036				0.205		
股东名单	股份数量	股份比例	股权价值（万元）	投资额（万元）	股份数量	股份比例	股权价值（万元）
创业团队	10 000	51.19%	358		10 000	40.95%	2 048
天使投资人	2 000	10.24%	72		2 000	8.19%	410

员工持股计划	1 953	10.00%	70		1 953	8.00%	400
A轮投资人	5 581	28.57%	200		5 581	22.86%	1 143
B轮投资人				1 000	4 883	20.00%	1 000
合计		100.00%	700			100.00%	5 000
融资前估值（万元）				4 000			
融资后估值（万元）				5 000			

C轮融资							
	B轮融资后				C轮融资后		
总股本	24 417				29 300		
每股价值（万元）	0.205				0.614		
股东名单	股份数量	股份比例	股权价值（万元）	投资额	股份数量	股份比例	股权价值（万元）
创业团队	10 000	40.96%	2 048		10 000	34.13%	6 143
天使投资人	2 000	8.19%	410		2 000	6.83%	1 229
员工持股计划	1 953	8.00%	400		1 953	6.67%	1 200
A轮投资人	5 581	22.86%	1 143		5 581	19.05%	3 429
B轮投资人	4 883	20.00%	1 000		4 883	16.67%	3 000
C轮投资人				3 000	4 883	16.67%	3 000
合计		100.00%	5 000			100.00%	18 000
融资前估值				15 000			
融资后估值				18 000			

IPO发行							
	B轮融资前				B轮融资后		
总股本	29 300				36 625		
每股价值（万元）	0.614				1.365		
股东名单	股份数量	股份比例	股权价值（万元）	投资额	股份数量	股份比例	股权价值（万元）
创业团队	10 000	34.13%	6 143		10 000	27.30%	13 652
天使投资人	2 000	6.83%	1 229		2 000	5.46%	2 730
员工持股计划	1 953	6.67%	1 200		1 953	5.33%	2 666
A轮投资人	5 581	19.05%	3 429		5 581	15.24%	7 619
B轮投资人	4 883	16.67%	3 000		4 883	13.33%	6 666
C轮投资人	4 883	16.67%	3 000		4 883	13.33%	6 666
公众股				10 000	7 325	20.00%	10 000
合计		100.00%	18 000			100.00%	50 000
融资前估值				40 000			
融资后估值				50 000			

收益计算			
股东名单	投资成本	股权价值	增值倍数
天使投资人	20	2 730	136.50
A 轮投资人	200	7 619	38.10
B 轮投资人	1 000	6 666	6.67
C 轮投资人	3 000	6 666	2.22

【章节回顾】

1. 创业源于对创业机会的开发和利用。创业机会是通过发现甚至创造新的“目的-手段”关系来实现价值创造，好的创业机会具有吸引力、可行性、及时性以及匹配性等特征。

2. 商业模式是企业价值创造的核心逻辑。商业模式设计的一般过程包括分析并确定目标客户、定义并检验价值主张、设计营收模式和关键流程资源。对于初创企业而言，理解天使用户和初始资源是商业模式设计的起点。

3. 商业机会、资源与创业团队是创业不可或缺的要素，绝大多数创业失败都可归因于创业团队内部的问题。

4. 从投资角度来看，创业企业的生命周期可划分为种子期、成长期、扩张期和成熟期，不同发展阶段对应不同的融资选择。

【思考题】

1. 什么是一个好的创业机会？请结合当下政策、技术、经济、社会背景，阐述一个你认为有价值的创业机会。

2. 什么是一个好的创业团队？中国情境下的创业团队和国外的有何区别？哪些因素可能导致创业团队的失败？

3. 请选择一家中国的独角兽企业，简要分析其商业模式。你认为该商业模式能否持续创造价值？

第 3 章

认识创业风险投资

【本章导读】

本章从史上最成功的风险投资案例——哥伦布发现新大陆入手，介绍风险投资如何将风险和收益通过康曼达模式有效匹配，得出评价风险投资的经济和社会价值标准。在分析风险投资组织形式、资金渠道、分类的基础上，详细阐述其运行机制和投资标准、流程，即从市场、团队、商业模式、持续盈利四个方面筛选项目，最后从创业者角度分析如何有效接触风险投资机构并且成功吸引合适的风险投资，从而帮助创业企业发展。

3.1 史上最成功的风险投资

获得股权融资对于创业企业至关重要。世界上知名的科技企业几乎都是依靠一轮又一轮风险投资发展起来的，无论是总部位于美国的微软、谷歌、苹果、推特，还是中国本土企业百度、阿里巴巴和腾讯等，都是如此。表 3-1 介绍了知名科技企业上市前的融资概况。

表 3-1　知名科技企业上市前的融资概况

企业	上市前融资概况
Facebook	六轮融资，约 13 亿美元
推特	七轮融资，约 12 亿美元
阿里巴巴	四轮融资，约 11 亿美元
百度	三轮融资，约 2 600 万美元
腾讯	一轮融资，约 220 万美元

具体而言，推特在上市前进行了七轮融资，获得近 12 亿美元。推特的 A 轮融资于 2007 年 7 月完成，由合广投资领投，其他的风险投资机构（如 Charles River Ventures）和天使投资人个人（如风投巨子马克·安德森）跟投。①

① 盘点 Twitter 七轮融资：4 年估值增长 100 倍.（2013-09-13）. https://tech.sina.con.cn/i/2013-09-13/10088736965.shtml.

阿里巴巴在上市前进行了四轮融资，最后一轮由雅虎在2005年进行投资，以10亿美元和雅虎中国资产获得阿里巴巴40%的股份，迄今这笔投资几乎获益百倍。[①]

腾讯在上市前只进行了一轮融资，是在第一届中国国际高新技术成果交易会上由IDG资本和盈科数码联合注资，以220万美元换取腾讯20%的股权，而后南非的米拉德国际控股集团（MIH）从盈科数码和创业团队手中收购了一部分腾讯的股份。在2004年上市之前，腾讯重新调整股权结构，MIH与创业团队分别持股50%。目前，MIH持有腾讯33.93%的股权，创始人马化腾个人持股10.22%，不及MIH的1/3。所幸MIH对马化腾及创业团队给予充分信任，一开始就放弃了所持股份的投票权，因此虽然马化腾持有腾讯股份的比例不高，但公司的具体经营管理主要还是由创业团队负责。按照3万亿元的市值来计算，MIH对腾讯的投资实现了几乎上千倍的增长。

那么，这些案例可以被称为世界上最成功的风险投资吗？如果不是，世界上最成功的风险投资又是什么呢？

3.1.1 哥伦布航海

哥伦布发现新大陆可以被称为迄今世界上最成功的风险投资事件，这一事件本身的意义已经超出了经济回报的范畴，可以说打破了整个世界发展的格局。新航路开辟是人类大航海时代的开端，结束了以往世界各地之间相对孤立的状态，促进了不同文化的交汇融合。而此次航海采用的康曼达（Commeda）模式为哥伦布的成功奠定了重要基础。

康曼达模式兴起于中世纪的地中海沿岸，其本质是一种劳资双方合伙经营的商业契约。契约规定其中一方出资但不负责经营，另一方则利用自身经验和技能参与经营，最终双方按照协议约定进行收益分成。出资方对经营活动盈亏承担有限责任，经营者则承担无限责任。1492年，哥伦布用康曼达模式成功说服西班牙伊莎贝拉女王出资，所有的船和人力等物资都由西班牙王室提供，而哥伦布则运用自身的航海技能与经验对此次航海全权负责。所有获得的交易商品，西班牙王室分得90%，哥伦布分得剩下10%，并且承诺封哥伦布为所有占领土地的总督。

这一模式和现在风险投资中常见的有限合伙制一脉相承。

第一步，哥伦布制订航海计划，类似于创业活动中创业者撰写商业计划书。为了更好地使计划落地，哥伦布在地圆说的基础上进行了一系列推演计算，得出可供大航海使用的数据。这也在一定程度上佐证了在撰写商业计划书的过程中，如果能够通过已有的数据进行分析和阐释，会更有说服力。而仅有创业计划，没有资金支持也是远远不够的。

第二步，哥伦布凭借航海计划与数据开始游说英国、法国、意大利、葡萄牙等国，这就类似于创业者寻找风险投资的过程。经历了长达十几年的融资过程后，哥伦布最终成功说服了西班牙伊莎贝拉女王，获得了融资。最初阶段哥伦布选择的都是当时在大航海中具有优势的欧洲国家，例如葡萄牙是航海的先行者，拥有丰富的航海设备和人力资源，而意大利是文艺复兴的发源地，经济实力强盛，但由于航海计划的风险过大，这些

---

① 市值4 700亿美金的阿里巴巴8次融资历程、股权结构演变深度解析.（2017-10-19）. https://www.sohu.com/a/198952589_628446.

国家没有被成功说服。而西班牙本不是哥伦布的首选，甚至没有能力打造一支远洋舰队，但当时西班牙处于内部革命中，急需资金支持，伊莎贝拉女王甚至典当王冠支持哥伦布的航海计划。可见风险投资并不是“一厢情愿”，而需要“情投意合”。

第三步，1492 年双方在西班牙圣塔菲城签订了著名的《圣塔菲协定》，确定双方如何进行权力和利益分配，也就是当代投资谈判协议的雏形。

第四步，经过 1492—1502 年四次航行，哥伦布成功归来，双方按照协定分别获得相应的回报。此次风险投资对于西班牙发展起到重要作用。据统计，1502—1660 年，西班牙从美洲得到大约 18 600 吨白银和 200 吨黄金，获得了美洲大量的土地，直到现在，西班牙语还是美洲大陆的主要官方语言之一。[①] 更广泛地讲，哥伦布发现新大陆为欧洲的强盛提供了强大的物质基础，促进了欧洲资本主义的兴起。

3.1.2 哥伦布航海与郑和下西洋

在哥伦布同时代的中国，也出现了一位航海先行者——郑和。郑和的船队首航于明永乐三年（公元 1405 年），末次航行开始于明宣德八年（公元 1433 年），在这 28 年间郑和船队七次南下西洋。郑和年轻时曾经随侍燕王朱棣，燕王称帝后发现通海会带来经济效益，于是解除海禁允许通商，有意与海外国家建立关系。在郑和之前，明王朝也曾进行过探索与尝试，派遣官员前往印度和马六甲等地。

郑和下西洋，在经济上，开拓了明王朝的海外贸易，但这种厚往薄来的贡赐体系也给经济带来了巨大负担；在政治上，帮助明王朝在东南亚和南亚等地建立起华夷政治体系（以中国为中心的一种国际秩序），展示了明王朝的军事优势。相比于哥伦布大航海给欧洲带来的越来越盛行的航海经济与贸易，在郑和下西洋的百年后，明王朝的通商却走向了海禁。但是无论是从持续时间、航行次数、航船数量大小以及随行人数来看（见表 3-2），郑和下西洋的规模都比哥伦布航海大得多，为什么最终的结果却大相径庭呢？

表 3-2 郑和下西洋和哥伦布航海对比

	郑和下西洋	哥伦布航海
首航时间	1405 年	1492 年
持续时间和次数	28 年 7 次	10 年 4 次
船数	200 多艘（大型宝船 62 艘）	首次 3 艘，最多 17 艘
航船大小	长 151.18 米，宽 61.6 米	长 24.5 米，宽 6 米
随行人数	27 800 人	88 人

我们认为至少有如下两方面原因：

第一，驱动因素不同。哥伦布开辟新大陆的首要动机是去东方寻找珍贵的黄金、香料、茶叶、丝绸、瓷器等，背后有强大的经济利益驱动。而郑和下西洋主要是为了宣扬天朝上国的国威，加强与海外诸国的联系，背后不存在利益驱使，显然这样的活动难以

① 风险投资家哥伦布.（2013-01-16）. https://www.huxiu.com/article/9123.html? f=member_article.

持续。

第二，创新体制不同。哥伦布航海由民间发起，西班牙王室给予支持，并且通过商业契约的形式进行确立。而郑和下西洋是由朝廷官方组织，代表的是国家意志。前者通过市场经济的力量，自下而上发动，全社会参与创新，而后者更多通过中央政府的调控，自上而下推动创新。

3.1.3 资本市场的建立

从曾经的海上探险，到如今的火星探测，巨额收益的诱惑和极高的风险如影随形。如何才能分散风险？这不得不提到世界上第一个股份制公司：荷兰东印度公司。1602 年 3 月 20 日，荷兰东印度公司成立，采用股份制的方式向全社会募集资金，类似于今天的股票公开发行。在全部募集的 650 万荷兰盾股金中，最少的股东只出资几十荷兰盾。荷兰东印度公司凭借先进的航海技术，几乎垄断了欧洲与亚洲之间的香料、丝绸、瓷器等贸易，公司市值最高时超过 7 万亿美元，相当于今天的十个苹果公司，并且在其成立的近 200 年内持续派发平均高达 18%的年度红利，为荷兰创造了巨额的财富。

1609 年，阿姆斯特丹银行建立，它广泛地收集来自社会各界的闲散资金。股份制和金融业的发展把广大居民的利益和海外贸易直接结合起来，荷兰全国从上到下各阶层都卷入了海上贸易的大潮中。因此国土面积不大的荷兰成为了“海上马车夫”，在很长一段时间内称霸海洋。荷兰东印度公司创立之后，股票在募集资本和分散风险的需要中诞生，并最终促成了证券交易所的出现。风险投资以及资本市场机制的建立解决了风险和收益的匹配问题，是人类 400 年智慧的结晶。

从哥伦布开启大航海时代，到西方国家资本市场的建立，现代企业蓬勃发展，激发了人类极大的创造力，推动了西方市场经济的发展。我们应当在回顾总结郑和七下西洋的历史教训时，让历史照进未来，思考当下如何更好地顺应“一带一路”的发展，结合市场经济规律，推动国有经济和民营经济两个主体的积极性，激发全社会的经济活力和创造力，可持续地推进建设。

3.1.4 风险投资的特征

风险投资主要具有以下六方面的特征[①]：

1. 风险投资是一种有风险的投资（risky investment）

风险投资支持的主要对象是创新的技术和产品，也就意味着它和高风险相伴相随。美国一些有经验的风险投资人介绍，在他们所投资的项目中，1/3 血本无归，1/3 盈亏持平，只有剩下的 1/3 有利可图。但风险投资本身就是“长尾效应”非常明显的行业，1/3 甚至更少的获利项目能够覆盖失败和持平的项目，保持盈利。

2. 风险投资是一种组合投资（portfolio investment）

俗话说不要把鸡蛋放在一个篮子里，这也适用于风险投资，为了分散风险，风险投资通常会将资金分散于超过十个项目中，利用个别成功项目的高回报来抵偿其他失败项

---

① 成思危．积极稳妥地推进我国的风险投资事业．管理世界，1999 (1)：2-7.

目的损失并取得收益。

3. 风险投资是一种长期投资（long-term investment）

风险投资退出一般要经历较长的时间窗口，一般在 3～7 年才能通过退出取得收益，而且在此期间还要不断地对有成功希望的项目进行增资。

4. 风险投资是一种权益投资（equity investment）

风险投资是一种权益资本，和银行贷款有所区别。风险投资关注的不仅是其投资对象当前的盈亏，也关注项目的发展前景和未来潜力，以便能通过 IPO 或者并购的方式退出取得高额回报。

5. 风险投资是一种专业投资（professional investment）

风险投资不仅向创业者提供资金，其管理者还提供所积累的经验、专长以及人脉，积极参加管理与创业者共同创办的企业，也就是风险企业的经营管理，尽力帮助创业者取得成功。

6. 风险投资是一种分阶段投资（staged investment）

风险投资通过提供不同阶段的风险资本来助力企业的发展。

种子轮：最早一轮的融资需要证明一个新想法，通常由天使投资者提供。股权众筹也已成为种子资金的一种选择。

增长：助力企业早期的销售和产品制造。A 系列可以被认为是 A 轮机构融资，这通常是风险投资人进入的阶段。随后的投资回合称为 B 系列、C 系列等。这是大多数公司增长最快的时期。

扩展：也称为夹层融资，是为新获利的公司扩展资金。

退出：风险投资人可以通过二次出售、IPO 或收购退出。当新的投资者（风险投资机构或私募股权投资者）购买现有投资者的股票时，早期的风险投资机构可能会在之后的回合中退出。有时，一家非常接近 IPO 的公司可能会允许某些风险投资人退出，而新的投资者可能希望从 IPO 中获利。

桥梁融资是创业公司在完整的风险投资轮次之间寻求资金时进行的。目标是筹集较少的资金，而不是进行全面融资，现有投资者通常会参与其中。

3.1.5 如何评价风险投资的经济价值

哥伦布航海之后，风险投资行业愈发蓬勃发展，尤其是在欧美资本主义国家，家族基金、专业机构投资者陆续大量涌现。而在中国，风险投资在经济社会中扮演越来越重要的角色，清科研究中心调查发现，2021 年 645 家在国内外资本市场上市的中国企业中，有 432 家背后有风险资本的支持，比例高达 66.98%。[①] 风险投资作为高风险高收益的典型代表，有成功也有失败，且风险投资具有长尾效应。在众多投资案例中，通常以失败案例居多，那么如何评价风险投资机构的经济价值呢？

1. 常见评价标准

理论和实践层面的风险投资经济价值的评价标准有所差异，下面将列出几种比较常

---

① 2021 年度 IPO 退出报告：IPO 盛宴下的回报焦虑．(2022－03－22)．https：//research. pedaily. cn/202203/488785. shtml.

见的评价标准，主要从投资数量和质量两个维度评价。

第一，投资回报率。不论是以财务目标还是以战略目标为导向的投资机构，投资回报率都是一个最为直接的衡量因素。早期投资人，以及专注于成长期、扩张期和成熟期的投资人，他们的首要目标都是将手中的闲置资金效益最大化。投资回报率是一个比较综合的衡量指标，能够兼顾投资的数量和质量两个维度。

第二，投资案例数量。这一指标主要从投资的数量维度出发，观测机构在同一时间段内的投资案例数量，一定程度上能够表征机构的活跃程度与资金丰富程度。

第三，投资金额。这一指标主要从投资的质量维度出发，观测机构同一时间段内投资所有标的企业的总金额，同样能够表征机构的资金丰富程度。但投资金额总量高并不意味着投资案例数量多，这与机构的投资策略相关，即对多个标的企业均投资一小部分资金分散风险，还是集中重金去培育少数项目。

2. 风险投资机构榜单

清科研究中心每年会根据一系列标准评选风险投资机构榜单，自 2001 年起，清科研究中心已经连续 22 年发布中国股权投资年度排名。由于不同类型的投资机构在关注阶段、投资情况上具有一定的差异性，对于它们的评价体系也有所不同。根据清科研究中心发布的评分标准，在早期投资机构的评价体系中，机构的综合退出水平占比高达 45%，投资的案例数量和投资金额分别占 15%，退出金额和募资金额分别占 10%，而管理可投资中国的资本量占比最少，只占 5%。其中，综合回报水平由 IPO 或并购案例数、退出金额、项目回报倍数以及内部收益率（internal rate of return，IRR）等要素共同决定，最终的综合得分按照评分项目和权重的乘积求和得出。

在 2022 中国股权投资年度排名总榜单中，蓝驰创投、中科创星、真格基金分别位列 2022 年中国早期投资机构 30 强的前三名。红杉中国则在 2022 年风险投资领域独领风骚，囊括 2022 年度中国最佳创业投资机构、中国最佳募资创业投资机构、中国投资最活跃创业投资机构等多项荣誉。[①]

3. 产业投资与国资投资机构的评价标准

不同于风险投资机构，产业投资机构更多通过投资服务于整个母公司的战略布局，根据清科研究中心发布的评分体系，主要通过投资案例数量、投资案例金额和退出的综合回报水平进行衡量，权重分布和财务投资机构也有所不同。其中，投资案例数量和金额占比最高，分别占 40%，而退出的综合回报水平反而不是战略投资机构最重要的衡量因素，只占 20%。在清科创业发布的 2022 年中国战略投资者 10 强榜单中，阿里巴巴、比亚迪投资、联想创投、宁德时代、OPPO、普洛斯、泰格医药、腾讯投资、小米、字节跳动强势上榜。

在国资投资机构评价方面，国有控股或者国有实际控股的风险投资机构与一般的早期机构类似，退出的综合回报水平权重最高，占整个评价体系的 45%，综合回报水平的测算采用与早期机构同样的方式。而投资案例数量和金额权重仅次于综合回报水平，各占 20%，退出金额以及管理可投资中国的资本量占比也较小。清科创业发布的 2022 年国

① 2022 年中国股权投资年度排名总榜单. (2022-12-23). https://news.pedaily.cn/202212/505828.shtml.

资投资机构 50 强榜单，并没有详细披露排名，代表性的机构有光大控股、国投创合、深创投、元禾控股等。需要说明的是，此榜单只统计了国有机构直接投资的数据。

3.1.6 如何评价风险投资的社会价值

2017 年中央经济工作会议指出："中国特色社会主义进入了新时代，我国经济发展也进入了新时代，基本特征就是我国经济已由高速增长阶段转向高质量发展阶段。推动高质量发展，是保持经济持续健康发展的必然要求，是适应我国社会主要矛盾变化和全面建成小康社会、全面建设社会主义现代化国家的必然要求，是遵循经济规律发展的必然要求。"在我国经济转向高质量发展阶段的新背景下，企业的经济价值不再是公众关注的唯一衡量指标，高质量发展给企业提出了新的要求，对于风险投资机构亦是如此。

经济学家陈湛匀在一次公开演讲中也曾提到，中国经济从高速发展转向高质量发展，资本向善是一种社会发展的趋势，能够为社会创造持续的价值。资本向善一方面能够抵制资本的无序扩张带来的市场乱象，例如房地产行业、教育行业等出现的垄断行为；另一方面也是对以往经典的"先污染后治理"模式的抵制，对于投资方来说，有些项目虽然有利可图，但是以污染环境、降低人类生活质量为代价，这种模式是不可持久的。因此资本向善是其内在的本质要求，只有向善的资本，才能做大做强，才能做得更长久。①

1. ESG 投资

在高质量发展新要求的大背景下，ESG 投资的概念应运而生。在 ESG 理念流行之前，更为人熟知的是责任投资的概念。责任投资旨在将环境、社会和治理因素纳入投资决策，进而达到更好地管理风险并且长久地产生可持续回报的目标。ESG 投资虽然和责任投资密切相关，但在侧重点上有所不同。责任投资是相对于绿色金融产生的更广阔的概念，它将投资责任的对象扩大到社会层面，而 ESG 投资则更多是从实际操作的角度提供一个全面和统一的框架。

知识点

ESG 投资

ESG 是 environmental（环境）、social（社会）、governance（公司治理）的缩写形式，是一种关注企业环境、社会、公司治理绩效而不仅仅是财务绩效的新兴评价体系。

近期的国家政策也释放出在国家层面强调 ESG 理念的信号。2021 年 9 月 29 日，国家能源集团绿色低碳发展投资基金由几家大型国企联合设立，旨在为绿色低碳以及新能源产业发展提供多元化的资金支持。基金投资运作后，预计可以撬动 600 亿元左右的资金扶持

① 著名经济学家陈湛匀教授强调：资本向善，共同富裕.（2021-10-25）. https://finance.ifeng.com/c/8AbP91r21PO.

绿色低碳产业的发展。时隔不到一个月，2021 年 10 月 24 日，国务院发布《2030 年前碳达峰行动方案》，提出要将碳达峰贯穿经济社会发展全过程和各方面，并且发布了关注的重点对象，也被称为“碳达峰十大行动”。2020 年 11 月 12 日，中国证券投资基金业协会于天津召开“2020 中国责任投资论坛——ESG 探索与发展”，会议强调，ESG 投资将改善资本运用逻辑，进而推动实体企业改善自身价值增长方式，十分契合我国实现高质量发展的精神。由此可见社会价值日益重要，在这样的背景下，如何评价风险投资的社会价值成为值得深入探讨的问题。

2. 风险投资机构的社会责任

歌斐资产的创始人兼 CEO 殷哲在 2021 年新年致辞中提道：“中国正处于新旧经济结构更换的时刻，资本向善、资本向上的作用在这个时期比过去更为重要，只有资本被更有效地引导和利用，才能更快更有效地推动中国经济转型和发展，这也是我们所处这个行业的意义和使命，团队携手努力，与行业共成长。”按照歌斐资产的投资理念，资本是有初心的，初心至善。危难之时，以投资助力优秀企业纾困，以投资推动新商业模式的兴起、新经济企业的成长，以投资帮扶中小微企业，给社会增添烟火气息。

在不久的将来，经济回报不再是评价风险投资的唯一标准，社会价值也会被更多地纳入考量。对比清科研究中心最新的评选标准，除了经济价值之外，机构的曝光度、影响力等指标也已纳入评价体系，风险投资的评价标准也在不断变化，与时俱进，我们有理由相信，投资机构虽然以盈利为导向，但社会价值相关指标最终也会占据一席之地。

小案例

红杉中国与社会责任

2021 年 10 月 18 日，风险投资行业领军机构红杉中国发布了首份社会责任报告，报告指出，红杉资本将积极地向社会责任投资的方向趋近，将社会责任融入机构日常运营和投资决策的各个方面。①

第一，红杉致力于支持有助于解决社会问题、创造社会价值的项目。红杉提出了“投早投小，长期陪伴”的口号，在投资过程中，红杉鼓励创业者进行革命性、突破性的尝试，并且愿意和创业者共同面对过程中的曲折与磨难。在红杉的整个投资中，早期投资约占 80%，充分证明了红杉卓越的眼光和投资的勇气。

第二，将社会责任与自身的日常运营结合。在行业层面，红杉倡导行业中正直有道德的经营风气，保护投资者权益；在员工层面，红杉鼓励员工绿色出行，节约能源。

第三，红杉制定 ESG 条款，旨在将 ESG 理念嵌入机构的募、投、管、退各个环节，实现与被投企业在 ESG 领域的深入沟通。

---

① 红杉首份社会责任报告：做“公益者背后的公益者”.（2021-10-19）. https://www.cyzone.cn/article/655214.html.

3.2　风险投资机构和资金渠道

3.2.1　风险投资机构的组织形式

想要了解风险投资机构的资金来源和渠道，不得不提及风险投资机构的组织形式。在现代资本市场中，主要存在三种风险投资机构组织形式：公司制、信托制以及有限合伙制。

公司制主要有两种类型：一是风险投资机构以股份制公司或有限责任公司的形式进行组织，通过定向或者公开发行股票的方式进行募资；二是作为母公司的独立风险投资部门，也被称为公司风险投资（corporate venture capital，CVC），我们所熟知的百度、阿里巴巴和腾讯都是公司风险投资的典型代表。

信托制起源于英国，其核心是委托-代理的法律关系。信托制风险投资基金依托信托法设立和运行，主要涉及委托人、受托人、受益人三方主体，委托人建立起信托关系，将其资金财产委托给受托人，并且监督受托人，创业投资机构通常扮演受托人的角色，帮助委托人处置信托资产，使其收益最大化。在我国的资本市场中，委托人和受益人一般是一致的。

有限合伙制结合了公司制和信托制的优点，在避免公司制双重税负的同时能够实现有效激励。

3.2.2　有限合伙制风险投资机构

有限合伙制风险投资机构主要由三个实体组成，分别是管理公司（management company）、有限合伙人（limited partnership，LP）和普通合伙人（general partnership，GP），如图 3-1 所示。

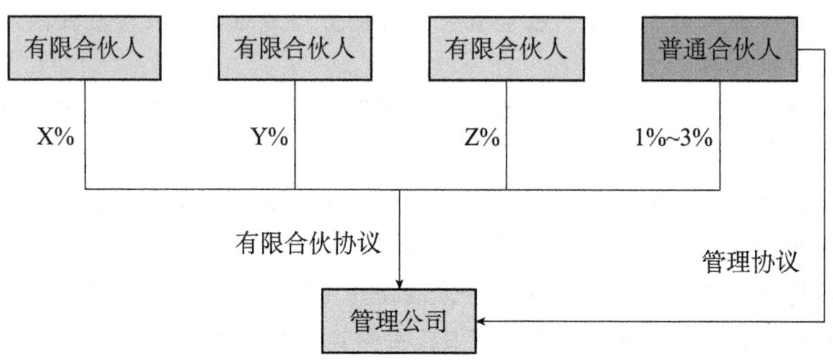

图 3-1　有限合伙制示意图

管理公司的持有人通常是资深合伙人，在风险投资基金的日常运作中一般扮演授权代理人的角色，主要职责包括招聘机构员工、提供日常运营管理等。而管理公司一般不受新老基金更替的影响，也就是说即使老的基金会解散，新的基金会成立，管理公司也不会发生变化。

第二个重要实体是有限合伙人，其中对应的个体，即参与出资的众多基金投资者也被称为有限合伙人，如前文哥伦布航海案例中的伊莎贝拉女王。在绝大多数情况下，有限合伙人都有最低的出资额度，同时，其出资的资金也会有一个锁定期，以保证投资过程的连续性。

第三个重要实体是负责实际管理的普通合伙人，如前述案例中的哥伦布。在早期的部分基金中，由董事总经理个人承担类似职责，但随着行业的发展分工越来越精细化，普通合伙企业渐渐发展为独立的法律实体。

 小案例

创新工场的GP/LP模式

以创新工场为例，据其官网介绍，创新工场的资金来自全球各地的投资者，其中既包括专业投资机构和战略投资者，也包括一些家族基金和个人出资，这些都是创新工场的有限合伙人。而创新工场机构则被称为有限合伙企业，其中最有名的普通合伙人是李开复，他于2009年9月创立这家投资机构，专注于科技创新型企业投资，目前担任投资机构董事长兼首席执行官。需要说明的是，管理公司和实际募集到资金的有限合伙企业是不同的实体，因此也会产生截然不同的兴趣和动机，可能会对创业者产生潜在的影响。

1. GP/LP模式的特点

有限合伙企业从法律意义上来讲并不是一家公司，所以不在《中华人民共和国公司法》的适用范围内，而是受2007年6月1日施行的《中华人民共和国合伙企业法》的约束。GP/LP模式主要有以下四大显著特点：

第一，法律责任。有限合伙企业由普通合伙人与有限合伙人组成，前者负责合伙企业的经营管理，并对合伙债务承担无限连带责任，后者不执行合伙事务，仅以其出资额为限对合伙企业债务承担有限责任。也就是说当合伙企业不能清偿到期债务时，有限合伙人仅以其对有限合伙企业的出资额为限承担责任，剩余的由普通合伙人承担无限连带责任。需要强调的是，根据《中华人民共和国合伙企业法》第六十八条，有限合伙人不执行合伙事务，但能对企业的经营管理提出建议；对涉及自身利益的情况，可以查阅相关财务资料。

第二，利益分配。普通合伙人和有限合伙企业之间签署管理协议，一般而言，普通合伙人依照合伙企业的管理资金规模按年收取管理费用，正常情况下在1%～3%。除了管理费用之外，普通合伙人负责的项目也根据收益按比例收取佣金，下面会详细说明风险投资基金的薪酬机制。

第三，到期清算问题。GP/LP模式是有管理期限的，一般为5～10年。基金到期后由融资方回购基金持有的股权，基金管理人将基金总收益按合伙协议约定进行分配后，完成合伙企业的退伙、清算。管理期限，从基金设立日起4～5年为投资期，投资期结束后1～2年为退出期，普通合伙人可依情形决定延长两次，每次延长一年，最长期限一般为10年。

第四，税收问题。根据《中华人民共和国合伙企业法》，合伙企业并不是纳税主体，在法律上采用先分成后缴税的方式，即由各有限合伙人自行交税。但在实际操作中，由于有限合伙人分布地域范围较广，地区之间税收政策不同，难以管理，一般采用普通合伙人代扣代缴的方式，税收整体在20%～35%。

2. 风险投资机构的盈利模式

除了风险投资基金的组织架构之外，基金的薪酬机制也备受关注。一般而言，薪酬主要来源于两个部分：收益分成、管理费。

收益分成是风险投资人赚钱的大头。收益分成（carried interest）是指风险投资人投资成功后，在偿还有限合伙人的本金和利润之后剩余的利润部分，一般而言，存在固定的分配比例，80%归出资人所有，剩下的20%则是普通合伙人的利益分成。

基金的管理费一般按基金规模每年收取1%～3%，主要用来补偿管理基金所需的日常开支，比如员工工资、办公室租金、差旅费等。这一部分的费用更加稳定，几乎是完全独立于投资绩效的，并且一般与基金的规模呈负相关，基金规模越大，管理费率越低。管理费率也不是一成不变的，在新项目投资期限，即承诺期（commitment period）前后，管理费率可能会进行微调。一个投资机构在一段时间内通常会募集多个基金，以创新工场为例，官网显示其目前共管理五只美元基金和五只人民币基金，其中既包括专注于投资种子轮的前沿科技基金，也包括专注于成长期企业的智赋成长基金，因而会获得多笔管理费用。

3.2.3 资金来源的主要渠道

创业维艰，创业融资的过程也很艰难，风险投资机构募资的过程也很坎坷。风险投资机构募资的渠道和对象多种多样，大致可以分为以下几类：

1. 家族基金

家族基金（family foundation）是一些富有家族出于资产长期管理和代际传承的需要设立的投资工具。美国的梅隆家族和菲普斯家族都是设立家族基金的先行者，而最富影响力的还属美国的洛克菲勒家族。从19世纪末到20世纪中期，洛克菲勒家族凭借在原油行业卓越的影响力，积累了大量财富。1937年，洛克菲勒家族的净资产估值约为14亿美元，近似美国GDP的1.5%。为了更好地管理和传承这些财富，约翰·洛克菲勒于1882年成立了家族办公室。约翰·洛克菲勒本人相比于风投更热衷于慈善事业，家族办公室在他的孙子劳伦斯·洛克菲勒手中才开始真正发挥风投的作用。

而在中国，家族基金才刚刚兴起，根据《中国家族慈善基金会发展报告（2018）》，我国共有家族慈善基金会268家，占全国基金会总量的4%，2005—2017年，中国家族慈善基金会捐赠支出呈几何级数增长，由873万元增长至37亿元。[①] 目前，我国代表性的家族基金会包括老牛基金会、王振滔慈善基金会等，前者的发起人为内蒙古蒙牛集团创始人牛根生，后者的发起人为浙江奥康鞋业股份有限公司董事长王振滔。

---

① 中国家族慈善基金会发展报告（2018）.（2019-01-15）www.bnu1.org/show_1357.html.

2. 高净值个人

高净值个人主要是指金融资产和投资性房产等可投资资产较高的社会群体，在中国一般是指资产净值超过 1 000 万元人民币的个人，而在美国一般以 100 万～1 000 万美元为衡量标准。根据招商银行发布的《2021 中国私人财富报告》，截至 2020 年底，中国可投资资产在 1 000 万元人民币以上的高净值人群数量高达 262 万人，2018—2020 年年均复合增长率为 15%，中国的高净值人群人均可投资资产约为 3 209 万元人民币。报告也指出，近年来中国高净值人群的投资心态也发生了一定变化，主要包括结构分化、需求多元、产品服务生态化、服务模式更混合、财富目标更综合等。

3. 大公司

大公司也是常见的资金来源渠道之一。2022 年 1 月，母基金研究中心发文称，美团、宁德时代、小米、比亚迪等公司扎堆做有限合伙人。2021 年末，伊利全资子公司 China Youran Dairy Holding Limited 发布公告，称已经签署了两份投资协议，作为有限合伙人以自有资金认购 Community Fund LP 基金份额，认缴出资额为 4 200 万美元。Community Fund LP 以有限合伙企业形式组建，专注于投资新技术及消费升级等相关领域的优秀子基金。

2021 年 10 月，在伊利公告的两个月前，以电池起家的上市公司比亚迪也发布公告，称其控股子公司 Golden Link Worldwide Limited 作为有限合伙人，同样对 Community Fund LP 进行认缴出资，总金额高达 3 亿美元。根据公开信息，新能源巨头宁德时代作为有限合伙人已经出资超过 30 亿元，仅在 2021 年一年中就投资超过 13 元基金，基金分布遍及全国。①

除了传统的汽车、地产行业之外，新兴的互联网巨头也不甘落后。例如美团接连在创投产业布局，除了创始人王兴作为个人有限合伙人多次注资基金（例如源码资本）之外，美团系的资本也覆盖了辰海资本、零一创投、钟鼎资本及美团自己的龙珠资本等多家风险投资机构。除了美团之外，腾讯、小米、唯品会等互联网巨头在 2021 年均有出手。

4. 银行

2021 年 1 月末，我国发布了《建设高标准市场体系行动方案》，此方案第 18 条指出“鼓励银行及银行理财子公司依法依规与符合条件的证券基金经营机构和创业投资基金、政府出资产业投资基金合作”。目前，已有多家银行在股权投资市场进行探索，中国工商银行旗下的工银理财早在成立之初就推出了以科创为主题的投资产品，致力于投资未上市且具有发展潜力的科技创新企业。除此之外，工银理财已于 2020 年 3 月、6 月、12 月和 2021 年 3 月分别注资四只基金，其合作方包括工银亚投和富浙资本等工银旗下其他机构或者第三方机构。

不同于中国工商银行以参股基金进入股权投资市场的 LP 模式，中国建设银行旗下的建信理财采用 LP 加直投的混合模式。建信理财在 2020 年 10 月和 12 月分别注资了由

---

① 美团、宁德、小米、比亚迪……扎堆做 LP 了.（2022-01-16）. https://mp.weixin.qq.com/s?＿biz=MzUyNjc2NjA4OQ==&mid=2247509739&idx=1&sn=2838d4e308201fa631fe639d 3fb72bd9&chksm=fa0b3f8dcd7cb69b65af547ff58051cde2b0e698a4ce629125f8a3e5b01837991ef222fad0d8&scene=27.

武侯资本管理的成都武侯武资投资管理中心和由广东恒信基金管理的广东建恒乡村振兴股权投资基金合伙企业。不同于工银理财的基金管理人选择，建信理财选择的基金管理人基本都是具有国资背景的第三方管理人。建信理财还以直投的方式注资盛虹集团，持股比例为12.8%。

5. 大学捐赠基金

大学捐赠基金（university endowment）是教育捐赠基金中重要的一类，它发源于美国，是美国高等学府中流行的一种校友捐赠机制，其本质是一种非营利性的社会公益组织。捐赠基金由校方设立管理，主要分为设立投资公司和投资办公室两种模式，并依靠资本运营的收入覆盖部分学校的教育与科研经费，一定程度上能够和政府拨款、学费等其他收入来源相互补充。

美国大学捐赠基金已经成为美国资本市场上最重要的资本来源渠道之一，美国国家学院和大学商务办公室联合会（National Association of College and University Business Officers，NACUBO）与美国教师退休基金会（Teachers Insurance and Annuity Association-College Retirement Equities Fund，TIAA-CRFF）的统计数据显示，截至2019年末，美国774所大学捐赠基金总规模高达6 300亿美元，扣除日常运营管理费用后，平均收益率约为5.3%。[①]

相比于以哈佛和耶鲁为代表的美国大学基金，中国的大学捐赠基金才刚刚起步。IT桔子统计报告显示，虽然国内高校获得的捐赠基金不断增加，但在总体规模和基金运营方面依然和美国有很大差距。成立于1994年的清华大学教育基金会是我国第一家高校教育基金会，虽然成立时间早，但实际上清华大学在2007年才开始尝试投资基金，即自己控股的“启迪创投”。截至2017年底，清华大学教育基金会的总资产为73亿元，大约为哈佛或耶鲁大学基金会规模的1/10。从投资数量来看，清华大学教育基金会投资了27家机构（表3-3列出了部分），公开披露的投资金额在18.8亿元左右，在国内处于一个比较领先的位置。

表3-3　清华大学教育基金会代表性基金

机构名称	所投基金	投资时间	投资金额（亿元）	份额
启迪创投	启迪创业投资有限公司	2007年		控股
美锦投资	上海信泽创业投资中心（有限合伙）	2011年	0.5	43.60%
泰有投资	杭州泰之有创业投资合伙企业（有限合伙）	2016年	0.5	25.64%
同渡创投	南通同渡信康创业投资合伙企业（有限合伙）	2016年	0.5	30.67%
源渡创投	苏州源渡成长投资合伙企业（有限合伙）	2017年	0.83	
清科母基金	珠海清科和清一号投资合伙企业（有限合伙）；杭州清科和思投资管理合伙企业（有限合伙）	2017年	5.0	

资料来源：IT桔子。

① 高校教育基金专题报告精华（附最新高校捐赠基金收益率）.（2021-01-05）. https://www.sohu.com/a/442665459_120866873.

6. 慈善基金

在我国的风险投资基金来源中，慈善基金长期以来占比较低，甚至不足 1%，而在美国的公募和私募基金中，养老金和其他社会捐赠基金占比超过 40%。[①] 例如 2015 年 12 月 1 日，扎克伯格夫妇宣布为庆祝女儿的出生，将他们持有的 Facebook 约 99%的股份捐献给慈善机构（市值大约为 450 亿美元），用以促进人类发展，推进世界和平等。

但这种慈善基金的建立得到的并非全是赞美，也有人质疑扎克伯格夫妇创立 Chan Zuckerberg Initiative 有限责任公司不仅可以帮助他们管理资金，还能够帮助他们避税，甚至由于有限责任公司的固有性质，无须像传统基金会一样向公众披露公司的具体活动。而在中国，代表性的慈善基金组织主要是由一些国有企业或者协会设立的，例如中国人寿慈善基金会、中国妇女发展基金会等。

7. 保险基金

保险机构是风险投资市场重要的参与群体之一，但和慈善基金面临的情况相似，保险基金在中国有限合伙人群体中占比也较低。银保监会 2021 年工作会议指出，推进保险资金运用市场化改革被列入全年监管工作重点。

清科研究中心发布的《2021 年中国保险公司股权投资研究报告》显示，自 2008 年起，不论从投资基金金额还是数量上来看，中国的险资有限合伙人都呈现出波动上涨的趋势，在 2016 年达到最高，全年共设立 114 只基金，认缴 2 542.57 亿元基金份额。根据清科研究中心分析，我国的保险基金大面积兴起于 2015 年，当年的保险基金较上年同比增长 100%，而随后 2016 年和 2017 年两年保险机构参与较为积极，多只国资大基金设立，2018 年资本市场受到资管新规的影响，资金规模迅速收紧，呈现断崖式下滑的趋势，因此险资有限合伙人的基金数量和规模都呈现出先增后减然后逐步回暖的趋势。

保险机构在投资时倾向于选择国资背景基金。例如中国代表性保险基金公司之一中国人寿保险（集团）公司作为有限合伙人，在选择基金管理人时存在明显偏好。中国人寿偏好具备国资背景的机构，希望被投资的基金承担一定的政策目标，以基础设施、FOF 基金或产业扶贫基金为主。除了国资背景的基金之外，中国人寿也会注资一些处于头部的风险投资机构，这类机构在其整个基金管理版图中约占 30%。

8. 政府基金

政府基金是近年来有限合伙人的主力军之一。投中网数据显示，《关于规范金融机构资产管理业务的指导意见》对有限合伙人的募资产生了直接冲击，在 2017—2019 年活跃有限合伙人的构成中，政府引导基金以及国有企业占比大幅上升，并且连续三年保持 5%的增长趋势，很多新成立的基金背后都有政府引导基金的支持。

而在 2021 年投中网发布的活跃有限合伙人榜单中，国有资本出资占比已经超过 60%。不仅有省级的资金，一些地级市甚至区县的资金也成为市场重要的出资力量。而在投中网发布的 2021 年中国最受普通合伙人关注的政府引导基金 TOP 20 榜单中，深圳市引导基金以1 000 亿元的管理规模高居榜首，紧随其后的苏州天使母基金和南京市新兴

---

① 2019，谁将成为私募的新生命线：慈善基金.（2019-06-15）. https://www.jiemian.com/article/3220314.html.

产业发展基金，也备受广大普通合伙人的关注。而湖北省省级股权投资引导基金和广州市科技成果产业化引导基金分列第 4 和第 5 位。从认缴金额来看，深圳市引导基金和厦门市产业投资基金以 1 000 亿元位列第一，另外国家科技成果转化引导基金认缴金额也超过 500 亿元。

有限合伙人的另一大显著特征是头部聚集效应明显，根据投中网调研的结果，在 2019 年有限合伙人榜单中，管理规模超过千亿的机构占比大约为 7.5%，而其管理资金规模却占上榜有限合伙人总体规模的 43.44%。[①] 值得一提的是，投中网连续多年发布中国年度最受普通合伙人关注的母基金、政府引导基金、财富管理公司、新锐基金、保险基金等榜单，2021 年最受普通合伙人关注的有限合伙人既有以歌斐资产、招商财富为代表的母基金，也有以传化资本、武汉光谷金控为代表的新锐合伙人，以及以工银安盛、国华人寿为代表的银行保险公司。[②]

目前对于资本来源渠道并没有一个统一的标准，《母基金周刊》将资本来源渠道分为五类，分别是政策型 LP（国家或区域政府引导基金、集成军工等产业基金等）、公共型 LP（社保基金、企业年金、捐赠基金等福利型基金）、金融机构 LP（银行、券商、保险、信托、金控等）、产业 LP（央企、国有、民营等上市或非上市公司）和家族 LP。[③]

需要注意的是，一家风险投资机构宣布已经募集到一只基金的时间，并不是资金真正到账的时间。一般而言，风险投资机构手头上保留的现金较少，当风险投资机构决定向某个创业项目注资时，需要向有限合伙人发起申请，这一过程被称为出资请求（capital call）。正常情况下，资金在风险投资机构发起出资请求之后的两周左右到账。但是在极少数异常情况下，有限合伙人也有可能拒绝出资。出现异常的原因主要如下：一是和风险投资机构所作的投资决策有关，即有限合伙人否定了风险投资机构所作的投资决策，认为不值得投资；二是主要和宏观经济环境或者有限合伙人自身的经营决策相关，即有限合伙人自身出现了资金短缺的情况，无法履行出资义务，例如 2008 年金融危机以及 2020 年新冠疫情暴发后，曾出现过类似的情形。相比原因一，原因二更为常见。

3.2.4　有限合伙人类型与风险投资机构分类

根据有限合伙人的类型，风险投资机构主要分为三类：独立风险投资（independent venture capital，IVC）、企业风险投资（corporate venture capital，CVC）和政府风险投资（government venture capital，GVC；也称为 government agencies），这三种不同类型的风险投资机构也反映出三种不同类型有限合伙人的不同认知、偏好和行为决策。

CVC 是成熟企业对创业企业的少数股权投资形式。CVC 的形式可追溯到 1914 年，时任杜邦公司的董事长投资通用汽车公司（GM），并且在第一次世界大战之后二次注资。

---

① 投中 2019 年有限合伙人榜单发布.（2019-10-22）. https://www.chinaventure.com.cn/report/1010-20191022-1575.html.

② 投中 2021 年有限合伙人榜单发布.（2021-12-23）. https://www.chinaventure.com.cn/news/80-20211223-366332.html.

③ 母基金周刊：解密募资地图和“金主”背后的诉求.（2019-12-03）. https://cj.sina.com.cn/articles/view/1704103183/65928d0f02001f4iq? cre=tianyi&mod=pcpager_fin&loc=2&r=9&rfunc=99&tj=none&tr=9.

杜邦公司希望这笔资金帮助通用汽车公司加快产品研发，此次投资也获得了可观的收益。中国著名的CVC机构包括互联网公司阿里巴巴、字节跳动、腾讯等。相比于普通的家族基金等有限合伙人，大公司凭借对行业深入的钻研和理解，具有独特的优势。但也有研究发现，正因为如此，大公司也有动机和能力侵蚀创业企业的利益，尤其是在知识产权制度不完善的地区。① 本书将在第9章对CVC进行详细介绍。

GVC主要是指有限合伙人中由政府主导的风险投资机构，既可能是国务院相关部门，也可能是省级或市级、县级的政府。我国著名的GVC主要包括深创投、元禾原点等。与以利益为主导的IVC和以公司战略为主导的CVC不同，GVC在投资方面更有地区大局观，更多偏向于技术创新类项目，希望以此推动整个地区的创新发展水平，为此政府甚至不惜以补贴的形式进行鼓励。根据2016年上海发布的《上海市天使投资风险补偿管理暂行办法》，对投资机构投资种子期科技型企业所发生的实际投资损失，由专项资金给予最高不超过60%的风险补偿；投资初创期科技型企业发生的实际投资损失，给予最高不超过30%的风险补偿。

华盛顿大学的埃米莉·帕恩克及其合作者研究发现，IVC自身往往拥有高学历人才和丰富的投资经验，倾向于从商业和经济的角度为创业企业提供建议，但一般很少能在具体的技术问题上给创业企业提供帮助；而技术专长是CVC的独特优势，但是受限于大公司内部庞杂的组织架构，战略投资部往往只是大公司的一个部门，在给创业企业提供帮助时需要其他部门的协同；GVC则兼具丰富的技术和商业资源，但其除了考虑商业逻辑，也会从国家经济发展或创新增长的角度出发，更愿意支持技术创新类项目，促进国家科技的进步。②

研究表明，三种不同类型的风险投资机构的差异主要体现在规范（norm）、战略（strategy）、关注点（attention）三个维度，如表3-4所示。

表3-4 独立风险投资、企业风险投资和政府风险投资的差异

具体维度	IVC （职业逻辑）	CVC （企业逻辑）	GVC （政府逻辑）
规范			
成员标准	高学历、工作经验丰富	企业内部技术和管理经验	具有相关背景的专家
依托基础	过往成功的投资记录	企业商业和技术的成功	政府背景
组织结构	合伙人结构、层级简单； 合伙人有较高决策权	复杂层级结构； 权力分散、内部冲突多	专家具有高度决策权
战略			
身份	高度参与的企业顾问； 创业企业的共同缔造者	技术和产品的侦查员； 创业企业与大企业的连接者	公共资金的管理者

① Dushnitsky G, Shaver J. Limitations to interorganizational knowledge acquisition: the paradox of corporate venture capital. Strategic Management Journal, 2009, 30 (10): 1045-1064.

② Emily Cox Pahnke, et al. Who takes you to the dance? How partners' institutional logics influence innovation in young firms. Administrative Science Quarterly, 2015, 60 (4): 561-595.

优势	流程规范化； 投资关系网络	丰富的企业和行业知识	技术和商业资源丰富； 政府信誉背书
关注点			
成功因素	与创业企业的亲密关系	企业高质量的投资组合	高质量创业者的科技自主权
投资特征	常规且有节奏的进程； 分阶段融资	长期导向的投资； 与企业战略契合	高质量的创业者； 具有社会价值的项目

资料来源：Emily Cox Pahnke，et al. Who takes you to the dance? How partners' institutional logics influence innovation in young firms. Administrative Science Quarterly，2015，60（4）：561－595.

3.2.5 有限合伙人评价标准

清科集团每年从募资、投资和退出三个维度评选年度有限合伙人榜单，根据年度情况对评选标准以及权重进行微调，表 3－5 列出了清科 2020—2022 年中国股权投资基金有限合伙人榜单评选指标和权重。

第一，从募资维度主要分为累计投资和当期新增投资两个指标，在这三年中，募资维度指标所占权重呈下降趋势，2020 年管理可投资中国资本量占比 10%，而 2021 年和 2022 年缩减到 5%，2020 年当期新增管理可投资中国资本量占比 20%，而 2021 年和 2022 年也缩减至 10%。

第二，从投资维度也分为累计投资和当期新增投资两个大指标，各自下分数量和质量两个小指标，即投资的基金数量和金额。累计投资的两个小指标三年权重基本持平，均占比 10%；而当期新增投资的基金数量和金额是评选中最看重的，三年中均是如此，2021 年合计占比 60%，2022 年虽然有所下降，但合计也占到一半权重。

第三，从退出维度同样分为当期退出和累计退出的基金金额两个指标，退出维度的权重在三个维度中最小，2021 年合计只占总权重的 5%，而 2022 年有所上升，权重合计和募资维度持平。

表 3－5 清科 2020—2022 年有限合伙人评选指标和权重

指标		2020 年权重	2021 年权重	2022 年权重
管理可投资中国资本量		10%	5%	5%
当期新增管理可投资中国资本量		20%	10%	10%
累计投资	投资 VC/PE 基金数量	10%	10%	10%
	投资 VC/PE 基金金额	10%	10%	10%
当期新增投资	投资 VC/PE 基金数量	20%	30%	25%
	投资 VC/PE 基金金额	20%	30%	25%
当期退出基金金额		5%	2.5%	10%
累计退出基金金额		5%	2.5%	5%

资料来源：重磅！清科 2020 年中国股权投资基金有限合伙人榜单评选大幕拉开！.（2020-05-19）. https://new.qq.com/rain/a/20200519A0N67F00；重磅！清科 2021 年中国股权投资基金有限合伙人榜单评选正式启动！.（2021-04-12）. https://baijiahao.baidu.com/s?id=1696809629590469262&wfr=spider&for=pc；重磅！清科 2022 年中国股权投资基金有限合伙人榜单评选如约而至！.（2022-04-13）. https://new.qq.com/rain/a/20220413A07M8500.html.

3.3　风险投资运行机制与流程

资本市场上的风险投资机构多种多样，既有以IDG资本、红杉中国为代表的老牌外资风险投资机构，也有以腾讯、字节跳动、阿里巴巴等为代表的新兴互联网投资机构，那么这些投资机构在获得有限合伙人的资金之后如何维持运营？如何挑选有潜力的项目呢？

风险投资机构的运行一般由募、投、管、退四个环节组成（见图3-2），而且需要循环运行，任何一个环节掉链就无法形成循环。"募"是指募集资金，是首要任务，需要和出资人即有限合伙人建立良好的关系；"投"是指投资，也是重点任务，要投好项目需要有好的眼光和好的运气，就像找到合适的对象，建立好的婚姻关系；"管"是指投后管理，是投融资双方共同努力创造企业价值的过程；"退"是指退出，即通过并购、IPO、清算等方式实现投资回收的过程，"投"是为了"退"，"退"的问题在"投"的时候可能就已经设计好了。

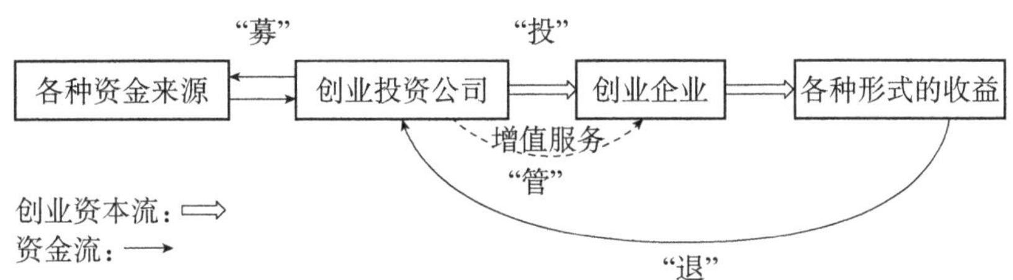

图3-2　风险投资机构的运作流程

3.3.1　风险投资机构的决策流程

哈佛大学商学院的保罗·冈珀斯清楚地阐述了风险投资机构的整个决策流程，见图3-3。他们调研了美国绝大多数领先的风险投资机构，并且收到了900多家机构的回复。

图3-3　风险投资机构的决策流程

风险投资机构面临的第一项任务是和有寻找资金意向的创业企业建立联系（hunting for deals），这个过程在业内也被称为产生交易流（generating deal flow）。布雷耶资本的创始合伙人吉姆·布雷耶认为高额回报的基础是高质量的交易，他也是Facebook的第一位投资人。他发现，最好的交易大多来自他信任的投资人、创业者或者教授的推荐。

布雷耶的这种筛选方法非常常见，冈珀斯的文章指出，超过30%的交易来自风险投资人前同事或者工作伙伴的介绍，20%的交易来自其他熟人的推荐，只有10%的交易是通过电子邮件中投递的商业计划书进行的。[①] 但是随着电子通信工具的日益成熟，如今缺乏人脉的创业者接触到风险投资机构的机会逐渐增加，很多投资机构都会主动在网络上寻找目标企业。

在找到潜在的交易对象之后，风险投资机构会与感兴趣的项目团队进行面谈，如果面谈之后依然觉得项目有潜力可投资的话，风险投资机构就会进入一系列的审查环节，排除不可靠的或者不合适的投资对象，这一过程被称为“narrowing the funnel”，即缩小风险投资机构意向企业的范围。在审查的过程中，最重要的环节是尽职调查。

进行尽职调查的根本原因在于双方之间信息不对称，投资机构很难通过短时间的接触发现项目中存在的潜在问题，因此尽职调查也是弥补双方信息不对称的一种方式。整个尽职调查工作的核心是业务尽职调查，财务、法律等方面的调查都是围绕业务调查展开的。尽职调查最终要生成尽职调查报告，作为投资决策委员会（简称“投委会”）决策的辅助材料，提供更多关于标的企业的信息。本书第 6 章将对尽职调查的流程、方法等详细展开说明。

3.3.2 风险投资的筛选标准

风险投资募、投、管、退四个环节中最核心的环节是投资，因而投资机构在选择创业企业时慎之又慎，往往通过多个维度评估考量创业企业的综合能力和价值。投资机构筛选创业企业往往以 4M 作为标准，即 Market（市场）、Management（管理）、Model（模式）、Money（资金），如图 3-4 所示。

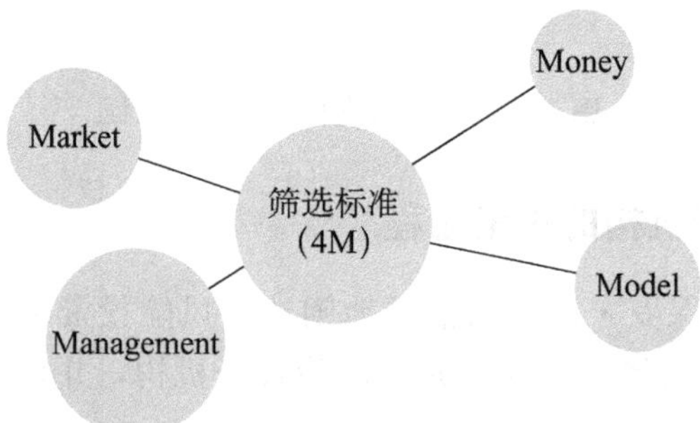

图 3-4 风险投资筛选标准 4M 模型图

第一，高速成长的大市场。市场决定了企业的边界，创业企业如果进入了一个饱和的市场，则难以立足和成长，不同的市场代表着创业企业不同的成长基点，优秀且有前景的市场最终才能孵化出有潜力的创业企业。小米创始人曾经谈到著名的飞猪理论——风口站对了，猪也可以飞起来。这里的“风口”指的就是高速成长的市场。例如“双碳”目标下的新能源汽车行业，以及疫情时代下的生物医药产业，市场需求量激增，都可以称为“风口”。而大的行业里又分成许多子行业，也称为“赛道”，比如新能源汽车行业中又分成电池、电机电控、智能网联等细分行业。巴菲特有一句名言：“人生就像滚雪

---

① Paul Gompers, et al. How do venture capitalists make decisions. Journal of Financial Economics, 2020, 135 (1): 169-190.

球，最重要之事是发现湿雪和长长的山坡。”在诸多赛道里，要选择的便是“长坡厚雪”的赛道，即那些发展空间巨大，能够通过复利的长期作用带来持续收益的行业。

知识点

赛道

赛道的概念最先兴起于一级市场，即风险投资人和天使投资人当中。投资人一直致力于寻找改变世界、改变人类生活的风口。这种“改变世界”的思维就是典型的赛道思维。总而言之，赛道投资就是投资于未来有巨大发展潜力的行业中的企业。

第二，合适且优秀的管理团队。投资领域的经典哲学是“投资就是投人”，真格基金也一直贯彻这一理念，尤其是对于早期项目，很难有产品或财务数据作为参照，只能依赖于对创始人和创业团队的把握。例如真格基金投资完美日记也是投资其创始人黄锦峰，投资优客工场也是投资其创始人毛大庆。不仅创始人个人十分重要，创业团队也同样重要。

什么是创业团队？真正的团队需要满足两个条件：其一是互补性强。在创业团队中，有成员负责技术研发，有成员负责开拓市场，有成员负责财务预算及融资，这体现团队的互补性。所以刘备、关羽和张飞不算是团队，刘备是领导者，关羽和张飞是武将，还需要加上谋士诸葛亮，才能有人出谋划策、有人执行任务、有人开拓业务，形成团队合作一起打天下。其二是打不散的才是团队，即持续性要强。临时组建的小组不算是团队，团队的形成需要成员之间长时间的磨合，遇到困难能够互相扶持，不离不弃，有一定的黏性和持续性。一般团队成员相处 3～5 年以后，才能真正了解彼此，可以协同作战。西天取经的唐僧团队，经历九九八十一难，是一支打不散的团队，最后得以完成任务。

第三，可验证的商业模式。商业模式的概念很复杂，宾夕法尼亚大学的埃米特和佐特将商业模式概念化为一种利用商业机会创造价值的交易结构或者治理方式。简言之，商业模式决定了企业赚钱的方式，好的商业模式能够让企业更加高效地赚钱，即在同一时段，使企业获得更多的利润。例如，同样是社交领域的企业，Facebook 通过投放广告赚钱，而腾讯发现通过社交发展游戏产业才是最赚钱的。不同的商业模式是企业基于自身产品和服务，根据不同国家的经济政策环境和消费习惯不断磨合而成的。因此，创业者需要在实践中不断试错完成确认。Facebook 和腾讯也并非一开始就找到适合自身的赚钱方式，而是经过实践不断验证和迭代，进而总结出各自最高效的赚钱方式，把企业做大做强。

第四，持久的盈利能力。除了如何高效地赚钱之外，投资人同样关注企业如何持久地赚钱。竞争优势是否存在门槛决定了创业企业能否持久盈利。技术门槛实际上就是企业的护城河，较高的技术门槛就像宽阔的护城河一样能够在一段时间内防止竞争对手的模仿和复制，从而帮助创业企业长久且持续的赚钱。

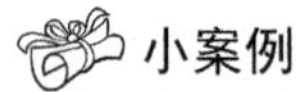 小案例

苹果公司如何打造企业护城河

2007 年，乔布斯推出初代 iPhone，凭借产品独特的外观和强大的功能惊艳世界，由此开启了智能手机的新时代。16 年来，苹果公司陆续推出新的机型，每一代都吸引了全球消费者的关注，2022 年初苹果公司成为全球首家市值突破 3 万亿美元的公司。那么，苹果公司如何持续创造价值和盈利？这与苹果公司建造的护城河息息相关。在产品方面，苹果公司依托强大的创新能力构建起包括 iPhone、iPad、Apple Watch 等产品在内的全球产业链，iCloud、iTunes 构成的软件生态则是整个产业链的重要支撑，通过打造封闭的体系产生巨大的网络效应，大大增加用户的转移成本，提高用户黏性，最终形成“硬件—软件—用户—品牌”全方位的竞争优势。

上述投资决策机制也带给创业者启示，创业者要从 4M 维度考虑如何打造精品的创业项目，尤其是在融资过程中，要尽量将这四个维度的内容清晰呈现在商业计划书中。

3.3.3 风险投资机构的投资策略

风险投资机构在不同方面具有不同的投资策略。

第一，风险投资机构在行业选择上具有不同的投资策略。例如成立于 2001 年的青云创投，专注于投资清洁技术领域，旗下基金投资于国内外节能、环保、新材料、新能源汽车和智能技术等领域；同年成立的高特佳投资集团则重点投资医疗健康产业，包括生物医药、医疗器械和医疗服务，在其投资的所有创业企业中，医疗健康类占 50%以上。

投资的行业分类和企业的行业分类有所不同，2021 年投资领域比较火的行业包括先进制造、半导体、医疗健康、人工智能、企业服务、碳中和等。清科 2021 中国股权投资年度排名总榜单也会对行业细分奖项进行评选，主要关注投资机构投资于该行业的案例数量、金额以及退出的综合回报水平，权重分别为 30%、30%和 40%。表 3-6 展示了在各个领域投资的代表性机构。

表 3-6 2021 年中国行业细分投资代表性机构

投资领域	代表性机构
先进制造	CPE 源峰、小米集团、东方富海、国投创新、同创伟业、北京华控、华金资本、金石投资、两江资本、前海方舟等
半导体	华登国际、临芯投资、中芯聚源、中金资本、电科资本、华金资本、上海国盛资本、泰达科投、武岳峰资本、招商资本等
医疗健康	北极光创投、启明创投、经纬创投、元生创投、高瓴投资、奥博资本、本草资本、达晨财智、鼎晖投资、华盖资本等
消费	BAI 资本、GGV 纪源资本、鼎晖投资、高榕资本、真格基金、CMC 资本、高瓴投资、黑蚁资本、加华资本、顺为资本等

续表

投资领域	代表性机构
人工智能	BV 百度风投、创新工场、经纬创投、腾讯投资、五源资本、IDG 资本、国新基金、红杉中国、源码资本、真格基金等
企业服务	CPE 源峰、GGV 纪源资本、IDG 资本、高瓴投资、红杉中国、经纬创投、深创投、腾讯投资、云启资本、钟鼎资本等
碳中和	IDG 资本、北汽产投、国投创益、红杉中国、建信（北京）投资、经纬创投、深创投、毅达资本、招银国际资本、中金资本等

资料来源：清科 2021 中国股权投资年度排名总榜单．(2021－10－22)．https：//m.pedaily.cn/news/479869.

清科研究中心发布的《2021 年中国股权投资市场全景报告》显示，2021 年 70%的投资案例分布在 IT、生物技术/医疗健康、半导体及电子设备、互联网这四大领域，其中最多的是 IT 领域，投资案例数量超过 3 000 起。相比于 2020 年同期，增幅最多的是汽车、连锁及零售、清洁技术和半导体及电子设备这四大领域，案例数量分别同比增长 106.1%、140.8%、91.9%和 86.7%。总体来说，在新冠疫情肆虐的大背景下，医疗行业的重要性再次凸显，2021 年国务院也发布多项政策推动医疗产业的建设，医疗赛道的整体投资活跃度持续提升。受制于新冠疫情和政治原因，全球芯片供应链短缺，导致近几年中国市场中半导体行业投资节奏明显加快。

第二，风险投资机构在创业企业的不同阶段具有不同的投资策略。孵化器、众创空间、加速器类投资机构专注于扶持早期创业企业，而社保、保险基金等倾向于投资成熟期的创业企业。例如，真格基金是国内著名的早期投资机构，其从创业早期开始助力小红书、Nuro、依图科技等企业成为行业独角兽；而秉鸿资本虽然在节能环保、先进制造等领域都有所涉足，但其在投资阶段方面致力于投资成长期或者成熟期的创业企业。

《2021 年中国股权投资市场全景报告》显示，2021 年市场投资偏好扩张期的创业企业，扩张期投资案例总数为 5 823 起，占比 47.5%，扩张期投资金额为 6 765.69 亿元，大约占投资总金额的 50%。

第三，风险投资机构在选择退出方式上具有不同策略。例如夹层基金主要通过贷款合同收回本息，从而实现退出，而 IPO、并购、管理层收购等也是常见的退出渠道。根据《2021 年中国股权投资市场全景报告》，2021 年中国股权投资市场一共发生 4 532 起投资案例，同比增长 18%左右。在所有的退出事件中，最普遍的是通过 IPO 的方式退出，受到 2021 年注册制改革持续推进和北交所开市的影响，2021 年有 3 099 起投资事件通过 IPO 的方式退出，约占 68%；在 IPO 常态化的背景下，并购或者借壳的退出方式明显减少，共计约 195 起，分别同比下跌 37.3%和 91.2%。不同的退出策略也和阶段选择有一定关联，早期投资主要以股转退出为主，占比 55%左右，而成长期、扩张期以及成熟期的投资都以 IPO 为主要退出方式。

哥伦比亚大学商学院的王丹和其合作者 2022 年的最新研究显示，风险投资机构之间以往的联合投资经验促使创业企业通过并购的方式退出，他们认为这是一种更加聚焦的成功（focused success），若风险投资机构之间以往合作投资的次数较少，则这些机构后续联合投资的创业企业更倾向于以 IPO 退出，即广泛成功的方式（broad success）。①

3.4 吸引合适的风险投资

3.4.1 创业者如何接触投资人

创业的一大难点就是如何找到融资。美国的一位投资人披露，2003 年其在生物科技领域一共收到了 189 份商业计划书，其中只有 42 个项目最终被约谈见面（占比 22.2%），而只有 13 个项目走到了尽职调查的环节（占比 6.8%），最终只有两个项目成功获得融资（占比 1%），从中可见创业融资之难。那么创业融资的渠道究竟有哪些？创业者又该如何抉择？表 3－7 总结了四种常见的寻找融资的方式及其优缺点。

表 3－7 创业企业寻找融资的方式及其优缺点对比

方式	具体信息	优点	缺点
网络投递	通过风险投资机构的网站提交商业计划书，或者向对方发送电子邮件	范围大	反馈少
朋友介绍	通过商业伙伴或者其他朋友介绍投资机构	可信度高	范围小，缺乏针对性
会议/中介	参加行业会议、项目推荐会议或者寻求投资中介的帮助	效率高，针对性强	可能增加费用
守株待兔	酒香不怕巷子深，投资机构主动上门洽谈	效率高	针对性弱，被动

第一，网络投递。创业者通过电子邮件的形式将商业计划书发送给投资人，如果投资机构网站有投递渠道，也可以通过网站直接提交。网络投递的优点是方便快捷，且可投递的范围大，缺点是获得反馈的概率小，很多邮件最终石沉大海，杳无音讯。

第二，朋友介绍。创业者通过商业伙伴或者其他朋友的关系联系投资机构或投资人，优点是可信度较高，缺点是朋友关系有限，能够链接的范围较小，缺乏针对性。

第三，会议/中介。会议主要包括行业会议、项目推荐会议等，例如互联网大会、医疗机构峰会有很多投资机构参加。

第四，守株待兔。创业者选择这种方式的前提是项目足够好，创业者足够自信会有投资机构主动寻找，这是一种比较被动的寻找融资的方式，并且可能需要较长的时间。

3.4.2 早期创业企业的融资渠道

相比于成长期或者成熟期的创业企业，早期创业企业由于项目不成熟、风险大等原因，具有天然的融资劣势，难以通过传统的融资方式（如银行借款、发行债券等）获得资金。那么，早期创业企业有哪些融资渠道？

---

① Wang Dan, et al. The past is prologue? Venture-capital syndicates' collaborative experience and startup exits. Academy of Management Journal, 2022, 65 (2): 371－402.

1. 早期资金来源（4F）

第一种渠道是创始人（founder）自身积累的财富，即创始人的自有资金。自有资金对于创始成员的资产情况有一定要求，比较适合工作后再创业的创业者或者连续创业者，其优点在于可以完全按照自己的意愿发展企业，无须投资人介入。俄克拉何马大学的洛厄尔·布塞尼茨和他的合作者研究发现创业团队投入自有资金的程度代表了创业团队自身的自信程度，创业团队投入的自有资金也会影响投资人的出资意愿。① 美国《公司》（*Inc.*）杂志曾对美国 500 强企业创业资金的主要来源进行调查，发现 55%的企业的初始资金来源为个人储蓄，见图 3-5。

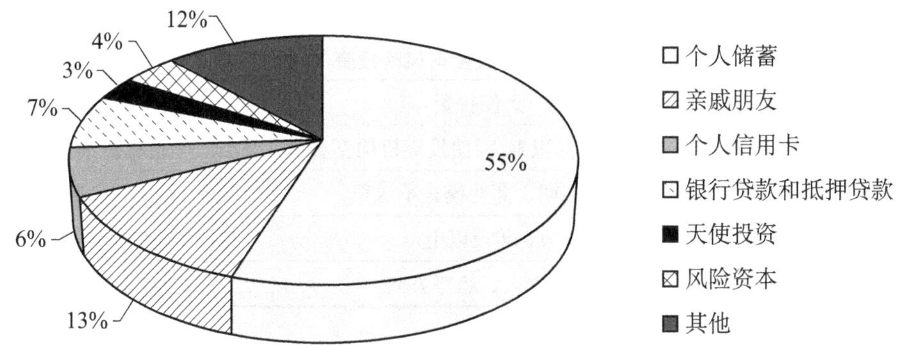

图 3-5　美国 500 强企业创业资金的主要来源

资料来源：美国《公司》杂志。

第二、第三种渠道主要来源于朋友（friends）和家人（family）。例如豆瓣创始人杨勃的初始资金来源于清华同学的 2.5 万元；搜狐创始人张朝阳的创业资金来自其麻省理工学院的老师；谷歌的天使投资人是两位创始人的导师，1998 年当时还在斯坦福大学读书的拉里·佩奇和谢尔盖·布林在导师家的门廊进行了路演展示，当场得到了导师 10 万美元的支票，而这也是谷歌的第一笔资金。

第四种渠道——天使投资人，常被戏称为“傻瓜”（fools），他们愿意在公司刚刚起步甚至只有一个创意时把钱投资给素不相识的创始人，所以在外人看来，他们与傻瓜无异。天使投资起源于美国百老汇戏剧作品“百老汇天使”（Broadway Angels），指美国一些富有的家庭或个人出资资助百老汇默默无闻的年轻演员进行公益演出，帮助他们实现梦想的善举，在此基础上演化出“天使投资人”的概念，指具有一定净财富的个人或机构，用自有资金对新兴的、有巨大发展潜力的种子期或初创期企业进行的股权投资。由于创业项目早期具有模糊性和不确定性，天使投资人的投资大多以投“人”为主，投资的是对创始人的信任。

天使投资与风险投资的主要差异体现在以下方面（如表 3-8 所示）。第一，在资金来源方面，天使投资的资金大多来源于个人财富积累，而风险投资机构的资金往往是通过向有限合伙人募集而得，因此，天使投资的投资规模相对较小，依赖于投资人个人的

① Lowell W. Busenitz，et al. Signaling in venture capitalist. New venture team funding decisions：does it indicate long-term venture outcomes?. Entrepreneurship：Theory and Practice，2005，29（1）：1-12.

决策，而风险投资一般需要通过投委会投票表决，才能决定资金的流向。第二，在投资阶段方面，天使投资倾向于投资初创期、商业模式尚不成熟的初创企业，而风险投资覆盖的阶段更宽，包括初创期、发展期和扩张期的企业，可见天使投资承担的风险更高。第三，在投资周期方面，天使投资一般会伴随初创企业 5 年以上，助力其后续的发展和融资，而风险投资由于面临退出压力，一般有 3～5 年的投资周期。第四，在关注点上，天使投资更加注重对于创业者、市场趋势和方向的把握，而风险投资需要更加全面地考虑产品特征、市场反馈等因素，以期在投资周期内获得可观的投资回报。考虑到上述差异，创业者需要结合企业发展阶段、预期融资金额、资源诉求等因素综合评估选择天使投资或风险投资。

表 3-8　天使投资与风险投资的对比

维度	天使投资	风险投资
资金来源	个人财富积累/天使投资机构基金	机构募集资金
投资阶段	初创期、商业模式不成熟	初创期、发展期、扩张期
投资周期	5 年及以上	3～5 年
关注点	注重人、趋势方向	注重产品、市场反馈

IT 桔子的调查显示，截至 2022 年 5 月，获得天使投资的两万多家国内企业中进入下一轮融资的概率为 45%，获得天使投资后成功上市的企业有 2%，现有 134 家在榜独角兽企业，57 家退榜独角兽，合计 191 家，即晋级独角兽企业的概率不到 1%。[①] 可见，天使投资是一种具有高风险的早期投资。

2. 政府对早期创业企业的扶持

在“双创”政策的推动下，政府也会给予创业企业一定政策倾斜，扶持政策如雨后春笋般涌现，其中资金来源主要包括三类，分别是政府经济发展机构、商业大赛、创业孵化器。

第一类是政府经济发展机构，既有中央部委直接设立的扶持基金，例如科学技术部 1988 年设立的火炬计划，初衷是推动国家高新技术产业的形成和发展，包括面上项目和重大项目两种形式；而国家集成电路产业投资基金是由国家财政、国开金融、亦庄国投等代表北京市及北京经济技术开发区共同发起设立的专项产业基金，重点投资于半导体和集成电路等领域。也有地方政府根据各地民情设立的扶持政策，例如瞪羚计划，是中关村科技园区管委会为改善中关村科技园区的融资难环境，发挥政府的引导作用，帮助园区内的中小企业获得融资而制订的。

第二类是商业大赛，包括中国创新创业大赛、中国“互联网＋”大学生创新创业大赛等，这类比赛一般由政府机构或者高校牵头组织，获奖项目可能会获得大赛组织方的赞助以及一些投资人评委的青睐。中国“互联网＋”大学生创新创业大赛创立于 2015 年，截至 2021 年已经成功举办了七届。首届大赛由教育部牵头组织，吉林大学承办，当时只有创意组和实践组两个组别。而到了第二届，大赛分成创意组、初创组和成长组三

① 2022 年中国天使投资行业报告.(2022-06-20). cdn. itjuzi. com/pdf/1904bc66bd6f6a 890663298fc8790655. pdf.

个组别。第三届大赛相对于前两届变化较大，一方面新增就业型参赛组别，另一方面首次设立国际赛道，并且提出鼓励高校科技成果转化的项目参赛。从第四届开始，为响应国家政策号召，大赛新增“青年红色筑梦之旅”赛道。2019 年举办的第五届大赛参赛人数大幅上升，超过 119 万个团队参加，覆盖了 51 个国家和地区，参赛的项目和学生数量接近前四届的总和。2020 年举办的第六届大赛大约有 147 万个团队报名参加，2021 年举办的第七届大赛团队数量再创新高，共有来自 121 个国家和地区的 228 万个项目参赛。

第三类是创业孵化器，如李开复创办的创新工场、杭州滨江区的海创基地等各地政府设立的科技产业园等。随着“大众创业、万众创新”的深入推进，创业孵化器也呈现出“体系完善、模式创新、注重实效、政府引导、国际拓展”的新发展态势。创业孵化器已经成为各地方政府践行创新驱动发展战略，加快科技成果转化，促进经济转型升级的重要手段。《中国创业孵化发展报告 2018》统计，截至 2017 年全国科技企业孵化器已经达到 4 069 家，在孵科技型中小企业 17.5 万家，累计毕业企业 11.1 万家，培育高新技术企业 1.1 万家，占全国高新技术企业总数的 8.2%，带动就业总人数高达 256.5 万。创业孵化器能够为早期不成熟的创业团队提供办公场所，链接其他创业资源，是早期创业企业获得融资的途径之一。报告统计结果显示，截至 2017 年底，全国的众创空间多达 5 739 家，为创业企业提供工位数超过 105 万个。全国创业孵化器累计帮助 4 万家企业获得近 2 000 亿元的风险投资。孵化器毕业后上市和挂牌的企业达到 2 777 家，占创业板上市企业总数的 1/7，占新三板挂牌上市企业的 1/10。

3.4.3 如何找到合适的投资人

有人说寻找投资人就如同寻找结婚伴侣，能否找到合适的投资人“结婚”影响婚后的幸福感，而婚后也需要投资人和创业者共同经营，若是引入投资人之后出现严重的分歧，则不利于创业企业的成长和发展。创业企业引入投资人后，双方就像在一艘大船上，需要往一处使力才能乘风破浪，行驶得更稳更远。但是在实际投资中，投资人和创业者经常对于船往哪里开产生分歧，创业者希望在长期将企业经营得更好，但投资人往往受制于投资周期和退出需求，存在急功近利的心态。例如曾经被资本竞相追捧的瑞幸咖啡在资本驱动下野蛮扩张，最终泡沫破裂；而蔚来汽车在持续亏损的情况下，迫于投资方的压力急于上市退出，一年后市值缩水超过 80%。在这样的情况下，创业者和创业企业如何找到合适的投资人注资至关重要，合适的投资人是助力、是伙伴，而不合适的投资人往往会给创业企业带来负面效应，甚至加速创业企业的灭亡。

1. 创业者的主动权不断提升

传统观点认为，风险投资是买方市场，投资机构占据主导地位，而创业企业因资金等实力不足而处于弱势地位。然而，随着风险投资行业发展成熟，投资机构与创业企业之间的关系发生动态变化，逐渐形成一个双向互动和选择的关系。可从美国风险投资发展的三个阶段来一探这种变化。

第一阶段可以追溯到一些基于个人财富或者家族财富的早期实体向现代风险投资机构演变的过程，例如 20 世纪 50 年代洛克菲勒家族的文洛克风险投资公司，截至 1996 年共投资 221 家处于起步阶段的公司，这些公司在得到投资后都取得了良好的业绩，因此劳伦斯·洛克菲勒也被称为“风险投资之父”。这一阶段被认为是风险投资行业的起步阶段，市场供给方即风险投资机构稀少，导致风险投资机构需要花费大量的时间筛选创业企业，创业企业需要思考的核心问题是如何能够吸引风险投资机构的青睐，取得融资。

第二阶段 20 世纪 80 年代是美国风险投资行业发展的一个分水岭，20 世纪 70 年代风险投资基金的年度新增投入为 1 亿～2 亿美元，但在 20 世纪 80 年代超过了 40 亿美元。这一阶段趋近于风险投资行业的发展期，投资机构以及募集到的资金量快速增长，市场上的需求和供给关系开始发生转变，导致创业企业的话语权有所提升，创业企业不仅思考如何吸引融资，甚至开始关注企业是否真的需要风险投资介入。

第三阶段 20 世纪 90 年代被称为风险投资行业的成熟期，这一阶段风险投资行业高速发展，风险投资市场上的供求关系继续转变，风险投资基金的供给量越来越多。在这一阶段，创业企业的主体作用日益凸显，话语权逐渐提升，一些明星企业或者行业独角兽企业甚至拥有和多个风险投资机构接洽的机会，在这种情况下，创业企业关注的问题变为如何选择合适的投资人。

有学者就不同阶段风险投资行业发展变化的原因进行分析，认为主要有三点：一是精益创业模式的兴起导致创业企业对于资本需求的变化，他们从 Google Trends 上收集了近 15 年人们对“business plan”（商业计划书）、“minimum visible product”（最小可行产品）及“pivoting”（转型）的搜索兴趣变化，发现和精益创业核心思想相关的词被关注的频率越来越高，相反，商业计划书的热度总体呈现出下降趋势。相比于传统的创业方式，精益创业强调实验逻辑而非精心计划，对资金的需求大大降低。[①] 二是资本供给的增加，供给增加主要体现在以下几个方面：已有投资总人数的增长，例如天使投资人和超级天使的出现；资本来源途径的增加，尤其是近几年一些新兴资金来源途径的兴起，例如众筹平台和创业孵化器，给创业者提供了更多选择。三是资本的地域跨度，以前由于通信设备的落后，投资信息很难跨地域流动，且跨地域投资不便于双方后续的接洽，同时也不利于风险投资机构投后对于创业企业的增值和监督，因此资本持有方大多倾向于在本地进行投资。但是近年来信息技术的快速发展为跨地域投资提供了可能。例如对中国市场的研究发现，风险投资可以从高铁的开通中获益，当创业企业和风险投资机构所在城市之间能够乘坐高铁便利到达时，跨地域投资带来的不便利性能够减弱。[②] 同时，日益加剧的投资竞争也迫使一些地方性投资机构打破安于现状的局面，跨地域寻求新的投资机会。

2. “明星企业”的选择

中国的风险投资行业虽然起步晚于欧美，但是呈现出和欧美市场大致相似的发展趋势。中国风险投资行业起步于 20 世纪 80 年代中期，经历了创业板开板、北交所开市等事件之后基本进入了多种投资机构协同发展的局面，不管是早期进入的外资风险投资，还是最近几年兴起的互联网战略投资，都呈现出欣欣向荣的发展趋势。市场上的部分创

① Gary Dushnitsky, Sharon Matusik. A fresh look at patterns and assumptions in the field of entrepreneurship: what can we learn?. Strategic Entrepreneurship Journal, 2019, 13 (4): 437-447.

② Jiamin Zhang, Qian Gu. Turning a curse into a blessing: contingent effects of geographic distance on startup-VC partnership performance. Journal of Business Venturing, 2021, 36 (4).

业企业，尤其是一些处于风口行业的企业或者明星企业，也开始拥有对风险投资机构的选择权。

例如，新冠疫情下的医疗健康行业就曾出现风险投资机构“排队”投资某几家企业的现象，北极光创投的宋高广曾经表示：“医疗产业在未来十年会发生巨大的变化，2020 年是大变化的开端。我们有一个项目新一轮的机构名额只有 1～2 家，但目前排队的机构就达到了 17 家。”类似地，半导体行业在近几年也备受投资机构追捧。华山资本的创始人杨镭也发现“没有机构不渴求半导体项目。现在市场流动性比较大，再加上大家热情高涨，愿意去赌未来其中会诞生中国的芯片巨头”。

除了医疗健康、半导体等风口行业中的企业，其他行业中的明星企业同样面临如何选择合适的风险投资机构的问题。梅花创投的创始合伙人吴世春曾在一次访谈中提到“在一些非常火的项目上就是这样，它们基本就是背靠背的方式融资，如果晚点打款、晚点进场的话，就有可能被甩掉没有机会投资这个项目”，根本没有进行尽职调查的时间就要作出是否注资的决定，可见投资机构对这些项目争夺的激烈程度。而对于创业者而言，每家机构的投资策略、理念以及对回报的预期都不尽相同，能够为创业企业带来的资源种类和质量也各有差异，在拥有选择主动权的前提下，决定接受哪家投资机构的投资至关重要。

3. 影响创业者选择的因素

创业者选择合适投资人的前提是明确自身诉求，根据自身需求去寻找匹配的投资人。简单来说，在寻找投资人之前，创业者首先需要对企业进行估值，从而明确自己出让股权期望获得的融资金额。除了估值之外，创业者也需要明确企业目前有哪些资源优势，希望投资方提供哪些资源，并且根据重要性将选择投资方的标准进行排序，对自身清晰的认识是寻找合适的投资人的基础之一。

明确自身诉求后，如何寻找适合的投资人？创业企业引入投资人，意味着一个里程碑式的转变，甚至可以看作是创业团队的一次扩大，投资团队和创业团队组成一个更大的团队，共同助力创业企业的成长。创业者可以从以下三个维度评估企业和投资人的匹配性：目标一致性、资源互补性和关系基础。

第一，目标一致性。投资人投资创业企业的过程，从本质上看，是将手里闲置的资金交给创业团队，实现利益最大化，所以大多数投资人是受利益驱动的。但随着市场上投资机构的类型越来越多，一些大公司的投资不仅是为了快速获得财务回报，更多是围绕母公司的战略蓝图进行布局。清科调研数据显示，2014 年辉瑞制药成立了辉瑞风险投资（Pfizer Ventures），由多名博士领衔，侧重于神经化学和药理学领域投资，2019 年辉瑞创投投资案例八起，全部围绕医药领域进行布局，包括血液病治疗公司 Imara、癌症药物开发公司 SpringWorks 等。[①] 对于以财务目标为导向的投资人，受制于基金周期，他们的目标大多是获得财务回报并尽快退出，而以战略目标为导向的投资人，同时还会兼顾整个母公司的战略布局，在和创业团队目标不一致时，就会发生冲突。例如高科技项目前期需要大量的投资，战线较长，很难满足财务投资人的短期退出需求，而当创业企

---

① 清科研究. 2020 年中国公司创业投资（CVC）发展研究报告.

业影响大公司的战略蓝图时，也会和其战略投资人产生冲突。例如雷士照明的股权之争，雷士照明在引入软银赛富、高盛集团、法国施耐德电气以及德豪润达之后，由于目标不一致、管理理念不同等一系列原因，创始人吴长江最终丧失了对企业的控制权，可见合适的投资人首先需要在目标上和创业者达成一致。

第二，资源互补性。和目标一致性不同，资源互补性低，即投资人和创业者的资源趋于同质，并不会直接导致双方之间的纷争，而双方资源互补性强，则会产生较大的增益效果，尤其是当创业企业需要某种稀缺资源时，引入具有此类资源的投资人至关重要。企业需要的资源不仅仅是指财务资源，当创业企业选择融资时，基本表明资金是稀缺的，单从这一维度看，双方的资源几乎都是互补的。但一些前沿研究和调研案例显示，创业者不仅仅关注机构可以提供的资金，也关注除了资金之外投资人能给企业带来什么。例如处于同行业的大公司可能为创业企业带来技术资源，甚至双方共同研发；政府扶持基金能够为企业带来政府资源；布局全产业链的投资机构能够为企业带来产业上下游资源。

第三，关系基础。人和人之间的互动是一个复杂的过程，对于天使投资人来说，投人哲学其实体现了双方之间的信任和默契，对于创业者而言，选择投资人也是一个反向选人的过程，除了目标一致、资源互补之外，创业者也需要选择一个沟通顺畅、观念契合且能够信任的投资人。关系基础是人际信任的重要来源之一，例如同学、校友等具有关系的投资人是在其他条件一致时的更优选择，一般而言，同学或者校友的过往经历、兴趣、对未来的判断和希望，更大概率能够与创业者匹配。清科研究调查显示，创业过程中的情感支持是重要且容易被忽视的，创业者往往比其他从业者更容易陷入沮丧，这时候就需要团队成员之间互相鼓励，提供情感支持。

【章节回顾】

1. 经济价值和社会价值是评价风险投资机构的两个重要维度，引导资本向善是新发展阶段促进高质量创业的必然选择。

2. 公司制、信托制和有限合伙制是风险投资机构的三种主要组织模式，其中有限合伙制是最为主流的组织模式，主要由管理公司、有限合伙人和普通合伙人组成。

3. 风险投资机构的运作主要包括募资、投资、管理和退出四个阶段。

4. 创业者可通过网络投递、朋友介绍、会议/中介或守株待兔等方式接触投资人。

【思考题】

1. 根据不同的分类标准，风险投资机构有哪些典型的类型？请举例说明。

2. 风险投资机构是如何运作的？有哪些关键的主体和环节？

3. 风险投资机构在进行投资决策时主要考量哪些因素？你认为哪个因素最重要，为什么？

4. 创业者如何接触和吸引投资人或投资机构？如何选择合适的投资人？

第 4 章

商业计划书与路演

【本章导读】

资本是生产要素的集中体现，企业生命全周期都离不开现金流的支持。因此，精准规划并预测企业现金流是做好创业金融工作的基础。制订一份好的商业计划书就是在规划现金流的基础上将创业项目的产品与服务、商业模式、创业团队、财务计划和退出计划等重要信息真实、科学、完整地向投资人进行展示，以此吸引并获取风险投资。目前，创业者通过项目路演甚至一分钟的电梯游说等方式吸引投资人成为一项必备的技能。

4.1 项目现金流预测与融资节奏

4.1.1 现金流的重要性

2022 年初，IT 桔子发布了一项调查，整理出 1.5 万家新经济创新创业死亡公司的信息，并对死亡原因进行了梳理。调查数据表明，在 2017—2021 年导致创新创业公司死亡的五大因素中，与“钱”相关的占据三个，分别是烧钱、融资能力不足与现金流断裂。[①]

现金为王，现金流对于创业企业的重要性毋庸置疑。创业风口会催生创业者，也会吸引大量资本的涌入，通过快节奏融资和“砸钱”有可能帮助创业企业快速获取胜利，占领市场，也有可能使创业企业陷入“烧钱”这种不可持续的运营模式，在疫情等外部事件的冲击下面临资金链断裂而失败的风险。做好现金流规划能够帮助创业者精准找出公司盈亏平衡点，决定何时需要下一轮融资以及协助公司估值，从而实现可持续发展。

小案例

趣口才——风口的褪去与资金链的断裂

以教育行业为例，2021 年教育行业政策频出，投资机构在听到“双减”和严禁教育资本化等风声后纷纷收紧口袋，资本的刹车进一步导致很多创业企业资金链断裂，因

---

① 5 年内超 15 000 家创业公司死亡，它们到底经历了什么？.(2022-01-18). https://mp.weixin.qq.com/s/p8LuyojuvRrOjBMXqiArpw.

无法承担日常运营开支而破产，趣口才就是其中之一。趣口才成立于2018年，专注于为少儿提供语言思维训练课程，从创立至2021年初共融资3 000多万元人民币，2021年8月正式宣告破产。其创始人王赫在公开声明中表示，“从创立到最后，总共只融了3 000万元人民币，换成美元只有500万美元。这在其他的机构只是一个种子轮或者就是小天使轮的融资，实在是太小了。但是我们又是被迫的，如果要参战，那么我们的补贴是巨大的。趣口才到现在交付的课程总量接近100万个小时，100万个小时里，我们一节课贴50块，光这个就贴进去5 000万……外部资金断了之后，你想要转型，但留的时间太少，实际上没有机会转型。”① 可见，现金流对于创业企业的生存和发展至关重要，仅仅依赖于“烧钱”的模式很难实现企业的长足发展。

4.1.2 现金流类型

对于初创企业而言，有三类现金流是至关重要的——经营性现金流（CFO）、融资性现金流（CFF）、投资性现金流（CFI）。② 现金流规划可以分为三步：确定现金流入，包括经营性、融资性、投资性现金流入；其次需要确定现金流出；最后将两者求差，构成最简单的现金流预测与规划。

1. 经营性现金流

销售额是经营性现金流中最重要的部分，也是主要的现金流入。创业者在预测初创企业的销售额时，首先需要通过阅读商业报告、学术文章以及向行业专家了解专业数据等办法，以一定的比例计算了解自身的市场规模。其次是理性预测自身能够占有的市场份额，通过将市场份额与市场规模相乘，能够得出潜在的销售额，这足以成为一个能够成功说服风险投资人的重要筹码。最后，还需要预测占领市场的速度，因为即使商业模式成功，市场份额也是逐步递加的，这其中还要考虑未来竞争者因素，即通过分析市场中最新的参与者达成目标市场份额所用时间、影响其获得市场份额速度的主要变量等，证明自身项目的市场表现与占领市场的速度，从而展现初创企业的竞争力。而经营性现金流出最大的两个项目是办公或经营场所的租金和人力资源成本，这都需要创业者尽可能多地搜集报价，同时理性、准确地预测成本。

2. 融资性现金流

融资性现金流的资金流入主要通过负债和股权的方式体现，负债可以是银行贷款或者从家人、朋友和“傻瓜”处获取资金支持。股权可以是个人持股（创业者的个人资金注入）或者是出让给天使投资人的用以交换投资的股份。负债和股权是创业者从融资中获得现金流入的主要来源。有些现金流可能是在创业初期集中注入的，有些可能是通过不同渠道分散注入的，这取决于初创企业的现金流计划。另外，为了减小不可预见的情

---

① 被风口裹挟，被资本抛弃，负债千万在线教育创业者的自白.（2021-09-08）. https://new.qq.com/omn/20210908/20210908A0389E00.html.

② 梁凯文，陈玟佑，梁俐菁．创业融资：风投不会告诉你的那些事．北京：中国人民大学出版社，2017.

况带来的损失，初创企业向风险投资人寻求资金的时候，多预估一些资金用来应急是可以接受的。

融资性现金流的资金流出主要包括利息支出和股息利息。利息支出是很直接的，如果以 5%的利率向银行借款 10 万元，按年支付利息，那么，在年底就欠银行 5 000 元的利息。股息率是创业者和风险投资人协议约定的。在和潜在投资人谈判时，创业者需要了解的问题包括是否需要固定股息，预期的股息率和支付安排，以及应记股息是否可以在公司 IPO 时再予以支付等。

3. 投资性现金流

通常情况下，初创企业在投资活动中获得的现金流入是极少的，除了一些定期存款带来的收益，初创企业通常不会有盈余的现金来收购或者投资到银行债券等项目上。

有些投资性现金流出是以资本支出的形式产生的，资本支出是在购买固定资产或者现有固定资产使用寿命超过应缴税年份而增值时发生的。但初创企业通常会避免采用资本集中型的商业模式，因为这种商业模式需要大量现金而且风险极大。

4.1.3 现金流预测与融资节奏

1. 现金流预测

如何预测现金流？以时间为单位，创业企业的现金流对应四条线：生存线，即维持 6 个月及以上企业运营的现金流；平稳线，即维持 9 个月及以上企业运营的现金流；健康线，即维持 12 个月及以上企业运营的现金流；宽松线，即维持 24 个月及以上企业运营的现金流。相应地，创业企业在进行现金流预测时，通常会与企业的发展战略和商业计划相匹配，以月度、季度、年度为单位进行预测，或者按照产品和服务发展的重要节点来预测现金流。

为了更好地监测和管控现金流，在预测现金流的基础上，企业仍需关注现金流量表并进行现金流预警。现金流量表直接反映了经营性现金流的状况，创业企业虽然在初期很难实现利润的高速增长，但至少要保证现金流的增长，因为这决定企业能否存活下来。对于现金流入较少、流出较为频繁的企业而言，建立现金流的预警机制是十分必要的举措，企业可通过设立月度、季度和年度的预警周期管控现金流，当现金流短缺时及时执行预警方案，避免资金链断裂的风险。

2. 融资节奏

现金流预测与企业的融资节奏和融资绩效密不可分。在进行项目现金流规划时，创业者需要做到三点：首先，尽可能多地搜集报价，在现金流预测中使用最高的报价更为保守；其次，做好实地调查，翔实、准确的数据能够帮助创业者作出更好更科学的预测；最后，时刻检查自身的预测是否合理。关于融资时间及融资金额，创业企业主要可以从以下三方面进行考量。

第一，企业现金流。根据现金流预测的结果，当资金只能维持企业 6 个月正常运营时必须要启动融资，一是考虑到融资周期一般为 2～4 个月，企业需要保证在该阶段内有足够的现金流；二是如果启动融资过晚，创业企业在溢价和条款上都会处于弱势和被动。

此时，创业企业可根据年度现金流预测确定预期融资规模。

第二，企业发展周期。企业的快速增长期，或产品和业务发展的里程碑，都是企业理想的融资节点。创业者无须等到企业进入平稳期或者产品完全成熟、有稳定的现金流后再寻求融资，那反而会导致企业错过融资的窗口期。只要产品、技术或商业模式得到一定的市场验证，企业进入下一个里程碑节点，就可以开启融资了。一般企业持续 2～3 月的快速增长并且在融资后有望持续增长对于投资人而言是一个积极的信号，可以加快投资人的决策。此时，创业企业需要根据下一阶段的业务发展需求提出融资需求。

第三，产业及资本市场状况。新兴产业的高速发展离不开政策的支持，产业政策可以被视为资本市场的风向标，对投资人的投资偏好有显著的影响。当产业整体处于向上态势时，资本往往也会涌入该产业，是处于“风口”的创业企业比较理想的融资节点。除了在“资本热”的时候融资，创业企业也需要警惕资本寒冬，在寒冬到来前融得一笔资金能够帮助企业抵御风险，在寒冬中更好地生存下来。

小案例

豆瓣网与 Facebook 的融资节奏对比

从融资节奏来看，豆瓣网与 Facebook 是“慢节奏”与“快节奏”的典型。

豆瓣网的融资历程如下：

2004 年底，获得 2.5 万美元的天使投资；

2005 年 3 月，豆瓣网上线；

2006 年初，获得第二轮天使投资 6.5 万美元，估值百万美元；

2006 年 6 月，获得 200 万美元投资；

2009 年底，获得近千万美元的第二轮投资；

2011 年 9 月，获得 5 000 万美元投资。

Facebook 的融资历程如下：

2004 年 2 月，Facebook 上线；

2004 年 9 月，获得 50 万美元的天使投资，估值 500 万美元；

2005 年 5 月，获得 1 270 万美元的 A 轮投资，估值 1 亿美元；

2006 年 4 月，获得 2 500 万美元的 B 轮投资，估值 5.25 亿美元；

2007 年 10 月，获得 2.4 亿美元的 C 轮投资，估值 150 亿美元；

2009 年 5 月，获得 2 亿美元的 D 轮投资，总估值 100 亿美元；

2010 年 6 月，获得 1.2 亿美元投资，总估值 240 亿美元；

2011 年 1 月，获得 5 亿美元投资，总估值 500 亿美元。

2012 年，Facebook 上市。

对比两家企业的融资历程不难发现，二者在融资节点和规模上的选择都有明显的差异，这与创始人的风格、企业的定位以及企业发展情况密不可分。与豆瓣网相比，Facebook 业务发展迅猛，采用的是快节奏、高频次的融资方式，几乎每年都会融资，这一方面保证充沛的现金流，另一方面也有助于减少估值误差。

4.2　商业计划书

4.2.1　什么是商业计划书

商业计划书是一份全面说明创业构想以及如何实施创业构想的文件，描述所要创立的企业是什么以及未来目标。在创业投融资情境下，商业计划书一般是指创业企业为了融资或获取其他资源，按照一定格式和内容要求向听众或者投资人全面展示公司当前发展状况、未来发展潜力的书面材料。

在 20 世纪 90 年代，很多商业计划书厚达 55～60 页，创业者会事无巨细地介绍企业业务的方方面面，以求向投资人或其他资源提供者呈现公司发展的全貌。随着“精益创业”方法论的兴起，商业计划书的体例和篇幅发生了一些新的变化，不再追求面面俱到，而是突出快速导入，与早期用户沟通并测试使用效果，根据客户反馈修改和迭代升级。要做到这一点，商业计划书必须要有清晰的结构，要让投资人和客户在短时间内捕捉到核心信息并被说服。因此，好的商业计划书就是用最简单的语言说明最复杂的原理，篇幅控制在 30～40 页，视项目特征和发展阶段有所差异。

4.2.2　商业计划书的用途

为什么要撰写商业计划书？商业计划书仅仅是为了向投资人“推销”创业企业吗？其实不然。商业计划书具有对外和对内两方面的作用，在企业发展初期非常关键。

第一，商业计划书是企业对外的“推销性”文本，是获取风险投资的敲门砖，也是建立外部合作关系、招募重要岗位候选人的基础性材料。

在创业初期，创业者经常通过投递商业计划书的方式接触投资人，向投资人阐释创业项目的发展现状、盈利模式及发展潜力。商业计划书留给投资人的第一印象十分重要，是投资人决定是否愿意与创业者进一步协商和合作的依据。通常，投资人会通过审阅商业计划书了解创业项目的产品与服务、商业模式、创业团队、财务计划和退出计划等，若对项目有兴趣，才会与创业者会面并洽谈后续投资事宜。

除了吸引投资人，早期合作关系的建立和重要岗位的人员招募也离不开一份清晰的商业计划书。这主要是由于初创阶段的企业很难提供如大公司一样全面的财务数据和历史业绩，难以通过客观数据说服合作伙伴和候选人，而是只能依赖于商业计划书传递关键信息，展现企业的发展潜力。可见，商业计划书作为一份“推销性”文本，对于创业企业的外部资源获取和关系建立至关重要。

第二，商业计划书是企业对内的“计划性”文本，能帮助创业项目厘清思路，为后续的实施和调整提供蓝本。

现实中往往存在一个认知误区，即创业企业不需要制订计划，计划是大公司的事。然而事实恰好相反，创业企业的生存和发展离不开清晰的发展思路和规划的指引，若迫于生存压力而忽视做计划，则会面临很高的失败风险。商业计划书为创业团队提供了一个全方位检查公司业务和发展计划的思路，迫使创业者系统地思考创业企业的各个要素及其之间的关系，明确组织目标，厘清业务概念、近期目标和长期发展规划，确保团队内部成员，包括潜在的成员，能够达成一致，避免在后续实施过程中出现分歧。

当然，作为一个“计划性”文本，商业计划书并不是不可变更的，可以在创业企业发展过程中动态评估和调整。埃里克·莱斯指出：“太多的商业计划书看上去更像是火箭发射，而不是汽车驾驶。火箭发射必须依据最精确的动作指令发射，包括每次推进、每次助推器点火，以及每次改变航向。如果能有这样精确的计划指引创业当然最好，可惜没有。商业计划应该有助于创业者‘驾驶汽车’。创业者要知道目的地所在和通往目的地的路线，在行驶过程中通过方向盘不断调整。”① 以财务计划为例，初期制订的财务计划可以为后续项目的实施提供基础，用于监控预算的执行并根据实施情况及时调整。因此，商业计划书对内的主要作用是帮助企业做好未来的行动规划，发现问题、整合资源并寻找新的发展机会。

4.2.3 商业计划书的关键构成要素

商业计划书主要由以下部分构成：执行摘要、公司简介、痛点问题、解决方案、时机选择、市场规模、竞争与选择、产品与服务、团队成员、财务状况等。下面将对各部分内容进行简要介绍。

1. 执行摘要

执行摘要通常出现在商业计划书的最前面，是对商业计划书最简练的概括，对企业解决了什么问题、机会和优势是什么、企业为什么可能会成功等问题给予简要回答。篇幅 1～2 页为宜，力求精练有力，目标清晰。一般在完成商业计划书主体部分后撰写执行摘要。

2. 公司简介

公司简介是为了让风险投资人对融资的创业企业形成初步了解，通过向投资人介绍公司的宗旨和基本情况让他们对创业团队和企业有一个清晰的认知。公司简介一般包括公司名称、注册情况、业务概述、历史沿革、未来规划和使命愿景等。对于尚未注册公司的新创企业而言，公司简介部分可侧重介绍创业想法的形成过程、创办新企业的思路以及企业发展战略，体现企业的差异化竞争优势和投资价值。

3. 痛点问题

如何快速吸引风险投资人并让投资人认可创业方向？关键在于创业者能否清晰地识别和定义项目要解决的痛点问题，主要分为三步。第一步，对客户痛点的描述反映出创业的根本动机，对痛点的精准定位不仅能激发投资人共鸣，还能体现出创业者是一个善于观察和共情的人；第二步，对市场上现有解决方案的描述能反映出创业者对行业、市场和潜在竞争者的理解，以及对新创企业成长机会的判断；第三步，总结现有解决方案的不足，为新解决方案的出现提供机会，创业者对于现有方案和新方案的结构化对比能为投资人评估创业机会价值提供依据。

---

① 埃里克·莱斯．精益创业：新创企业的成长思维．吴彤，译．北京：中信出版社，2012.

4. 解决方案

针对上述痛点问题，创业项目提出什么新的价值主张和相应的商业模式？能为客户提供哪些价值和使用场景？这些是需要在解决方案部分传递给投资人的关键信息。具体而言，创业者需要明确以下两方面信息。第一，企业提供什么新产品/服务，这些新产品/服务如何解决客户的痛点问题，或者能满足哪些未被满足的需求，为客户提供哪些独特的价值。第二，为了提供新产品/服务，实现价值在企业和客户之间的传递，企业应该如何设计商业模式，如企业拥有哪些关键资源与能力、开展哪些核心互动、与哪些关键伙伴合作等。作为商业计划书的主体部分，解决方案反映了项目的独特性和价值所在，是影响投资人决策的关键。

5. 时机选择

互联网行业曾流行这样一句话，“风口站对了，猪也可以飞起来”，这句话对于创业融资不无道理。产品或服务本身固然重要，但企业进入的时机选择对于成败的影响也不容小觑。在时机选择部分，创业者需要向投资人阐明的两个关键问题是：为什么你的解决方案之前没有出现过？哪些趋势使得你的解决方案可行？例如，政府政策的支持、产业技术的成熟、社会结构的变化和消费观念的转变等都有可能使原先难以落地的解决方案变得可行，这些外部环境变化都有可能为创业项目创造风口。在商业计划书中呈现时机选择背后的逻辑能够展现出创业者对于产业发展规律的认知以及对创业机会的把握，有助于投资人的判断和决策。

6. 市场规模

初创企业时常面临激烈的市场竞争环境，能否达到基本的市场规模和销售预期是投资人决策时考量的关键。在商业计划书中，创业者需要介绍对目标客户和市场规模的预测，以及作出预测的依据。具体而言，创业者需要分析企业所处行业和市场中的关键影响因素，包括企业所在产业（赛道）的情况以及企业在产业中所处的位置，在此基础上，进一步分析企业所提供的产品的目标客户群、市场定位、竞争优势等要素。需要注意的是，市场环境是瞬息万变的，创业者在撰写该部分内容时需要“基于数据说话”，使用从可信渠道获取的数据作为分析基础。同时，还需要体现出市场的增长潜力，即不久的将来是否会有契机促使其变得更加成熟。

简单的行业和市场分析显然无法体现初创企业的价值，创业者还需要简要地列出针对产品的营销方案，包括产品定价、渠道通路、客户关系维护等系列策略，为企业能够占据多大的潜在市场份额提供支撑。

7. 竞争与选择

在撰写商业计划书时，创业者需要通过识别当前竞争者、潜在进入者和评价竞争强度，构建企业竞争优势。如何识别和阐述竞争者对于创业者来说是一件极具挑战的事情，当市场竞争激烈且产品趋于同质化时，投资人可能会质疑创业企业的独特性以及其是否有能力构建竞争优势，但这并不意味着竞争者越少越好，过少的竞争者可能反映出该领域的成长潜力和空间有限。因此，创业者在竞争与选择部分需要客观地分析当前和潜在竞争者，既包括同产业的竞争者，也包括跨产业的竞争者：竞争者的产品是如何工作的？竞争者的产品与本企业的产品相比，有哪些异同点？竞争产品的销售额、毛利润、收入以及市场份额如何？在此基础上，创业者需要通过解释新产品和技术的竞争位置与当前市场动态的匹配性来展示管理团队的能力和知识，说明用户选择本企业产品的原因，证明企业能够创造近期或长期竞争优势。

8. 产品与服务

产品与服务是对解决方案内容的拓展与具体化。如果说解决方案侧重于从市场需求和用户痛点出发，解决用户的问题，那么产品与服务更多地展现的是产品和服务的概念、性能、开发过程与所处阶段、竞争优势、市场前景预测、产品开发团队以及对应的新产品计划等。例如，企业的产品与服务是处于待开发阶段，还是已被充分开发，准备生产？如果产品正准备生产，那么预期成本以及制造产品或提供服务的时间表是什么？企业未来的生产计划如何？这些信息能展现出创业者对于项目的计划性，也有利于投资人对企业所处阶段和价值作出准确的判断。只有让投资人接触企业的产品和服务，他们才会和创业者一样对企业的产品充满兴趣并愿意投入资金支持产品的开发。

9. 团队成员

拥有一支卓越的创业团队对于创业成功的重要性不言而喻，在商业计划书中，创业者更需要通过对团队的介绍，凸显组织设计的专业性、多元性，向投资人证明团队是充满凝聚力、创造力的。在团队成员部分，最好的呈现方式是利用组织架构图清晰地展现职责分配和分权制衡。理想的团队需要由不同职能领域的专家构成，例如技术、市场、财务等领域的专家，成员背景互补而非高度同质。因此，在介绍成员背景时，需要突出每位成员在特定职能领域的过人之处，例如受教育状况及工作经历如何、是否在相关领域工作过并获得资质认定、是否有过创业经历等。关键人员的相关经历能够增强投资人对项目成功的信心。

除了组织架构和成员背景，团队的凝聚力也是投资人考量的关键因素，在资源紧缺的情况下，能否发挥 $1+1>2$ 的效应对于创业团队来说至关重要。因此，在商业计划书中，创业者可以简要介绍团队作为一个整体运行的状况如何，例如团队是否有过往的共事经历、共同合作的时间长度、共同完成的项目取得了怎样的业绩等。此外，创业企业的外部专家和顾问（如有）、董事会成员（如有）、股权分配情况和决策权分配等信息也需要在该部分加以披露。

10. 财务状况

财务状况是商业计划书中最重要的部分之一，主要包括融资需求和财务预测两部分。其中，融资需求要说明企业发展所需要的资金额度、资金使用时机和相关用途，这能让投资人明确目前公司的融资需求与现金流情况，方便其作出预判取舍。财务预测是公司未来发展潜力的价值表现。在财务预测部分，创业者应当对公司的未来业绩，包括预计盈利、市值、占领市场的份额等初步测算，通过编制收入表、现金流量表和盈亏平衡分析向投资人呈现财务预期。需要注意的是，创业者测算相关指标时不宜过分乐观或悲观，要尽量使预测与公司的历史业绩和未来发展情况客观一致。此外，财务预测还应该包含投资回报率、股权分配、退出机制和时间安排等内容，让投资人清晰地知道获利时间和可选方案。

4.2.4 如何打造吸引投资人的商业计划书

上一小节的内容呈现了商业计划书一般需要覆盖和传递的信息。当然，并不是所有项目都适用上述结构，也不是所有内容都需要按照上述顺序来呈现。如何在保证信息全面性的基础上，体现创业者的独特想法，吸引合适的投资人，需要每位创业者结合自己的项目特色不断思考和打磨。但不论呈现形式如何，商业计划书需要遵循的编写原则和关键要点是共通的。

1. 编写原则

好的商业计划书其实是一个故事。创业者在打造商业计划书时需要遵循的原则是，站在风险投资人视角，体现创业项目的吸引力、价值性和真实性，用“讲故事”的方式打动投资人。

(1) 吸引力。风险投资人经验丰富，决策往往非常迅速，商业计划书作为融资的“敲门砖”，必须从一开始就抓住投资人的眼球。在资本市场的百般磨砺下，诸多风险投资人眼光老到、决策迅速，如何才能让商业计划书被投资人一眼挑中？不妨大胆地总结出创业项目的“一句话标语”，让风险投资人快速明白项目在做什么，了解项目的独特优势以及项目的理念愿景。此外，创业者在撰写商业计划书时，要始终保持内容精简、目标明晰，表述切忌拖拖沓沓、含糊不清。尽可能使用图表简化信息来压缩投资人消化材料的时间，更好地展示数据趋势和关键信息。同时，不要试图用过度复杂的语言包装自己的项目，要保持简洁明了，保证风险投资人能够迅速抓住主要信息。

(2) 价值性。商业计划书的价值体现在市场机会的价值、创业团队的价值、机会与团队的匹配等方面。语言的新颖有趣、内容的精要有力、愿景的宏大美好都是让一份商业计划书锦上添花的方式，但影响投资人决策的最根本因素莫过于创业项目的价值性。这其中包括创业项目是否妥善解决了相应的痛点问题，是否具备相当的市场竞争力（市场机会的价值）；创业团队的构成、分工乃至股权分配是否科学合理（创业团队的价值）；创业团队能否合理利用资源解决痛点问题，能否实现资源、机会和团队三要素之间的匹配等。针对这些问题在商业计划书中作出准确有效的回答，是创业者成功获得投资的重要筹码。在此基础上，创业者需要呈现清晰明确的收入模式，以说服投资人。

(3) 真实性。市场预测必须建立在分析目标市场现有信息的基础上，准确和真实的数据对于投资人的预测和评估至关重要。正如上文所言，投资人在作出决策时最主要考虑的因素是创业项目是否具备价值性，因此，在撰写商业计划书时，创业者有义务采用科学客观的论据说服投资者，作出真实的市场和潜在价值预测。一方面，创业者需要依据目标市场的现有信息，对客户、市场、可能面临的竞争以及相应的收入计划进行分析，得出可信的预测。事实上，如果商业计划存在重大的弱点或不足，创业者应当做的不是试图瞒天过海，而是设计弥补这些不足的方案，并加以清楚的表述。另一方面，现实中很多创业者热衷于使用浮夸的语言撰写商业计划书，这在很大程度上并不能激发投资人的兴趣，相反，过于夸张的表述反而会引发投资人的怀疑，不利于创业者获得投资。

在进行市场预测时，创业者可从统计年鉴、文献资料、政府工作报告、咨询公司报告、行业期刊等渠道获取二手数据，结合问卷调查与深度访谈呈现行业特征，并标明关键数据的来源，以增强投资人对商业计划的信心。用现有客观的论据进行分析，突显真实性，是获得投资人信任的基础。

2. 关键要点和注意事项

在商业计划书的撰写过程中，需要规避以下常见误区。

(1) 撰写语言问题。语言方面的常见问题包括：语言描述混乱不清，文字冗长且松散，不够精简，未能点明要点；大做表面文章或文字游戏，过度夸大事实而缺乏数据和证据的支撑；运用大量的愿景和口号，但缺乏对达到目标所制定的具体策略与战术的描述；故意隐瞒事实真相，对需要交代的信息尤其是不足与风险避而不谈。

(2) 商业模式问题。商业模式方面的常见问题包括：没有清楚地回答人们为什么愿意购买这种产品或使用这种服务；只有创意而没有清晰、可操作的商业模式设计；过于强调技术的先进性或生产能力，忽略了技术如何实现商业化，未能清楚地解释商业机会与执行能力，以为"功到自然成"；大篇幅描述市场和环境，仅强调市场容量，但对企业自身的业务类型、能够占领的市场规模和目标缺乏深入分析；市场规模太小，或对市场容量和市场份额的估算方法不科学，没有清晰的收入来源分析。

(3) 团队治理问题。团队治理方面的常见问题包括：没有强有力的管理团体，或没有对管理团队给予清晰的陈述；在介绍管理团队背景时言过其实，未能突出背景与项目之间的关联性；管理者缺乏领导力，或缺乏与企业发展相匹配的经验和能力；创始团队成员股权分配不合理，如平均分配股权或早期融资后过多稀释股权，导致核心创始人失去对企业的控制权。

(4) 竞合关系问题。在阐述外部竞合关系时常见的问题包括：在合作关系中过于强调依赖某一大公司的供销关系，这种单一战略合作伙伴可能会给企业长期发展埋下隐患；认为自身没有竞争者，或低估竞争对手的实力，盲目自信；在识别和描述竞争对手时缺乏准确性和客观性，缺少验证资料与数据。

(5) 财务数据问题。财务数据方面常见的误区包括：没有可靠依据而盲目乐观地作出财务预测；对资金预算描述不清或不合理，对于融资获得的资金的使用方向模糊；财务数据测算不准确，对于收入模型和成本结构缺乏清晰的认识，数据出入过大；没有明确提出风险投资的退出机制，缺乏对投资人的保障。

4.3 电梯游说与路演

4.3.1 什么是电梯游说

电梯游说（elevator pitch），是指创业者通过一段简短的演讲，在有限的时间内阐明自身的商业理念或现有业务，以此吸引投资人，激发其对创业项目的强烈兴趣和进一步了解的热情。之所以称作"电梯游说"，是因为创业者需要在近乎乘坐一趟电梯的时间里吸引投资者，因此，电梯游说通常为一分钟左右，创业者如果能把握机会成功游说，就会以交换联系信息和进一步接触交流收尾，收获融资的可能。电梯游说通常运用在向风险投资人推销自己的项目以筹得资金的场景下，也被运用于工作面试、工作总结、营销推广等不同场景中。

电梯游说的重要性和意义主要体现在两方面。

第一，电梯游说能帮助创业者快速识别可能的合作者。在每个项目的初创时期，创业者都会认为自身的项目足够精彩，能够顺利获得融资，往往高估了投资人对产品的兴趣。一个简短精要的电梯游说能够起到缓冲作用，在短时间内展示出创业者的个人素质以及项目的价值，让创业者在最短的时间内匹配到感兴趣的投资人。同时，随着社交媒体、互联网和快节奏信息的发展，建立新的合作者关系变得越来越困难。创业者可以事先准备好发展新关系的电梯游说脚本，在极短的时间内完成项目展示，并允许讨论，创业者能从之后的社交中找到创业路上可能的合作者。

第二，电梯游说能帮助创业者理清项目情况、组织讲述语言。如果你曾被要求在没有准备的情况下向别人描述某件事，就会发现自己在漫无目的地堆砌想法，即使已经明确听众要求你提供的相关详细信息，你的解释也会变得冗长乏味。但通过准备电梯游说，创业者不仅可以在任何时候准备好阐述创业项目，而且可以借此反思自身的过人之处，或者为什么自己的公司或产品是同行中最好的。一分钟时间有限，创业者务必确保游说中包含了能让别人“为之倾倒”的要点。

国内有不少创业投资类节目都模拟了电梯游说的场景，帮助创业者快速、准确地对接投资人。例如，《我要投资》是投中网联手长沙高新区与湖南卫视倾力打造的国内首档创投竞技类自主 IP 电视节目，在节目的第二季中，节目组设计了资深投资人参与的 30 秒实景模拟电梯游说形式，真实地再现了“在电梯里偶遇一位投资人，当他们到达目标楼层时，向其介绍完项目的基本情况”这一情境。香港科技园（HKSTP）主办的“电梯募投比赛”是一年一度重要的创业大赛，为全球创业公司提供新的投资和合作机会。在节目中，创业者将有一分钟左右时间介绍自身的产品和服务，现场投资人进行筛选，经过三轮角逐后，最终胜出者将获得 20 万美元的奖金支持创业。[①]

4.3.2　电梯游说的关键要素

在短短一分钟的时间内，创业者需要向投资人传递哪些关键信息呢？可以简要归纳为：是谁（Who）、为什么（Why）、怎么做（How）、有多大（How Big）、为什么是现在（Why Now）。

（1）是谁（Who）是指你的名字和企业名称是什么，即简要介绍自己的背景和项目的基本信息；

（2）为什么（Why）是指你创办这家企业的目的和愿景，例如解决了怎样的痛点问题，满足了哪些未被满足的需求；

（3）怎么做（How）对应你的产品和服务，即企业具体做些什么，如何解决上述问题并为用户创造价值；

（4）有多大（How Big）反映你的目标市场定位以及对市场规模的预期，即你的潜

---

① epic. hkstp. org.

在客户有哪些，这部分客户当前规模多大，成长空间有多大等；

(5) 为什么是现在 (Why Now) 对应的则是你的时机选择，需要回答为什么选择在当下进入市场，目前的市场竞争格局如何，有哪些机会等。

在介绍清楚以上五部分内容的基础上，可以提出你对下一步措施的期待，即你为什么要向别人推销你的产品，你希望他们采取什么行动，比如提供名片、对接资源、进一步交流机会等。

虽然一分钟传递的信息非常有限，但创业者需要做好充分的准备，才能在短暂的时间内做到逻辑清晰、言简意赅和淡定从容。创业者可从以下几方面进行准备。

第一，做好行业调研。不仅要知道你的公司能提供什么或将要提供什么，而且需要分享你的目标客户和竞争对手的信息。如果你还没有做过市场分析，那就需要深入调研更多关于你所在行业、竞争对手和客户的信息，了解你所在行业的现状和预期增长，不断发问：这是一个正在成长的强大行业吗？你的公司在这个行业有什么潜力？你需要进一步转向目标客户，详细调查他们的年龄、收入、性别、地点和职业等信息，预测他们愿意为你的公司提供的产品支付的价格，使用你的产品的频率以及付费意愿等。最后，对于你的竞争对手，应该分析他们的优势和劣势。他们擅长什么？又错过了哪些机会？对竞争对手的分析可以帮助你发现和阐明你的业务的独特价值主张。上述分析都是为了在短时间内向投资人传递清晰而可靠的信息，促进其快速决策。

第二，参考商业计划书中的执行摘要部分，不断凝练企业的价值主张、产品和服务、竞争优势等方面的亮点，突出特色。电梯游说是公司介绍的浓缩版，其中应该包括企业名称、发展规划、目标客户、产品和服务、使命愿景等信息，但你不可能在一分钟的演讲中囊括所有内容，可以把这些作为进行推销的基准，在商业计划书的基础上凝练优势和特色，起草电梯游说。要想让电梯游说变成一场简洁的演讲，最好的办法就是打草稿，把想法写下来，大声读出来，删繁就简。当然，有些华丽的修辞可能会看起来很好，但创业者需要反思这是否属于真正必要的宣传手段，它能否说服潜在投资者进行更多的谈判。如果是否定的，不妨将其删去。需要注意的是，尽管电梯游说并不是创业者与投资人唯一的接触方式，但它一般是第一次接触并决定能否继续交流，因此一定要以“夺人眼球”作为撰写草稿的目标。

第三，在起草完演讲稿后不断练习试错，调整演说的节奏，确保能在 30 秒、45 秒、60 秒等不同时间要求下完成演说。如果你在向潜在投资人陈述之前没有反复练习，你可能会紧张地不知所云。一旦确定了电梯游说的最后内容，务必要大声练习，不断调整语调变化，提升吸引听众的能力，通过足够的练习增强对内容的记忆并适当赋予一些肢体语言。可以听取家人或朋友的想法，也可以用手机自行录音，修正演说稿。另外，练习时务必要记录时间，确保在有限的时间内讲得精要有力，直击重点，引人入胜。

4.3.3 如何通过电梯游说吸引投资人

如何在一分钟内迅速吸引投资人的注意？在电梯游说中，创业者需要注意以下三个方面。

1. 吸引注意力 (Hook)

调研资料显示，随着数字技术的发展，人的平均注意力广度已从 2000 年的 12 秒下降为 2015 年的 8 秒，因此，电梯游说的前 10 秒至关重要。要让投资人愿意主动了解你和你的项目，就不能采用推销的思路进行演说，而是要用一个“钩子”吸引住投资人。在组织语言时，创业者最好突出强调自身最重要的竞争力，例如独一无二的技术和专利、成熟的行业从业经验、完备的商业模式等。一味地为了迎合投资人而推销自己只会让投资人觉得千篇一律，缺少新颖度，而突出自己的差异化优势才能让投资人觉得你“有利可图”。

2. *互惠互利*（Mutual benefits）

社会交换理论认为，人际传播的推动力量是“自我利益”，趋利避害是人类行为的基本原则，人们在互动中应尽量避免在利益冲突下的竞争，应通过相互的社会交换获得双赢或多赢。投资人作出决策的过程也遵循这一原理，因此，创业者在进行电梯游说时，不能仅仅提及“我需要什么”，向投资人索取资源和帮助，而应当突出自身价值，向投资人说明“我能为你带来怎样的回报”“为行业、为社会创造怎样的价值”，凸显你的贡献，更能让投资人倾服于你的讲述。

3. *行动召唤*（Call to action）

一个经验丰富的投资人绝不会满足于听创业者一味地讲述“我们从哪里来”的问题，而更想听到“我们将去往哪儿”的问题。因此，在进行电梯游说时，不能仅仅阐述创业项目的现有成果，而应适当介绍对未来的愿景与规划。在短短的一分钟内，投资人不一定能理解项目背后的技术逻辑有多么强大，但他一定能判断你是不是一个值得合作的人，也就是许多投资人热衷的“投人”。让投资人觉得你对未来踌躇满志、计划明确，也有利于投资人更好地参与你的项目，帮助你共同实现目标。

在电梯游说中可能存在以下误区：

第一，缺乏自我介绍。缺乏自我介绍是致命的，投资人在听完你的精彩讲述后不知道你是谁。因此，电梯游说开场应当礼貌地介绍自己的基本信息，让投资人认识你，了解你必要的一些履历。

第二，过度使用技术术语。如果你是一个熟谙计算机技术的人，你可能会对亲手编写的程序视若珍宝，但真正让投资人感兴趣的并不是你使用多么强大而完美的逻辑编写它，而是这个程序能否构成创业项目核心竞争力的一部分。投资人不是行业专家，你不能指望用大量的技术术语来显示自己强大的专业能力，而应该转换成这项技术能带来什么产出和什么变革，回答投资人关心的问题。

第三，展示内容过多或过度强调商业细节。过于详细介绍无关的内容会浪费有限的时间，导致没有机会介绍市场战略、价值主张和未来规划等诸多要点。解决办法一是换位思考，明确什么是真正能回应投资人关心的问题、说服其作出决策的要点，精练演说内容；二是事前不断预演练习，修改完善内容，调整语速语调。另外，过度强调商业细节可能会泄露商业机密，特别是在一些大型电梯游说比赛中。

4.3.4　项目路演

不同于电梯游说，项目路演是一个向投资人详细、全面地展示项目并争取投资的重要机会。路演的形式多种多样：在社交场合遇到潜在投资人并完成电梯游说后，如果投资人有进一步了解项目的意愿，创业者可结合项目 PPT 再做一个 5 分钟的路演；创业大赛、创业训练营、投资人见面会等都是项目路演的常见场所，其中创业营路演日也被称为 Demo Day，路演时长 10～20 分钟不等，是创业者向投资人推介项目并获取投资的重要渠道。

在参与流程上，创业者一般会向主办方提出融资项目推荐和路演申请，填写创业项目融资登记表，待初审通过后制作路演 PPT、准备相关材料，最终根据主办方要求呈现 10～20 分钟的完整路演。在规定时间内，创业者需要配合 PPT 清晰地阐述产品架构、市场战略、管理团队、融资需求、发展前景等基本项目信息，必要时可以准备一定数量的产品或产品原型，帮助投资人在有限时间内理解项目的内容和价值，判断其成长潜力。演讲结束后，一般会有问答和点评环节，为创业者和投资人的互动提供机会。

路演的优势在于创业者有机会在较短时间内接触多位投资人，向投资人推荐自己的项目，而投资人作为“考官”给予的反馈意见对于创业者打磨产品、调整方向和获取资金都有极大的帮助，这对于早期创业者而言是一个难得的成长机会。出色完成路演的项目有机会获得投资人的投资意向书，推动企业的融资进程。

4.3.5 路演的关键要素

路演往往配合 PPT 进行，其思路框架和主体内容跟商业计划书相似，一般包括但不局限于以下内容：

- 介绍：首先介绍你是谁，你的团队正在做一个怎样的创业项目；
- 行业痛点：参考商业计划书的内容，对一个现有的市场或需求痛点问题进行定性和定量的描述，说明解决问题的必要性与急迫性；
- 解决方案：介绍你的产品或服务对于解决痛点问题有何突出优势；
- 项目概况：你的创业项目何时开始，截至目前有哪些成果，形成怎样的规模；
- 市场容量：阐明目标客户与市场，结合现有及潜在客户数据，用饼图或者其他图表形式说明市场细分情况；
- 盈利模式：阐明项目或产品的定价、销售成本、佣金、分销商返点比例等；
- 营销计划：说明销售周期有多长，谁是客户方面的决策者或影响者，可能的业务布局、销售活动等；
- 合作竞争：说明与哪些机构、企业建立了合作关系，介绍直接或间接的竞争对手；
- 管理团队：简单介绍团队成员的名字、职位和从业经验；
- 专家顾问：介绍能够为团队提供指导的专家顾问，提供智库背书等信息；
- 财务规划：用条形图清晰地反映五年的财务规划，必要时可以提供预计营业收入、利润等有价值的信息；
- 融资需求：描述前期资金来源、当前资产评估、当前资金需求、资金使用周期、融资目标额度和投资回报方案。

在正式路演前，创业者及其团队最好提前排演内容，可以面对镜子提前进行一遍流程，这样既能控制好演讲时间，也能对可能遇到的质疑作出预测。不同于电梯游说，路演还有一个和投资人互动的关键环节，创业者要准备好回答投资人和观众可能提出的问题。在现场回答时，创业者应不卑不亢，以理服人，面对质疑，要积极利用客观数据解释并切换到问题所在的 PPT 页面，显示对提问者的尊重。

无论创业者是否通过路演成功获得融资，结束后进行反思总结都是必要的。思考哪些表述成功打动了投资人或是引发了他们的质疑，市场规模和财务预测是否可靠，问答环节是否提供了全新的想法或是让你无言以对。通过反思与调整，提升自身的演讲水平，修正 PPT、商业计划书或者相应的业务模块。事实上，路演本身就是一个不断测试、试错的过程，帮助创业者打磨项目，最终实现成功融资的目标。

4.3.6　如何通过路演吸引投资人

成功的路演绝非单向输出的结果，而是创业者和投资人在双向互动中达成共识，从而获得进一步融资的复杂过程。如何通过一个完备的路演吸引投资人的注意？创业者可以考虑以下策略：

1. 摩厉以需

创业者在准备阶段需要制作一个精美的 PPT，其中包含产品梗概、市场分析（包括细分市场的分析）、产品情况，产品优势及产品壁垒、目前业绩、商业模式、发展规划、项目团队（主要是创始人）等。注意 PPT 的字数不宜过多，尽可能突出重点、图文并茂。可以单独制作一份适合路演时使用的商业计划书，挑选能突出项目核心内容或者相关技术的图片，搭配一些精要的文字，能简洁地“讲出你的故事”即可。

路演前创业者需要不断预演，在练习中调整和优化自身的演讲速度、演讲语调等，并提前准备对可能遇到的问题的回应。在正式路演时，不要把时间浪费在项目背景介绍等无价值的说明上，换位思考投资人最看重什么，直击重点即可。

2. 先声夺人

与电梯游说相似，路演演讲的前 30 秒也至关重要，因此需要在路演的开头安排一些有吸引力，能够激发投资人兴趣的内容。其间不要试图通过加快语速来堆砌过多内容，应言之有效，尤其重视开场的第一句话。此外，创业者在路演中一定要拿出技术王牌以及创新的经营模式，同时应适当注意对个人背景的包装，例如是否有创业背景或自身之前经营过哪些项目，是否对相关行业有独到的见解等，这能够显著提升你在投资人心目中的身份清晰度，增加在说服投资人作出决策过程中的筹码。

3. 真诚可信

现实中，信任机制已经成为缔结契约等行为的重要中介，创业路演亦是如此，得到投资人的信任，才有可能获得融资。在演讲中，创业者通过展示成熟的从业经验与业务能力，向投资人提供及时、准确的信息，体现自身的创造力等行为，建立起和投资人之间的信任，而迟到、爽约、编造虚假数据、自说自话、一意孤行等行为会破坏创业者在投资人心中的形象，失去投资人的信任。在问答环节，要客观诚实地回答投资人的问题，讲清楚自己的需求，不要一味地防御。当投资人问及财务模型时，需要告诉投资人融资的规模、融资的原因以及资金的可能用途。面对疑难问题不要惊慌，可以强调初创企业的灵活性，凸显差异化竞争的优势。①

4. 融入肢体语言

在组织路演演讲时，保持语气语调的乐观、自信是调动听众热情、激发投资兴趣的重要因素，但创业者也要考虑设计恰当的肢体语言，来帮助自己说服听众。研究表明，在路演场合，创业者使用手势来描绘商业理念具有很强的感染力。创业者演说时对手势的熟练使用能够帮助潜在投资者设想一个新企业的方方面面，从而增强其投资意向。同样重要的还有表情管理，适度表现出期待、愉悦有利于增强创业者与投资者之间的信任感。

5. 保持热情和激情

李开复曾说："创业者在进行项目路演时，热情能掩盖99%的缺陷。"很多研究也表明，创业者表现出自己是一个有着无限创业激情和创意的"创客"，活跃现场气氛，提升听众的参与度是获得融资的一大秘诀。具体而言，在进行路演时，创业者可将制作的小型产品模型分发给投资人，让他们参与其中，而不是纸上谈兵；每个人都对创业精神有自己的理解，创业者在介绍项目背景时可以试着讲出自己的故事，结合自身经历把创业之路讲得生动有味，引起投资人的共鸣。

4.4 商业计划书实例

领英B轮融资商业计划书节选

<table>
<tr><td>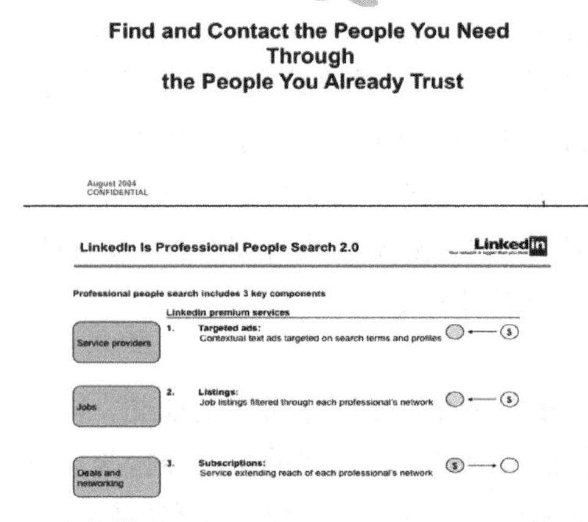
</td><td>商业计划书的第1页通过回答三个关键问题，清晰地勾勒出领英的定位，突出了"人—网络—信任"等关键要素，有助于投资人快速理解企业的价值主张。
·领英是什么？是人与人之间的网络。
·领英有何价值？能帮助人们找到并联系上所需要的人。
·领英有何独特性？不同于谷歌，领英纳入了你所信任的人。</td></tr>
<tr><td></td><td>在互联网泡沫破裂的背景下，能否盈利、商业模式是否清晰是投资人最关心的问题。因此，在商业计划书第2页，领英并没有介绍自己的产品与服务，而是直接切入如何盈利的问题，明确三方面的利润来源，即精准广告、岗位清单、订阅服务，证明领英是能够产生收入的。</td></tr>
</table>

① 安德鲁·罗曼斯．风投大师：揭秘创业与融资．郑磊，译．北京：机械工业出版社，2014.

在明确利润来源的基础上，商业计划书的第 3 页向投资人阐述了领英拟解决的痛点问题以及现有方案的不足，帮助投资人判断项目的潜在价值。

• 痛点问题：对于专业人士而言，缺乏一个能够在线找到所需要的人并与其交易的高效、值得信任的途径。

• 现有方案：黄页、简历数据库、人才名录。

为了解决上述痛点问题，商业计划书第 4 页提出了领英新的解决方案：通过网络搜索和交易，即“专业人才搜索 2.0”。值得注意的是，2.0 模式的提出并不是没有依据的，而是契合了互联网 1.0 到 2.0 阶段的发展规律。后续四页商业计划书分别通过 eBay、PayPal、谷歌三个成功的案例印证了这一趋势的必然性（第 5～8 页略）。

商业计划书第 9 页再次强调了领英的解决方案，即依托网络创造价值，通过历史数据（用户数量、利润和市场份额等）论证这一模式的可行性（第 10～17 页略）。在提供解决方案的同时，领英也展现出自身的时机选择以及对资金的迫切需求，提出在互联网时代“先发优势”的重要性，促使投资人快速决策。

除了获取“先发优势”，领英仍需要考虑如何维持竞争优势，商业计划书的第 18 页突出强调了领英通过网络建立的市场地位所带来的竞争壁垒，进一步论证“以网络寻人”这一模式的可行性及价值。

如果说第 2 页呈现的利润来源是为了在开篇吸引投资人的眼球，那么后续商业计划书中对盈利模式和市场机会的详细论证有助于投资人对利润来源进行更理性的判断。从第 21 页开始，领英同样采用与 eBay、PayPal、谷歌类比的方式，论证三部分业务的预期市场规模（第 19～21 页略），并进一步阐述其成长空间与市场潜力（第 23～31 页略）。

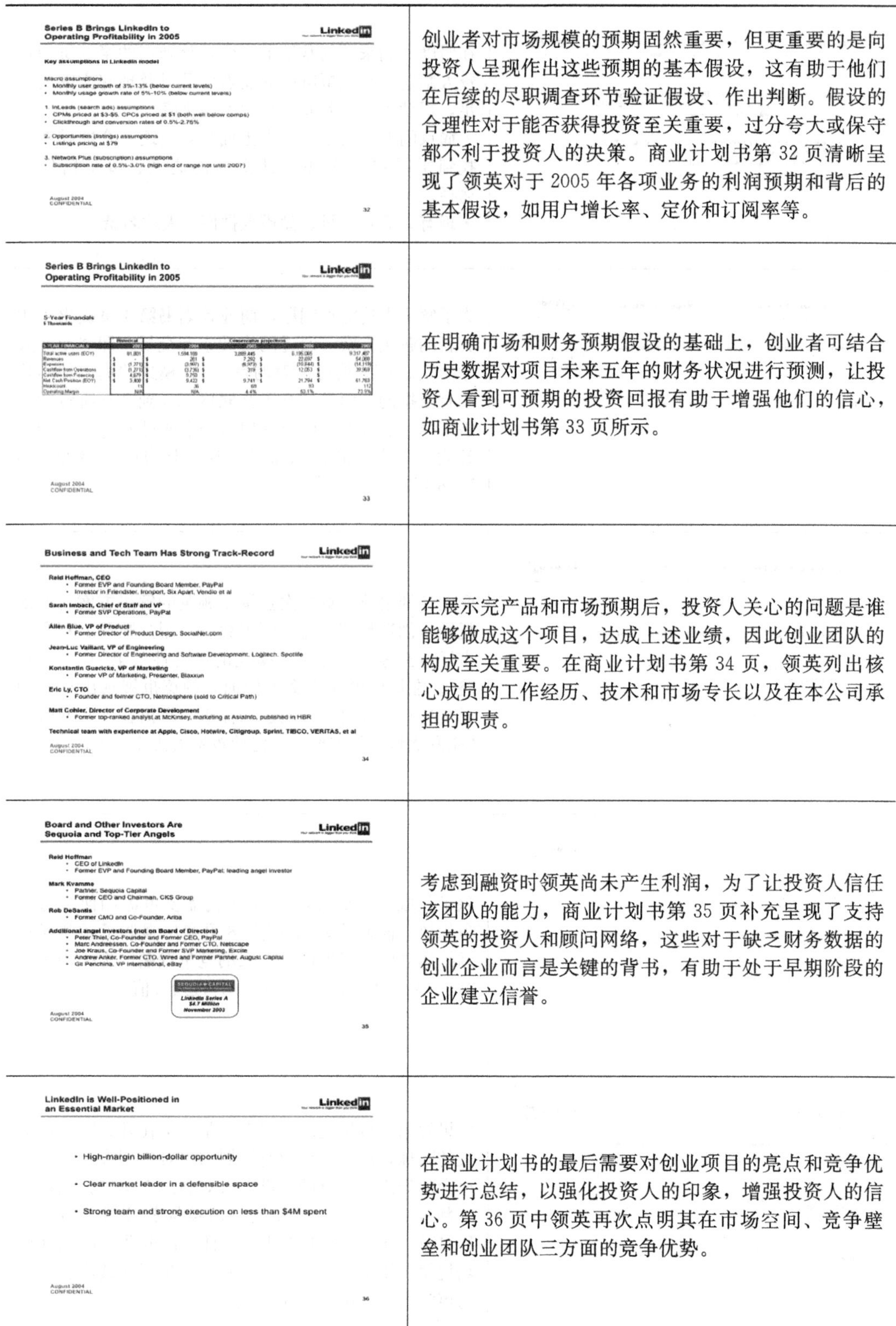

创业者对市场规模的预期固然重要，但更重要的是向投资人呈现作出这些预期的基本假设，这有助于他们在后续的尽职调查环节验证假设、作出判断。假设的合理性对于能否获得投资至关重要，过分夸大或保守都不利于投资人的决策。商业计划书第 32 页清晰呈现了领英对于 2005 年各项业务的利润预期和背后的基本假设，如用户增长率、定价和订阅率等。

在明确市场和财务预期假设的基础上，创业者可结合历史数据对项目未来五年的财务状况进行预测，让投资人看到可预期的投资回报有助于增强他们的信心，如商业计划书第 33 页所示。

在展示完产品和市场预期后，投资人关心的问题是谁能够做成这个项目，达成上述业绩，因此创业团队的构成至关重要。在商业计划书第 34 页，领英列出核心成员的工作经历、技术和市场专长以及在本公司承担的职责。

考虑到融资时领英尚未产生利润，为了让投资人信任该团队的能力，商业计划书第 35 页补充呈现了支持领英的投资人和顾问网络，这些对于缺乏财务数据的创业企业而言是关键的背书，有助于处于早期阶段的企业建立信誉。

在商业计划书的最后需要对创业项目的亮点和竞争优势进行总结，以强化投资人的印象，增强投资人的信心。第 36 页中领英再次点明其在市场空间、竞争壁垒和创业团队三方面的竞争优势。

资料来源：https://www.reidhoffman.org/linkedin-pitch-to-greylock/.

【章节回顾】

1. 创业企业生命全周期都离不开现金流的支持，现金流分为经营性、融资性和投资性现金流三种，精准规划并预测企业现金流、把握融资节奏是做好创业金融工作的基础。

2. 商业计划书是一份全面说明创业构想以及如何实施创业构想的文件，既是企业对外的“推销性”文本，也是对内的“计划性”文本。

3. 电梯游说与项目路演都是创业者通过演讲阐述自身的商业理念和现有业务吸引投资人和其他潜在合作者的方式，成功的演讲能够激发听众对创业项目的强烈兴趣和进一步了解的热情。

【思考题】

1. 如何准确预测企业的现金流并制订相应的融资计划？
2. 商业计划书包括哪些关键要素？如何打造一份具有吸引力和价值的商业计划书？
3. 在电梯游说时，创业者需要传递哪些关键信息以快速吸引投资人？

第5章

估值与创业投资协议

【本章导读】

创业企业估值是投资协议中重要的内容，也是创业投资谈判中的一个难点，本章对企业估值的方法展开全面分析，介绍了企业不同发展阶段采取的不同估值方法，对于比较成熟的企业常用成本法、收益法、市场法等经典估值方法，而对于初创企业可采取Odlyzko定律、风险因子求和法等创业企业估值法。本章随后对创业投资协议条款清单的十个重要条款进行详细解读，结合投融资实践案例加以说明以便灵活应用。

5.1 什么是估值

5.1.1 估值是对企业过去经营业绩的评估分析

估值是风险投资协议中的核心环节。在决定投资一家初创企业时，首先需要对企业价值有合理的预估。对投资项目进行准确的估值，既是投资盈利的保证，更是控制投资风险的关键。初创企业作为被评估的对象，其内在价值受经营业绩、经营战略和未来盈利能力等多种因素的影响。

企业的过往经营业绩能够反映出企业经营状况的优劣，是企业价值的重要决定因素。例如利用公司过去的盈利可以计算盈利增长率，根据公司已有的资本回报率和营运成本可以估计当年的风险系数和营运资本。因此，企业过去的经营业绩是投资方估值的重要依据之一。

以市盈率估值法为例，市盈率估值法中最重要的考察指标是净利润。这需要找出企业在相当长的时间段（至少五年）内历史最低、最高和居中三档的平均净利润作为参数与行业市盈率相乘，从而得到较为合理的企业估值。

5.1.2 估值是企业未来收益的预测回报收益

估值不仅仅是面向过去的，更是面向未来的，投资方对企业未来收益的预测也是估值环节所要考虑的重要维度。假设一家企业过去发展状况良好，但行业正在走下坡路，仅仅依靠过去的经营业绩对企业进行估值对于投资方来说显然是不公平的；若一家企业过去是负盈利，而行业正处于腾飞阶段，仅仅依靠过去的业绩估值也是不合理的。

美国经济学家埃尔文·费雪同样站在估值是未来收益的角度提出著名的折现值价值理论，其核心观点是企业价值是企业所能带来的未来现金流量。此后，将未来现金流折成现值求得资产内在价值的现金流量法由弗兰克·莫迪格莱尼和默顿·米勒等人不断发展和完善，成为受主流认可的价值评估策略。

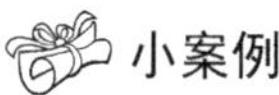小案例

自由现金流模式在同方股份并购晶源电子事件中的运用

汤姆·科普兰阐述了自由现金流的计算方法：自由现金流量等于企业的税后净营业利润（即公司不包括利息收支的营业利润扣除实付所得税税金之后的数额）加上折旧及摊销等非现金支出，再减去营运资本的追加和物业厂房设备及其他资产方面的投资，是公司产生的税后现金流量总额，可以提供给公司资本的所有供应者包括债权人和股东。

以同方股份并购晶源电子为例，分析晶源电子的历史绩效，得到预测如表 5-1 所示（税率 15%）。

表 5-1　晶源电子的历史绩效

	第一年	第二年	第三年	第四年	第五年
营业收入（元）	314 494 566.5	367 329 653.6	429 041 035.4	501 119 929.4	585 308 077.5
营业收入增长率	16.8%	16.8%	16.8%	16.8%	16.8%
息税前利润（元）	56 294 527.4	65 752 008	76 798 345.34	89 700 467.36	104 770 145.9
税前利润率	17.9%	17.9%	17.9%	17.9%	17.9%
折旧（元）	131 078 194	131 078 194	131 078 194	131 078 194	131 078 194
资本性支出（元）	−63 886 896.48	−96 641 031.7	−134 897 862	−179 581 839	−231 772 724
边际固定资本投资率	−4.31%	−4.31%	−4.31%	−4.31%	−4.31%
营运资本变动（元）	192 703 314.5	225 077 471.3	262 890 486.5	307 056 088.2	358 641 511.1
边际营运资本投资率	4.26%	4.26%	4.26%	4.26%	4.26%
自由现金流量（元）	50 112 124.28	58 530 961.16	68 364 162.63	79 849 341.95	93 264 031.4

贴现率采用加权平均资本成本（WACC）模型计算，公式为 $WACC=(E/V)\times R_e+(D/V)\times R_d\times(1-T_c)$，其中，$E$ 为公司股本的市场价值；D 为公司债务的市场价值；V 是企业的市场价值；T_c 为企业税率；R_e 为股本成本，是投资者的必要收益率；R_d 为债务成本。具体计算过程如下：

首先根据资本资产定价模型 $R_e=R_f+\beta(R_m-R_f)$ 求出股本成本 R_e：R_f 为市场无风险收益率，选用 2008 年第五期凭证式国债 5 年期票面利率 5.53%；β 系数为风险系数，以沪深 300 指数的收益率作为市场平均收益率，对晶源电子股票和沪深 300 指数的历史数据进行线性回归分析 $Y=\alpha+\beta X$（其中，Y 为晶源电子的股票收益率，X 为沪

深 300 平均收益率），计算出晶源电子股票的 β 系数。取 2005 年 7 月至 2009 年 3 月晶源电子股票和沪深 300 指数每个月开市第一日的收盘价为回归分析的基础数据，用 Excel 计算回归结果如下：$Y=0.020\,78+0.711\,577X$，所以 $\beta=0.711\,577$。R_m 是市场投资组合的期望报酬率，用上证指数近十年的平均收益率作为市场的期望报酬率，取 1998 年 12 月 31 日至 2008 年 12 月 31 日每年最后一个交易日的收盘指数作为基础数据，得出市场期望报酬率 $R_m=18.1\%$。将数据代入，可得 $R_e=5.53\%+0.711\,577\times(18.1\%-5.53\%)=14.47\%$。

分析晶源电子的财务报告得知，企业没有长期贷款。为便于计算债务成本 R_d，以中国人民银行 2008 年对工商企业的短期贷款利率 5.31%作为税前债务成本 R_d，故税后债务成本 $=R_d(1-T_c)=5.31\%\times(1-15\%)=4.5\%$。经计算晶源电子资本结构中债务权重 17.5%，所有者权益权重 82.5%。将数据代入公式，可知：$WACC=14.47\%\times82.5\%+5.31\%(1-15\%)\times17.5\%=12.73\%$。

计算出当期贴现率为 12.73%后，采用两阶段增长模型估值，公式为：

$$V=\sum_{n=1}^{t}\frac{FCFF_n}{(1+WACC)^t}+\frac{TV}{(1+WACC)^t}$$

其中，等式右边第一部分为第一阶段，用 V_1 表示；第二部分为后续期，TV 代表终值。$FCFF$【自由现金流量】$=EBIT$【息税前利润】$-$Taxation【税款】$+$Depreciation & Amortization【折旧和摊销】$-$Changes in Working Capital【营运资本变动】$-$Capital expenditure【资本性支出】。结合表 5-1 数据，可以计算出 V_1。

$$V_1=\sum_{n=1}^{5}\frac{FCFF_n}{(1+12.73\%)}=2.389\,055\,02\text{（亿元）}$$

假设第六年及以后企业进入稳定增长阶段，增长率与宏观经济增长率保持一致，保守预计 7%左右，所以“后续期”终值 $TV=93\,264\,031.4\times(1+7\%)/(12.73\%-7\%)=17.415\,796\,44$ 亿元，故公司总价值：$V=2.389\,055\,02+17.415\,796\,44/(1+12.73\%)^5=11.955\,394\,86$ 亿元。除去债务价值，权益价值为 11.098 122 50 亿元，因同方股份收购晶源电子 25%股份，故收购价值为：11.098 122 50×25%＝2.774 530 62 亿元。这与显示的 2.75 亿元总金额较为接近。

资料来源：刘桂荣，黄朴．基于自由现金流的并购企业价值模型及应用．财会通讯，2011（21）：127-129，161.

5.1.3 估值是融资金额与稀释股权之间的平衡

在实际投资中，企业的估值往往是投融资双方经过谈判后相互认可的结果。这是因为企业的价值并不由经营业绩和未来盈利能力单一决定，还与投资人投资金额及最终投资金额所能带来的股权占比有关。

作为融资方，初创企业通常会尽可能乐观地描述未来市场占有率和盈利来提高估值，达到以较少的股份换取较高资金的目的。作为投资方，投资人则希望初创企业未来成长潜力大的同时，估值相对较低，以较少的资金换取较多的股权。因此，企业的估值往往是融资方和投资方动态博弈的过程，是双方在投资金额和股权份额之间达成平衡的结果。

在初期融资中，高估值能够帮助企业获得较多的资金，同时转换较少的股份，但是过度追求高估值，会使企业在下一轮融资中需要实现更高的估值来获得投资者的青睐。

需要说明的是，企业的估值是对企业价值的估计，如果企业价值没有变现成相应的现金流，那么企业的估值只是一个虚拟数字，对企业实际运营作用有限。

5.2　经典估值方法

成本法、收益法（包括经济增加值法、现金流贴现法）、市场法（包括市盈率估值法、市净率估值法、市销率估值法等）是会计学领域常用的经典估值方法，不同的估值方法有不同的适用场景。

5.2.1　成本法

成本法亦称重置成本法，是一种资产价值法。重置成本法是以资产负债表作为估值的基础，按照现行市价重新购置一个全新状态的评估对象，把所需的全部成本减去评估对象的所有折旧之后的差额作为被评估企业现实价值的一种评估方法。

重置成本法的基本公式为：

评估价值＝重置成本－折旧

其中，重置成本是指按照购买现在相同或者相似资产所需支付的现金或现金等价物的金额计量资产，会计中的折旧是资产价值的下降，包括实体性折旧、功能性折旧和经济性折旧。实体性折旧以有形资产为主，例如办公设备、厂房等；功能性折旧以无形资产为主，例如企业的商标、声誉等；经济性折旧指的是外部性折旧，例如政策变化、环境恶化等。

运用重置成本法，实际是将企业整体资产化整为零，对各项资产分别进行评定估算。重置成本法要求被评估资产必须能够“重置”，适用于可复制、可再生、可重新建造和购买，具有有形损耗和无形损耗特点的资产。

创业投资企业初期难以有现金流入，因此，重置成本法将企业资产和预计效益分开，仅从成本角度出发，即计算重新建立这个企业需要多少资金投入，这是初创企业的最佳计量方法。但是重置成本的评估缺乏客观性，对于创始人、创业团队和技术等稀缺性资源，难以找到相似的资产，对于企业价值的评估需要风险投资人主观的判断。

对于能源、基建、零售等重资产行业而言，重置成本法有较强的适用性。

5.2.2　收益法

收益法又称折现法、内含价值法，是指将评估对象持续经营期间内每年（每月）获得的预期收益，用适当的贴现率折现得到在评估基准日的现值之和，以此估算资产价值的评估方法。收益法的核心是未来预期收益，因此有以下三点要求：一是评估对象未来年度的收益现金流可预测；二是收益对应承担的风险可预测和量化；三是评估对象未来获得收益的期限可预测和判断。只有在收益、风险、期限都可以预测和判断时，才能使用收益法评估企业。

收益法根据不同的收益口径，衍生出两种方法，分别是经济增加值法（EVA 法）和现金流贴现法（DCF 法）。

1. 经济增加值法（EVA 法）

经济增加值（economic value added，EVA）法指同一时间区间内，用企业调整后的税后净营业利润扣除债务资本和股东权益资本的成本之和，可以用来衡量股东的价值创造。当 $EVA>0$ 时，企业为股东创造了价值，增加了财富，反之，当 $EVA<0$ 时，表明企业损失了资本，消耗了股东资产。

EVA 的计算公式如下：

$$EVA=NOPAT-TC\times WACC$$

式中，*NOPAT* 是指调整后的税后净营业利润；*TC* 是指总资本，即股东权益资本和债务资本之和；*WACC* 是加权资本成本。利用经济增加值法进行估值的基本公式如下：

$$V=BVE_t+\sum\frac{EVA_t}{(1+WACC)^t}$$

式中，V 是目标公司价值；BVE_t 是初始投资资本；*WACC* 是加权平均资本；$\sum\frac{EVA_t}{(1+WACC)^t}$ 是未来 *EVA* 的现值。

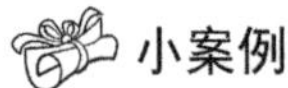 小案例

经济增加值法在估值中的运用

某公司初始投资资本为 500 万元，预计未来每年产生税后净营业利润 100 万元。每年资本投入为零，资本成本为 10%，请运用经济增加值法计算公司估值。

$EVA=100-500\times 10\%=50$（万元）

$V=500+50/(1+10\%)=545.45$（万元）

2. 现金流贴现法（DCF 法）

现金流贴现（discounted cash flow，DCF）法可分为三种模型，分别是自由现金流模型（FCFF 模型）、股权自由现金流模型（FCFE 模型）和股利贴现模型（DDM 模型）。

现金流贴现法的基本模型是：

$$P_0=\sum\frac{D_t}{(1+k)^t}$$

式中，P_0 是评估所有对象未来收益的现值；D_t 是未来各期的现金流；k 是贴现率。

（1）自由现金流模型（FCFF 模型）。自由现金流（free cash flow for the firm）模型由美国学者阿尔弗雷德·拉巴波特提出，指用企业自由现金流对公司估值的一种方式，自由现金流是企业产生的、在满足再投资需求之后剩余的、不影响公司持续发展前提下可供企业资本供应者/各种利益要求人（股东、债权人）分配的现金，即可供股东与债权人分配的最大现金额。具体计算方式为：

自由现金流＝税后净经营利润－追加营运资本－固定资产及其他资产投资＋折旧等非现金支出

这意味着预测公司未来的自由现金流需要预测公司从当年度开始未来 5～10 年的资产负债表和利润表，要求预测者充分了解公司所处的宏观经济、行业结构以及公司经营状况和业绩等信息。

使用自由现金流模型估值的一般形式为：

$$V=\sum\frac{FCFF_t}{(1+WACC)^t}$$

式中，$FCFF_t$ 是公司的自由现金流；$WACC$ 是公司的加权平均资本。

(2) 股权自由现金流模型（FCFE 模型）。股权自由现金流和自由现金流最大的区别是，股权自由现金流是公司股权拥有者（股东）可分配的最大自由现金额，自由现金流是公司股东及债权人可供分配的最大自由现金额。因此股权自由现金流要在自由现金流的基础上减去供债权人分配的现金（即利息支出费用等）。

用股权自由现金流模型估值的一般形式如下：

$$V=\sum\frac{FCFE_t}{(1+WACC)^t}$$

(3) 股利贴现模型（DDM 模型）。内在价值是股票本身应该具有的价值而非市场价值，股票内在价值可以用股票每年股利收入的现值之和衡量，股利是发行股票的股份公司给予股东的回报，按股东的持股比例进行利润分配，每一股股票所分得的利润就是每股股票的股利。股利贴现模型在公司永续经营的假设下，通过对未来股利现金进行折现加总，计算现在的股价：

$$P_0=\sum\frac{D_t}{(1+k)^t}$$

式中，P_0 是每股股票的内在价值；D_t 是第 t 年每股股票股利的期望值；k 是股票的期望收益率或贴现率。

根据一些特别的股利发放方式，股利贴现模型还有以下几种简化的形式，包括零增长模型，不变增长模型，二段、三段、多段增长模型，主要通过不同的增长率进行区分。

零增长模型是指红利增长率为 0，未来各期红利按照固定数值发放；不变增长模型是指红利按照固定增长率 g 增长，即未来红利按照 $D_t=D_0(1+g)^t$ 增长；二段增长模型假设在时间 t 内红利按照 g_1 增长率增长，t 后按照 g_2 增长率增长；三段增长模型假设在时间 t 内红利按照 g_1 增长，t～t_1 按照 g_2 增长，t_1 之后按照 g_3 增长；多段增长模型可以按照二段、三段增长模型类推，但公式较为复杂，使用较少。

5.2.3　市场法

市场法主要基于有效市场理论，通过获取可比公司的财务指标，确定被评估公司的价值，是一种相对价值法。根据选取财务指标的不同，主要分为可比企业法、市盈率估值法、市净率估值法、市销率估值法、PEG 估值法等。

1. 可比企业法

挑选与目标公司同行业或可参照的上市公司或非上市公司，以同类公司的股价与财务数据或公开的投资估值为依据，计算主要财务比率，然后用这些比率作为市场价格乘数来推断目标公司的价值。创业公司一般在融资时会对标行业龙头公司的各项指标进行投资预测，这实际上就是可比企业法。这种方法简单直观，但要准确套用还需要综合考虑许多不确定因素。

2. 市盈率估值法

市盈率（price earning ratio，P/E）是普通股每股市价与每股收益的比值，反映上市公司股票的市场价值与企业内在价值的关系，也反映投资者愿意为每股收益支付的价格倍数。对投资者来说，市盈率越低，每股净利润与每股价格越接近，投资回收期越短，投资风险越小；反之，市盈率越高，投资回收期越长，投资风险也越大。

市盈率估值法的公式为：

被评估公司的公司价值＝可比公司的平均市盈率×被评估公司的净利润

采用市盈率估值法时，通常选取具有可比性的上市公司或公司所属行业的平均市盈率，然后根据公司预计的盈余初步测算公司的价值，最后根据估值公司与可比公司或行业平均水平的差异予以调整。

市盈率可分为静态市盈率和动态市盈率。采用静态市盈率估值，一般以公司近期的税后利润和给定的市盈率估计，为了减少经营波动性带来的影响，可以采用最近三年或更长期间的税后利润平均值作为盈余的估计。动态市盈率等于股票现价和未来每股收益的预测值的比值。

市盈率估值法适用于盈利企业，对于大部分未盈利的创业公司而言，市盈率估值法并不适合。

3. 市净率估值法

市净率（price-to-book ratio，P/B）是每股股价与每股净资产的比值，反映上市公司投资者为每股净资产支付的价格倍数。对投资者来说，市净率越低，每股净资产与每股价格越接近，市场越看好，投资风险越小；反之，市净率越高，市场越不看好，投资风险越大。

市净率估值法和市盈率估值法思路一致，公式为：

被评估公司的公司价值＝可比公司的平均市净率×被评估公司的净资产

市净率估值法适用于资金投入大的重资产行业，如制造业、房地产业、金融业等。以科技研发为主的创业企业，主要资产是科研技术、技术人员，净资产非常少，使用市净率估值法无法准确对这一类企业估值。

4. 市销率估值法

市销率（price-to-sales ratio，P/S）是每股价格与每股销售收入的比值，反映投资者愿意为每股销售收入支付的价格倍数。对投资者来说，市销率与投资价值有关，市销率越低，每股销售收入与每股价格越接近，投资价值越大，投资风险越小；反之，市销率越高，投资价值越小，投资风险越大。

市销率估值法的公式为：

被评估公司的公司价值＝可比公司的平均市销率×被评估公司的销售收入

市销率估值法比较简单直观，操作性强，特别适用于大消费、电商等行业中市场销售稳定增长的企业。

5. PEG 估值法

PEG 即市盈增长比率，是在市盈率（PE）的基础上演化而来的，是市盈率相对盈利增长比率，计算公式如下：

$$PEG = PE/100\ G$$

式中，PE 是公司的年度市盈率；G 是公司的每股年盈利增长率的预测值。

PEG 可以用来观测投资的安全性和成长性，一方面可以通过市盈率分析企业当前经营状况，另一方面可以根据年盈利增长率对企业未来一段时间的发展状况进行分析和预测。PEG 大小与股票价格是否合理相关，一般认为：当 $PEG=1$ 时，表明股票价格合理，企业未来业绩变现的成长性得到充分反映；当 $PEG>1$ 时，表明股票价格存在被高估的可能性，或者市场认为公司未来有高成长性；当 $PEG<1$ 时，表明股票价格可能被低估，即市场认为公司未来成长性低于预期。

以 PEG 评估公司价值的基本思路是，首先确定企业的预期增长值，其次确定股票的每股收益，再根据选取的行业确定可比基准 PEG 系数，最后推算出企业价值。PEG 估值法的公式为：

$$\text{被评估公司的公司价值}=\text{增长率}\times\text{净利润}\times\text{可比基准}\ PEG$$

5.2.4 期权定价模型

企业的经营者在进行投资决策时往往面临许多不确定性因素，例如产品供求的变化、原材料价格的变化以及利率、汇率等的波动，因此在进行风险投资时往往采取灵活有弹性的经营策略，即在获得更多的市场信息之后再选择是否进行投资或改变投资规模。这些针对经营风险采取的灵活性经营策略与金融期权有相似的性质，因此将其称为企业拥有的实物期权。传统的投资理论往往忽略对实物期权的研究，与其对应的净现值法等也就忽略实物期权的价值，可能导致投资失误。

实物期权（real option）是以期权概念定义的现实投资选择权，是指企业进行长期实物资本投资决策时拥有的，能根据决策过程中尚不确定的因素改变投资行为的权利。公式表达为：

$$\text{企业价值}=\text{实物资产折现值}+\text{未来成长机会折现值}$$

式中，未来成长机会折现值即企业未来以期权方式进行投资获得收益的现值。

布莱克-斯科尔斯（B-S）期权定价模型的数学表达式为：

$$V = S\times N(d_1) - X\times e^{-rt}\times N(d_2)$$

$$d_1 = \frac{\ln(S \mid X) + (r+\sigma^2/2)t}{\sigma\sqrt{t}}$$

$$d_2 = d_1 - \sigma\sqrt{t}$$

式中，S 为标的资产现行市场价格（看作现金流的现值）；X 为行权价格（看作投资成本）；r 为无风险利率（按连续复利率计算）；σ 为标的资产价格波动率；t 为期权距到期日的时间；$N(x)$ 为标准正态分布的累积概率分布函数（即某一服从正态分布的变量小于 x 的概率）。

实际操作基本步骤如下：第一步，把每一个未来投资机会看作是一个买方期权的价值，分别计算其价值；第二步，把所有买方期权的价值相加，得到投资机会价值。

汤姆·科普兰和莱诺斯·特里杰奥吉斯等将企业拥有的实物期权概括为五大类：延

期型期权、放弃型斯权、扩展型期权、收缩型期权和开关型期权。

延期型期权：是实物期权中最重要的一类，相当于买权。企业投资的大部分是沉没成本，如果企业可以延期投资，就可以等到获取更多价格、成本及其他信息后，再决定是否投资。所以企业如果能够延期投资，相当于拥有了一个买权，其执行价格为投资成本。

放弃型期权：相当于卖权。项目经营一段时间后，如果经营业绩不佳，企业可以放弃投资并且获得清算价值。清算价值相当于执行价格，在项目净现值低于清算价值时，放弃或转卖这一资产，相当于企业执行了这一卖权。

扩展型期权：相当于买权。投资项目后，如果市场条件良好，企业可以通过扩大投资规模获得更大的收益。

收缩型期权：相当于卖权。大多数项目投资都考虑在市场需求减小时或在其他情况下收缩规模。

开关型期权：是买权和卖权的组合。企业经营过程中如果出现不利情况，可以暂时停工。停工相当于一个卖权，停工的成本是执行价格。暂时停工的项目重新开工即相当于一个买权。

实物期权的研究仍处于探索阶段，但它为企业的战略决策和风险控制提供了一个理论分析的框架，并且为风险投资决策提供了数量分析的方法。

风险投资企业研发有成功和失败两种可能，研发成功则拥有产品或专利，有增大利润的可能性，可以看作拥有一种扩张权，即市场效益好时可以将该成果进行大规模生产，市场不好时可以延迟投资。因此，可以用实物期权定价评估无形资产价值。

小案例

期权定价模型的应用

表 5-2 列出了不同期权定价模型对应的变量。

表 5-2　B-S 定价公式与无形资产定价对应变量的变化

股票期权	无形资产（专利或者高科技产品）
股票现在价格 S	生产高科技产品现金流现值 P
执行价格 X	生产高科技产品的投资费用 V
期权的有效期限 T	无形资产有效期限 T
股票价格的不确定性 θ	无形资产（专利产品）价值的不确定性 θ
无风险利率 r	无风险利率 r

以 DF 企业为例，P 值采用软件销售预期现金流现值，V 采用研发阶段资本投入，DF 公司研发是一次投资机会，DF 公司从 1992 年开始进行研发，前期投入 20 万元。

一般来说无风险利率 r 可以选取与期权期限相同的国库券利率。价值的不确定性 θ 表示公司因进行中间件软件的研发获得的投资机会和带来的未来收益增长率的标准方差。对于这种波动变化，可以通过计算类似产品的波动率作为方差的估计值。在采用同行业平均水平的基础上，结合 DF 公司的自身特点进行计算得出 θ 为 60%。

根据《中华人民共和国专利法》的规定，实用新型专利权的期限为10年，计算结果如表5-3所示：

表5-3　B-S期权定价模型求解

S	3 171 832.33	生产软件产品现金流现值 P
X	200 000	生产软件产品的投资费用 V
r	6%	无风险利率
T	10	无形资产有效期限（年）
θ	60%	无形资产价值的不确定性
d_1	2.721 5	
d_2	0.824 2	
$N(d_1)$	0.996 8	
$N(d_2)$	0.795 1	
无形资产期权价值	3 074 257.33	

资料来源：王帅．期权定价模型在风险投资企业价值评估中的应用．成都：电子科技大学，2006.

5.2.5　不同估值方法的比较

收益法是绝对估值法，与市场法等相对估值法相比，能够精确揭示公司股票的内在价值。股利贴现模型在实际使用中，由于公司分红意识不强，对公司未来发放股利的预测难度很大；对于股利发放与公司收益没有直接关系的公司而言同样不适用，另外，公式中的贴现率也较难确定，变量任何微小的变动都会导致最后结果的大幅波动。对于股利发放政策稳定的公司，可以把股利贴现模型作为主要的估值标准。自由现金流模型较为严谨，适用于公司未来发展情况较为清晰的企业。处于扩张期的企业未来发展的不确定性较大，准确判断较为困难。该方法对于参数的变动同样很敏感，参数的变动使估值结果的可变性很大。相对估值法采用乘数方式，较为简便，具体见表5-4。

表5-4　不同估值方法的比较

方法		优点	缺点
成本法		企业资产和效益分开；初创企业的最佳估值方法	重置成本的确定缺乏客观性；有些资产难以找到相似资产比较，缺乏可靠计量
收益法（自由现金流模型）		能够较真实、准确地反映企业未来收益；理论上合理且易于量化，实践上较为常用	未来现金流难以准确估计；对于参数的变动很敏感，使得估值结果的可变性很大
市场法	可比企业法	使用便捷；应用广泛；基于市场和经验	难以找到可比的非上市企业；选用上市企业，由于企业股权缺乏流动性，需要调整估值
	市盈率估值法 市净率估值法	销售收入、净利润、净资产等容易可靠计量	市盈率估值法不适用于亏损企业，市净率估值法对轻资产企业较难使用，资产的溢价倍数较难评估
期权定价模型		以期权方式定义现实投资的选择权	业内不常用；真实情况难以简化成有解的期权问题；B-S模型的局限性

5.3 创业企业估值

5.3.1 创业企业估值难点

估值是风险投资机构投资的重要一环，体现了投资方对创业企业的远景判断，也决定了投资方未来的收益。在初创企业的介绍中，常常可以看到“估值百万”“估值上亿”的介绍，对于发展时间短，无形资产较多，知识密集型的创业企业来说，企业价值的评估很难用传统的估值方法体现。

创业企业，尤其是互联网创业企业或者高新技术创业企业具有融资需求大、初期盈利为负、投资期限长和高风险高收益等显著特征。相比于成熟企业的估值，创业企业估值存在以下难点：

第一，经营数据缺失。初创企业创立时间短，未建立起完善的财务制度和企业管理制度，历史财务信息也较为缺乏，很难用现有的财务指标准确评估企业价值。

第二，预期收益较难预测。大部分创业企业初期盈利为负或微盈利，在现金流和历史收益为负的情况下，很难判断企业未来的经营状况。另外，创业企业成长具有非线性的特征，从研发投入到样品落地，从市场试销到规模化经营，难以客观估计初创企业的未来现金流，依赖现金流估计企业价值的方法（如收益法）难以适用。

第三，账面价值难以反映真实价值。大部分创业企业的厂房、机器设备等有形资产较少，技术、专利等无形资产较多，而无形资产难以反映到企业的账面价值上，因此初创企业的账面价值与实际价值往往出入较大，这无疑限制了成本法等传统估值方法的使用。基于此，针对创业企业特别是独角兽企业的估值问题，出现了一些新兴的估值模型。

5.3.2 创业企业估值模型

在目前披露的独角兽企业中，互联网科技类企业占比最大，这类企业因为技术更新迭代迅速，商业模式新，且发展前期多采取加大资金投入的方法争夺用户数量，出现负盈利的情况。前期的巨大亏损无法准确反映企业价值，传统的估值方法在新的领域表现出严重的“水土不服”。为解决创业企业估值问题，涌现出 Odlyzko 定律、Berkus 法、风险因子求和法、计分卡估值法、第一芝加哥法、风险投资法等新兴的估值方法。

1. Odlyzko 定律

1973 年，以太网的发明者罗伯特·梅特卡夫（Robert Metcalfe）提出梅特卡夫原则，即

$$V = K \times N^2$$

式中，V 表示网络的潜在价值与理论价值；K 表示价值系数，指互联网公司将用户数量转化为盈利能力的系数，受商业模式、用户黏性、活跃度等因素的影响；N 表示用户数量或用户节点。

梅特卡夫原则由新科技的推广速度决定，网络的价值与用户数量成正比，且当用户超过一定数量后将呈现指数增长。在此基础上，明尼苏达大学教授安德鲁·奥德里兹科（Andrew Odlyzko）等人提出Odlyzko定律：

$$V = K \times N \times \ln N$$

其中，V表示企业价值；N表示活跃用户数量，K表示单个用户收入贡献量。

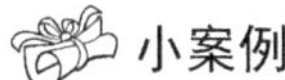 小案例

Odlyzko定律在字节跳动估值中的应用

2019年7月，字节跳动旗下产品全球人数总月活跃用户超过15亿。广告收入是字节跳动商业化的主要营收方式，字节跳动的广告收益体现了其用户流量的变现能力。相关财务数据显示，2019年字节跳动广告收入占比85.7%，达1 200亿元。

由于单个用户收入贡献量与活跃用户人数的乘积可以用营业收入近似替代，因此Odlyzko定律中的$K \times N$约等于字节跳动2019年的核心业务收入1 200亿元。计算可得，2019年末字节跳动的企业价值$V = 1\ 200 \times \ln 15 \approx 25\ 354$亿元。

资料来源：胡灵颖．梅特卡夫法则在互联网独角兽企业估值中的运用：以字节跳动为例．商展经济，2022(3)：115-117.

2. Berkus法

Berkus法是由商业天使投资人戴夫·博克斯（Dave Berkus）设计的面向初创企业的估值方法，无须分析预计的财务状况，前提是该初创企业有可能在五年内收入达到2 000万美元。

根据该方法，在没有收入之前，初创企业的估值不应超过200万美元。但是初创企业如果在成立早期存在以下几种情况，例如有健全的想法、原型、质量管理团队、战略关系以及产品推出或销售等，则可以给企业带来增值效应，具体增值金额如表5-5所示。

表5-5 Berkus法估值增值效应

存在的情况	最高增值金额
健全的想法（基本价值）	300万美元
原型（降低技术风险）	500万美元
质量管理团队（降低执行风险）	300万美元
战略关系（降低市场风险）	200万美元
产品推出或销售（降低生产风险）	100万美元

3. 风险因子求和法

风险因子求和法一般适用于创业初期的企业。风险因子求和法对产生收入前的企业进行投前估值，考虑企业存在的各种风险因素，包括管理业务风险、立法/政治风险、制造风险、销售和营销风险、融资/投资风险、竞争风险、技术风险、诉讼风险、国际风

险、声誉风险、潜在的有利可图的退出。

各项风险经过评估后按照分值调整估值，评估结果对应的分值如表 5-6 所示。

表 5-6　风险评估与分值对应表

各项风险评估结果	分值
极好	+2
好	+1
中性	0
差	−1
极差	−2

风险评估后，所在地区产生收入前的企业的平均投前估值为每增加 1 个分值上调 25 万美元，每扣除 1 个分值下调 25 万美元。根据各项风险因子评分情况调整估值后，即可得出初创企业价值。

4. 计分卡估值法

计分卡估值法与风险因子求和法类似，首先确定企业的基本估值，然后根据一系列标准调整。该估值法同样适用于尚未产生营业收入的初创企业。

根据本地区刚刚获得融资的、处于相似阶段的同类型企业的价值情况，计算出平均（或者中位数）投前估值（average premoney valuation），然后从几个维度与这些企业的平均水准进行对比，得出一个调整乘数，调整乘数与平均投前估值的乘积即为被评估企业的投前估值。

例如，可以从团队、市场规模、技术、竞争、合作商、销售、退出可能性七个维度对企业进行比较，再对这七个维度赋予不同的权重，最终得到整体加权平均数。表 5-7 展示了计分卡估值法的实际应用。

表 5-7　计分卡估值法实例

维度	权重	平均值比较	调整乘数
团队	30%	125%	37.5%
市场规模	25%	150%	37.5%
技术	15%	100%	15%
竞争	10%	75%	7.5%
合作商	10%	80%	8%
销售	5%	100%	5%
退出可能性	5%	100%	5%
合计	100%		115.5%

计分卡估值法的关键是与同一个地区、同类型企业的平均估值（和范围）比较，这需要投资人具有丰富的投资经验。计分卡估值法为投资人提供了一种针对种子轮目标企业进行估值调整的主观方法。

5. 第一芝加哥法

第一芝加哥法根据三种情况下的企业估值评估企业价值，每种情况的估值采用现金流贴现法，总估值是每种情况估值的加权平均值。该方法有以下四个步骤：第一步，为企业定义不同的未来场景，包括最佳情况、一般情况、最坏情况，并且为每种场景设置财务预测（包括收益、现金流），最坏情况相当于投资资本全部损失。第二步，需要在退出时确定撤资价格，将目标企业与同一行业中的其他企业比较估值，通常采用以市场为导向的市场倍数如息税前利润、收入等。第三步，确定所需回报并计算每个场景的估值。第四步，估计不同场景的可能性并计算加权平均值。

小案例

第一芝加哥法在估值中的应用

A 公司预计未来在最坏情况下估值 10 万元，可能性 20%；一般情况下估值 70 万元，可能性 70%；最佳情况下估值 300 万元，可能性 10%；如何给出 A 公司的最终估值？表 5-8 运用第一芝加哥法进行计算。

表 5-8　第一芝加哥法的应用

场景	估值（万元）	可能性	最终估值（万元）
最坏情况	10	20%	
一般情况	70	70%	81
最佳情况	300	10%	

6. 风险投资法

风险投资法（venture capital method）把对公司的评估分为投资前估值和投资后估值，投资者的股份比例等于投资额与投资后估值的比值。

采用风险投资法对企业进行估值有以下四个步骤：

第一步，估计目标公司价值的终值。终值指投资者投资一定时间后退出时公司的价值。公司的终值常用传统的乘数法（可比企业法）进行估计。

第二步，将公司价值的终值折现成现值，投资者一般用目标回报率作为贴现率，这个贴现率一般比传统的资本加权平均成本（WACC）高很多。

第三步，计算投资者股份比例，用拟投资额与折现的终值的比值来确定投资者为获得要求的回报率应得的股份比例。

第四步，计算投资者股份数量与股价。根据公司被投资前的股份数量和投资人股份比例的乘积，确定向投资人新增发的股份数量，并最终确定每股价格。

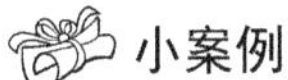

小案例

风险投资法在创业企业估值中的应用

第一步：X 公司在 A 轮寻求 800 万美元融资。

第二步：预计到第 5 年，X 公司的销售额将增长到 1 亿美元，利润将增长到 1 000

万美元。

第三步：风险投资公司希望在第5年退出以将资金返还给其有限合伙人。

第四步：与X公司类似公司的市盈率为10倍，这意味着预期的退出价值为1亿美元（1 000万美元×10）。

第五步：贴现率将是风险投资公司目标回报率30%。贴现率通常只是股权成本，因为初创公司资本结构中的债务几乎为零。

然后将30%的贴现率代入现金流贴现法的公式：

$$投资后估值=1\text{亿美元}/(1+30\%)^5=2\,700\text{万美元}$$

$$投资前估值=投资后估值-初始投资金额=2\,700\text{万美元}-800\text{万美元}=1\,900\text{万美元}$$

$$投资人股份比例=初始投资金额/投资后估值=800\text{万美元}/700\text{万美元}\approx30\%$$

风险投资着眼于未来，风险投资法运用乘数法和现金流贴现法估值的思想，并在此基础上进行改进，将投资与回报、定价与股份比例融入估值，更贴近实际情况，适用于高风险、中长期、面向未来、有高度不确定性的风险投资。风险投资法使用非常高的贴现率，一般在40%～75%之间，有的早期风险投资人甚至采用100%的贴现率。使用高贴现率主要有以下原因：

第一，公司的不确定性大，风险高，高贴现率反映高风险。

第二，风险投资人通过投资获得的公司股权流动性很差，需要较高的贴现率补偿流动性。股权离退出阶段越远，流动性越差，投资人选取的贴现率也越高。

第三，投资人不仅为公司提供资金，还提供先进的管理模式，指导和帮助公司发展等，这些增值服务是有价值的，需要用高贴现率进行补偿。

第四，投资人往往认为创业者的预期过于乐观，需要用高贴现率来调整过高的预期。

5.3.3 创业企业估值的影响因素

估值方法在整个投资过程中并不是一成不变的，在不同投资阶段，估值方法随企业的发展进行相应调整。

在天使投资阶段，创业企业可能只有创业团队和想法，商业模式等尚未完全确定，此时企业估值的关键是创业团队、商业创意。而在风险投资阶段，企业成立时间不长，规模较小，商业模式初步成熟，盈利较少或亏损，企业为占有市场一般采取资金投入的方法，此时企业价值主要在于未来实现高盈利的可能性，盈利、收入和资产等较少，采用收益法有失公允。在股权投资阶段，企业现金流较为稳定，财务数据比较丰富，收入对企业价值的影响更大，可比企业也较多，所以市场法更为适用。

影响创业企业估值的因素多元，大致可以从宏观经济层面、产业层面、组织层面（包括风险投资机构和创业企业）、团队层面进行划分。从宏观经济层面看，当宏观经济萎缩时，企业估值会相应调低；当宏观经济繁荣时，企业估值会相应调高。从产业层面看，企业所处行业的市场规模大小、未来发展趋势，也会影响对企业估值的判断。从组织层面看，创业企业的发展阶段也会影响估值，创业期的企业估值结果很大程度上取决于创业者的经验、融资的金额以及对整体机会的把握。随着企业成熟，历史财务业绩和未来财务规划开始产生影响。发展后期阶段的企业，融资的供求关系和财务业绩一同对估值起主导作用。除此之外，风险投资机构之间的竞争也起到重要作用。当风险投资机构感觉自己在与其他风险投资机构竞争同一个项目时，企业估值就会上升。从团队层面看，创业团队的经验也是影响估值的因素之一。创业团队的经验越丰富，企业经营的风险就越小，估值就越高。

5.4　投资协议条款清单的理解与运用

在初步接触项目和尽职调查之间，投资机构会和创业企业签订初步协议，即风险投资协议条款（term sheet，T/S）。需要注意的是，投资协议条款清单仅仅是一个框架，是投资机构抛出的一根橄榄枝，目的是告诉创业企业，“我有投资意愿，并且你需要保密，在最终敲定之前你不能接受其他人的橄榄枝”，仅此而已。所以在签署正式交易文件之前，风险投资协议条款除了保密性和排他性，其他绝大部分条款对投资人与创业企业均不具备法律约束力。

创业投资协议条款清单主要包括以下十条：估值条款、估值调整条款、反稀释条款、股份回购权条款、优先清算权条款、股权兑现条款、董事会条款、保护性条款、竞业禁止协议条款、领售权条款。

创业投资协议是投前签订的重要意向性协议，其条款设置的目标包含激励机制、监督制约机制、保护机制三大类。

激励机制指在契约中设定激励条款来刺激代理人为了委托人利益的最大化而努力工作。有效的激励机制能使管理层的利益和股东利益统一，从而实现投资人的财务增值目标。激励机制主要包括管理团队期权激励和受领权。估值调整条款、股权兑现条款等都属于激励机制条款。

监督制约机制是防止管理层以投资人的损失为代价谋求自身利益的最大化。健全公司治理结构是监督制约机制的关键。董事会条款、知情权条款就是监督制约机制条款。

保护机制可以在一定程度上避免法律风险转移，并将市场经营风险部分转嫁给投资人。保护机制条款包括反稀释条款、优先清算权条款、股份回购权条款、领售权条款等。

创业投资协议条款清单按设置的内容属性可分为经济因素条款和控制因素条款。经济因素条款包括估值条款、估值调整条款、反稀释条款等。控制因素条款包括董事会条款、保护性条款、竞业禁止协议条款等。

5.4.1　经济因素条款

1. 估值条款

讨论估值有两种情况：投资前估值和投资后估值。

投资后估值＝投资前估值＋投资额

投资前估值是投资人在投资之前对公司现在价值的评估，投资后估值是投资前估值加上预计的总投资额，若不详细说明则会产生误解。例如投资人说“对公司的估值是2 000万美元，拟投资500万美元”，这里的估值通常指投资后估值，即期望投资500万美元买下投资后估值2 000万美元的公司25%的股份。但创业者可能认为投资人说的是投资前估值2 000万美元，投资后公司估值2 500万美元，即投资人期望投资500万美元买下20%的股份。故而投资协议条款清单需要详细说明。

投资额的多少决定投资后估值，比如投资人要对一家公司投入500万元，又想拥有20%的股权的话，就会提出投资前估值2 000万元的情况下进行500万元投资的条件；但同时还可能有其他想分一杯羹的投资人，若其他投资人随后跟风投资250万元，最终公司就会得到750万元的投资，投资后估值变为 2 750万元。此时第一个投资人投入500万元，最终只能取得18.18%的股权。

2. 估值调整条款

估值调整条款是对融资方估值进行调整的合同约定。融资方通常乐观地描述企业未来能达到的技术高度、市场占有率和盈利水平等以提高估值，以较少的股份换取较高的资金。投资方则希望以较少的资金换取较多的股份。

例如估值调整条款可能会规定公司的初始估值（A轮投资前）将根据公司业绩指标进行如下调整：A轮投资人和公司将共同指定一家会计师事务所对公司2015年的税后净利润进行审计。经审计的经常性项目的税后净利润（扣除非经常性项目和特殊项目）称为“2015年经审计税后净利润”。如果公司“2015年经审计税后净利润”低于某一金额，公司的投资前估值将按下述方法进行调整：2015年调整后的投资前估值＝初始估值×2015年经审计税后净利润÷2015年预测的税后净利润。

A轮投资人持有的公司股份也将根据投资前估值调整进行相应调整。投资前估值调整将在出具审计报告后一个月内执行。

估值调整条款意味着股权或现金的转移，对投融资双方来说堪比一场“豪赌”，在实践中也被称为“对赌协议”。对融资方来说，一旦业绩不达预期，往往意味着管理决策权的丧失。对赌协议是投资方与融资方就对未来不确定情况的一种约定达成的协议。对赌协议的出现，是为了解决交易双方信息不对称、道德风险、交易双方对标的估值差异过大等问题。

蒙牛乳业和永乐电器分别是“对赌协议”成功和失败的经典案例。

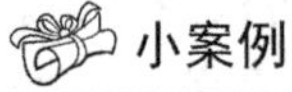

小案例

蒙牛乳业和永乐电器的对赌协议

2002年蒙牛乳业创始团队以可换股票据获得摩根士丹利等三家国际投资机构向蒙牛乳业注资3 523万美元。对赌主要内容：2003—2006年，蒙牛乳业的复合年增长率不低于50%，若未能实现，公司管理层最多将输给摩根士丹利等机构7 830万股的公司股份（约占公司已发行股本的7.8%）；反之，摩根士丹利等机构要拿出自己相应的股份奖励给蒙牛乳业管理层。2004年6月蒙牛乳业在香港挂牌上市。2005年4月，鉴于蒙牛乳业业绩迅猛增长，摩根士丹利决定提前终止对赌协议，将其持有的本金额近5 000万元的可换股票据奖励给蒙牛乳业管理层控股的金牛公司。2005年6月蒙牛乳业通过香港联交所发布公告称，上市前入股蒙牛乳业的三家机构投资者和公司管理层共向市场配售3.15亿股旧股，套现15.62亿港元。创始团队和投资人实现共赢。

2005年，永乐电器创始人陈晓与摩根士丹利及鼎晖投资签订协议，其中包括对赌协议：2007年永乐电器若盈利高于7.5亿元，投资人向管理层割让4 697万股；若利润介于6.75亿～7.5亿元则无须进行估值调整；利润介于6亿元～6.75亿元，管理层向投资人割让4 697万股；若利润低于6亿元，管理层向投资人割让9 395万股。

在对赌协议压力下，永乐电器在全国加快扩张，地域扩张的困局也逐渐显现。2005年永乐电器全年净利润由2004年的2.12亿元增至3.21亿元，但其单位面积销售额下降2.8%，毛利率下降0.6%。2006年4月，永乐电器公告"预计上半年利润低于去年同期"，按照披露的业绩预警，2006年永乐电器的全年业绩很可能低于2005年的3.21亿元，2007年难以实现6.75亿元的净利润，意味着创始人陈晓需要将3%～6%的企业股份转给摩根士丹利。2006年7月，永乐电器接受国美收购，从香港交易所退市。

估值调整条款包含四个方面的主要内容：触发条件、调整方式及幅度、承诺义务人和调整方向。触发条件主要依据公司商业计划书中描述的预期业绩等，常见的触发条件有两类：财务性业绩指标和经营性业绩指标。其中财务性业绩指标主要是指未来特定财务年度的净利润、利润增长率、营业收入等，经营性业绩指标主要是指用户数量、访问量、成交量、产量以及数据增长率、几年内上市等要求。

3. 反稀释条款

反稀释条款也称反股权摊薄条款，是指在目标公司进行后续项目融资或者股权增发过程中，投资人为避免自己持有的股份贬值及份额被过分稀释而采取的措施。当公司后续融资的估值低于投资人的投资估值（或该估值按一定的年化回报率计算的数值）时，投资人有权要求公司和创始人采取一定措施，以回溯性地调低投资人的投资估值到约定的相应估值水平。

按照不同的计算方式，反稀释条款可以分为两种，即加权平均反稀释（weighted average anti-dilution）条款和完全棘轮反稀释（ratchet-based anti-dilution）条款。完全棘轮反稀释条款指的是如果公司后续发行的股价低于A轮投资人当时适用的转换价格（优先股转换成普通股），那么A轮投资人的实际转换价格也要降低到新的发行价格。

知识点

优先股

优先股指的是享有优先权的股权，持有优先股的股东在对公司资产和利润分配的过程中享有优先权。

按照反稀释的对象不同，主要可以分为股权比例反稀释条款和股权价格反稀释条款。

股权比例反稀释条款是指投资人为应对其在公司的持股比例因公司新一轮融资被动降低而采取的保护性措施，如通过跟投条款、强制创始人转让股权、调整转股价格等来维持其在公司的持股比例。例如公司在IPO前，创始人及公司以任何形式进行新的股权融资，需经投资人书面同意，投资人有权按其所持股权比例，以同等条件及价格优先认购新增股权。股权价格反稀释条款是指公司未来进行折价融资导致前轮投资人的股权价格被稀释，前轮投资人可按照反稀释条款的约定计算差额股权，由创始人向其无偿或以名义价格转让差额股权。例如公司新发行的股权的价格低于投资方本次增资的价格，则投资方的增资价格需按加权平均法做相应调整，可以通过实际控制人向投资方补偿相应差价的方式进行，亦可通过实际控制人向投资方无偿转让部分股权的方式进行。

4. 股份回购权条款

股份回购权（redemption right）是指当满足约定的条件时，投资人要求公司或创始人等原有股东以约定价格回购投资人所持公司全部或部分股权的权利。相较于投融资双方不终结投资关系的估值调整条款，股份回购权条款则是约定投融资双方在何种情况下终结投资关系的机制，对于那些达不到上市标准，也没有并购吸引力的公司，该条款为投资人设置了一条有效的退出通道。但是，公司如果一直处于持续经营的状态，无法被收购或者实现IPO，往往也缺乏足够的现金来执行股份回购权。

股份回购权条款的设立逻辑和估值调整条款类似，设计内容可从四个方面考虑：触发条件、回购价格、支付安排和回购主体及责任限制。

触发条件是指一旦投资人行使回购权，公司及创始人需向投资人支付全额投资款及一定额外收益，且少数投资人行使回购权往往触发其他投资人行使回购权，使公司面临极其不利的情况。因此，回购权的触发条件往往限于可明确界定的少数特定情形。例如公司未如期完成“合格IPO”、公司或创始人实质性违约、公司发生“清算事件”、公司出现“重大不利变化”、公司未能实现承诺的业绩或里程碑、其他投资人行使回购权等。特定条件下的创业者有权主动回购，如投资人又投资了企业的竞争对手、投资人被竞争对手收购等。在实际设计回购方案的过程中要注意可履行性。

风险投资基金存在存续期限，一般风险投资基金存在十年的平均存续期限，如果一家风险投资机构在基金的第五年进行了一笔投资，用回购权保证基金清盘时有清算渠道就变得十分重要。

5. 优先清算权条款

优先清算权（liquidation preference）是指公司发生清算事件时一些股东优先于公司其他股东获得清算收益的权利。从本质上看，是对公司清算后资产如何分配的权利约定，即资金如何优先分配给持有系列股份的股东，然后再分配给其他股东的权利约定。在实践中，创业公司有70%～80%的概率以转售、并购、清盘等清算方式退出，所以，优先清算权在实践中被实行的概率非常大，足见其重要性。优先清算权可以从三个方面来理解。

其一，清算事件通常包括法定清算事件和视同清算事件。

法定清算事件是指依照公司注册地法律应当进行公司清算的事件，包括清盘（liquidation）、解散（dissolution）、关停（winding up）等。根据《中华人民共和国公司法》，法定清算事件可包括下述情形：

(1) 公司章程规定的营业期限届满或者公司章程规定的其他解散事由出现;

(2) 股东会或者股东大会决议解散;

(3) 依法被吊销营业执照、责令关闭或者被撤销;

(4) 人民法院依照股东请求解散公司的诉讼予以解散。

视同清算事件是指公司不会因此进入清算解散程序,但实际已无法按照原有商业计划书描绘的计划继续发展。包括以下情形:

(1) 公司(和/或重要子公司)被吸收合并;

(2) 公司(和/或重要子公司)出售、出租、转让、独家许可或以其他方式处理其全部或实质上的全部资产或业务;

(3) 公司控制权变更(例如创始人单独或合计丧失目标公司第一大股东地位)等。

其二,优先清算权通常由两部分组成,即实际的优先权和参与分配权。

在美国,优先权通常以优先股的形式适用。例如,在公司清算或者结束业务时,A系列优先股股东有权优先于普通股股东获得每股几倍于原始购买价格的回报,以及宣布但尚未发放的股利。1倍或等于投资额的清算优先权是行业标准条款。

参与分配权有三种,即完全参与分配权、附上限参与分配权以及无参与权。完全参与分配权是指投资人在获取优先清算收益之后,仍有权按"全面稀释"后的股份比例和普通股股东共同参与对剩余清算收益的分配。附上限参与分配权是指投资人在获取优先清算收益之后,按照相当于转换后的股份比例参与分配剩余清算资金,直到获得约定的回报倍数。无参与权是指投资人在股份获得优先清偿之后,不参与剩余资产的分配。

小案例

参与分配权

假设某公司只进行了一轮融资(A系列融资),投资前估值20万美元,投资人投资5万美元,股份比例为20%,创业者股份比例为80%。

假设公司收到了一份价值15万美元的收购要约。

情景一:A系列投资人拥有1倍的优先权和完全参与分配权时,可以拿回第一笔5万美元的投资本金,然后得到剩余清算价值的20%,也就是2万美元(10万美元×20%),总共收益是7万美元。普通股股东拿到10万美元的80%,也就是8万美元。

情景二:A系列投资人拥有1倍的优先权和2倍上限的参与分配权时,可以得到5万美元的优先清算款,然后将优先股股份转换成普通股,再获得4万美元(10万美元×20%×2),总共收益是9万美元。

情景三:A系列投资人拥有1倍的优先权,无参与权时,面临两个选择,要么获得5万美元的优先清算款,要么转换成占比20%的普通股,即3万美元。在这种情景下,A系列投资人会选择获得5万美元,普通股股东获得10万美元。

其三,在A系列融资的条款清单谈判时,优先清算权通常比较容易理解和评估。但是随着公司的发展,后续的股权融资使得不同系列股份在优先清算权的数量和结构上发生变化。对此有两种主要方法:堆叠优先权和混合优先权。

堆叠优先权（stacked preference）：后轮投资人的优先权在前轮投资人之上，例如 B 系列投资人先获得清偿，然后是 A 系列投资人。

混合优先权（blended preference）：又称为同等权利（pari passu），指的是所有投资人权利平等，比如 A 系列和 B 系列投资人按股份比例分配优先清算额。

在中国法律框架下，清算优先权难以直接实现。实践中的变通方法一般是通过股东之间协议的方式来保护投资人利益。

6. 股权兑现条款

股份兑现是指创始人及管理团队分期兑现其所持有股份的制度安排，如果股东中途离开，则只能获得离开之前兑现的股份。

在交割之后发行给员工、董事、顾问等的所有股份及股份等价物将遵从以下兑现条款：发行后的第一年末兑现 25%，剩余的 75%在其后三年按月等比例兑现。公司有权在股东离职（无论个人原因或公司原因）时回购其尚未兑现的股份，回购价格是成本价和当前市价中的低者。

一般来说，股份及其期权需要四年兑现。

对于早期阶段的公司，行业标准通常是要求四年的兑现期，其中第一年称为“阶梯兑现”（vesting cliff），其余三年逐月兑现，即如果股东在一年内离开公司，将无法兑现任何股份，一年之后，可以兑现 25%的股份，余下三年里可以按月（或按季度/年度）逐步兑现剩余股份。

股份持有人离开公司后，公司或指定方有权在股东离职时回购其尚未兑现的股份，回购价格是成本价和当前公允市场价中的较低者。不经批准发行的超出员工池的股份会触发股权稀释事件，需要调整转换价格，并且遵从投资人的优先认购权。

未兑现股份通常由公司收回注销。这些权益不会重新分配，而是被重新吸收，所有人（风险投资机构、股东、期权持有者）都会受益于所有权增加，也称为“反向稀释”。对于创始人的股份，未兑现的部分只会被注销。对于未兑现的员工期权，公司收回至期权池，发行给后续员工。对于创始人来说，股权兑现是投资人控制他们对公司业务的参与程度和所有权的一种手段。

特定事件下设置有加速兑现的权利，即加速兑现权。例如公司达到某个经营里程碑指标、创始人被董事会解职等条件下，可以要求额外的股份兑现。额外兑现的股份数量通常是原定一年的兑现量，有时甚至是全部尚未兑现的股份。

股权兑现条款中加速兑现权的关键在于确定并购给兑现计划带来的影响，一是“单触发”（single trigger）加速，即在并购发生时自动加速兑现；二是“双触发”（double trigger）加速，即加速兑现需要满足两个条件（如公司被并购及创始人不在新公司任职）。

目前较常见的加速兑现是“单触发”额外兑现 25%～50%的股份，“双触发”额外兑现 50%～100%的股份。加速兑现不缩短兑现期，只会增加兑现股份数量，减少未兑现股份数量。①

① 布拉德·菲尔德，杰森·门德尔松. 风投的技术：创业融资及条款清单大揭秘. 桂曙光，译. 北京：机械工业出版社，2017.

5.4.2　控制因素条款

1. 董事会条款

董事会（board of directors）席位是核心控制机制之一，一般来讲，公司董事会的组成能够反映公司的股权结构。公司在融资时关注董事会条款，并非通过董事会能创造伟大的公司，而是防止组建的董事会难当大任。

典型的董事会条款如下：

董事会成员人数为×。董事会最初由A系列优先股股东（作为投资人代表）、普通股股东和其他董事组成。在每次董事会选举会议召开时，A系列优先股股东作为单独投票群体，有权选举×位董事会成员，具体董事人选由投资者决定；普通股股东作为单独投票群体，有权选举×位成员，其余董事由以下方法选出：普通股股东和优先股股东共同投票或者由董事会一致同意选出。代表少数派股东的董事在某些重要事项上有一票否决权。

投资方通常会在协议中增加一名董事会观察员，替代一位董事会正式成员或作为附加成员，进行被投资公司的管理工作。

在成熟的董事会中，通常有更多的成员（7～9人）和更多的外部董事。成员包括CEO、一位创始人和几位投资方代表。大部分外部成员一般是经验丰富的创业者或者该领域的公司高管。①

在本书10.3节阿里巴巴的案例中可以更好地理解创业团队如何以较少的股权实际控制公司运行，即通过合伙人制度推荐董事会大部分董事来实现控制董事会进而控制公司的目的。

2. 保护性条款

保护性条款（protective provisions）是投资人为了保护自己的利益而设置的条款，要求公司在执行某些潜在可能损害投资人利益的事件之前，必须要征得投资人的同意。实际上是给予投资人对公司某些特定事件的否决权。

小案例

摩拜单车与ofo合并事件中“一票否决权”的运用

在摩拜单车（现美团单车）与ofo合并的案例中，“一票否决权”曾发挥重要作用。在ofo董事会中，管理团队的五个董事席位分别在戴威（创始人）、滴滴出行（投资方）、阿里巴巴（投资方）和经纬中国（投资方）手中，其中滴滴出行占有两席，这些董事各自拥有一票否决权。2017年底，摩拜单车与ofo谈判合并，由于戴威启用一票否决权，合并失败。随后，阿里巴巴准备回购滴滴出行持有股份并取消戴威的一票否决权，再次被滴滴出行否决。

---

① 布拉德·菲尔德，杰森·门德尔松．风投的技术：创业融资及条款清单大揭秘．桂曙光，译．北京：机械工业出版社，2017．

否决权事项可分为两类，即核心否决事项与可选否决事项。核心否决事项指与公司的股权、重大资产、重大人事、公司是否存续等相关的重大事项，不涉及公司具体的经营事务。可选否决事项侧重于公司日常经营管理事项，谈判空间较大。

投资人在董事会及股东大会中处于少数地位，对经营决策没有完全的控制权，一般在A轮融资后，投资人持有的股份通常只有20%～40%，股东大会和董事会仍由创业者控制。但在某些情况下，公司的利益与某些股东的利益是不一致的，如果普通股东联合，可以控制公司的股东大会和董事会。因此投资人需要通过保护性条款，至少防止普通股股东（比如创始人）做出以下事情：

（1）将公司以1美元价格卖给创始人的亲属，将优先股股东扫地出门；

（2）创始人以1亿美元价格将部分股份卖给其他公司，立刻过上优哉游哉的好日子；

（3）发行巨量股份给创始人，将优先股比例稀释为接近零。

但同时创始人也要警惕投资人借助保护性条款恶意否决公司正常经营行为，双方需要设计好保护性条款的失效条件，以免影响后续融资。

保护性条款的适用情况主要有以下七种：

（1）修订、改变或废除公司注册证明或公司章程中的任何条款对A类优先股产生不利影响；

（2）变更法定普通股或优先股股本；

（3）设立或批准设立任何拥有高于或等同于A类优先股的权利、优先权或特许权的其他股份；

（4）批准任何合并、资产出售或其他公司重组或收购；

（5）回购或赎回公司任何普通股（不包括董事会批准的根据股份限制协议，在顾问、董事或员工终止服务时的回购）；

（6）宣布或支付给普通股或优先股股利；

（7）批准公司清算或解散。

以下是常见的保护性条款涉及的内容：

在公司IPO前，以下主要事项应当按照修订后的公司章程所规定的决策机制由公司董事会或者股东大会审议通过，如系董事会决议事项，则必须经标的公司董事会投资方董事的投票确认方可形成决议；如系股东大会决议事项，则需经出席股东会议的股东或股东代表所持表决权三分之二以上，并且同时需要投资人的代表同意，方可形成决议：

（1）公司合并、分立、被收购、解散、清算或者变更公司形式；

（2）公司业务范围或业务活动的重大改变；

（3）并购和处置（包括购买及处置）超过200万元的主要资产；

（4）商标、专利、专有技术等知识产权的购买、出售、租赁及其他处置。

3. 竞业禁止协议条款

竞业禁止（non-competition），也称竞业限制、同业竞争禁止，指特定人员在一定期限内对本企业负有不竞争义务。

竞业禁止协议的主要内容是：在从公司离职后的一段合理期限内公司创始人或关键

员工不得创立竞争性公司或为其他竞争性公司工作；公司创始人或关键员工不得将公司客户转给新雇主；创始人或关键员工不得劝诱公司其他员工和客户背弃公司。

竞业禁止期、针对关键人、竞争对手及工作范围和支付补偿是竞业禁止协议需要规定的重要内容。

(1) 竞业禁止期。《中华人民共和国劳动合同法》第二十四条规定，在解除或者终止劳动合同后，前款规定的人员到与本单位生产或者经营同类产品、从事同类业务的有竞争关系的其他用人单位，或者自己开业生产或者经营同类产品、从事同类业务的竞业限制期限，不得超过二年。

(2) 针对关键人。第一，创始股东和实际控制人。创始股东、实际控制人通常掌握目标企业前期赖以发展的关键资源，一旦参与和原目标企业的竞争，将严重损害其商业价值和投资方利益。而现行法律没有明确规定相关股东、实际控制人负有竞业禁止义务，投资人需要在条款中明确约定。第二，董事、高级管理人员。董事、高级管理人员任职期间，依法对目标企业负有竞业禁止义务。第三，监事。《中华人民共和国公司法》第一百四十八条未将监事作为规范对象，但第一百四十七条规定董事、监事、高级管理人员应当遵守法律、行政法规和公司章程，对公司负有忠实义务和勤勉义务，竞业禁止是忠实义务的具体表现。第四，关键员工。关键员工指掌握目标企业重要资源的其他员工。

(3) 竞争对手及禁止工作范围。企业经营业务是竞业禁止条款的基础，目标公司业务范围通常是营业执照记载的经营范围，实践中也存在已实际开展但未记载于营业执照的业务，且公司发展过程中也存在变更业务范围的可能。可以在条款中列举竞业禁止的公司和业务内容，越具体就越能避免争议。

(4) 支付补偿。《中华人民共和国劳动合同法》第二十四条规定竞业限制的人员限于用人单位的高级管理人员、高级技术人员和其他负有保密义务的人员。

4. 领售权条款

领售权也称为拖带权、强售权，是指投资人拥有强制公司原有股东参与投资者发起的出售公司行为的权利，即享有领售权的投资人有权强制公司的原有股东（主要指创始人和管理团队）和自己一起向第三方转让股份，否则公司原有股东有义务按相同的条件回购投资人股份。

领售权条款中通常包括受领售权制约的股东、领售权的触发机制、出售的最低价格、收购方的确认、股东购买权等。

领售权的发起人一般是享有优先权的投资人，由持股达到一定比例的普通股股东（通常为创始人）以及持有一定比例（通常为半数或2/3以上）的优先股股东（代表持股比例较高的投资人的利益）共同同意方可发起领售；在公司已进行数轮融资的情况下，亦有可能设置各轮次投资人分别同意（同样基于一定持股比例）方可领售的机制。大部分收购方会要求85%～90%的股东同意交易。

触发机制主要约定触发事件和交易条件，时间上要求领售权股东仅能在融资交割后的一段时间（如3～5年）后发起，触发交易条件主要包括第三方决定收购公司，或实施其他导致公司控制权发生变更的重组、合并等形式的交易。

估值条件是指拟议收购方对公司的估值需满足预定金额要求，该预定金额既可体现为公司融资估值增长的动态数值，也可体现为一个各方事先认可的固定金额。如果公司出售价格过低，由于领售触发优先清算权，投资人先于创始股东参与公司出售价款的分配，可能导致创始人股东净身出户。

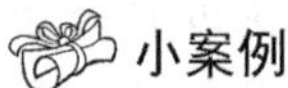小案例

俏江南触发领售权

俏江南连环触发投资条款是触发领售权的典型案例。2008 年，鼎晖投资以等值于 2 亿元人民币的美元换取俏江南 10.53%的股权，并签订一系列条款，其中股份回购条款要求，如果公司不能在 2012 年底之前上市，鼎晖有权以回购方式退出俏江南。2011 年，高端餐饮业寒潮到来，俏江南业绩下滑，最终未能在 2012 年末之前完成 IPO，触发“股份回购条款”。同时由于鼎晖要求每年 20%的回报率，2013 年的退出回报至少为 4 亿元。此时俏江南身处经营困境，没有现金回购鼎晖股份，鼎晖行使领售权，因为俏江南的 A 类优先股股东只有鼎晖，只要鼎晖决定出售公司，创始人张兰必须无条件跟随。随后鼎晖找到 CVC 收购俏江南，CVC 在向银行融资后于 2014 年完成收购。公司的出售成为清算事件，又触发了优先清算权，最终创始人张兰成为持股仅百分之十几的小股东。

5.4.3 其他条款

除了以上介绍的条款之外，风险投资协议中还可能出现其他条款，例如股利的发放、回购权、融资先决条件、知情权、登记权、优先购买权、投票权、限售权、知识产权和发明协议、共授权、创始人活动、首次公开发行股份购买权、排他性协议、赔偿和转让等条款。

1. 融资先决条件

风险投资协议条款清单通常无法律约束力，大部分投资人会把融资先决条件列入其中。典型的融资先决条件如：完成满足潜在投资人要求的法律文件，协助潜在投资人圆满完成尽职调查，已提交授权投资人具有常规管理权的文件，已提交投资人可接受的未来 12 个月的详尽预算等。

2. 知情权

知情权（information rights）指投资人法定可以获取的信息类型，公司应该将必要信息传达给投资人的时间范围。信息主要包括该公司的年度预算、经审计的年度报表和未经审计的季度财务报表、年度预算与财务报表的比较报告等。

4. 优先购买权

优先购买权（right of first refusal）也称为等比投资权（pro rata right），指在合格 IPO 之前，主要投资人有权在公司未来发行其他任何权益证券时，等比例参与购买。

5. 投票权

投票权（voting rights）指除非特殊要求或法律规定，A 系列优先股股东应与普通股

股东一同投票。普通股的数量增减由优先股股东按照转换后可持有的普通股数量享有的投票权与普通股股东共同投票决定，而不是由单独股东类别投票决定。每股 A 系列优先股可投票的数额等于该 A 系列优先股每股可转换的普通股股数。

6. 限售权

限售权（restriction on sales）也称为普通股出售的优先购买权（right of first refusal，ROFR），定义了私有公司出售股份的相关限制因素，指公司章程应包括所有普通股转让时的优先购买权，特殊情况除外，如果公司选择不执行这项权利，应将这项权利指定给投资人。①

5.4.4　创业投资协议的法律适应性

1. 对赌条款

由于对赌条款对于创业公司股权变动存在重大不确定性，监管部门认为在公司 IPO 时应予以取消。另外需要注意对赌条款的对象选择，对赌是股东之间的协议，要避免与创业公司对赌。在设计对赌方案时要注意可履行性，对于将来的股权变化需要对赌双方都能接受；要注意对赌条款的公平性，即条件不能过于苛刻，难以企及。当公司达到一定经营业绩时，投资人应当给予奖励，这样才能达到对赌的激励效果。

2. 回购条款

回购条款触发条件一般包括未能如期上市、超过止损线、原股东或企业实质性违反协议等明确的重大事件。回购方案的设计也要注意可履行性。特定条件下的创业者有权主动回购，如投资人又投资了企业的竞争对手、投资人被竞争对手收购。回购条款更多出现于成熟企业的私募股权投资，对创业企业可操作性较弱。

3. 优先清算权

《中华人民共和国公司法》规定同股同权，优先股在我国的法律政策有待完善。在中国法律框架下，优先清算权难以直接实现。实践中的变通方法一般是通过股东之间协议的方式来保护投资人利益。对赌条款、优先清算权等在国内 IPO 时需要清理。

【章节回顾】

1. 估值是风险投资协议中的核心环节，既是对企业过去经营业绩的评估分析，也是对企业未来收益的预测回报收益，是融资额和稀释股权之间的平衡。

2. 成本法、收益法、市场法、期权定价模型是会计学领域常用的经典估值方法，适用于成熟企业。创业企业因其不确定性，准确估值更加困难，相对成熟的方法包括：Odlyzko定律、Berkus 法、风险因子求和法、计分卡估值法、第一芝加哥法、风险投资法等。不同估值方法有不同的适用场景。

3. 创业投资协议条款清单主要包括以下十个部分：估值条款、估值调整条款、反稀释条款、股份回购权条款、优先清算权条款、董事会条款、保护性条款、股权兑现条款、

---

① 布拉德·菲尔德，杰森·门德尔松. 风投的技术：创业融资及条款清单大揭秘. 桂曙光，译. 北京：机械工业出版社，2017.

竞业禁止协议条款、领售权条款。

【思考题】

1. 创业企业估值的难点是什么？有哪些适用于创业企业的估值模型？

2. 影响创业企业估值的因素有哪些？请选择一家独角兽企业，尝试分析其不同融资阶段估值的依据。

3. 投资协议清单具体包括哪些内容？对于投资人和创业者而言，它们分别有何意义？

第6章
尽职调查和商业谈判

【本章导读】

尽职调查是创业投资的一个重要环节，真实、全面、准确的尽职调查是创业投资成功的基础，它不仅披露和控制项目的投资风险，而且为投资决策和商业谈判提供依据和路径，从而顺利完成“尽职调查—谈判—签署投资协议”的过程，并实现最佳的投资效益。本章以浑水公司做空瑞幸咖啡为例，说明如何做好尽职调查。

6.1 尽职调查的目的及原则

6.1.1 尽职调查的概念

随着经济的发展，风险投资活动愈发普遍。由于风险投资的高风险性，有必要在投前对意向投资项目进行充分的尽职调查，从而帮助投资人从具体的投资项目中获取更大收益。创业企业配合做好尽职调查也可以进一步了解投资人，找到投融资双方的契合点，从而选择适合自己的投资机构。

尽职调查（due diligence）又称审慎调查，是指投资人在与目标企业达成初步合作意向后，经协商一致，投资人对目标企业进行调查和分析的一系列活动。投资人也可以委托第三方机构进行尽职调查，委托人接受委托后，以勤勉尽责和诚实守信的基本原则为指导，运用实地调研和考察、访谈、问卷等多种调查方式，对所调查企业的经营管理状况、业务状况、资产与负债情况、基本财务状况、法律关系以及人员信息等多方面进行全面深入的调查。

尽职调查的主要目的在于对创业企业做一个全面的评估，了解企业的优势和劣势，判断企业的投资价值，揭示投资风险，为是否投资提供判断依据。

6.1.2 尽职调查的目的

1. 降低投资风险

投资人在投资时存在潜在投资风险，包括财务风险、道德风险、债务风险等。一方面，初创企业可能存在道德问题带来的风险，为了获取投资人的高额出资，瞒报某些不利消息甚至提供虚假信息，让投资人认为其具有较大的投资价值，误导投资人决策，损害投资方利益；另一方面，初创企业在运作中可能存在比较高的负债率，甚至可能涉及其他隐性债务，如果盲目投资，很有可能造成投资人的财产损失。尽职调查通过对被投企业的详细了解与调查，能够有效把控在投资活动中可能出现的风险，是投资人进行投资管理活动有效的风险管控手段。

2. 辅助投资决策

尽职调查使投资人充分了解意向投资企业的基本情况，为投资决策和投资方案的制定奠定基础。在尽职调查工作中，调查人员可以分析企业资产状况、盈利数据、现金流，也可以对被投企业内部进行相关访谈，并与被投企业的管理人员进行沟通。这些信息的获取、整合和科学分析，使调查人员通过审阅被投企业的生产经营状况以及财务信息，发现被投企业可能存在的问题以及漏洞。投资人通过尽职调查的结果可以对被投企业有更加清楚的认知。

3. 实现投资效益

尽职调查的开展，可以使投资人全方位了解和掌握目标企业的知识产权、品牌价值以及专有资产等，帮助投资企业制定更为准确的投资目标。同时，通过尽职调查也可以让投资企业进一步了解目标企业的资产构成和业务发展模式，将该企业的各项生产要素和投资人的能力及专长更好地结合，为投资企业顺利实现投资目标奠定基础。

6.1.3 尽职调查的原则

尽职调查要求调查人员全面、透彻地分析企业，依据企业所处的行业、发展阶段区别对待①，按照一定的流程和程序进行尽职调查，不受相关方的影响，独立判断完成尽职调查。因此，在尽职调查的过程中，需要遵循全面性原则、透彻性原则和区别对待原则。

1. 全面性原则

从调查内容来看，尽职调查的覆盖范围要全面，例如从企业角度大致分为企业组织、企业权利、企业义务，人事包括劳动人事和股东，都是尽职调查需要覆盖的对象。

企业组织主要需要调查的是企业的沿革、合法性、内部治理结构、股东的构成与变更、下属机构以及关联企业等。企业权利主要需要关注的是企业的所有权、用益物权、担保物权、知识产权及债权等。企业义务涉及银行贷款、借款、或有负债、正在进行或者面临的诉讼、仲裁或行政处罚以及税收等。劳动人事即所有涉及关键员工的劳动合同的年限、竞业禁止、是否存在与原单位未了的纠纷。针对股东，主要需要调查其是否从事与被投企业类似的业务、是否涉及重大诉讼、仲裁或者行政处罚、股权是否被质押等。

从查阅材料来看，除了调查内容的全面性之外，在调查企业组织、劳动人事等各个方面的过程中，调查者也需要参考企业的文字材料，在查阅这些材料的过程中也要做到全面。以股权结构为例，除了查阅拟投资对象当前的工商执照外，还要查阅公司章程、股东出资证明书、出资协议、验资报告、股份转让协议、股权变更等一系列法律文书。

---

① 中国风险投资研究院．风险投资家：风险投资从业培训教程．北京：中国发展出版社，2017.

2. 透彻性原则

调查者不仅要对有关的文件资料进行详尽审核，还要对相关当事人、政府机构和中介机构等进行调查。如若关键员工曾任职于同行业其他单位，则需要了解其与原单位的合同关系是否已经解除，是否与原单位有竞业禁止的约定等。

以专利为例，投资者需要了解其在权属上是否存在纠纷、有效期限、专利权的地域范围以及专利许可情况等内容。以应收账款为例，投资者需要了解应收账款的性质、产生原因、账龄、债务人的资产负债情况以及债权人已经采取的措施等。“魔鬼藏在细节里”，对于任何细节的忽视都有可能酿成大错。

3. 区别对待原则

针对不同阶段和不同类型的创业企业，尽职调查的重点有所不同。早期（一般包括种子期和初创期）的投资注重对技术和团队的调查，中后期（扩张期和成熟期）的投资注重对过往绩效的调查，因为从企业过去的发展历程可以看出企业高层管理团队的战略和经营能力。对于注重技术和产品创新的创业企业，研发能力和知识产权是决定企业发展的核心问题。对于注重商业模式创新的创业企业，运营能力和市场能力是企业快速成长的关键。

除了以上三大原则，尽职调查还需要满足程序性原则、收益性原则和独立性原则。程序性原则是指尽职调查要求调查人员遵循科学的程序并按照有关步骤进行。调查人员将依据企业给出的投资方案确立调查清单，依据调查清单进行相关的审计调查工作，最后出具投资人所需的科学有效的调查报告。收益性原则也称真实性原则。尽职调查是财务工作中的重要环节，也是投资人了解被投企业的财务以及经营状况甚至是企业价值的重要手段，确保收集的数据真实有效，是保障投资人收益的前提。独立性原则要求调查人员应当对被投企业的真实状况进行分析并客观评估，特别是对目标企业客户和供应商的调查不应受到其他因素的影响。

6.2 尽职调查的方法与流程

尽职调查的流程主要包括以下五个方面：签订前期协议、发清单邮件、阅读和分析材料、现场考察、深度调查（技术专家、客户、供应商、竞争对手）。一般而言，尽职调查可以采用面谈、电话访谈、实地考察、函调、问卷等多种方法。投资者通过与被调查企业的管理团队会谈，对利益相关人员包括客户、过往投资者、供应商、员工、竞争对手等进行电话访谈或者面谈了解企业的基本信息；通过实地考察等方法调查和搜集企业的具体经营状况信息；通过函调向银行等债权债务人发函了解资产债务状况，向技术专家发函了解技术情况。

对于大型投资项目，一般通过专业的咨询公司做尽职调查，调查人员包括行业研究员、财务分析、法律专家等。投资机构也有自己的尽职调查团队，可以对一些小型项目独立开展调查。

6.2.1 准备工作

1. 调查目的

不同的调查目的决定了尽职调查的方法不同。即便是同一类型的财务尽职调查，也会因为委托方对尽职调查对象的了解程度不同而对尽职调查人员有不同的要求。

在尽职调查的过程中，投资人和财务人员作为委托方和被委托方，需要向对方清楚传达自身的需求。对于投资人而言，需要向被委托方表明尽职调查的目的和作用，介绍已经掌握的信息。

（1）向被委托方表明尽职调查的目的和作用。需要一份报告还是解决一个问题，直接决定了尽职调查的基调。需要一份报告意味着尽职调查是必备的一个环节，需要按一般程序执行相对全面的调研。需要解决问题意味着投资人有些问题需要依托外部力量作出更加专业的决断。

（2）向被委托方介绍已经掌握的信息。投资人通常已经对被调查企业有一定程度的了解，应当配合尽职调查人员最大限度介绍已经掌握的信息，一方面能提高效率，另一方面也避免调查人员向被调查企业重复了解信息。

对于财务人员而言，需要和委托方讨论尽职调查的关键问题，以及尽职调查最终报告的形式和结构。

（1）与委托方讨论尽职调查的关键问题。由于委托方跟踪尽职调查对象的时间相对较长，更清楚行业特性及未来的运营规划，通常会有自己更关注的问题。这些问题很难从被调查企业的状态中发现，需要结合宏观环境、商业模式等进行更深入的分析。讨论应该采用头脑风暴形式，而不是简单听取委托方的意见。多数情况下，委托方对财务尽职调查对象存在偏乐观的观点。

（2）与委托方沟通报告形式、结构。在具体的个案上，委托方会有一些特别的要求，因此调查人员可以通过展示报告的一般结构与委托方就内容进行充分沟通。在遵循一般结构的专业性基础上，根据委托方的特别要求对需要阐述的地方进行重点分析。

在进行尽职调查之前，首先要组建合适的尽职调查团队，制订好调查计划。包括选择合适的人员和人数、安排合适的时间、厘清尽职调查的策略及重点、初步分析调查对象。在组建好团队之后，团队成员需要做好尽职调查准备，包括仔细阅读调查对象提供的商业计划书，通过公开信息了解调查对象所处的行业及其发展情况，通过对产品/服务的直接体验和工艺流程的梳理了解尽职调查对象的产品或服务，通过对财务报表的分析初步判断项目调研的难易程度。

2. 查询工具

（1）国家企业信用信息公示系统，网址：https：//www. gsxt. gov. cn/index. html。

（2）各省、市级信用网。这些网站是地方主导的，一般以推进企业信用体系建设为主，如北京市企业信用信息网网址：qyxy. scjqj. beijing. gov. cn/home。

（3）全国组织机构统一社会信用代码数据服务中心，网址：https：//www. cods. org. cn。

（4）全国建筑企业资质查询系统，网址：www. jzzzcx. com/＃/。

（5）中国裁判文书网，网址：https：//wenshu. court. gov. cn。

（6）中国执行信息公开网，网址：zxgk. court. gov. cn。

（7）人民法院公告网，网址：https：//rmfygg. court. gov. cn。

（8）中国版权保护中心，网址：https：//www. ccopyright. com. cn。

（9）全国中小企业股份转让系统，网址：https://www. neeq. com. cn。

（10）巨潮资讯网（中国证监会指定信息披露网站），网址：www. cninfo. com. cn/new/index。

6.2.2　现场工作

1. 见面会的要点

投资进入尽职调查环节，说明投资方对企业有相当大的兴趣，需要通过现场尽职调查进一步核实一些问题。对于企业而言，意味着离获得投资又近了一步。在这个重要的时间节点，召开一次正式的项目见面会非常重要。

项目见面会的参会人员应当包括尽职调查小组的全部成员，企业方主要包括创业团队成员和技术骨干，成熟企业应包括董事长、总经理、财务负责人、其他核心骨干及配合完成本次尽职调查的人员。项目见面会包含四个方面的内容：双方介绍、陈述本次尽职调查的目的、讨论尽职调查的时间安排、了解企业的商业计划。

2. 有效访谈关键对象

在访谈关键对象之前，需要准备访谈问题和提纲。在访谈过程中，主要是以封闭式提问为主，开放式问题为辅。

3. 考察价值创造过程

企业的价值创造是通过一系列活动完成的，这些活动可分为基本活动和辅助活动两大类。基本活动包括内部后勤、生产作业、外部后勤、市场和销售、服务等；辅助活动包括采购、技术开发、人力资源管理等。这些互不相同又相互关联的生产经营活动构成了一个创造价值的动态过程，即价值链。

考察企业价值创造的核心目的在于了解企业的竞争优势，企业具备竞争优势才有可能保持持续的竞争力，才能不断发展壮大。企业的竞争优势包括人才优势、技术优势、渠道优势等，归根结底是成本优势及持续创新的能力。

4. 勾稽验证

财务信息是反映在财务报表及财务报表附注中的各类信息，以货币形式的数据资料为主。除财务信息外的其他信息，都可以被认定为非财务信息，以非财务资料的形式出现，与企业的生产经营活动有直接或间接的关系，客观存在于经济系统的信息传递过程中。非财务信息一般具有真实性、时间上的延续性等特点。常见的一些指标可以帮助调查人员验证财务信息，例如产量与水、电、气数量关系的验证，产能、产量、销售量配比关系的验证，销售量与运费关系的验证，包装物投入产出比，毛利率的波动与工艺改进、原材料价格波动关系验证等。[①] 这些数据之间的勾稽关系可以相互验证。

---

① 周涛．财务尽职调查：全流程方法与实务案例．北京：人民邮电出版社，2021．

6.2.3 管理团队调查

管理团队调查主要包括三个方面：第一，管理团队目前的优劣势是什么？第二，企业目前需要什么？第三，企业未来需要什么？目前的团队、个人具备吗？管理团队调查的主要目标为调查主要管理团队成员的人品（是否正直、诚信等）、调查主要管理团队成员是否具备与公司发展需要相匹配的开拓精神和经营管理能力，以及了解公司与主要管理人员有关的激励和约束机制，及其对公司经营和长远发展的影响。[①]

核心团队成员调查方法是团队调查使用的主要方法。要取得核心人员的详细资料，如主要管理人员学历和从业经历简况，尤其要关注主要成员在本行业的执业经验和记录，可以通过和他们之前的同事、投资者和行业管理人员进行交谈了解相关信息。创业者应该知道调查的存在，并提供可以进行咨询的人员名单。名单外的个人也可能会被联系，尤其是那些曾经和调查对象共渡难关的人。

6.2.4 业务调查

业务调查是整个尽职调查工作的核心，财务和法律尽职调查围绕业务尽职调查展开。业务尽职调查涵盖产品和技术调查、市场调查、渠道调查、客户调查、生产调查等。

1. 产品和技术调查

产品和技术调查要明确三大核心问题：一是公司的产品和技术符合未来的大趋势吗？二是产品和技术的优劣势是什么？三是公司未来的技术发展方向如何？预计进度如何？

如果公司内部缺乏某领域的专业知识，通常会雇用顾问或者外部专家。虽然这种做法能发挥一定作用，但也可能产生利益不一致的问题。

产品和技术调查的主要内容包括：

（1）相对产品质量、相对价格、单位相对直接成本、相对小时工资率、产品的辅助性服务、产品形象与公司声誉等；

（2）核心技术的选择，如技术领先程度、技术的可替代性；

（3）专利技术，如专利技术数量、新技术及其来源（自主研发、股东投资、购买）或是仅仅拥有使用权、法律的保护期限；

（4）产品保障机制；

（5）研发机构设置，公司目前的研发人员构成、研究开发支出及占比等；

（6）科研合作，如合作院所、合作机构、合作项目、合作方式等；

（7）研究开发周期，主要研发项目的进展；

（8）产业转化力度。

2. 市场调查

市场调查要明确的核心问题如下：第一，销售人员是否已经和潜在买家的决策者取得联系？第二，产品是否在实验室进行了检验？第三，市场上有无竞争对手？第四，是

---

① 私募股权投资《尽职调查》指引.（2016-02-28）. https://mp.weixin.qq.com/s/0enAeJZo03GoNBw4wn3jJQ.

否有人要求项目报价/方案？第五，企业是否被邀请参与投标？第六，企业是否收到了设计中标的通知？第七，企业是否收到了购买订单？

对于中后期投资，市场调查的目标是了解产品和技术的竞争优势，并评估企业所做的销售预测。对于中后期的投资，市场调查的工作量大，指标多，调查者最好具有市场专业知识，以便高质量完成调查工作。

市场调查的内容包括：

（1）市场机会是否存在？机会是否已经出现？预计将来会出现机会吗？

（2）市场上是否存在同类竞争？

（3）目标市场是否有成规模的企业？

（4）企业准备开辟一个崭新的市场，还是准备在现有市场上引进新技术？

（5）企业的成功是否需要目标客户改变他们的行为和思维方式，甚至是日常生活习惯？是否可行？

（6）最初的市场开拓是否呈现指数级增长？

3. 渠道调查

渠道调查主要采取访谈、实地考察等形式调查公司销售专卖店，具体包括与公司营销部门负责人沟通，查阅年度营销计划、经销或代理协议资料等。渠道调查主要关注公司分销渠道的具体情况，例如直接销售给最终用户、通过批发渠道或自营的零售店销售给最终用户、全部通过批发商销售给最终用户三种模式在公司销售中所占的比例。

4. 客户调查

客户调查的主要目的，一是了解公司产品销售的主要客户、公司销售回款、销售退回等情况；二是了解公司客户的地域分布、客户信用评价、管理制度及执行情况，分析公司的管理制度；三是了解公司与客户之间的资金结算方式（包括赊销、现销）、信用期限，是否依据客户信用评价的结果确定不同客户的授信额度。可依据公司前几年主要产品的主要客户统计表了解主要客户；通过关联调查的关联方名单，检查主要客户中是否有关联方；对主要客户的销售合同、销售发票、出库单、运输单据进行抽查。

5. 生产调查

生产调查的主要方式包括：调查公司保障安全生产的措施，成立以来是否发生过重大安全事故；了解公司生产工艺中“三废”的排放情况，查阅省一级的生态环境部门出具的函件，调查公司的生产工艺是否符合有关环境保护的要求，调查公司最近三年是否发生过环境污染事故，是否存在因环保问题而被处罚的情形；查阅省一级的产品质量安全监督部门文件，调查公司产品是否符合行业标准，是否因产品质量问题受到过处罚；调查供应方市场的竞争状况，是竞争还是垄断，是否存在特许经营权等因素使得供应方市场有较高的进入壁垒；与采购部门人员、主要供应商沟通，调查公司生产必需的原材料、重要辅助材料等的采购是否受到资源或其他因素的限制。

6.2.5 财务尽职调查

财务尽职调查围绕业务尽职调查展开，涵盖企业的历史经营业绩、未来盈利预测、现金流、营运资金、融资结构、资本性支出以及财务风险敏感性分析。

财务尽职调查对企业所处阶段非常敏感。后期投资的调查清单可能不适用于初创企业。重要指标不仅会随着时间或者行业变化而变化，而且也会随着企业所处生命周期阶段的变化而变化。对于早期企业来说，现金流是很重要的指标。资产负债表相对不重要，这个时期的资产主要是无形的人力资本。

1. 调查方法

财务尽职调查属于组织结构与会计制度的调查，其主要目的是了解企业内部财务人员组织结构是否合理、企业的会计制度是否合法合理，了解并核实企业的负债能力与现有债务偿还能力，了解企业的财务状况。

财务尽职调查主要有以下几种方法：

(1) 审阅文件资料。审阅目标企业基本资料，如工商登记信息、财务资料、业务合同、法律文本等。

(2) 查询收集外部资料。收集第三方相关资料，如网络、专业数据库、行业杂志、研究报告、证券市场、其他载体信息等。

(3) 访谈内部相关人员。与目标企业内部各层级人员充分进行沟通交流。

(4) 实地考察。实地勘查目标企业工艺流程、生产经营状况，并对厂房、土地、设备、存货等实物资产进行监盘。

(5) 走访外部机构。走访相关中介机构、供应商和客户，通过第三方机构如银行、税务机构、行业协会、监管机构等了解目标企业相关情况。

(6) 分析和讨论。通过对相关业务和财务数据的结构、趋势对标比较，进行分析复核，并进行项目组内部或外部专家讨论。

财务指标分析是财务尽职调查的重要方面，它能够帮助尽职调查团队综合判断企业的负债能力以及财务状况的稳定性。主要分析指标如下：

(1) 盈利能力指标。企业的竞争力主要反映在毛利率和上下游的收付款能力上。毛利率关系到选择投资方向、衡量企业成长性、评价经营业绩、判断企业是否操纵盈利、分析核心竞争力、发现企业潜在问题。

产品竞争力越强，对上下游的议价能力越强。对于销售（下游）而言，销售收入除了现金收入外，由三个财务指标推动，分别是预收账款、应收账款和应收票据。可以通过比较收入和三个指标的差距，判断企业对下游的回款能力或竞争力。预收账款高而应收账款和应收票据低，说明企业议价能力强，反映产品竞争力强。例如茅台，下游企业不提前缴款就不发货，就会有预收账款。如果竞争力不足，比如部分环保工程企业，就会发生回款周期长，应收账款很高，预留 10%质量保证金的情况。

对于采购（上游）而言，除了现金外，也相应地由三个财务指标推动，分别是预付账款、应付票据和应付账款。可以通过比较付款金额和存货，判断企业对上游的竞争力。预付账款低，应付账款和应付票据高，说明企业议价能力强，反映企业产品竞争力强。例如空调企业格力集团，存货 86 亿元，而应付票据和应付账款的总和减去预付账款甚至超过 310 亿元。格力欠供应商的钱远远高于存货价值，说明格力对供应商很强势，竞争力很强。

(2) 成长性指标。成长性指标主要用于分析销售增长是由哪些因素驱动的，是由什么原因造成的，驱动力在未来能否持久。

（3）资产运营效率。公司的资产运营效率包括存货周转天数、应收账款周转天数、应付账款周转天数、固定资产周转天数、人力资源效率、总资产周转率、资产负债率、流动比率等。更高的资产运营效率意味着企业能够占用更少资本实现更高的销售额和利润，因此，资本回报率也更高。

（4）盈利质量分析。常见的分析工具包括以下几种。

净资产收益率（ROE）：净利润与平均股东权益（所有者权益）的比值。该指标反映所有者权益的收益水平。

杜邦分析：将净资产收益率（ROE）分解为利润表和资产负债表的主要项目。

杜邦恒等式：

净资产收益率（ROE）＝销售净利率×资产周转率×权益乘数

将杜邦恒等式右边的三个乘数项展开，形成三个子公式：

销售净利率＝净利润/销售收入

资产周转率＝销售收入/平均总资产＝销售收入/((期初总资产＋期末总资产)/2)

权益乘数＝总资产/净资产＝1/(1－资产负债率)

杜邦恒等式的三个子公式，代表三种盈利模式：高利润模式、高周转模式、高杠杆模式，三种不同盈利模式适用的行业以及不同关注点如表 6－1 所示。

表 6－1　不同盈利模式适用行业以及关注点

模式类型	适用行业	关注点
高利润模式	奢侈品行业（如贵州茅台、路易威登、普拉达）	高利润的获取方式，这种模式和高利润是否可持续
高周转模式	商贸行业（如永辉超市、开市客）	资产运营效率（库存、应收账款、应付账款、固定资产、人效等）是否足够高效。如果净利率很低，无论周转率多高，净资产收益率都不会太高
高杠杆模式	公用事业行业（如发电、高速公路、环保企业）	这类模式的资产负债率往往比较高，要关注付息负债的金额和占比，确保公司能及时偿还利息和本金，保障稳健经营

现金流的转化能力分析：企业的营业收入能否实实在在转化为公司的现金流（包括经营现金流和自由现金流），关乎企业营业收入的质量。转化比例越高，说明公司的盈利能力越强。

经营现金流转化率＝经营现金流/净利润额

自由现金流转化率＝自由现金流/净利润额

互联网企业很可能出现销售收入增加，现金流增加，但利润很少增加的情况，原因是互联网企业为实现长期快速扩大市场规模，垄断市场和打造核心竞争力，而牺牲短期利润。现金流增长是因为销售规模扩大、占用上游供应商的货款和极高的周转率。以上是平台级公司的方法，很少公司能够支撑这样的模式。现实中，大多数互联网项目的问题是，销售收入增长依靠付费流量和补贴客户，运营成本居高不下导致没有净利润。

（5）盈利与估值。科创板和创业板上市条件不同，科创板青睐面向世界科技前沿、面向经济主战场、面向国家重大需求的硬科技。科创板优先支持符合国家战略，拥有关键核心技术，科技创新能力突出，主要依靠核心技术开展生产，具有稳定的商业模式，市场认可度高，社会形象良好，具有较强成长性的企业。

根据《上海证券交易所科创板股票上市规则》（2020 年 12 月修订），在科创板上市的企业必须至少满足以下一项条件：

● 预计市值不低于人民币 10 亿元，最近两年净利润均为正且累计净利润不低于人民币 5 000 万元，或者预计市值不低于人民币 10 亿元，最近一年净利润为正且营业收入不低于人民币 1 亿元。

● 预计市值不低于人民币 15 亿元，最近一年营业收入不低于人民币 2 亿元，且最近三年累计研发投入占最近三年累计营业收入的比例不低于 15%。

● 预计市值不低于人民币 20 亿元，最近一年营业收入不低于人民币 3 亿元，且最近三年经营活动产生的现金流量净额累计不低于人民币 1 亿元。

● 预计市值不低于人民币 30 亿元，且最近一年营业收入不低于人民币 3 亿元。

● 预计市值不低于人民币 40 亿元，主要业务或产品需经国家有关部门批准，市场空间大，目前已取得阶段性成果。医药行业企业需至少有一项核心产品获准开展二期临床试验，其他符合科创板定位的企业需具备明显的技术优势并满足相应条件。

不同于科创板，创业板深入贯彻创新驱动发展战略，适应发展更多依靠创新、创造、创意的企业的大趋势，主要服务成长型创新创业企业，支持传统产业与新技术、新产业、新业态、新模式深度融合。

根据《深圳证券交易所创业板股票上市规则》（2020 年 12 月修订），创业板上市的企业至少需要符合以下一项标准：

● 最近两年净利润均为正，且累计净利润不低于 5 000 万元；

● 预计市值不低于 10 亿元，最近一年净利润为正且营业收入不低于 1 亿元；

● 预计市值不低于 50 亿元，且最近一年营业收入不低于 3 亿元。

除了创业板企业上市的第一项标准对市值没有要求外，其余标准均对市值提出了要求。对于未上市的企业，估值多少、如何估值成为能否上市的重要因素。

2. 财务尽职调查与审计的区别

第一，财务尽职调查包括财务报表的评析、提示买方注意或在交易之前必须处理的事项、建议买方与卖方需要谈判的事项，但没有审计意见或审阅意见。审计的主要目的是出具审计报告，对财务报表是否真实与公允发表审计意见，其财务报表主要包括资产负债表、利润表、现金流量表以及附注，不需要财务报表的评析。

第二，一般情况下财务尽职调查不需要进行任何系统测试、审查凭证或发询证函，也无须进行存货盘点，仅需询问，作出分析及有限查阅，而审计需要进行各种审核工作，包括系统测试、审查验证、寄询证函、存货盘点、询问和分析等。

第三，财务尽职调查的报告内容基本上是根据口头查询获得，并未进行任何审计或验证，因此内容的可靠性不及审计，而审计报告必须出具是否“真实与公允”的意见，可靠性比尽职调查高。

第四，财务尽职调查基本上是聘请独立的专业机构进行，也可以不聘请专业机构，由投资者的财务人员进行，而审计必须聘请专业的审计机构进行。

第五，一般情况下财务尽职调查专业机构会要求聘请方（即买方）给予承诺，对尽职调查过程中专业机构因非故意的失误所承担的赔偿责任给予补偿，而审计中专业机构责任由有关法律、审计准则规定，不会要求被审计企业或其股东对专业机构因审计的失误所承担的赔偿责任给予补偿。

6.2.6　法律尽职调查

法律尽职调查同样是围绕业务尽职调查展开的，需要律师和相关执业人员运用法律知识，对相关法律事项进行审慎、适当的法律分析后向客户提供书面法律文件。法律尽职调查主要围绕两大问题展开，一是公司自身运营的法律问题，二是交易涉及的法律问题。法律尽职调查可以用来分析业务的可行性、成功的可能性以及现实存在的法律风险，从而为决策提供依据。

1. 总体原则

根据中国证券监督管理委员会、中华人民共和国司法部发布的《律师事务所从事证券法律业务管理办法》《律师事务所证券法律业务执业规则（试行）》，中华全国律师协会发布的《律师从事证券法律业务尽职调查操作指引》的相关规定，律师开展尽职调查法律业务，应当遵循以下原则：

（1）保密原则。律师应当严守委托人、目标企业及在尽职调查过程中知悉的其他相关方的商业秘密，不可泄露经办业务的任何信息，并不得利用所知悉的商业秘密为律师本人、律师事务所或他人谋取利益。

（2）遵守律师职业道德和执业规范。律师应当严格遵守法律、法规及规范性文件的规定，遵守律师职业道德和执业规范，尽职调查过程中，调查内容要全面，材料收集要完整，并应及时、准确地就工作过程中形成的记录及获取的相关文件、会议纪要、谈话资料等制作工作底稿。

（3）专业性和独立性原则。律师应当具备相应的专业能力，包括必备的法律专业知识及企业并购运作、财务会计、企业管理、劳动人事等方面的基础知识。律师开展工作过程中应保持客观理性、独立思考。同时，律师应与注册会计师、资产评估师等密切配合，以保障对相关问题的判断准确与专业。

2. 法律尽职调查的查验方法

律师根据确定的调查范围与调查内容，对相关事项进行核查与验证，可以采用书面审查、访谈、实地调查、查询和函证、复核等方法，各种方法彼此交融，相互支撑和印证，形成目标公司的完整画像。

（1）书面审查。书面审查是最主要的调查方法。律师可以通过审查对相关法律事实形成基本的判断，并通过其他辅助方法核实书面资料是否真实、客观、准确、完整。在查验事项只需书面凭证便可证明又缺乏凭证原件加以对照时，律师应当采用查询、复核等方式予以确认。在查验事项没有书面凭证或者仅凭书面凭证不足以证明时，律师应当采用实地调查、访谈等方式进行查验。

（2）访谈。访谈是重要的信息来源之一。通过与交易相关方的股东、董事、监事、高级管理人员、部门负责人员、资料提供人员、普通员工进行访谈，将获取的信息与相关书面资料相印证，可以挖掘出尽职调查清单未涉及的重要内容或资料提供方认为没有必要提供而实际存在的事项，进一步完善尽职调查。在针对重要事项访谈前，律师应提前拟好提纲，并根据访谈结果制作访谈记录，要求相关人员签字确认；同时，记录上述人员的职务、身份证件、联系方式等重要信息，为后续复核等事项提供依据。

（3）实地调查。当书面资料无法直观反映调查对象相关事实状况，或者需要印证调查对象提供的相关信息的真实性时，需要采取实地调查方式。

（4）查询。查询主要有以下几种渠道。第一，通过公共机构和网站获取信息，向公共机构如工商行政管理部门、房屋登记机构等查询的内容须经公共机构盖章。律师采用查询方式进行查验的，应当核查公告、网页或者其他载体的相关信息，并就查询的信息内容、时间、地点、载体等有关事项制作查询记录。第二，通过查询网站、App 获取相关信息。如企查查、天眼查、国家企业信用信息公示系统等可以查询企业的基本情况、行政处罚等信息；巨潮资讯网、上交所、深交所等可以查询上市公司公告、年报等信息；中国商标网可以查询注册、申请商标信息；中国人民银行征信中心可以查询个人信用信息等。第三，公开网站无法获得而又必须查询的信息，可建议委托方委托专业机构查询，如境外专利、商标等信息可委托境外公司进行查询，以便充实尽职调查报告内容。

（5）函证。律师可以就相关事项发函查证。发函中需明确函证事项以及要求对方回函的内容，并经律师签署后加盖律师事务所公章。

（6）复核。复核贯穿尽职调查过程始终。尽职调查过程中，复核书面材料与律师通过访谈了解的情况、查询获取的资料、实地调查的情形是否一致；复核法律风险及问题是否进行了全面、准确的揭示，是否存在遗漏；撰写尽职调查报告、法律意见书过程中，复核文字、格式是否准确、严谨，如是否出现序号格式错误，摘引内容与原始资料是否一致等。[①]

3. 法律尽职调查的相关材料

（1）保密承诺函。保密承诺函的目的在于保证公司商业机密不被泄露，保障公司合法权益。在进场前需签订保密承诺函，确保尽职调查内容不被不当使用。

（2）目标公司基本情况表。通过外部公开渠道查询与分析，应对目标公司的工商基本情况、股权架构情况、历年受处罚情况、历年涉诉情况、专利和商标情况、行业情况分析等进行统计，便于发掘调查重点和难点。

（3）法律尽职调查清单。根据尽职调查目的、外部渠道查询的基本信息，结合调查对象的具体情况，出具《法律尽职调查清单》。

（4）资料接收清单。应包括具体文件名称、文件形成时间、文件页数以及来源等项目，其上应记录客户已提供的资料信息。

（5）项目日志。根据工作内容，制作项目日志，记录工作时长、进度，一方面便于监视工作动态与尽职调查计划的出入，及时调整工作动态或相关计划，另一方面便于查

① 郑海珠．并购业务法律尽职调查的原则与方法．中国律师，2022（1）：50-52.

询工作成果。

(6) 访谈提纲。根据前期资料核查情况、主要问题、接受访谈人物的级别、所在部门等因素确定访谈内容。

(7) 法律尽职调查报告大纲。结合已有材料和公开渠道了解的信息，基于既有工作经验对法律尽职调查的工作模板进行修正和完善，形成针对具体项目要求的定制化法律尽职调查报告大纲。

6.2.7　风险识别与控制

尽职调查的关键是识别投资、并购过程中的致命缺陷或潜在风险，判断它们可能对投资及预期投资收益造成的影响。致命缺陷（deal breaker）是目标企业或其产品面对的如果不解决或不恰当地修正就会对企业造成相当程度损害的经营问题或市场条件。对于致命缺陷，风险投资机构在尽职调查后应给予风险提示，及时修正估值甚至否决投资；对于非致命缺陷，应提出投资条件或者控制方法。

具体而言，风险广泛存在于财务、法律、团队、技术、产品、市场、行业和退出等方面，大致可划分为：真实性风险、流动性风险、成长性风险、行业市场风险、采购和销售风险、技术和专利风险、产品服务风险、合法合规风险。

1. 真实性风险

财务报表能为尽职调查人员提供关于拟投资项目的直观数据，很大程度影响尽职调查人员的分析和决策。尽职调查人员通过核实财报逻辑，分析项目在资产质量、负债情况、盈利模式等方面的价值和风险，对于投资金额大且成熟的项目可以聘请会计师事务所审计，还原财务报表真实的资产、盈利及现金流情况，揭示真实性风险。

财务符合逻辑无法保证数据在实际中是真实可靠的，因此实地走访在风险识别过程中至关重要。尽职调查人员可以通过现场翻阅合同、物流单据、资金流水等业务单据核对财报所体现的业务真实情况，盘点查看生产设备、产品存货等核对财报反映的生产能力与资产情况是否完整可信。对于业务、采购及销售等核心数据，尽职调查人员可以走访上下游企业予以核实。

2. 流动性风险

尽职调查人员应以现金流量表为基础，通过分析历史现金流的收支情况，识别公司过往资金使用的方向及效率，通过分析公司设备投产、人员扩张情况，识别资金投入规模及产生价值区间，核对公司预计的未来产能扩产、人员扩张所需资金，并计算假设无股权融资公司账面资金可使用时间、债务融资空间，以及资金短缺对公司业绩、生存的影响，充分揭示流动性风险。

3. 成长性风险

成长性考察的是企业在未来一段时间内的市场需求、市场占有率及收入利润。尽职调查人员根据已有的收入利润增长趋势、目前市场容量分析拟投公司未来一段时间内预期收入数据及市场容量是否合理。此外，还可以通过对下游长期稳定合作客户的销售、投产计划计算近三年客户对上游产品的需求规模，以下游需求推导市场规模能达到的天花板，根据分析结果，在市场占有率不变的情况下，预计收入的规模。

4. 行业市场风险

尽职调查人员需要识别公司所处行业属于传统行业还是新兴行业，是否存在先天的环境污染、重资产、重资金等缺陷，以及是否依赖政策补贴。竞争情况与公司未来的生存空间有关，该行业目前竞争情况如何，是蓝海还是红海，是否已经出现价格战的现象，产品单价的趋势如何，是行业市场风险尽职调查的重要内容。尽职调查人员可以通过比较公司和同行业头部公司、其他上市或非上市公司在营收规模、利润规模、技术路线和商业模式等方面竞争的优势及劣势，分析公司核心竞争力。

5. 采购和销售风险

采购风险指企业供应链是否安全，主要考察供应商及采购价格变动情况。尽职调查人员可以查询供应商工商信息，是否具备相关执行能力和业务范围，企业在各项标准上是否具备行业要求的完整的资质。如果供应商中包含贸易商、代加工厂等非直接销售、提供产品原料的供应商，则对其进行分析同样是必要的，还要分析其单价和成本差异，判断是否存在利益输送情况，是否为公司股东或关联方。采购价格变动，则公司成本随之变动，需要对原材料市场情况、价格变动趋势进行分析，判断项目对原材料的议价能力是否足够强，市场是供不应求还是供过于求。

销售风险主要来自客户，客户的市场地位及规模、核心客户的未来增长预测情况、客户是否具备相关产品消费能力都在风险识别范围内。如果单个客户收入比重超过50%，尽职调查人员则需要考虑关联交易的可能。即使客户的资质没有问题，客户的回款情况仍然值得考察。客户的回款情况要根据现金、票据回款情况进行分析，统计采购、生产、销售净现金流，票据回款中的商业汇票是否存在逾期情况，长账期的款项是否存在回收风险，公司对客户约定的信用期是否合理，与同行业公司的信用期情况等比较，识别可能存在的回款风险。

6. 技术和专利风险

技术风险包括技术迭代、技术实力、技术壁垒和技术来源等，如果领先的技术是公司的核心竞争力，则技术风险同样是公司可能面临的重大风险。对以技术开拓市场的公司而言，技术迭代风险威胁到公司核心盈利点，尽职调查人员需要重点调查目前公司设计产品的技术是否存在短期迭代的可能性，是否存在很强的技术壁垒，市场是否已经出现成本更低的相关技术产品，未来技术的更新换代趋势如何。

公司产品的技术是否来源于本公司的研发团队，如果不是，公司是否存在依赖大学或研究院的技术风险；如果技术来源于本公司的研发团队，那么团队构成情况如何，是否完整且具有一定实力，相关人员的知识结构和构成能否推动公司产品更新迭代。

专利风险主要来自专利权，识别产品的核心技术公司是否具备专利权，是否涉及专利侵权情况，专利的来源是否违规，是否侵犯其他公司的商业机密。

7. 产品服务风险

产品服务风险考虑公司的商业模式，尽职调查人员需要考察公司的商业模式是否可以维持，是否具备应对风险的能力。尽职调查人员需要核实产品质量是否存在重大风险，产品来源是否可靠，产品质量出现问题会对公司收入利润造成什么影响。

8. 合法合规风险

合法合规风险来自公司的生产资质、环保监管等方面，公司生产经营需要符合相关法律规定。尽职调查人员需要核实公司生产是否获得生产许可，生产前是否完成消防水电验收和环保评审。在环保方面，核实公司生产经营过程中是否存在环保罚款、涉及金额是否重大、性质是否恶劣，公司实际生产过程中是否存在环保实质问题，根据排放污水废气情况判断是否存在环保问题等。尽职调查人员需要核实公司土地、厂房、办公楼、车辆等是否具有完整的权属证明，是否存在已生产但未办妥相关产权证明的情况，税务开票是否存在违规开票和虚假采购问题。

6.3　尽职调查实例

2017 年 10 月，瑞幸咖啡开设了第一家店铺，也是一家内部测试店，位于神州总部一楼；同月，瑞幸咖啡第一家外部测试店在北京银河 SOHO 正式开业；一年之后，瑞幸咖啡进驻北京故宫。2018 年圣诞节期间，瑞幸咖啡完成 2 000 家门店的开业计划；截至 2019 年 12 月 16 日，瑞幸咖啡在中国的门店总数已经扩张到 4 910 家，成为中国第一大咖啡连锁品牌。2019 年 5 月 17 日，瑞幸咖啡在美国纳斯达克证券交易所正式上市，市值 42 亿美元。从创立到上市，瑞幸咖啡只用了 17 个月，创下全球最快 IPO 公司的纪录。

2019 年 7 月，瑞幸咖啡推出“小鹿茶”系列，进军新茶饮市场；2019 年 7 月 16 日，瑞幸咖啡在杭州火车东站西广场正式开设第 3 000 家门店；2019 年 9 月 3 日，瑞幸咖啡旗下“小鹿茶”正式独立运营；2020 年 1 月 8 日，瑞幸咖啡正式发布智能无人零售战略；2020 年 1 月 9 日，瑞幸咖啡的收盘市价达 106.49 亿美元，正式跨入百亿门槛。

6.3.1　浑水公司对瑞幸咖啡的尽职调查

2020 年 1 月 31 日，浑水公司公开一份报告，认为瑞幸咖啡伪造数据，存在欺诈；商业模式有本质缺陷，是一个“基本盘破产的公司”。报告开篇指出，瑞幸咖啡的门店销售数量造假。单个门店的每日销售商品数量在 2019 年第三和第四季度分别至少被夸大了 69%和 88%。此外，瑞幸咖啡至少将其每件商品的净售价夸大了 1.23 元，即 12.3%的膨胀率，人为维持商业模式。而实际情况是，瑞幸门店层面的亏损高达24.7%～28%。排除免费产品，实际的销售价格是上市价格的 46%，而不是管理层声称的 55%。瑞幸咖啡公布的数据显示，“其他产品”的收入占比从 2018 年的 7%增加到 2019 年第三季度的 23%，收入贡献率也从 6%增加到 22%。浑水公司的实际调查数据显示，瑞幸咖啡 2019 年第三季度“其他产品”的实际收入贡献为 6%～7%，被夸大了将近 4 倍。[①]

---

① 瑞幸咖啡：欺诈＋存在根本性缺陷的业务.（2020-04-05）. https://www.163.com/dy/article/F9FE5RV80519BJ61.html.

1. 浑水公司概况

浑水公司是一家美国的匿名调查机构，于21世纪初开始活跃于北美资本市场。其针对在美国上市的中国公司发布质疑调查报告，先后发布研究报告揭露了四家在北美上市的中国公司——东方纸业、绿诺国际、多元环球水务和中国高速频道，导致这四家公司股价大跌，被交易所停牌或摘牌，浑水公司一时在资本市场名声大噪。

浑水公司专以攻击中国在美上市公司、做空这些公司的股价来达到获利的目的。通常的做法是寻找“问题公司”，卖出该公司股票，建立仓位，然后发布做空报告，从公司的股价下跌中谋利，与一般的财务调查公司或审计机构存在较大区别，见表6-2。

表6-2　浑水公司与审计师事务所对比

	浑水公司	审计师事务所
创立者	私人成立	依法由社会组织成立
本质	匿名调查机构	依法独立承办审计查证和咨询服务业务的事业单位
业务	(1) 寻找“问题公司”，卖出该公司股票，建立仓位，然后发布做空报告 (2) 自称向投资者出售研究产品及服务，包括尽职调查服务等	接受国家机关、全民所有制企业事业单位、城乡集体经济组织和个人的委托，承办审计查证、咨询服务业务
盈利	(1) 做空公司，从公司的股价下跌中谋利 (2) 自称向投资者出售研究产品及服务获得收入	收费标准由省、自治区、直辖市审计机关根据当地实际情况提出，然后报物价管理部门批准。国家另有统一规定的项目，应当按照国家统一的规定执行

浑水公司在市场上面临颇多争议。新东方创始人俞敏洪曾言：“浑水不懂中国，浑水处心积虑，浑水靠整公司赚钱，但市场得让浑水存在。”著名投资人、创新工场创始合伙人李开复指责抨击以香橼研究公司为主、主要关注中国公司的做空机构，把完全没有问题或问题不大的守法公司作为目标，利用美国读者没有办法去核实真伪的状况，伪造信息撰写厚颜无耻的造谣报告，以造假打假来获利。

很多人认为浑水公司的背后有对冲基金支持，利用一些混淆视听的手法通过卖空盈利。而且在浑水公司指责一家上市公司前，该公司股票往往出现异常波动，正说明有对冲基金的参与。例如展讯通信有限公司被浑水公司质疑前业绩屡屡超出预期，却在被质疑后的两个月股价从21美元逐步下滑到13美元。

2. 瑞幸咖啡财务概况

表6-3显示了瑞幸咖啡财报中现金流相关内容。从数据看，瑞幸咖啡在所有季度从未产生过正向的经营现金流，投资现金流基本为负，筹资现金流为正。说明在这一阶段，瑞幸咖啡靠筹资维持日常经营，极速扩张依靠的并不是自身主营业务收入带来的资金，

而是通过借债与资本的投入维持飞速发展，俗称“靠烧钱填补窟窿”。

表 6-3　瑞幸咖啡财报现金流部分相关内容　　单位：百万元

季度	2018Q1	2018Q2	2018Q3	2018Q4	2019Q1	2019Q2	2019Q3
经营现金流	−124	−196	−720	−271	−628	−375	−123
投资现金流	−167	−145	−1 297	327	77	−2 365	683
筹资现金流	178	1 314	1 067	1 430	86	5 565	−160

资料来源：瑞幸咖啡到底是怎么做假账的？——基于财报的分析．(2020-04-06)．https：//finance. sina. cn/2020-04-06/detail-iimxyqwa5255176. d. html? cref=cj.

表 6-4 列出了瑞幸咖啡的经营成果。从表中可见，瑞幸咖啡在 2019 年第一季度之后的运营状况发生了转变，2019 年第二季度收入大幅增加。

表 6-4　瑞幸咖啡财报经营成果部分相关内容

季度	2018Q1	2018Q2	2018Q3	2018Q4	2019Q1	2019Q2	2019Q3
收入（百万元）	13	122	241	465	479	909	1 542
运营层面利润率	−966%	−283%	−202%	−138%	−110%	−76%	−38%
税前利润率	−1 047%	−274%	−201%	−143%	−115%	−75%	−35%

资料来源：瑞幸咖啡到底是怎么做假账的？——基于财报的分析．(2020-04-06)．https：//finance. sina. cn/2020-04-06/detail-iimxyqwa5255176. d. html? cref=cj.

表 6-5 给出了瑞幸咖啡的门店数与单店收入情况。瑞幸咖啡的门店数变化分析显示，瑞幸咖啡的门店数在 2019 年第二、第三季度大幅增长。一般而言，新开门店的单店收入应当处于爬坡期，因此瑞幸咖啡门店数大幅增长的情况下，单店收入不仅没有下滑，反而大幅提升，涨幅达到 50%。这说明，瑞幸咖啡老店的收入增长甚至远远超过新店带来的负面影响。

表 6-5　瑞幸咖啡门店数与单店收入

季度	2018Q2	2018Q3	2018Q4	2019Q1	2019Q2	2019Q3
门店数（家）	624	1 189	2 073	2 370	2 963	3 680
单店收入（万元）	19.5	20.3	22.5	20.2	30.7	41.9

资料来源：瑞幸咖啡到底是怎么做假账的？——基于财报的分析．(2020-04-06)．https：//finance. sina. cn/2020-04-06/detail-iimxyqwa5255176. d. html? cref=cj.

3. 瑞幸咖啡的存货分析

2019 年第二季度，瑞幸咖啡收入环比增长达到 90%，存货增长只有 23%。到第三季度，瑞幸咖啡收入环比增长 70%，存货总量竟然下降了 8%，在短短两个季度，周转天数从第一季度的 55 天降到了 28 天，见表 6-6。这也意味着，在瑞幸咖啡收入高速增长时，存货竟然几乎不增长。根据瑞幸咖啡 2019 年第二、第三季度公布的信息，瑞幸咖啡在此期间并未引进先进的存货管理机制来大幅提高运营效率。

表 6-6　瑞幸咖啡财报存货部分相关内容

	2018 年底	2019Q1	2019Q2	2019Q3
季度收入（百万元）	465	479	909	1 542
存货（百万元）	150	189	232	213
存货周转天数（天）	52（全年周转天数）	55	41	28

资料来源：瑞幸咖啡到底是怎么做假账的？——基于财报的分析．(2020-04-06)．https：//finance. sina. cn/2020-04-06/detail-iimxyqwa5255176. d. html? cref＝cj.

4. 瑞幸咖啡的商业模式分析

浑水公司阐述了瑞幸咖啡的五大商业模式缺陷，认为瑞幸咖啡只是通过高额补贴及大额折扣的营销模式来吸引顾客，从而提高销售量。

其一，浑水公司认为瑞幸咖啡对核心产品咖啡需求的主张是错误的，中国人均 86 毫克/天的咖啡因摄入量已经与其他亚洲国家相当，但其中 95%的摄入量来自茶叶。

其二，瑞幸咖啡的客户对价格高度敏感，高力度的价格推广是留住客户的动力。瑞幸咖啡每月免费或低价送出超过 2 050 万杯咖啡。分析发现，折扣越大，客户留存率越高。

其三，瑞幸咖啡作为功能性产品的终端需求有限，限制了销售量，同时瑞幸咖啡由于其对价格高度敏感的客户群，无法在提高价格的同时保持销售量。特别是考虑到租金成本和总部费用，瑞幸咖啡很难在门店层面实现盈利。

其四，瑞幸咖啡在非咖啡产品方面缺乏核心竞争力。中国的茶饮料工业已经发展到 3.0 代产品（茶叶＋芝士奶盖＋新鲜水果），瑞幸咖啡的小鹿茶产品诉求也主要对标 3.0 代产品。小鹿茶系列产品采用果汁、果酱和冷冻水果，芝士奶盖也是粉末制造的，这说明瑞幸咖啡的茶饮料本质是 1.0 代产品，缺乏产品研发、供应链和店内生产人工，没有竞争力。

其五，小鹿茶的特许经营业务合规风险高，没有按照法律要求向相关部门进行登记，因为小鹿茶在 2019 年 9 月开始经营特许经营业务时，没有达到至少有两家直营店运营至少满一年的要求。

6.3.2　对瑞幸咖啡尽职调查的手段分析

1. 实地调查

根据报告，浑水公司雇用了 92 名全职员工和 1 418 名兼职员工监控和记录瑞幸咖啡门店客流量，收集到 25 843 张小票，总共录制 11 260 小时的门店流量视频，全程覆盖 620 家门店 981 个营业日 100%的营业时间。

实际上，100%的营业时间意味着浑水公司的员工需要从门店开工就开始录制直到闭店关门，平均每天的录制时间长达 11.5 小时。如果出现设备崩溃、录制过程中因被店员驱赶而无法继续录制，甚至如果当天的视频丢失片段时长超过 10 分钟，这一天的录像视频直接作废。

在门店实地调查中，浑水公司发现瑞幸咖啡存在取餐码跳号的现象。瑞幸咖啡采取线上下单线下取餐的方式，下单时会生成三位数的取餐码和二维码，便于客户找到自己的商品。而瑞幸咖啡的取餐码在各个门店都是顺序出现的，并且自取订单和外卖订单共享取餐码。但浑水公司的报告指出，超过 10 个视频可以证明瑞幸的取餐码是跳号非连续的，并且其公布的内部微信群聊天记录就是运营店长被内部人员提醒注意取餐码随机数字递增的证据。

浑水公司通过潜入店长群获取内部聊天记录，是其获得准确信息的高效方式。

2. 收集客户消费收据

购物小票作为销售商品最直观的收据，真实记录了每一笔订单的商品成交量与商品成交价格。为获取一手的销售数据，浑水公司收集了 25 843 张购物小票。这些小票表明，瑞幸咖啡单品净售价不到 10 元。而根据瑞幸咖啡 2019 年第三季度财报公布的数据，瑞幸咖啡的单品净售价应该是 11.2 元。这说明，瑞幸咖啡的实际售价仅仅是上市价格的 46%，而不是管理层公布的 55%。此外，浑水公司从购物小票分析出，瑞幸咖啡单笔订单中商品的实际数量已经下降到 1.14 件，而非 2019 年第一季度的 1.74 件。

3. 调查瑞幸咖啡高层人员资料

调查报告中提到瑞幸咖啡的董事长陆正耀，作为神州租车的创始人，他在 2014 年神州租车上市过程中发挥重要作用。2015 年 5 月，神州租车股价从 8.5 港元涨到 20 港元。随后，陆正耀将持有的股份出售给神州优车的子公司神州优车科技公司。神州优车是新三板的挂牌企业，而这家公司也是陆正耀控股，在这个套现过程中陆正耀以每股 9.2 港元的价格总共套现 34 亿港元。报告的言外之意是当时的瑞幸咖啡也面临这样的风险。

4. 查阅资料研究广告费用

2019 年第二季度的财报电话会议上，瑞幸咖啡首次披露了 2019 年第二季度的广告支出占比，204 亿元的广告支出中分众传媒占了 1.4 亿元。而 CTR 市场研究跟踪的数据显示，在 2019 年第三季度，瑞幸咖啡在分众传媒的广告支出只有 4 600 万元，只占瑞幸咖啡广告总支出的 12%，即瑞幸咖啡的广告支出可能至少虚增了 1.5 倍。但最“巧合”的是，瑞幸咖啡对外公布的广告支出与央视跟踪的分众传媒的实际支出足足差了 3.36 亿元，而这个数字与瑞幸咖啡夸大的门店利润大致是相等的。① 言外之意是广告费用虚增的真实目的是对冲虚增的利润。

6.3.3 浑水公司常用的尽职调查手段分析

2010 年，卡森·布洛克注册“Muddy Waters Research”（浑水调研）。“浑水”源于中文成语——浑水摸鱼。随后，浑水公司凭借做空当时股价为 8.33 美元的中概股东方纸业一战成名。在成立后的十年里，浑水公司通过尽职调查识别财务造假行为，一共做空了约 20 家中概股，表 6-7 列出了其中一些。

表 6-7　浑水公司做空中概股公司概览

时间	中概股名称	目前状态
2010 年	东方纸业	摘牌

① 张家玮. 尽职调查识别瑞幸咖啡财务造假案例研究. 北京：中国财政科学研究院，2022.

续表

时间	中概股名称	目前状态
2010 年	绿诺国际	摘牌
2011 年	中国高速频道	摘牌
2011 年	多元环球水务	摘牌
2011 年	嘉汉林业	摘牌
2011 年	展讯通信	浑水认错，被收购
2011 年	分众传媒	回 A
2012 年	傅氏科普威	摘牌
2012 年	新东方	股价波动，影响不大
2013 年	网秦	摘牌
2014 年	奇峰国际	停牌
2016 年	辉山乳业	摘牌
2017 年	敏华控股	证据不足，影响较小
2018 年	好未来	浑水认错，股价回升
2019 年	安踏体育	股价大幅波动
2020 年	瑞幸咖啡	承认造假，公司重组
2021 年	贝壳	股价大幅波动

资料来源："搅局者"浑水做空 11 年：封过神，翻过车，是天使还是魔鬼？. https://www.time-weekly.com/post/287925.

被浑水公司做空大致有三种结果：对手认错摘牌退市，股价大幅波动，短暂波动后重回升势。这些中概股中已经有 9 家公司退市，浑水公司成功率超过 50%。

1. 浑水公司常用分析思路

（1）由外到内：从业绩到财务数据。先实地调查被调查主体的真实业绩情况，再将调查数据与其财务报告中披露的数据进行比较分析。

（2）自上而下：从商业模式到财务逻辑。分析调查对象的商业模式，特别是现有商业模式的可持续性和核心竞争优势，现有商业模式能否支撑财务数据。发现商业模式的问题后，分析在此模式下目标公司开展业务的情况，安排人员进行调查。

（3）与业务深度融合：访谈专家及店面实地调查。如果调查对象存在财务造假行为，那么经过审计的财务报表必然相当漂亮。通过将纸面上的数据与实际经营情况相结合，实地调查与纸面分析相结合，互相印证，往往可以发现企业存在的问题。

2. 浑水公司常用手段

（1）查阅资料。浑水公司没有权利进入公司查看账务，只能在网络上搜索资料。浑水公司相信要想成功撒谎，就需要撒谎更多次来圆之前的谎。一旦发现疑点，深挖下去就能够查出巨大的漏洞。当浑水公司选定一家公司作为识别对象后，首先通过查阅资料以及财务分析找到财务漏洞。浑水公司查阅的资料包括招股书、公司年报、临时发布的公告、官网信息、媒体相关报道等各种资料。

（2）公司实地调查。浑水公司最常用的方法就是派出大量的全职与兼职人员前往公司实际办公地点与销售地点进行调查，通过暗访周边居民、顾客等形式，结合自身观察情况，相互印证。

浑水公司认为实地取证是非常重要的环节，将实地取证所得与所查资料进行对比分析，通常能够获得意想不到的发现。例如浑水公司在调查辉山乳业的过程中，多次深入辉山乳业的牧场勘察，发现厂房经久失修、设备落后、通风条件差等一系列问题。浑水公司在调查中国高速频道时，派出调查人员多次乘坐公共汽车，发现司机播放中国高速频道广播的频率没有其宣称的高，浑水公司以此为突破口，发现中国高速频道的造假行为。

（3）调查关联方。关联方交易也是许多上市公司用来调整和粉饰财务报表的手段。关联方包括大股东、实际控制人、兄弟公司、子公司和分公司等，还包括那些看似没有联系，实则受到实际控制的公司。

例如浑水公司在调查绿诺国际时查阅资料发现，绿诺国际在 2008 年和 2009 年的利润是从关联方的账面挪过来的，属于名义利润，而且浑水公司在调查过程中发现绿诺国际的控制人从公司内部以借款的方式借走 320 万美元用于购置豪宅，满足私欲。浑水公司在调查辉山乳业的过程中，发现辉山乳业的董事杨先生曾投资一家牧业公司，负债累累。

（4）调查供应商。供应商的产能、销售量等数据与目标公司的财报之间可以相互对照，但是由于上市公司与供应商之间存在利益关系，调查供应商的难度较高。浑水公司为了能够获取供应商的真实数据，甚至会派出工作人员伪装成客户与其进行沟通，以此获得最真实的数据。

例如，浑水公司在对东方纸业的供应商进行调查后发现，东方纸业的所有供应商的产能之和远远小于东方纸业的采购量，这说明东方纸业的数据存在问题。

（5）调研客户。浑水公司对于客户的调研主要集中在以下几个方面：客户是否真实存在，客户与目标公司的关联关系，客户是否存在与关联公司之间的虚假交易，客户实际采购量、消费量，客户对目标公司的评价以及客户所披露的资料、官网等。通过对比客户的相关信息与上市公司公布的销售信息，检验目标公司数据的真实性。客户对于上市公司及其产品的评价则能够衡量上市公司的口碑以及其经营销售能力。

例如，浑水公司调查多元环球水务的供应商时，发现其所谓的 80 多个经销商中有许多公司连电话都打不通，能打通电话的公司也表示从未听说过多元环球水务。在调查辉山乳业的过程中，浑水公司通过监控乳制品在天猫上的销售情况，发现辉山乳业谎称自己的销售量远高于同类产品，实际上伊利、蒙牛的乳制品在天猫上的销售量远高于辉山乳业的乳制品。

（6）倾听竞争对手。竞争对手对于目标公司的评价能够从侧面反映上市公司的价值，同时对竞争对手的经营状况和财务状况的调研能够大体反映行业的现状。

例如，浑水公司通过调研东方纸业的几大竞争对手发现，东方纸业的真实水平远远比不上竞争对手，进一步推断出东方纸业的盈利水平与行业水平相差甚远。在调查辉山乳业的过程中，浑水公司通过比对乳制品行业的毛利率，发现同行业平均水平只有辉山乳业的一半左右，这说明辉山乳业存在虚报利润的风险。

（7）请教行业专家。要想尽快获得某行业内的各项数据，最好的方法就是咨询该行业的专家，倾听专业人士对于行业的见解。浑水公司经常会通过请教专家来对目标公司所处行业进行整体判断。

例如，调查嘉汉林业时，浑水公司就税务问题向专家咨询请教；调查东方纸业时，由于机器设备十分老旧，浑水公司找到机械专家进行请教。

（8）重估公司价值。浑水公司利用调查获得的数据，对上市公司进行价值重估。大多数造假的上市公司都对成本、收入、利润进行了谎报和瞒报，浑水公司会根据调查结果调整真实的数据，对上市公司重新进行估值。

例如，在针对辉山乳业的调查报告中，浑水公司认为辉山乳业的估值是零。虽然这可能有点矫枉过正，但是公众的确能够发现上市公司的造假问题。

6.4 尽职调查报告

6.4.1 尽职调查报告的内容及框架

在完成尽职调查的基础上，调查团队需形成书面尽职调查报告并提交至投委会，后者就尽职调查反映出的重要问题进行讨论和分析，最终形成一致性决策。

尽职调查报告主要由以下部分构成：

1. 关键结构分析

关键结构分析是对目标企业的各个关键结构作出的总体分析和评价，主要涉及目标企业以下方面的情况：股权结构、成本结构、费用结构、利润结构、资产负债结构、权益结构、现金流结构、法人治理结构、市场结构、生产结构、人力资源结构、技术研发结构、核心竞争力等。

2. 财务审计

财务审计是通过财务会计报表掌握企业目前的资产质量、负债和权益结构等关键信息，并通过企业历年的现金流结构分析企业未来的盈利能力及潜在风险。在该部分，调查者可将目标企业的财务指标与主要竞争对手的财务指标进行对比，更加全面准确地展现目标企业的资产管理能力、盈利能力、增长能力等。

3. 经营审计

经营审计重点关注目标企业的生产、销售、供应链、技术及研发、人力资源和财务管理的现状，以便识别各环节的风险并为后续如何介入企业的管理提供参考。

4. 法律审计

法律审计需要企业提供关于企业基本情况、历年股权变更、重大资产或负债相关的法律文件，并揭示企业潜在的风险事项等。

5. 风险因素分析

在报告上述审计内容的基础上，调查者需要明确指出目标企业的风险因素，供投委会决策参考。正如在 6.2.7 节提到的，目标企业的风险包括但不限于真实性风险、流动性风险、成长性风险、行业市场风险、采购和销售风险、技术和专利风险、产品服务风险、合法合规风险，需结合企业所处行业和业务特征对风险因素给予关注和披露。

6. 募资需求及投资建议

尽职调查的最后部分往往会对本次募资的资金用途、预期收入及投资方案进行详细阐述。其中，投资方案部分包括对目标企业的估值、投资总额以及所占股权的分析和建议。

6.4.2　尽职调查后续流程

在提交尽职调查报告后，将由投委会判断是否投资以及如何投资该项目。若投委会认为项目仍有投资价值，会批准项目小组开始合同谈判。小组在律师等专家的帮助下设计交易结构，并与目标企业的股东及管理层就关键问题和细节进行沟通、协商，直至达成一致。谈判完毕后，由投资方和律师共同准备包括投资协议在内的各项法律文件，并签署相关文件。

投资协议是最终约束双方投融资行为的关键法律文件，协议中包括企业估值、出资方式以及详细的投资协议条款清单设置（详见第 5 章）。

6.5　商业谈判

投资决策按照“尽职调查—谈判—签署投资协议”的过程进行，双方谈判建立在尽职调查的基础上。

6.5.1　商业谈判的原则

1. 目标原则

谈判不是盲目商议，谈判最重要的目的是达成己方目标，不仅指资金上的目标，还需要考虑合作伙伴未来可以带来的资源，以及其可信任的程度，能否有福同享，有难同当。

2. 底线原则

在谈判的过程中，除了要紧盯目标之外，坚守底线也非常重要。如果失去了底线，对对方提出的苛刻条款一味退让，创业者很有可能失去谈判的主导权，被投资人牵着鼻子走，很难在谈判中获益。

3. 关键性原则

关键性原则告诉我们谈判过程中要抓住“牛鼻子”，即关注主要矛盾，善于抓大放小，切忌因小失大。风险投资协议中条款众多，但其中部分条款是程式化的，不需要过分关心。谈判者应当将精力集中在和自身利益密切相关的事项上，而非一些无足轻重的条款上。

6.5.2 商业谈判的技巧

1. 熟悉投资协议内容

商业谈判的前期必要的准备是熟悉投资协议的内容，若对投资协议的内容不了解，则难以在谈判中占据先机。在投资协议的所有内容中，专业术语、重要款项，特别是容易引发争议的内容是谈判者需要关注的重点。如有必要，可以寻求专业人士或者有经验的人的帮助。

2. 报价巧妙且合理

报价是谈判聚焦的核心议题之一。创业者在报价过程中，既不能言过其实，也不能妄自菲薄，当然这需要创业者对企业自身水平和估值方法有所掌握，如何确定合理的估值可以参考本书第5章。推荐的方式是给出一个合理的区间范围，既给投资人"台阶"，也给自己留有退路和协商的余地。

3. 善用"对赌"的方式

一般而言，对赌协议都是投资人对创业者提出的，例如著名的俏江南和鼎晖投资的对赌协议。创业者若没能达到对赌的目标，则需要向投资人付出一些代价。当面对一些很难达成协议的条款时，创业者也可以善用"对赌"的方式来应对。例如若创业者在五年内完成投资人提出的目标，则该条款失效。

4. 准备最佳替代方案

所有的谈判都需要准备替代方案。尤其是企业有不止一个投资者在进行对接时，如果谈判得当，创业者就有选择合适的投资者和投资条款的权利。企业如果只有一份方案，则会失去谈判的筹码。

5. 请求提供参考信息

此条主要针对创业者。在签订投资协议前，投资机构会对创业企业进行尽职调查。因此创业者也有权要求投资者提供投资机构的相关信息，例如投资机构的合伙人名录等，以便创业者更加了解投资机构。

6. 决策者和领投方

如果创业者面对的是一群联合投资者，请坚持要求明确一个决策者和领投方，这样既可以减少创业者的精力和付出，又可以节省律师费。

【章节回顾】

1. 尽职调查又称审慎调查，是指投资人在与目标企业达成初始合作意向后，经协商一致，投资人对目标企业进行调查和分析的一系列活动。全面性原则、透彻性原则和区别对待原则是尽职调查人员需要遵循的原则。

2. 尽职调查流程主要包括以下五个方面：签订前期协议、发清单邮件、阅读和分析材料、现场考察、深度调查。

3. 尽职调查报告主要由关键结构分析、财务审计、经营审计、法律审计、风险因素分析和募资需求及投资建议等部分构成。

【思考题】

1. 尽职调查的目的是什么？为了保证尽职调查顺利进行，前期需要做怎样的准备？

2. 结合浑水公司对瑞幸咖啡的尽职调查实例，简要从投资人和创业者的角度阐述有何启示。

3. 商业谈判有哪些原则和技巧？

第7章

风险投资投后管理

【本章导读】

风险投资不仅仅投入资本，更重要的是投资后要对创业企业进行各种赋能，这不仅是对投资行为进行检验和校准，对投资项目进行风险控制，而且有助于提升创业企业价值，提高投资效益，实现投资方和融资方双赢的目标。投后管理是风险投资机构的一项长期工作，也是其核心竞争力；投后管理对于有些创业企业至关重要，在大部分追加资本、并购或清算事件中，创业者只有和投资人密切合作，同舟共济，才能取得理想的结果。

7.1 投后管理的涌现

7.1.1 投后管理的定义

投后管理最早起源于20世纪40年代的美国。1946年，波士顿联邦储备银行主席拉尔夫·弗兰德斯提出了建立风险投资企业的想法，与哈佛商学院教授乔治·多里奥特成立了股权投资机构美国研究与发展企业（American Research and Development Corp.，ARD)。ARD的成立，旨在吸引投资资金，为创业企业提供融资和管理服务，培养更多创业企业管理人才。

1984年，美国经济学家泰吉和布鲁诺在《风险投资5阶段模型》中明确提出了投后管理（post-investment activities）的概念，他们将投后管理的内容归纳为四个方面：协助招募关键人才、制订战略计划、筹集追加资本、组织兼并收购或公开上市。2013年，普华永道在报告中将投后管理进一步定义为风险投资机构参与管理使企业实现增值的过程，并将投后管理视为风险投资机构的核心竞争力。

戈尔曼和萨尔曼（1989）在研究中明确指出，风险投资人在投后管理活动上大约需要花费60%的时间，投后管理对投资成功和创业企业成长的重要性不言而喻。[①] 对于创业企业而言，风险投资机构不仅能够为它们提供生存和发展所需要的资金，更重要的是

---

① Gorman M，Sahlman W. What do venture capitalists do? . Journal of Business Venturing，1989，4 (4)：231 - 248.

能够在投后为它们赋能，凭借自身对于产业的深入理解和长期实践，加之丰富的管理经验和资源优势，全方位支持创业企业的成长。相应地，对于风险投资机构而言，如果机构的生态强大、长期聚焦于某些领域并积累了丰富的资源和认知，能够在产品、渠道、人才、资本等方面为创业企业建立完整的赋能链，无疑会受到创业者的青睐，建立起机构的核心竞争力。例如，长期聚焦于消费产业的日初资本连续投资了喜茶、墨茉点心局、好特卖、WonderLab、宝酝名酒、泡泡玛特等十余家新锐消费品牌，并在投后给予被投企业全链条的升级服务，覆盖战略支持、人才管理、渠道拓展、数字化转型等领域，助力这些品牌迅速捕捉市场机会，实现转型升级，也为机构自身在消费领域建立了良好的声誉。

7.1.2　我国投后管理的涌现

1986 年中国新技术创业投资公司成立，可谓是中国本土创业投资诞生的标志性事件之一。在“大众创业、万众创新”的政策驱动下，风险投资行业近年来在国内蓬勃发展。据中国证券投资基金业协会统计，截至 2021 年 12 月，我国基金管理人数量高达24 610 家，基金规模达 19.76 万亿元。在行业飞速发展的同时，行业内竞争也愈发激烈。据清科研究中心统计，风险投资机构的募资愈发呈现出两极化趋势，在一系列政策影响下，随着部分行业红利褪去，投资赛道越来越趋同，竞争越来越激烈，风险投资行业的洗牌也愈演愈烈。同时，我国社会经济环境正发生着深刻的变革，经济社会迈入高质量发展的阶段，科技创新能力显著提升，创业结构也由生存型创业向机会型创业转变，这对风险投资机构提出了更高的要求，需要不断探索助力创业企业发展的方法，与创业企业实现价值共创，进而推动产业转型升级。

为了破解这些困境，风险投资机构需要不断提高综合业务能力和管理能力，把“募、投、管、退”每个环节的工作做足做深。而风险投资的投后管理，是风险投资机构控制投资风险和创造投资价值的重要环节之一，投后管理的成败直接影响创业企业的生存与发展，也间接关系到社会经济的稳定增长。投后管理作为“募、投、管、退”整个投资周期中的重要一环，一般覆盖从实际投资到项目完全退出的整个时间周期，可以为管理决策提供支撑，尽可能地主动降低项目潜在风险，实现项目的保值增值。做好投后管理，不但有助于“募、投、退”三个环节无缝衔接，也有助于提升机构品牌效应，强化风险投资机构的核心竞争力。

正是因为投后管理的必要性，近年来各大投资机构纷纷加大投后管理的力度，不断完善投后管理体系，以红杉资本、高瓴集团为代表的头部机构已出现超过百人的豪华投后赋能团队，一些专注于垂直领域投资的小型基金也开始搭建自己的投后服务特色体系。为了解我国风险投资机构投后赋能的现状，清科研究中心 2021 年调研了包括早期投资机构、风险投资机构、私募股权投资机构以及战略投资者在内的 369 家主流机构。调研数据显示，95.9%的被调研机构已开展赋能服务，参与投后赋能的人力和资源投入较往年也有显著提升，人员投入比例的中位数由 2019 年的 10%～20%提高到 2021 年的 30%～40%，资金支持也呈现显著的上升趋势。

公司风险投资亦是如此。腾讯、阿里巴巴、小米等互联网公司纷纷成立或设立服务于自身的投资机构，如腾讯投资、小米投资、阿里投资等，并利用自身丰富的产业资源赋能被投企业的成长。以腾讯投资为例，2020 年开始，腾讯产业生态投资曾推出 Link Day 定邀制交流平台，为被投企业提供金融机构、政府部门、大型企业三类对接资源，解决企业在业务和资金等层面的难题，除了该系列活动，腾讯产业生态投资也为投后企业深度链接腾讯已有的业务和生态资源提供更多机会，为企业提供全链条的增值服务。

7.1.3 投后管理的意义

正如上文提到的，风险投资机构的投后管理一方面能够打造风险投资机构的核心竞争力，助力其应对日益激烈的市场竞争，另一方面能够赋能创业企业的成长，弥补企业创立初期初始资源不足、组织架构不完善等“新进入者劣势”。总体而言，投后管理的意义可归纳为以下三方面：强化风险管理能力、回溯并检验投前选择和增强创业企业实力。

1. 强化风险管理能力

对于风险投资机构而言，早期投资面临的一个关键挑战是信息不对称，信息不对称可能会使创业者产生侵蚀投资者利益的动机和行为，或者在运用资源时表现出机会主义倾向。因此，风险投资机构往往会通过介入创业企业的管理、引入监督和激励惩罚机制加强对创业者行为的监控。具体而言，投后部门会发挥自身监督与管理机制的作用，介入创业企业董事会，参与企业的经营决策与公司治理，避免创业者采取机会主义行为；此外，投后部门会从市场、资金等多角度介入，监控企业财务状况、市场营销状况、股权变动、CEO 报酬、追加借款等方面的情况，保护自身的利益。

在我国，风险投资机构对创业企业的监督和管理主要包括监控重大决策制定、重大人事变动、资金运用、财务状况、市场营销等。除查看风险企业设备、账簿和及时获得有关财务报表之外，风险投资机构还可以采用其他的监控形式，例如，应用协议条款形式实施监控、实施分阶段投资监控、派驻董事、以监事形式监控、撤换管理层甚至创业团队等。一般而言，当创始人能力不足以保持企业成长速度时，利益相关者可能迫使创始人退出，随着投资人不断把资金投入企业和新成员加入企业董事会，创始人的地位也会受到威胁。

2. 回溯并检验投前选择

对于风险投资机构而言，投前选择和投后管理两个环节是相辅相成的：投后管理既可以帮助机构检验投前的投资逻辑，也可以帮助机构及时调整投资布局，以适应市场环境的变化。具体而言，投前部门在短期内完成投资后，投后管理人员可以通过长期跟进回访，发现创业企业发展过程中面临的问题和挑战，纠错打磨，并根据企业最新的发展情况和整改进度对比分析投资时的价值和风险判断是否实现或发生偏离，找出机构投资逻辑中的不足，及时地反馈给投前项目负责人，实现对投前工作人员投资逻辑的检验。

从投后管理的角度来看，投资需要避免过度同质化，要尽可能地丰富投资组合、降低投资风险，提高基金的覆盖面和成长空间。当某投资机构已经投资了某一领域细分下的多家企业时，投后部门可以及时反馈给投前人员，提高该领域的投资门槛，帮助其实现差异化。

3. 增强创业企业实力

对于创业企业而言，往往存在资本实力较弱、尚未建立市场声誉、较难获得交易对象的信用支持等问题。投后部门重要的增值服务包括帮助企业寻找和选择重要管理人员、参与制订战略与经营计划、联系潜在客户、运作管理等，不仅能为创业企业提供资本支持与战略咨询服务，还可以帮助创业企业选择合适的管理人员与合作伙伴。投后部门可以利用投资机构在相关领域的经验和资源，帮助企业引入重要研发合作伙伴，如高校、科研机构等，或帮助企业寻找合适的供应商、销售商和客户，构建以被投企业为中心的价值链网络。产业链的快速构建能降低投后企业与交易伙伴的筛选成本，降低企业发展过程中的风险，并提高创业企业的声誉、可靠性和合法性，增强企业的软实力。①

此外，投后部门能够把控被投企业在经营环境和市场大趋势不断变化下面对的各因素带来的不确定性，例如环境变化带来的政策、技术等风险。企业在A轮投资之前，尤其是在种子轮和天使轮，财务体系和人员匹配甚至是商业模式，几乎都是不完善的，此时投后管理既是听诊号脉的医生，又是服务入微的管家。这些措施在于尽可能降低企业的试错成本，使企业少走弯路，从而缩短达成初设目标所需要的周期，促使企业朝更准确的目标奋进。

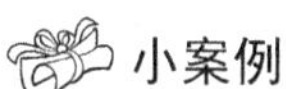
小案例

苹果早期投资人马库拉的投后管理

马库拉不仅是苹果的天使投资人，更是乔布斯创业初期重要的合作伙伴，是一位称职的投后管理者，为苹果的发展提供了宝贵的战略支持。

先后任职于仙童半导体和英特尔的马库拉精于定价策略、营销网络、市场营销和财务，在苹果创办初期，他和乔布斯一起撰写商业计划书，对项目商业化的可行性进行计算与分析，并决定将产品从定位于业余爱好者扩展到普通消费者。

在完成股权切换后，马库拉做的第一件事就是帮助乔布斯建设团队。为了改变和约束乔布斯，他聘请迈克尔·斯科特成为苹果CEO，之后，又将硅谷杰出的公关人员里吉斯·麦肯纳招入门下。麦肯纳的设计团队为苹果设计了经典的形象——一个被咬掉了一口的苹果。在宣传册顶端，麦肯纳放入一句名言：至繁归于至简，这一思想成为日后乔布斯设计产品的核心理念。马库拉还传授给乔布斯市场和营销方面的经验，“你永远不应该怀着赚钱的目的去创办一家公司，你的目标应该是做出让自己深信不疑的产品，创办一家生命力很强的公司”。

乔布斯认为，马库拉和他的关系犹如父子。从马库拉的角度来说，一个风险投资人在确定投资后，便将被投资的企业视作自己的孩子来培养，从公司定位到合作团队搭建、市场开拓以及各类商业思想灌输，无不倾注自己的心血。

① 董静，汪立．风险投资会影响创业企业战略选择吗？——文献评述与理论架构．外国经济与管理，2017，39(2)：36-46，59.

7.2 投后管理的内容和方式

7.2.1 投后管理的手段

风险监控和保值增值是投后管理过程中的两大原则，二者双管齐下，能够起到事半功倍的效果。风险监控原则是指尽可能地防止项目夭折，无论是因为客观因素还是主观因素。风险监控可以从多方面入手，其中财务状况和团队流失率是主要考虑的两大指标。保值增值原则一方面要不断协助企业完善商业模式，提高企业成熟度和盈利水平；另一方面要对接融资机构和资源，帮助企业缩短成长周期，催熟企业链条发展。优质的投后管理可以从各个维度帮助早期项目对接各种资源，从而在后期实现项目的高增长和高收益。

投后管理的风险监控和保值增值两项原则，在具体实践中可以落实到以下五个手段：

1. *高频互动*

一般投资机构与被投企业是三个月沟通一次，甚至小半年再走访一次。这种频次的互动多适用于中后期的创业企业，但是对于早期投资项目来说，这个频次是远远不够的。高频互动是以商业模式的完整性、基础运营数据、业务开展关键指标、融资进展及资源对接等为抓手（以下简称“抓手数据”）开展工作，需要定期、标准化地进行信息、知识的沉淀。同时，高频互动也是发现风险或者问题的一个窗口，能够让投资机构未雨绸缪。

2. *分层管理*

分层管理的目的，一是向优质项目倾斜资源，二是帮助落后项目尽快实现退出变现，三是针对中间项目制定战略及业务提升计划。同时，分层管理是后续资源对接、资本对接以及价值输出的基础。

3. *资源对接*

由于早期项目在业务模式和方向规划方面不成熟，投资机构仅仅给予资金上的支持远远不够，给予资源对接也至关重要。但是资源对接难以实现，尤其是一些财务投资机构难以对接到创业企业需要的资源，因此实现资源对接的前提与投资机构的投资策略有关。

如果投资机构的投资组合垂直于某一领域，做上下游的深度投资组合，那么投资机构就可以掌握资源整合的话语权，帮助其投资的项目更好地对接资源。如果投资机构只是分布式投资，资源的力量无法集中，也就无法发挥资源整合、资源对接的作用。因此，建立投资机构内部的垂直行业投资生态组合是十分必要的。

4. *资本对接*

对于早期创业企业而言，钱和资源几乎是所有创始人的头等大事。对于投后部门而言，与被接资方需要系统性对接，单点对接效率低，大多是不考虑的。所谓系统性对接，是需要对被投企业所处的领域及受众人群进行清楚划分，然后匹配专业细分领域的投资机构或者融资顾问。

5. 价值输出

是否投资是短期决定，但投后管理是一个长期过程，因此投后管理团队对企业的认知可能会高于投资负责人。相比于投资负责人，投后管理团队会向创业团队输出更多的观点，分析反馈商业模式以及投资逻辑，沉淀总结亮点精华，总结反思糟粕错误，给予投资负责人一定程度的价值补给。具体形式包括结合具体投资案例的某一领域分析研究、失败案例的总结汇报、投资退出的建议研究等。

7.2.2　投后管理的工作及评价体系

投后管理不是简单的收集报表，放任被投企业自由发展，投资机构不仅要在方向和目标上把关，还要时时关注被投企业的发展并为企业提供增值服务，并且要合理计划和判断如何退出、何时退出。总体来看，投后管理工作包括但不限于项目管理、战略制定、运营监控与评估、增值服务、公司治理及投资协议跟进、调整与退出和绩效管理。

（1）项目管理。项目初期需要搭建一套规范的项目管理体系，覆盖公司基础运营、负责人制度等，投资机构搭建项目库汇总企业财务情况、业务情况、融资需求等材料，设置定期回访时间，充分了解投后企业情况。

（2）战略制定。投资机构在投后管理的过程中可以与被投企业共同制定年度运营战略，并根据投后管理需求，进一步管控企业年度预算方案和利润分配方案。

（3）运营监控与评估。投资机构需要定期收集被投企业的财务及经营数据，了解企业重大管理决策的变动情况，对企业的运营情况和风险进行跟踪监控和评估。

（4）增值服务。投资机构充分运用资源优势，为被投企业解决经营活动中遇到的相关问题，并帮助企业赢得广泛的市场认同，综合提升企业价值。

（5）公司治理及投资协议跟进。随着企业的快速发展，人数会相应增长，投资机构和投后企业需要密切关注公司管理层、执行层等的人员分配，完善公司的组织架构。对于投后企业签订的文件也需要律师等专业人士把关，避免连带风险。

（6）调整与退出。随着市场情况的变化，投资机构也需要根据资本市场情况，对所持有的股权进行市场化调整（增持或减持），并选择最有利的投资退出方式，获得最大的投资收益。

（7）绩效管理。为了做好投后管理中的绩效管理，投资机构需要设计合理的估值模型，准确计算项目当期投资收益作为绩效评估的重要输入；通过人员成本的精细化管理，实现投入与产出的有效配比。

为了评价风险投资机构的投后工作，清科研究中心结合不同类型机构的差异性特征构建了一套投后服务评价体系，从投后服务整体情况、投后服务具体内容、投后服务实施效果等方面，有针对性地进行评价指标设计，并邀请被投企业、机构合伙人、投后团队三方面主体参与评价。① 具体而言，清科研究中心构建的投后服务整体情况覆盖制度建设、人员建设、投入资源，投后服务具体内容包含战略规划、人力资源、品牌公关、运营管理、资本运作、业务支持、政府事务、综合能力等，投后服务实施效果包括战略规

① 清科研究．2019 年中国股权投资机构投后服务评价体系研究．

划效果、人力资源效果、品牌公关效果等。上述评价指标也反映出风险投资机构投后管理的主要工作内容。

7.2.3 投后风险管理的原则及内容

1. 风险管理原则

投后如何管理风险是重要议题，在实践中，投资人总结出管理投后风险的三大原则，分别是“以投前风控复盘投后项目风险”原则、全面监控原则和“小题大做”原则。

(1)“以投前风控复盘投后项目风险”原则。在投后项目的风险管理上，需要用与投资尽职调查管控相似的逻辑和角度看待投后项目的价值风险变动管理，改变以往“重投前轻投后”的现象，在每一季度、年度的复盘回访时都需要将已投项目当作新的拟投项目一样全面分析，对已投项目的投资价值、投资风险重新评估。

新增“投前逻辑投后分析”程序，根据企业最新的发展情况和整改进度，对比分析投资时的价值和风险是否实现或发生偏离，对投资后出现的未预判到的新增投资价值和投资风险要素进行补充。这个程序的作用在于复盘投资逻辑，找出机构投资逻辑中的不足，并非对项目不及预期的责任追究。

(2) 全面监控原则。全面监控原则，指对投资项目在投后阶段可能面临的行业风险、市场风险、政策风险、法律风险、道德风险进行全面监控。需要全面监控投资资金的去向，把控目标企业的动态经营状况、现金流、资产负债率和重大涉诉情况，掌握可能会对投资安全产生影响的国家宏观政策、投资项目所处的市场环境等。

(3)“小题大做”原则。显现出的风险往往是“冰山一角”，真实的风险状况和等级一般会比发现的情况更加严重。因为风险可能会引发被投企业与投资机构之间的利益冲突，被投企业出于对自身利益的考量以及对投资机构是否继续投资的不确定，可能不会在第一时间向投资机构主动报告风险信息，更多是先组织自救、自行化解风险，更糟糕的情况是被投企业可能会放弃自救，恶意转移资产。

无论选择哪种方式，被投企业需要充足的时间，所以投资机构察觉到风险时往往存在滞后。因此，投资机构不能对发现的风险和隐患抱有侥幸，而是要“小题大做”，谨慎开展全面调查，挖掘更真实的情况。

2. 风险管理内容

投后日常风险管理主要包括四部分内容，分别是风险分级、风险监控、回访尽调和基金复盘。

(1) 风险分级。风险分级是指根据投后项目最新的财务、业务信息，对项目的风险程度进行等级划分（如划分为 A、B、C、D、E 五类），针对不同风险级别的投后项目制定不同的管理策略，合理分配资源，重点关注后三类项目的后续发展情况。

(2) 风险监控。风险监控包括时刻跟进并持续关注企业财务、业务等。资金监控、项目查漏补缺、档案管理是其中的重点。

资金监控是指对应收款项和资金进行安全性监控，时刻警惕可能出现的回款逾期风险。查漏补缺工作关注业务流程，如增信措施的落实及交易文件的梳理，都需要安排专人跟踪和检查。

档案管理的完整性和科学性决定了投后管理的质量以及风险处置措施的可行性和行动速度。遗失补充协议、催收函、保证合同等原件需要通过法律途径解决；证据的科学性需要多方查证确认。因此投后档案的收集和管理至关重要，各个流程的经手人需要及时将掌握的资料和法律文件等归档。

(3) 回访尽调。回访尽调是指投资机构参考风险等级，与企业专业职能团队一同进行现场尽职调查。在投前尽职调查的基础上，检查项目资金使用情况、项目设计企业运营状况、财务状况以及涉诉情况、行业发展情况等。专项检查还应包括对受国家政策影响较大的项目及时进行调查，对已发生风险的项目的风险处置效果进行专项跟踪等。

(4) 基金复盘。基金复盘要根据企业统一安排进行季度/年度复盘会，梳理投资判断逻辑的实现情况并对是否继续投资持有明确意见。企业需要根据基金、项目情况，采用项目组的模式，明确投后管理团队人员及其负责的投后监控职能和投后行动标准要求，对自己负责的投后管理项目进行实时监控，降低因惰性导致风险监控滞后的可能。

7.2.4 企业发展不同阶段的投后管理

考虑到不同发展阶段的创业企业特点各不相同，遇到的问题也不尽相同，风险投资机构的投后管理内容应该结合企业在不同阶段的发展特征有所侧重，给予特色化的服务，具体见表7-1。

表7-1 企业发展不同阶段的投后管理

	初创期	扩张期	成熟期	衰退期	转型期
特点	产品尚未开发完成或未被广泛接受，商业模式和战略不清晰，高风险事件频发	公司产品逐渐被接受，业务开始拓展，销售额或盈利快速增长，但市场竞争比较激烈	市场占有率和企业规模趋于稳定、市场份额竞争激烈	新技术、新模式或新品牌出现和更新，或者消费偏好改变，产品需求逐渐减少	开发新产品和新业务，转型后经历新一轮发展和扩张
发展问题	资金需求 产品开发及商业化 团队组建及人才招募 缺乏规范和计划管理 产业资源单一	创始人的能力和视野需提升 组织架构与业务发展不匹配 内部运营管理问题 产品升级及业务拓展遇瓶颈 扩张资金不足，需再融资 品牌与营销不足	进一步融资或上市 增速缓慢 创新力不足 人员冗余、效率下降 核心团队不稳定	业务衰退 技术或产品落后 效率下降	维持现状 艰难经营 转型失败

资料来源：红杉中国联合清科发布机构价值共创报告.(2021-12-29). https://mp.weixin.qq.com/s/XaE1bOnynwnCPLzTtpvn2w.

1. 初创期的投后管理

处于初创期的企业，往往产品尚未开发完成或未被广泛接受，商业模式和战略不清晰，面临的市场风险也较为突出。在这个阶段，与其说是投资项目，不如说是投资创始人或者核心团队。对于早期项目，“人”起着至关重要的作用。为了更快地孵化出优质项目，投资机构需要多费功夫协助企业招募人才、组建团队，进一步开发产品。

2. 扩张期的投后管理

进入扩张期后，企业的产品逐渐被接受，产品形态和模式基本稳定，企业开始拓展业务，销售额快速增长，与此同时面临的市场竞争也日趋激烈。这一阶段企业需要更注重产品的完备性、稳定性和安全性等，投资机构可以与创业企业探讨更合理、更有想象空间的商业模式，减少企业的试错成本。随着企业业务的扩张，创始人的能力与视野、企业的组织架构和内部运营管理都需要适应企业的发展。因此，投后管理部门需要敏锐察觉与企业业务发展不匹配的部分，帮助企业实现转型提升。

3. 成熟期的投后管理

当企业发展到成熟期时，合理的盈利模式会为企业带来更多的流量和现金流，企业市场占有率和规模趋于稳定。此时，企业往往面临人员冗余、创新力不足、效率下降等问题，同时需要考虑是否扩大融资或者上市。在这一阶段，投后部门要更加深入了解企业未来的发展战略和规划，并梳理当前符合企业文化的投资机构，然后牵线进行资本对接。

4. 衰退期的投后管理

随着新技术、新模式、新品牌的出现和更新以及市场需求的变化，企业的产品需求可能会逐渐减少，企业业务面临衰退的风险。在这一阶段，企业不能拘泥于原有产品和技术，而需要思考如何自我颠覆和革新，通过创新寻求可持续发展。因此，投后部门需要助力企业技术创新，帮助其更好地适应环境和市场需求的变化。

5. 转型期的投后管理

转型期是企业打造新的核心竞争力的阶段，可能会迎来新一轮的成长和扩张。因此，投后部门可以考虑从科技、人力资本、资本市场等多模块进行赋能，推动企业乃至整个行业的转型升级。

小案例

红杉中国“Sequoia Value +”投后管理实践

红杉中国经过长期探索推出的“Sequoia Value +”（红杉价值共创解决方案），是一个提供专业增值服务、覆盖企业全生命周期的服务体系，包括初创赋能、品牌市场与活动赋能、人力资本赋能、科技赋能、资本市场赋能、LP赋能与联合投资赋能六大模块。

初创赋能旨在为早期企业提供全方位的支持，红杉中国通过成立孵化器支持早期科创企业发展；品牌市场与活动赋能体现在红杉中国主办和承办的一系列峰会活动上，例如2021红杉数字科技全球领袖峰会、2021红杉全球医疗健康产业峰会等；人力资本赋能体现在帮助创业企业进行核心人才招聘、联合组织校园招聘等；科技赋能主要通过资源和技术帮助企业实现数字化转型；资本市场赋能体现在为企业提供融资上市支持；LP赋能与联合投资赋能体现在对接外部资本上。通过以上六大模块的协同作用，红杉中国不仅支持了不同阶段的企业提高核心竞争力，而且实现了对被投企业的生态化赋能，促进了产学研融合和产业的升级迭代。

资料来源：红杉中国联合清科发布机构价值共创报告.（2021-12-29）. https://mp.weixin.qq.com/s/XaE1bOnynwnCPLzTtpvn2w.

7.3　投后管理模式分类

7.3.1　按管理模式分类

按照风险投资机构内部管理模式的不同，投后管理大致可分为投资经理负责制、投后管理部门负责制、“投资＋投后”共同负责制以及 Capstone 模式。这四种模式的主要区别在于责任主体，即“谁来负责”。顾名思义，投资经理负责制和投后管理部门负责制分别由投前投资经理和专门的投后部门负责，“投资＋投后”共同负责制是投前和投后部门共同负责，Capstone 模式则是由外部专业团队负责。

1. 投资经理负责制

投资经理负责制，也称为投前投后一体化模式。投资项目负责人既负责投前尽职调查和投中交易，也负责在交易完成后对项目进行持续跟踪和价值提升。

投资经理负责制的优势在于绩效明确，项目的经营水平与投资经理的绩效直接挂钩，对投资经理的投后工作有激励作用，同时，投资经理对项目充分了解，能够有针对性地持续跟踪和改进存在的问题。

投资经理负责制也存在一些不足，投资经理负责制要求投资经理理解公司治理中的各种问题，熟悉财务报表分析，了解法律上的监管问题，妥善处理项目中的经营问题等，单个投资经理难以面面俱到。松禾资本统计发现，一般来说一个投资经理一年最少投资 4 个项目，如果按 50%过会率计算至少要上报投委会 8 个项目，按 50%上投委会率计算需要上报预审会 16 个项目，按 30%上预审会率计算要立项 53 个项目，按 50%立项率计算需要尽职调查超过 100 个项目。在紧张的投前尽职调查情况下，投资经理很难分配足够的时间和精力投入投后管理。

2. 投后管理部门负责制

投后管理部门负责制主要是指投资机构设立投后管理团队，独立负责资源对接、定期回访、参与企业经营等投后事务。

投后管理部门负责制的优势在于独立的投后团队能够专注于帮助被投企业解决管理问题，提升企业价值。但其缺点也十分明显，即绩效评估不明，很难确定被投企业价值的提升是源于投前尽职调查还是投后管理。

以德太资本（TPG）为例，德太资本是全球领先的另类资产管理公司，设立了 150 多人的专业团队，其中大约 50 人专门为被投企业提供增值服务。此外，德太资本还有一个 100 多人的专家库，为德太资本所投企业提供运营建议和实践指导。这种模式由具有管理咨询性质的专家库弥补自身投后团队的专业性短板，将战略咨询的功能独立出来，大幅提升投后管理效率。

3. “投资＋投后”共同负责制

“投资＋投后”共同负责制结合了投资经理负责制和投后管理部门负责制的优势，中和了二者的劣势。对投前和投后工作的分工配合进行专业化的细分和管理，投资经理对被投企业的战略规划、资金运作、后期融资、业务发展方向等方面提出合理建议，投后管理部门在企业经营中提供人力资源、法律法务咨询等增值服务，给予被投企业最大帮助。投前和投后团队既相互独立又相互配合，共同对一个项目负责。

4. Capstone 模式

Capstone 模式是部分投资机构探索得出的外部专业化模式，即将投后管理的部分工作，尤其是管理水平提升交给外部咨询公司，或者将投后团队分离，成立独立的管理咨询公司，使其绩效考核、费用核算与投资组合脱钩，转而向被投企业收费，形成新的合作模式。

Capstone 模式的优势在于保证了人手充足和专业性，解决了投后团队与投资团队绩效考核冲突的问题。以 KKR Capstone 全生命周期的投后管理模式为例，如图 7－1 所示。KKR Capstone 是独立于 KKR 投资团队的投后管理团队，旨在帮助 KKR 的被投企业提升和改进管理水平，是由世界一流的经营管理咨询人才组成的优秀内部管理咨询团队。

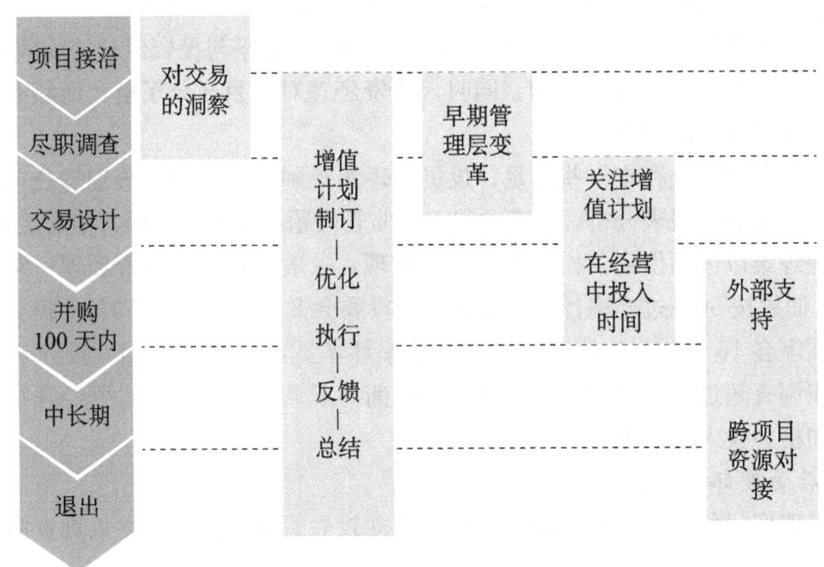

图 7－1 KKR Capstone 参与投资项目的生命周期

资料来源：KKR 公司网站。

KKR Capstone 有以下三个显著特点：第一，独立经营。KKR Capstone 是独立于 KKR 集团的业务实体，共享集团的品牌和资源，Capstone 的管理咨询费用由被投企业承担。业务和收入独立使得 Capstone 独立于投资团队，对被投企业负责。第二，全周期全程参与。从投前尽职调查开始，Capstone 全程参与，为被投企业制订管理改进计划并协助实施。第三，全面覆盖。Capstone 的团队不仅提供专业建议，还专门组建一个由专家和著名企业家构成的团队与被投企业的管理层共同工作，直接参与企业变革管理工作。

7.3.2　按介入程度分类

根据风险投资机构投后介入创业企业管理的程度也可以对投后管理模式的类型进行划分。

麦克米伦等（1989）按照风险投资机构投后介入创业企业的程度将投后管理划分为自由放任、中度介入和深度介入三种，并提出在不同介入水平下，风险投资机构参与管理的活动与被投企业的经营绩效（销售量、市场份额、利润和投资回报率）之间呈现出不同相关性。例如，在自由放任下，专业业务支持与企业经营绩效呈很强的正相关，而确定客户和分销渠道、处理危机和问题与企业的经营绩效呈很强的负相关；在中度介入下，制定企业的经营战略和寻找管理团队候选人与企业经营绩效呈负相关，监督企业运作情况与企业经营绩效呈正相关；在深度介入下，寻找管理团队候选人与企业经营绩效呈负相关。①

有学者在此基础上进一步研究，提出可从增值服务和监督控制两个介入维度把投后管理划分为四类，如图 7－2 所示，分别是教练型（高增值服务＋高监督控制）、服务加强型（高增值服务＋低监督控制）、控制加强型（低增值服务＋高监督控制）、放养型（低增值服务＋低监督控制）。其中，增值服务包括后续融资服务、上市支持服务、专业管理服务、管理参与服务以及基于投资阶段的服务；监督控制包括基于治理结构的监督控制、防范法律风险的监督控制、基于投资策略的监督控制。就介入程度而言，教练型介入程度最高，其次是控制加强型和服务加强型，放养型介入程度最低。无论是对于风险投资机构还是创业企业而言，都不存在唯一且最佳的管理模式，风险投资机构需要根据自身专长和创业企业的特点选择对创业企业的管理模式。

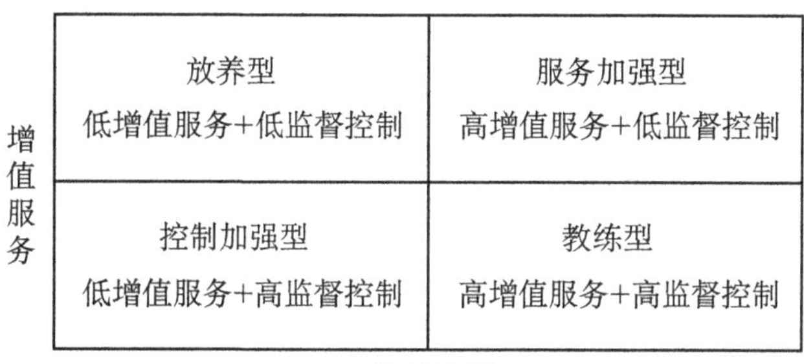

图 7－2　投后管理模式分类

资料来源：董静，等．服务还是监控：风险投资机构对创业企业的管理：行业专长与不确定性的视角．管理世界，2017 (6)：82－103，187－188.

① Ian Macmillan，et al. Venture capitalists involvement in their investments：extent and performance. Journal of Business Venture，1989，4 (1)：27－47.

7.3.3 投后管理模式的选择

1. 按双方特征

选择合适的投后管理模式至关重要，否则可能是“甲之蜜糖，乙之砒霜”。实践经验和理论研究表明，投资机构和创业企业双方的特征都会影响对投后管理模式的选择。风险投资机构应该根据自身专长和创业企业的特点选择对创业企业的投后管理模式。

一方面，投资机构自身的专业能力影响投后管理模式的选择。投资机构具有更强的行业专长时，能够调动更多的相关资源，向创业企业提供更多的增值服务，提高企业的绩效。另一方面，创业企业的特点也是选择投后管理模式的考虑因素。当创业企业面临的不确定性较低时，投资机构将监督控制保持在适度水平，才有可能帮助企业取得较好的绩效；当创业企业面临的不确定性很高时，投资机构通过更多监控获得的信息相对准确，对企业的帮助更有依据。

2. 按被投企业发展阶段

目前投资机构主要根据企业不同发展阶段、企业管理完善程度、投资机构的介入程度进行投后管理的资源分配和规划，提供差异化的投后管理服务。由于投资机构的资源和精力有限，因此按照一定的标准将被投企业合理分类，按照优先级分配资源，对不同企业实施差异化管理，可以帮助投资机构最大限度地利用投后资源提升被投企业的效益并达到精准投后管理的目的。

例如对于投资资金体量大的项目，投资机构可能组建专门的服务团队，严格把控风险，实时关注企业的发展动态，提供更好的增值服务。当然，企业不同的发展阶段对应的投后管理工作也不一样。

处于早期阶段的企业，创业团队结构不完善，股权架构也尚未清晰，此时投资机构应加强对人员配置的管控，优化股权结构，完善盈利模式，拓展上下游资源的同时促进产业合作，提高企业的盈利水平。处于成长阶段的企业已经具备基本的商业模式，需要完善创业团队和找准定位，在优化商业模式的基础上，企业需要提升实力达到盈利目标，通过合理的股权激励实现良性增长。处于成熟阶段的企业，已具备完善的商业模式和盈利模式，这一阶段投资机构的投后管理主要集中于协助企业完善产业链和资本运作，也可以在投融资服务上进行拓展。

3. 按被投企业管理完善程度

分层管理制度是投资机构普遍使用的项目管理方式，能精细识别管理对象的发展层次，设计相应的管理手段，实施有效管理，提高管理效率，减少因管理手段与管理对象发展层次不对称导致的资源浪费。

例如，复星锐正在投后管理中巧妙利用了分层管理制度，将企业项目分为五个等级，并通过每次企业回访进行实时更新和动态调整，对于不同等级的项目，在资源对接力度和关注角度方面实行差异化。

通常根据企业管理完善程度可以将企业分成 A、B、C、D 四类。A 类企业商业模式成熟、团队完善、盈利能力良好，投资机构只需要日常监管，采用被动型的投后管理；B 类企业是投后管理的重点，最有机会成长为 A 类企业，投资机构需要实时把握行业动向，为其提供增值服务；C 类企业盈利能力不足，团队不完善，投资机构可以协调后台部门提供人力制度上的支持，并配合企业进行月度访谈和指导；D 类企业应尽快选择退出。

4. 按机构介入程度

投资规模和投资占比是常用的反映投资机构介入被投企业程度的两大指标，投资规模反映投资机构与被投企业的绑定程度和投资机构面临的潜在风险大小，投资占比反映投资机构在被投企业的话语权。投资机构可以根据这两大指标确定资源的分配。

例如，战略型投资应积极引导和把控被投企业战略发展方向。小股权型投资则要与其他投资者配合，发挥自身优势，进行差异化投后管理。控股型投资要优化战略布局，完善盈利模式和全方位资源对接，拓展上下游资源和市场营销，促进产业合作、提高盈利水平，完善创业团队、提供猎头服务，并为企业提供上市指导，帮助其对接第三方服务机构等，获得其他投融资服务。

7.4　投后管理的发展与挑战

7.4.1　投后管理的发展阶段

纵观国外风险投资发展进程，投资机构的核心能力由投前价值分析向投后风险管理进化是必然趋势，国外部分投资机构的专职投后管理人员甚至达到总人数的 80%。随着我国股权投资市场的竞争加剧，投后管理服务逐渐成为机构提升竞争力的关键，也成为风险投资机构竞争的重要战场。

市场的变化难以准确预见，黑天鹅事件并不是偶发的，投资能力再强的机构也会有失误的时候，虽然在判断投资价值时分析未来预期是机构的核心能力，但这种能力并不稳定、持久。未达预期的投资项目是客观存在的，而这部分项目涉及的资金是很大的。以前成功项目的高额收益掩盖了失败项目的投资损失，而在如今风险投资机构“二八分化”愈加明显的情况下，对已投项目的投后管理必然是比投资新项目更快速有效提升整体收益率的方法。

清科研究中心根据对市场的长期研究，按照投后管理服务内容的广度、力度、精度，同时结合机构本身的特点，将投后管理服务大致分成了三大类，即基础型投后服务（投后服务 1.0）、提升型投后服务（投后服务 2.0）和生态型投后服务（投后服务 3.0）。[①] 这三种模式反映了我国风险投资投后管理的发展阶段及演变态势，也反映出我国投资机构生态圈不断扩大和企业对投后管理服务需求不断提升的两大趋势。

1. 基础型投后服务

基础型投后服务是帮助创业者解决初创时期的基础问题，例如注册公司、寻找场地、对接政策等问题。

---

① 重磅！清科 & 高瓴发布投后服务报告：DVC 服务科技创新.（2021－09－23）. https://mp.weixin.qq.com/s/FAYFyNBS_9BBtYnrS_Lk2A.

在早期风险投资中，创业企业的基础问题得不到解决，大多数创业企业没有良好的创业基础条件，例如新东方创业初期是在民宅以及废旧工厂中度过的。同时，早期的创业企业不熟悉政策法规，也需要风险投资机构提供帮助。除此之外，创业企业早期面临的风险投资环境不成熟，市场上可以获取的资金少之又少，因此风险投资机构为创业企业提供额外增值服务的动力不足。以上原因造成了投后管理 1.0 时期的投后管理停留在有限的方面。

2. 提升型投后服务

提升型投后服务在解决上述基础问题的基础上，附加提供专职和专业的人力、财务、法务、市场、业务等相关服务。随着创业的基础条件不断完善，对于完善企业治理的各种服务的需求与日俱增。投后服务 2.0 是在投后服务 1.0 的基础上拓宽内容、加深服务，为企业提供定制化服务。

具体而言，人力服务是指风险投资机构利用自身的行业资源，为创业企业提供人才、公司管理培训、创业导师培训等；财务服务是指风险投资机构提供财务管理支持，定期监控企业的财务风险，为创业企业提供财务培训和投融资支持；法务服务是指风险投资机构帮助创业公司搭建治理架构及组织架构，提供日常的融资法务支持、法律咨询和合规运营建议，必要时给予法务培训指导服务；市场服务是指风险投资机构帮助创业企业制定市场策略，搭建媒体关系平台，最大化地提升投资企业价值；而业务服务是指风险投资机构利用行业资源，为创业企业带来整合资源及服务。可见，提升型投后服务可以为创业企业带来较为全面的帮助及资源支持。

3. 生态型投后服务

生态型投后服务是建立创业和投资的生态圈与产业链，为企业提供全生命周期的个性化服务。对于创业企业而言，从亿万创业大军中迅速脱颖而出谈何容易，单打独斗恐难获胜，必须利用投资机构上下游的企业资源，才能具有竞争优势。对于风险投资机构而言，要整合好已投资项目，使企业沿着生态链构建生态圈，资源互补，从而提升被投企业的投资价值，提高自身的市场美誉度。

风险投资机构的主要工作是建立创业企业的投资生态圈，实现生态圈内部的自循环，使企业之间自发建立联系和合作，提升生态圈的企业质量，补足生态圈链条中缺失的企业。生态型投后服务可以最大化地为风险投资机构创造价值，因此目前很受青睐。

7.4.2 投后管理的现状与挑战

红杉资本全球执行合伙人沈南鹏曾指出："为创业企业提供赋能服务，对投资机构而言是一项系统性工作，它难以一蹴而就，却又需要常做常新，以满足不同时代创业者的需求。当下，科技这个创业主题正变得越来越显性，我们看到许多年轻的、充满激情同时具备很强技术能力的创业者，共同打造了一个欣欣向荣的创业生态。"①

在我国创新创业潮流涌动、经济增长速度换挡、经济发展结构调整的局面下，企业

① 红杉中国联合清科发布机构价值共创报告.（2021-12-29）. https://mp.weixin.qq.com/s/XaE1bOnynwnCPLzTtpvn2w.

的需求从单一化的资金需求向多元化的资源需求转变，投资机构的投后增值服务也在更新迭代，多元化、专业化、差异化和数字化成为投后管理发展的必然趋势。具体而言，人力资源、产业对接、后续融资管理、品牌公关成为投资机构的主要赋能板块；孵化器功能成为新的发展重点，部分投资机构设立孵化器为创业者提供场地、技术、设施、资金等资源；随着科技的发展，一些投资机构成立数字化团队协助企业搭建数字化基础设施，依托大数据优化经营（见表7－2）。

表7－2　投资机构投后管理板块与内容

服务类型	具体内容	开展该服务的投资机构占比
人力资源	为团队招募创业伙伴；为企业推荐适合人才；组织被投企业高管参与学习/分享	66.2%
产业对接	协助企业增强供应链管理能力，提升运营效率	92.8%
后续融资管理	协助被投企业制订融资计划；推荐项目标的；帮助企业上市、并购等	72.3%
品牌公关	帮助被投企业打造品牌形象，进行危机管理，对接媒体资源	53.6%
孵化器	主要为创业者提供场地、技术、设施、资金等资源	39.9%
数字化升级	协助被投企业搭建数字化基础设施，建立数字化业务流程；依托大数据优化经营	28.1%

资料来源：投资界。

投后管理服务虽然不断升级迭代，但在发展过程中也出现了一些新的挑战。

1. 投后团队能力有限

为更好对接企业并为企业提供增值服务，投后管理相关从业人员不仅要具备金融学、管理学等专业素养，还需要对被投企业的技术、行业趋势等有所了解。同时，投资机构还需配备财务、法务、人力、公关、市场等多维度的专业人才，利用关系网络提供外部资源。

根据清科研究中心2013年对部分投资机构的调研，仅有16.1%的机构设置了专门的投后管理团队，而2018年该指标已高达70.3%。36氪对中国基金“投后赋能力”的调研显示，在近70家头部与中腰部机构中，仅有23.81%的机构投后赋能仍由投资团队整体负责；超过70%的机构已经成立专职的投后团队，其中包括60.67%的投资投后联动赋能模式与10%的投后独立运营模式。这反映出绝大多数投资机构已在朝专业化的方向迈进，“重投前轻投后”的状况得到了一定改善。

然而对于一些中小型投资机构而言，资金和人员的有限性导致它们无法快速建立一个强大的投后团队，也无法调度丰富的资源深度赋能创业企业的成长。在资源紧缺的情况下，如何发挥自身深耕某一产业的优势，采用精益管理的思路最大化发挥投后团队的价值是值得持续思考的问题。

2. 投后管理缺乏连续性

在投后管理过程中，市场环境的变化、主要项目负责人的离职和机构战略的调整是影响投后管理效果的主要因素。而在具有高流动性的投资行业，不完善的档案管理和信息系统常常会影响项目推进效率。

投后管理的价值主要受到执行力、内部配合有效性和管理程度的制约。当前创业项目，尤其是早期项目，如果周期拖得太长，再好的商业模式和团队也极有可能被“拖死”。因此，投后部门的价值应被管理层高度重视，避免其沦为仅仅负责收尾的后勤部门，浪费其应有价值。一般而言，从时间节点来看，从完成项目尽职调查并投资打款后直到项目完全退出之前都属于投后管理，但时间的划分不足以区分投前和投后，职责上的明确也很重要。这就需要投资机构建立一套完善的内部管理体系，按流程操作。在投前投后职责明确、节点清晰的情况下，团队互相配合，可以有效避免内部消耗。

投后管理最重要的是提供服务，要求投资机构在执行业务的过程中，不得影响被投企业的正常运营。但这并不代表投后部门是唯唯诺诺的，设立投后部门的根本意义在于尽可能减少已投项目的各种风险，确保企业的保值增值，进而保证投资机构的投资价值。投后管理作为基金“募、投、管、退”中“退”的角色决定了投后管理是以退出为导向的管理服务，从而进一步确定了投后管理的价值，不仅为已投项目服务，还得尽可能地提供各种管理咨询，直至完成项目退出。在过程中如果发现损害投资机构价值的事情，要坚决杜绝并及时与项目负责人沟通，提供解决方案，防患于未然。

3. *数字化赋能新挑战*

在数字经济高速发展的背景下，为了应对市场环境的变化，企业数字化、信息化需求激增，这对风险投资机构的数字化赋能提出了更高的要求。第一，风险投资机构需要发挥自身的技术、资源和生态优势，为企业数字化转型升级提供全方位的支持；第二，风险投资机构需要对企业和行业趋势有深度理解，与企业高管团队进行深度沟通，在信任与合作的基础上与创业企业共同打造数字化竞争力；第三，数字化转型的机遇与风险并存，风险投资机构必须要坚持长期目标，将投资价值与产业价值、社会价值融合，不能贪图短期经济利益回报而牺牲企业和产业的可持续发展。

小案例

高瓴资本生态型投后服务实践与百丽国际的数字化转型

高瓴资本为被投企业提供的“深度价值创造模式”（Deep Value Creation，DVC）是生态型投后服务的典型代表。所谓深度价值创造，是指“超越单纯依靠分析洞察去投资的业务模式，派出专业的团队深入产业变革的一线，帮助企业通过创新驱动，重构价值链体系，形成新的生产力、新的生产效率、新的组织方式、新的产业业态”。为此，高瓴资本组建了一个包括数字化、精益管理等多个方向专业人才在内的超过200人的队伍，深入企业业务创新一线，为企业提供个性化的DVC工具，包括组织人才服务、数字化升级、管家服务、终身学习平台、创新生态资源、海外并购/战略赋能、精益制造/供应链等，并调度自身的生态链资源赋能创业企业的转型发展。例如，DVC团队可以通过数字化帮助大型实体企业探索动态补货、分货调货、产品改款的柔性供应链系统，以提升其应对市场变化的能力；也可以帮助制造业企业优化和调整生产线和流程，实现降本增效，推动其向专精特新的方向发展。

2015年，不少传统行业都受到了电商发展的冲击，业绩严重下滑，百丽国际亦是如此。2017年7月，百丽国际完成私有化，高瓴资本成为百丽国际新任控股股东，持有57.6%的股份，高瓴DVC部门超过120名投后赋能团队员工进入百丽国际工作，大力推动百丽进行数字化转型，开启了数字化转型的“百日计划”。高瓴资本首先从数字视角对百丽国际的核心竞争力进行重估，提出百丽国际两万家线下门店、八万名直营店店员本身就是最好的UI（用户界面），如何挖掘线下数据、提升供应链条、强化会员运营、构建数据中台是其数字化转型的关键。为了实现以低成本完成数字化转型、将线下流量转化为线上流量的目标，高瓴资本和百丽国际共同开发了数字化工具包，以去中心化的模式激发零售门店店长和店员的能动性，店员可以根据数据反馈优化销售行为，进而提高销售业绩。在生产端，高瓴资本大力推动精益生产模式，借助货品算法提升资源利用和配置效率，完成了供应链的整体提升。在高瓴资本的助力下，百丽国际数字化转型初具成效，2022年3月，百丽国际再次向港交所递交招股书，拟在香港主板上市。

资料来源：百丽国际：让数字化赋能离客户最近的人.（2019-01-25）. https://www.hbrchina.org/2019-01-25/7103.html；百丽数字化交卷：20 000家门店的转型.（2022-05-18）. https://www.donews.com/article/detail/5199/42140.html.

【章节回顾】

1. 风险投资机构的投后管理对于投资机构和创业者而言都有重要意义，有助于强化风险管理、回溯并检验投前选择并增强创业企业软实力。

2. 投后管理的工作包括但不限于项目管理、战略制定、运营监控与评估、增值服务、公司治理及投资协议跟进、调整与退出和绩效管理。

3. 我国风险投资机构的投后管理正经历由基础型投后服务、提升型投后服务向生态型投后服务转变的阶段，数字化赋能成为生态型投后服务的关键。

【思考题】

1. 哪些因素影响风险投资机构投后管理模式的选择？对于处于不同发展阶段的创业企业而言，投后管理服务的侧重点有何不同？

2. 我国风险投资机构的投后管理存在哪些机遇和挑战？

第 8 章
风险投资的退出

【本章导读】

风险投资的退出对于投资人非常重要，只有项目顺利退出，投资人才能获得收益并投入下一个项目，实现资金的周转。风险投资的退出方式是多样的，最佳方式是 IPO，即在资本市场首次公开发行股票，最常见的方式还有并购、回购、清算等。中国多层次资本市场的建立和完善，为优秀的创业者和投资人提供了广阔的退出空间，当然创业者也可以选择去合适的境外资本市场发行股票上市。

8.1 风险投资退出的作用和方式

对于风险投资人而言，选择什么时候退出以及怎么退出至关重要。风险投资人进入的主要任务就是退出，退出之后才会得到财务回报，为下一次投资做好准备。在某种意义上讲，“投”是为了“退”，在“投”的时候已经设计好“退”的方式，预测了资金的循环周转。

从初创企业的融资周期来看，种子轮阶段的资金主要用于研究和开发以及团队建设。当企业进入生产和销售阶段时（早期阶段），就是风险投资人开始介入的合适时机。在这个阶段，风险投资人面临的风险会比种子轮小一些，因为企业已经开始从销售中产生收入和现金流，不过由于处于早期阶段，失败风险仍然相当大。企业发展后期是寻求业务增长和扩张的阶段，风险投资人在这个阶段介入企业，风险会比早期阶段略低。

如果企业能够成功度过上述所有阶段，就可以通过首次公开募股（initial public offering，IPO）进入公共股权市场。此外，风险投资人也可以通过向其他投资者出售他们的股份来获得财务回报。让风险投资人实现其回报的过程被称为风险投资的“退出”。风险资本可以在不同的阶段以不同的策略退出，“如何退出”和“何时退出”会大大影响其投资回报。[①]

对于风险投资来说，退出意味着过往投资的份额被出售，而并购和 IPO 是实现退出

① Heinrich Stilling. The exit decision in venture capital: how to choose exit timing and exit route. Munich: GRIN Verlag，2014.

的两种主要渠道，前者是指企业被另一家企业以现金和/或公开交易的股票收购，后者是指通过 IPO 上市，从而将流动性差的私人股票变成公开交易的股票。除此之外，退出的方式还包括回购、清算等。

8.1.1　退出时机选择

风险资本的退出机制在整个创业资本运营中起着举足轻重的作用，若想成功退出，需要选择恰当的退出时机。对于风险投资人而言，选择合适的退出时机和退出方式，才有可能实现利益最大化。风险投资的退出时机取决于企业的增值情况、预期成本与收益以及股票市场行情等因素。①

1. 企业的增值情况

在风险投资正式退出前，风险投资人要考虑企业或投资项目价值的增值情况。不管是哪一种退出方式，当企业的增值价值达到一定程度时，就可以将其变现。企业早期的发展充满了不确定性因素，存在大量的技术、市场信息不对称以及管理运营等风险，风险投资往往不能准确地掌握企业的发展情况。因此，风险投资可以通过投后管理的方式为企业提供增值服务，并对其进行经营监督，从而提升其价值，并及时调整自己的退出计划。风险投资的退出时间无法预先决定，需要视企业未来的发展情况而定。

2. 预期成本与收益

风险投资在对初创企业进行投资时，通常采取分期出资的方法减小其投资风险。在每次投资前，投资机构都要评估企业价值和潜在的风险。当风险投资发现继续投资带来的成本高于预期的持有收益时，应当考虑选择适当的时机与方式退出以及时止损，获得资本收益最大化。

3. 股票市场行情

风险投资的股票转让价格是由所投资的创业企业市值决定的，但是在一定程度上会受到股市的影响。当股市处于高峰时期时，大多数人通过卖掉持有的股票以赚取收益。因此，风险投资利用 IPO 方式上市时，可以通过溢价发行股票来获得较高的资本收益。反之，在股市处于低谷时，新上市的股票会缺乏关注度，即便是以折价方式 IPO 上市，也难以获取良好的收益。因此，风险投资应当尽可能地在股市表现良好时退出。

8.1.2　退出方式选择

1. IPO

一直以来，国内的风险投资机构都热衷于 IPO 方式的项目退出，被投企业 IPO 后能为投资者带来高额的收益回报。2020 年，风险投资迎来了一波退出潮。投中研究院统计显示，2020 年，共计有 565 家中国企业在 A 股、港股以及美股成功 IPO，募资总额 8 607 亿元，其中有 386 家具有风险投资背景的企业实现上市。从账面退出回报来看，2020 年账面退出回报共计 8 588 亿元。2021 年 4 月，共有 43 家具有风险投资背景的中国企业实现上市，181 家风险投资机构参与投资。

---

① 战雪丽．风险投资退出时机和退出方式选择研究．中国证券期货，2010（11）：12－13．

通过 IPO 方式退出，可以进一步提高风险投资机构的知名度，扩大市场影响力，也是对其资本运营和投后管理的肯定。如果企业的运营情况良好，风险投资人可以在 IPO 之后在公开市场上出售持有的部分股份。IPO 后通常有一个锁定期，不允许内部人员（包括风险投资）出售股票，这是为了防止由于大量股票涌入市场而导致的股价下跌，锁定期一般在 1～3 年。

在国内外的风险投资退出事件中，IPO 的退出效益是相当可观的，项目的回报往往是几倍甚至十倍以上，并且能够为创业企业的发展提供可持续的资金来源，一般 IPO 都能得到更高的资本溢价，而且可以通过增发股票等方式进行再融资，保证企业的发展。

此外，在 IPO 后，企业管理者和风险投资人需要共同承担风险，这对于风险投资人来说能够分散风险。但是，企业 IPO 需要投入大量的资金和精力，上市以后对公司治理、财务规范、信息披露等方面也会有更高的要求。

目前中国的资本市场已经开通了主板、中小企业板、创业板和科创板等，但是实际来看，门槛还是比较高。有能力进行 IPO 的中小型企业非常少，受限于当前的市场状况，即便是业绩和前景良好的企业，也要等待很久才能排队上市。但对于风险投资人来说，IPO 能够使资金高效地撤出，是取得较高资本收益的方式。[①]

2. 并购

并购是指风险投资在时机成熟时，将目标企业的股权转让给第三方，以确保所投资金顺利退出。并购是一种重要的风险投资退出手段，当风险投资人与企业的管理者认为企业的价值已经达到预期目标时，可以将企业的股权作为一种商品，卖给其他企业。

中国目前的股票市场还不够成熟，有投机和炒作的现象，企业上市后股价很可能会有剧烈波动，所以当股市不景气、IPO 退出受阻时，风险投资更倾向于通过并购的方式来获得更高的资本增值。

美国与英国等国家资本市场已经成熟，二级股票市场上的定价相对公平，通过 IPO 退出未必会带来更高的资本溢价。并购具有复杂性较低、花费时间较少、选择方式多样的特点，适合于创业企业业绩逐步上升但尚不能满足上市条件或不想经过漫长的等待期，而风险资本又计划撤离的情况。因此，并购已经成为国外新兴市场的重要退出模式，可以有效地缩短企业的退出周期，降低投资的机会成本。

随着资本市场日趋成熟，我国的并购退出机制也将逐渐完善。相对于 IPO 漫长的等待期、严格的财务审查、业绩持续增长的压力，并购的退出过程相对简单，不确定性较低。并购对公司类型、市场规模、资产规模等都没有限制，企业在任何一个发展阶段都可以考虑并购完成退出，只要双方达成协议，就可以进行并购，从而加快资金周转速度，降低投资风险。

3. 回购

回购也是风险投资退出的主要方式之一，是企业股东依法将其所持有的股份转让给其他股东或个人的一种民事法律行为。股权回购的退出方式更适合有一定实力的股东，

---

① IPO 退出存在局限：VC/PE 项目退出路径需多元化.（2021-05-27）. https://www.financialnews.com.cn/zq/pevc/202105/t20210527_219638.html.

在早期成长性良好、有一定规模但由于各种原因尚未达到上市要求和条件的企业，或者在短期内无法上市的企业。股份回购包括大股东回购和管理层回购两种。

4. 清算

当风险投资所投资企业出现经营不善等问题时，风险投资为了及时止损会在符合清算条件时选择清算的方式退出。然而，这是风险投资最不希望发生的退出方式，因为选择清算退出会让风险投资损失一部分的投资金额，但是“及时刹车”可以让风险投资避免“满盘皆输”，将回收的资金投入新的项目，通过资本增值达到盈亏平衡。对于已被认定为投资项目失败的企业，风险投资应尽早实施清盘退出，尽可能回收剩余资金。

8.1.3　退出风险防范

风险投资机构在所投资的企业 IPO 上市后退出时开始负有信息披露义务。风险投资机构如果不了解二级市场的信息披露规定，可能导致企业上市后忽略中国证券监督管理委员会及证券交易所有关减持及信息披露的规定、质押后不向上市企业董事会公告、违反公开承诺事项、增持或减持后忽视权益变动报表等，这些行为都会受到监管部门的处罚或警告，因而建议投后管理人员加强对二级市场信息披露的意识，与上市企业的董事会秘书及时联系，同时向专业的证券法律顾问进行咨询。

当风险投资机构选择并购方式退出时，会签署并购协议，其中包含交易后双方的义务与责任、业绩承诺、回购义务、违约承诺以及披露不透明的赔偿责任等条款。风险投资人应尽可能关注投后管理中的重大投资条款变更、项目失败的股权转让等问题，按正确的流程进行。正如前文所述，尽管许多风险投资人在进行投资时对投资协议条款进行了严格的审查和商讨，但是其对投资完成后条款的变化不够谨慎，通常只是由一位管理人员负责，忽略对风险投资决策的全过程把控。

因此，建议风险投资人在投后管理中积极参与并购谈判，更加充分地了解并购协议，并对实际控制人和大股东的责任清晰区分，对无法承担的责任尽可能剔除，避免在并购后出现其他需要承担的责任或需要赔偿的风险。在极端情况下，投资人可以根据投资协议中有关保护少数股权权益的条款行使否决权，保护自身利益。

综上所述，风险投资人应尽可能在退出时按中国证券监督管理委员所要求的进行信息披露以及对相关风险进行提示，保证交易的真实性并及时客观地体现其信息的完整性。①

8.1.4　退出收益评估

风险投资的退出方式主要有 IPO、并购、回购和清算等。研究结果表明，IPO 是各种退出方式中回报最高的，其次是并购、回购、清算等。在早期、中期风险投资机构因信息不对称造成投资风险高，其投资预期收益率也高；而在扩张期、成熟期，风险投资机构对投资回报的预期会随着投资风险的降低而降低。

1. 退出收益的界定

从风险投资完整的投资过程中可以发现退出收益分为三个层次，如图 8－1 所示。

---

① PE 投资常见退出方式及相关法律风险概述. http://www.invest-data.com/eWebEditor/uploadfile/2019082222494162618692.pdf.

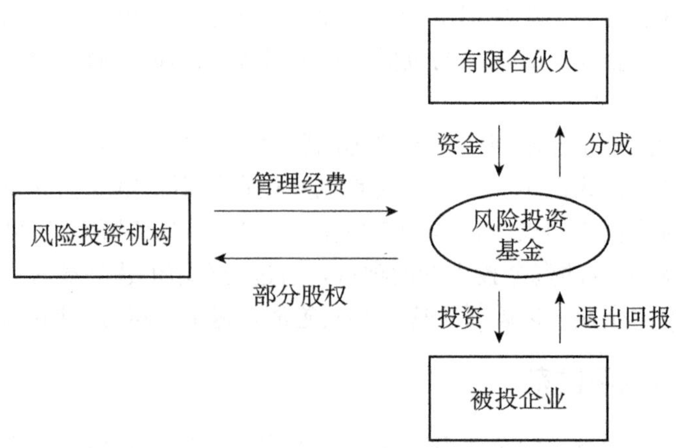

图 8-1 风险投资退出收益层次图

资料来源：Da Rin，Thomas Hellmann，Manju Puri. A survey of venture capital research. Handbook of the Economics of Finance，2013（2）：573-648.

被投企业是最下层次收益的主体，通常一家风险投资机构会将资金分散投资于多个投资项目。因此，一个风险投资项目层次的收益显示单个项目有收益的情况，即退出变现。

退出后的收益构成中间层次，主体是风险投资基金，具体收益可以衡量风险投资机构单一基金的收益情况，也是风险投资项目与风险投资机构之间的中介。风险投资基金由风险投资机构设立管理，一个风险投资机构可能承担多个基金的投资任务。风险投资机构向有限合伙人筹集资金，负责被投企业的投后管理。

最上层退出收益的主体是有限合伙人，其提供闲置资金给风险投资机构，由风险投资机构帮助实现最大化投资回报。

IPO 退出是风险投资机构在被投企业上市后，将股份卖出，以股权转让的方式取得相应的流动资金或其他金融工具，在此基础上扣除相关费用后获得的收益，即风险投资层面的收益，这是衡量风险投资退出收益最基本的方式。

风险投资退出收益率的衡量指标各不相同，主流方式是计算投资收益率，包括静态的投资收益率和动态的内部收益率。在衡量风险投资 IPO 退出的投资回报率时，若采用投资收益率的静态指标，通常选择年均投资回报倍数。静态指标的优点是对连续和完整的数据要求比较低，而动态指标要求完整且连续的数据。国际上衡量投资机构 IPO 退出的收益率常用动态指标——内部收益率，但在中国，一些初创企业由于运营时间短缺乏相关数据，或者由于信息不能公开等原因，很少采用动态的内部收益率作为衡量标准，而是采用静态投资收益率作为衡量标准。

2. 退出收益率的衡量指标

（1）静态投资收益率。静态投资收益率是项目的年利润总额（或年平均利润总额）与项目总投资额的比率。该指标能说明单位投资每年为企业创造多少收入，体现了投资对企业收益增长的影响。

$$E=\frac{R}{I}$$

式中，E 表示静态投资收益率；R 表示年利润总额或年平均利润总额；I 表示总投资额。需要说明的是在计算静态投资收益率 E 时，年利润总额 R 以公司项目投产后的正常年份或整个企业生命周期的平均数值为准。

（2）财务内部收益率。财务内部收益率是项目计算期内各年净现金流量现值累计等于零时的贴现率，它考虑了资金的时间价值因素，是反映投资项目获利能力常用的动态评价指标。该指标的意义是项目所能接受的最高贴现率，如果再提高贴现率，项目的净现金流量就会出现负值，即项目的现金流入量将会小于现金流出量，此项目就被拒绝。

$$\sum_{t=1}^{n}(CI-CO)_t \times \frac{1}{(1+E')^t}=0$$

式中，E' 表示财务内部收益率；CI 表示现金流入量；CO 表示现金流出量；$(CI-CO)_t$ 表示第 t 年的净现金流量；n 表示计算期。

（3）内部收益率。风险投资基金收益率通常指内部收益率（internal rate of return，IRR），即在一定时期内，使各笔现金流的净现值之和等于零的贴现率。IRR 是一种综合考虑现金流的数额和发生时间的评价方法。由于风险投资基金实缴资本和退出收入分配的时间跨越整个基金生命周期，在评价基金绩效时，现金流发生的时间十分重要。

$$IRR=\sum_{i=0}^{n}\frac{CF_i}{(1+IRR)^i}=0$$

式中，i 为方案计算期；CF 为第 i 年净现金流量。

8.1.5　中国风险投资的退出情况

1. 中国风险投资退出概况

在 2021 年第四季度，全球风险投资以传统方式退出的金额已经连续六个季度突破 1 500亿美元。随着 2021 年的总流动性创下新高，全球风险投资人的投资收益将会达到空前的高度，从而推动投资的增长。

随着 2021 年我国证券市场注册制改革的不断深入和持续推进，叠加北交所开市，国内企业上市的通道较为顺畅，被投企业 IPO 数量较上年同期大幅上升，达到 3 099 家，同比增长 27.3%，这也是中国股票市场退出案例增多的重要原因。

此外，在我国企业 IPO 越来越普遍的情况下，上市企业并购上市、借壳上市等现象大幅减少，并购上市数量同比下降 34.6%，借壳上市数量同比下降 91.2%。同时，股票市场的交易也比较活跃，交易的标的数量较上年增加 25.4%，交易时间平均减少到 3.7 年。因此，风险投资机构的退出策略也有明显的变化。[①]

如今中国的风险投资行业已经发展到一个非常繁荣的状态，私募股权基金和创业投资基金的经理人数已经远超美国，我国的风险投资行业茁壮成长，已经开始迈出坚实的步伐。

从我国风险投资的发展来看，早期由于市场制度不健全，投资机构难以找到好的项目，退出找不到其他的出路，这就使得风险投资首次进入中国市场就以失败告终，退出

① 风投脉搏：2021 年第四季度全球风投趋势分析报告．https：//assets.kpmg/content/dam/kpmg/cn/pdf/zh/2022/03/venture-pulse-q4-2021.pdf.

可谓是更艰难的问题。2004 年出现了转机，深交所中小企业板的启动，为风险投资市场的 IPO 提供了一种较好的退出方式，成功退出的风险投资事件开始涌现。2006 年至今，我国政府不断出台鼓励风险投资行业发展的政策，希望推动高新技术产业的发展。随着 IPO 重启、创业板、科创板先后开板，中国多层次风险投资市场逐渐成熟，为风险投资提供了新的退出渠道。

2006—2020 年，中国的风险投资行业交出了漂亮的成绩单，一共实现 18 924 笔退出，2020 年的退出事件比 2006 年高 26 倍。中国的风险投资市场呈现波动性的增长，以年均 26.3%的速度增长。2015 年中国的风险投资欣欣向荣，当年退出笔数跃升至 1 000 笔以上，较 2014 年翻倍。随着科创板注册制的实施、创业板涨跌幅限制的放宽，2020 年退出数量同比大幅增长，超过 3 800 笔。

2. 中国风险投资主要退出方式

中国风险投资的主流退出方式为 IPO、并购和股权转让。2012 年及以前的主要退出方式是 IPO，通过 IPO 退出的风险投资事件占比 50%以上。但是随着政策、环境的变化，IPO 不再受追捧，2013 年的退出事件中，IPO 数量降至不足 80 笔，2012—2013 年的 IPO 申报持续处于暂停状态，但其他退出方式，如股权转让、并购等的退出数量却有所增长。可见，风险投资机构拥有了多元化的退出路径（见图 8-2）。

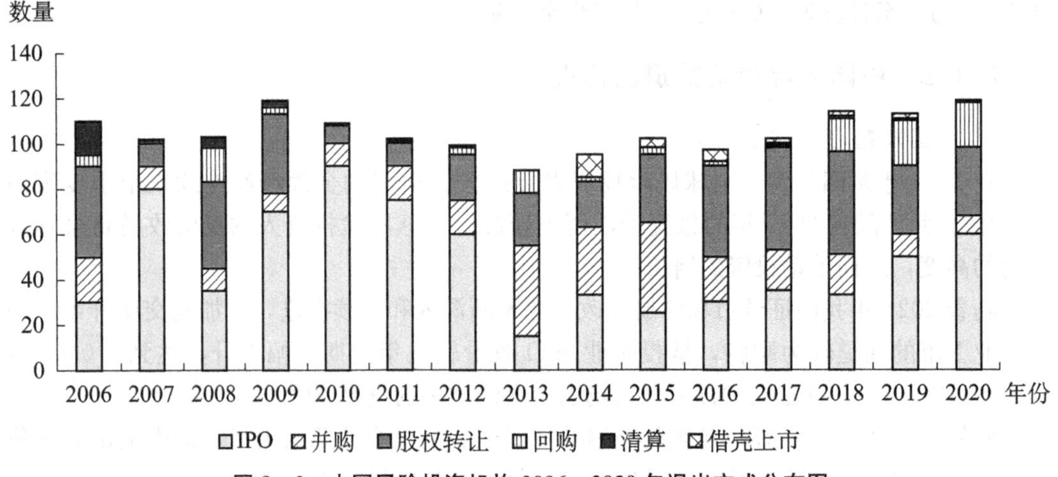

图 8-2 中国风险投资机构 2006—2020 年退出方式分布图

资料来源：清科研究中心。

2014—2018 年 IPO 退出事件占比在 20%～40%。2019 年科创板开板和 2020 年创业板注册制改革，引发了一股上市热潮，大批风险投资机构实现了 IPO 退出。但同时因为市场流动性紧缩等问题，股权转让、并购的数量小幅下降，由此 IPO 数量占比再次达到 50%以上。此外，创业投资机构的投资阶段较私募股权投资机构更为早期，退出方式也相对多元化，私募股权投资机构 2011 年及以前退出方式比较单一，90%以上均通过 IPO 退出。自 2013 年 IPO 数量大幅萎缩后，退出方式分布更分散。

3. 中国风险投资退出行业分布

不同年份风险投资退出企业的行业分布有较大的变动（见图 8-3）。2006 年以广义的 IT 行业、房地产、制造业、服务业、清洁技术、生物技术/医疗健康为主。随着科技的发展，2010 年风险投资退出行业转向了机械制造、互联网、半导体及电子设备、娱乐行业等。2020 年受疫情影响，生物技术与医疗健康行业排在风险投资退出行业的榜首。

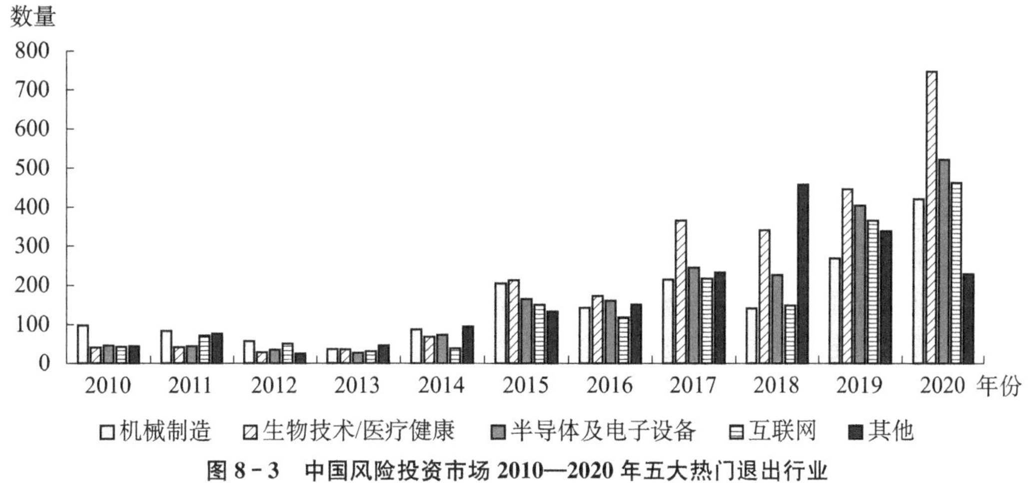

图 8-3　中国风险投资市场 2010—2020 年五大热门退出行业

总体来看，2010—2020 年机械制造、生物技术/医疗健康、IT、半导体及电子设备、互联网为退出数量最高的五大行业，合计退出数量为 9 673 笔，占比超过 53%。五大行业 2010 年至今的退出数量均呈现波动上涨趋势，其中涨幅最大的是生物技术/医疗健康，2020 年退出数量较 2010 年增长了 17 倍，主要得益于近年来生物医疗、医药等领域投资热度的高涨。互联网行业退出数量持续增长至 2018 年后高峰回落，2020 年 1T、半导体及电子设备行业退出数量较高，主要得益于科创板设立后对硬科技企业的接纳。

4. 中国风险投资退出地域分布

中国风险投资 IPO 在地域上较为集中。2010 年以来，在境内外上市的中国企业集中分布在广东、北京、江苏、浙江和上海五个省市，无论是从数量还是融资规模来看，这五个省市均处于第一阵营。对于经济发展状况良好，并有针对性扶持战略新兴产业的山东、四川及安徽等省份，近年 IPO 的数量也在提升。2021 年，境内外 IPO 数量及融资额再创新高，共计上市 645 家，同比上升 12.0%；融资总规模达 8 562.10 亿元，同比上升 1.6%。境内市场方面，得益于国内经济的复苏、注册制改革的进一步发展与北交所的设立，A 股市场延续高速增长态势，全年上市企业 522 家，同比上升 19.7%；首发融资额合计 5 344.64 亿元，同比上升 15.6%。境外市场方面，受中美监管政策的影响，中国企业境外上市进程延缓。具体来看，2021 年共有 36 家中概股在美上市，与上年同期相比虽然增长 5 家，但自 2021 年 8 月后无新股上市；此外，香港市场新股发行也相对低迷，赴港上市的中国企业数量为 87 家，同比下降 17.1%，但受第二波上市热潮推动，首发融资额仍维持高位。

总体来看，1999—2008 年，我国风险投资市场尚处于萌芽期，退出数量未达峰值，但 BAT 等互联网企业的退出却带来了可观回报；2009—2014 年，我国风险投资行业进入起步期，风险投资加速演化，退出事件的数量攀升，2009 年创业板开市和 2010 年中概股上市潮使风险投资机构进入丰收期；2015 年至今，风险投资境外退出数量超过境内，风险投资已经进入发展阶段，短期投资以及追求投机的现象逐渐减少，投资机构逐步走向价值投资，投资回报逐渐回归理性。[①]

8.2 中国多层次资本市场的作用和运作模式

8.2.1 中国资本市场概况

进入公开股票市场对于风险投资人来说是较为理想的退出渠道，对于创业者来说也是风险投资退出后的一个重要募资渠道。在资本市场上，投资方与融资方有不同的规模与主体特征，存在对资本市场金融服务的不同需求。投资方与融资方对投融资金融服务的多样化需求决定了资本市场应该具有多层次的体系。

我国资本市场从 20 世纪 90 年代初现萌芽，由场内市场和场外市场两部分构成。其中场内市场的主板（含中小企业板）、创业板（俗称二板市场）、科创板和场外市场的全国中小企业股份转让系统（俗称新三板）、区域性股权交易市场（俗称四板）、券商柜台买卖市场共同组成了我国多层次资本市场体系（见图 8-4）。

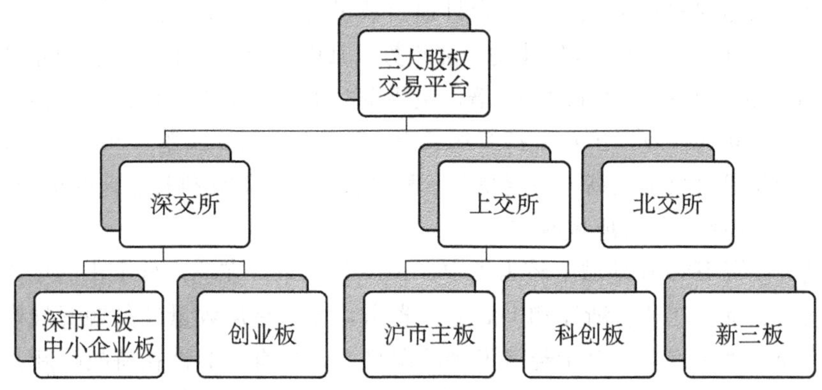

图 8-4 中国多层次资本市场体系

8.2.2 主板（含中小企业板）

主板上市，就是所谓的“第一板上市”。主板市场是传统的证券市场，它是一国或地区证券发行、上市和交易的重要场所。主板包括沪深主板，在上交所上市的主板企业股票代码以 600 开头，在深交所上市的主板企业股票代码以 000 开头。能在主板上市的公司一般资源非常强大，不仅财务数据要达标，还要通过证监会和发审委漫长的层层考核

① 清科研究 .2021 年中国股权投资市场回顾与展望报告.

及审查。

1. 上市标准

我国企业无论在哪一个板块上市，必须满足一些上市标准。首先，公司的股份已经通过了国务院证券监督管理机构的核准，公司发行前总股本不低于 3 000 万元。公司的开业时间在三年以上，并且最近三年都盈利，且累计超过 3 000 万元。向社会公开发行的股份达到公司股份总数的 25%以上，若公司股本超过 4 亿元人民币的，需要向社会公开发行的比例为 10%以上。在法律层面，公司在三年内不可以有重大违法行为，没有造假的财务报表等。达到上述条件后，可以向证监会和证券交易所提交上市申请。公司上市的意图主要是募集资金，因此在其募集资金之前必须要严格审核资金用途，严格核查公司是否具备上市的条件。

2. 中小企业板

中小企业板是专门为中小型企业设置的，此类公司一般规模较小、发展潜力较大但经营风险较高。我国中小企业板设于深交所，是在主板市场以外为中小型企业、新兴企业（尤其是高科技企业）服务的股票市场。中小企业板市场是相对于主板市场而言的，其挂牌门槛较低，在总资产、营业额、连续盈利等方面的要求没有主板市场那样严格，放宽了一些限制，使成长迅速的中小型企业能够上市发行股份，从而获得融资。

目前，我国的中小企业板块在主板市场法律法规和发行上市标准的框架内，实行“两个不变”和“四个独立”，充分反映了与现有主板的不同之处。“两个不变”为不改变中小企业板块法律框架以及不改变上市门槛。“四个独立”即运行独立、监察独立、代码独立、指数独立，反映出与现行市场的连贯性和相对一致性，有利于市场的稳定。四种独立制度的安排，使中小企业板具有相对独立的经营环境，成为一个新的市场，为中小型企业提供了较大的创新空间。

2021 年 4 月，深交所主板与中小企业板正式合并。两板合一后，深交所迈向了新发展阶段，形成了“主板＋创业板”的新市场格局。[①]

8.2.3　创业板

创业板也称为“二板市场”，无法满足主板上市条件的公司，可以将目标转向创业板。与主板市场相比，创业板在公司设立时间、资本规模、中长期表现等方面的条件较为宽松，创业板的上市门槛要低于主板和中小企业板，对资金的需求也低于中小企业板。此外，创业板通常会鼓励科技创新型公司上市，许多传统产业的公司则难以进入创业板。

对于投资者而言，创业板的风险远远高于主板，收益也更高。创业板受到国家的严格管制，要求：公司股本总额不少于 3 000 万元；公开发行的股份达到公司股份总数的 25%以上；公司股本总额超过 4 亿元的，公开发行股份的比例为 10%以上。公司应当具有持续盈利能力，不存在下列情形：经营模式、产品或服务的品种结构已经或者将发生重大变化，并对发行人的持续盈利能力构成重大不利影响；行业地位或发行人所处行业

① 聚集深交所主板和中小板合并一周年.（2022-04-06）. https://cj.sina.com.cn/articles/view/2311077472/89c03e6002001zbhh.

的经营环境已经或者将发生重大变化，并对发行人的持续盈利能力构成重大不利影响；在用的商标、专利、专有技术、特许经营权等重要资产或者技术的取得或者使用存在重大不利变化的风险；最近一年的营业收入或净利润对关联方或者有重大不确定性的客户存在重大依赖；最近一年的净利润主要来自合并财务报表范围以外的投资收益；其他可能对发行人持续盈利能力构成重大不利影响的情形。

创业板的兴起给创业企业带来了新的资金来源，也为风险投资提供了一个“出口”，可以分散风险，形成良性的投资循环，提高资金的流通与利用。此外，创业板还可以提高中小型企业股票的流通性，进行股权激励，有利于企业员工参与企业的价值创造，使企业的经营更加规范，从而建立起完善的企业制度。

8.2.4 科创板

科创板是众多板块中最年轻的，2019 年 6 月 13 日正式开板，设立于上交所。科创板是一个与主板市场相分离的新设板块，在该板块内开展了注册制试点。科创板坚持面向世界科技前沿、面向经济主战场、面向国家重大需求，主要服务于符合国家战略、突破关键核心技术、市场认可度高的科技创新企业。科创板的设立和注册制的试点，是提升服务科技创新企业能力、增强市场包容性、强化市场功能的一项资本市场重大改革举措。通过发行、交易、退市、投资者适当性、证券公司资本约束等新制度和引进中长期资本等配套措施，增量试点、循序渐进，新增资金与试点进展同步匹配，争取在科创板实现投融资平衡、一二级市场平衡、公司的新老股东利益平衡，并促进现有市场形成良好预期。

截至 2021 年 10 月底，共有 352 家科技创新企业登陆科创板，IPO 融资近 4 400 亿元，股票总市值近 5 万亿元，占同期 A 股 IPO 数量的 38%、首发募集资金的 41%（见表 8-1）。科创板聚焦“硬科技”行业，集成电路、生物医药、高端装备三大先导产业上市公司数分别为 36 家、76 家、70 家，已形成产业链示范效应。其中，集成电路公司已占 A 股集成电路上市公司的半壁江山，生物医药公司治疗领域涵盖多种疾病，高端装备制造涉及工业机器人、轨道交通等多个领域。

表 8-1 中国股权交易市场上市公司概况对比（截至 2021 年 10 月底）

交易市场	上市公司数量	总市值（亿元）	平均市盈率
上交所主板	1 652	445 761.26	16.02
深交所主板	1 485	242 966.64	25.27
科创板	352	52 362.47	70.67
创业板	1 057	137 002.87	59.77
合计	4 546	878 093.24	

8.2.5 新三板及北京证券交易所

1. 新三板

全国中小企业股份转让系统俗称新三板，简称股转系统，是经国务院批准设立的第三家全国性证券交易场所。股转公司将在股转系统中，对非上市企业、“两网”市场和沪深证券交易所的股票进行公开转让、融资、并购等相关业务，由中国证券监督管理委员会进行监督。新三板的交易制度包括协议转让、做市转让、竞价转让三种，且新三板股票转让不设涨跌幅限制，针对非上市公众公司，新三板只允许定向发行，即向特定对象发行股票。

新三板的出现也对资本市场产生了一定的影响。新三板的挂牌方式是注册制，优化了资本市场的结构，丰富了市场的层级体系，加强了各层次资本市场的联系，快速便捷地定向发行融资，实现了资源的有效配置。通常在新三板挂牌的企业规模总体偏小、所属行业比较多元、地域分布广泛。然而，通过新三板股份交易挂牌也有一定限制，对自然人的投资门槛较高，大多是风险投资机构投资者，正常情况下自然人股东也不希望出售股份。

新三板的出现便于挂牌公司多元化融资，能让风险投资人更好地甄别公司，有利于为挂牌公司提供有针对性的业务。

2. 北京证券交易所

习近平主席在 2021 年中国国际服务贸易交易会全球服务贸易峰会上宣布，继续支持中小企业创新发展，深化新三板的改革、设立北京证券交易所，打造服务创新型中小企业主阵地。北交所坚持上市公司由创新层公司产生，维持新三板基础层、创新层与北交所“层层递进”的市场结构，组成“进阶版”的新三板，形成北京创新创业的热潮，鼓励更多投资者参与。

北交所首批上市公司共有 81 家，其中 71 家是从精选层（指在原新三板精选层挂牌交易的股票）平移过来的，另外 10 家是集中上市的新公司。81 只股票合计成交 95.73 亿元，总市值为 2 758 亿元。截至 2021 年 11 月 12 日，累计有 210 万户投资者预约开通北交所合格投资者权限，开市后合计可参与北交所交易的投资者超 400 万户。从行业分布来看，首批上市公司中，57 家来自制造业，占比超 70.4%，13 家来自信息传输、软件和信息技术服务业，占比 16.05%。

北交所重点服务专精特新中小企业，在其发行方式上，北交所实施向不特定合格投资者公开发行、向特定对象发行等多元的融资方式，引入授权发行、储架发行、自办发行等灵活的发行机制；在融资品种上，北交所拥有普通股、优先股，以及可转债等较为丰富的权益融资工具。

知识点

专精特新

“专精特新”是专业化、精细化、特色化、新颖化的缩略形式，“专精特新”企业一般集中在新一代信息技术、高端制造、新能源、新材料、生物医药等领域。

新三板的上市申请周期较短，短时间的审批和便捷的挂牌手续，是新三板挂牌转让的优势。对非上市公司股票报价转让试点资格的审核，批准期限为 5 个工作日。但是，上市公司要想进入精选层，需要在创新层上市一年后提出申请。新三板挂牌公司进入精选层更多是对公司的资质进行限制，而在程序上则更为简化。新三板公司可以转至北交所直接上市，这为中小企业融资带来便利。

由于北交所强调上市公司必须是精选层，所以企业可以采取“基础层—创新层—精选层—转板”的方式完成北交所的上市，这样融资成本较低，对中小企业更有利，是北交所为中小企业提供的服务。北交所在维持新三板市场层层递进的结构之外，突出专精的特点、便利的流程、对中小企业的包容性、精准的发行条件，鼓励更多企业在北交所上市。[①]

从上市企业持续盈利能力、融资规模、市盈率及估值、风险大小等角度对不同交易板块市场排序，如表 8-2 所示。

表 8-2　不同交易市场上市企业对比

指标	排序
企业持续盈利能力	主板＞中小企业板＞创业板＞科创板＞新三板
融资规模	主板＞中小企业板＞创业板＞科创板＞新三板
市盈率及估值	科创板＞创业板＞中小企业板＞主板＞新三板
风险大小	新三板＞科创板＞创业板＞中小企业板＞主板

8.3　香港及海外资本市场的基本情况

8.3.1　香港资本市场

1891 年，香港第一家证券交易所——香港股票经纪协会成立，1914 年改名为香港证券交易所。1921 年，香港成立第二家证券交易所——香港证券经纪人协会，两家交易所在 1947 年合并为香港证券交易所有限公司。20 世纪 60 年代后期，香港经济蓬勃发展，股票市场迅速发展，公司融资的需求日益增长，1969 年成立的远东交易所、1971 年成立的金银证券交易所以及 1972 年成立的九龙证券交易所与香港证券交易所组成“四所时代”。1986 年 3 月 27 日，四家交易所正式合并组成香港联合交易所。香港联交所于同年 4 月 2 日启用计算机辅助交易系统，使香港股票市场进入一个新的纪元。

1999 年，香港股票和期货市场已经进行了全面的改革来增强香港资本市场的竞争力，以应对全球化的市场。此次改革主要对香港联合交易所有限公司与香港期货交易所有限公司实行股份化，并与香港中央结算有限公司合并，由单一控股公司香港交易所拥有。自那以后，香港交易及结算所有限公司一直积极开拓内地市场，吸引内地公司到香港上市融资；强化金融衍生产品的创新和金融衍生产品的市场建设；在全球范围内进行

① 郑嘉伟．北交所专题报告系列一：上市、发行、交易与转板制度分析．finance. sina. com. cn/zl/2021-09-06/zl-iktzqtyt4317419. shtml.

布局，同时收购了伦敦金属交易所（LME），以开发新的资产种类，不断更新技术体系，提高国际竞争能力。

2019年中国实现了14.3万亿美元的GDP，得益于中国经济的飞速发展以及香港的金融中心地位，香港交易及结算所有限公司成长为世界领先的证券交易所。截至2022年7月底，香港交易及结算所有限公司拥有2 580家上市公司，股票总市值达3.67万亿港元，根据2021年世界证券交易所联合会（WFE）的排名，香港交易及结算所有限公司上市公司数量、证券市值、总市值排名全球第六。

8.3.2　美国资本市场

1. 纽约证券交易所

全球首个股票市场产生于荷兰阿姆斯特丹，而美国证券市场萌芽于18世纪末。梧桐树协议是纽约证券交易所的开端，纽约证券交易所的建立标志着严格意义的美国证券市场真正形成。自20世纪20年代起，纽约证券交易所一直是国际金融中心，这里股票行市的暴涨与暴跌，都会在其他资本主义国家的股票市场产生连锁反应，引起波动。

美国政府为了鼓励外资企业的投资也出台了一系列利好政策，使美国的资本市场成为全球的金融中心，并且其股票市场拥有全球最大的资本基础。

2. 美国股票市场四层次

一级市场，也称初级市场。按发行公司的不同，可分为首次发售和二次发售两种。首次发售是指新公司在上市时首次发行的股份；二次发售是指公司在已上市的情况下，进行再融资，按已发行股份的市价增发股份。

二级市场可以分为两类：一是有组织的交易市场；二是场外交易市场。有组织的交易市场主要包括纽约证券交易所和美国证券交易所，以及中西部证券交易所、费城股票交易所等地方性证券交易所。场外交易市场（OTC）主要为没有达到股票交易所上市标准的中小企业的股票、债券等提供交易场所。该市场没有固定的场所，都是由经纪人通过电话联系达成交易的。不仅企业的股票可以在场外交易市场进行交易，而且所有的货币市场工具及绝大部分的政府债券和公司债券都可以在场外市场上交易。

第三市场是指虽然在证券交易所上市，但在场外市场上进行交易的股票市场。第三市场的兴起与快速发展，使证券交易所的经纪商垄断了上市公司的上市交易，从而减少了交易费用，提高了交易效率。

在第四市场上，机构投资者之间直接进行交易或通过一个中间人达成交易，中间人只收取少量的佣金。

美国有五大证券交易所：纽约证券交易所、纳斯达克交易所、美国证券交易所、巴兹全球市场以及OTC。中国的互联网企业，例如阿里巴巴是在纽约证券交易所上市的，而微博、网易、新浪、携程和百度是在纳斯达克挂牌的。

3. 美股三大指数

美股三大指数为道琼斯工业平均指数、纳斯达克综合指数、标准普尔500指数，用来衡量美股的未来走向。

（1）道琼斯工业平均指数。道琼斯工业平均指数（DJIA）是世界上最古老、最知名、最常用的股价指数之一。它以美国 30 家著名的工业公司股票为编制对象。道琼斯工业平均指数是一个价格加权的指数，它最初的计算方法是采用简单算术平均法。道琼斯工业平均指数代表了整个美国股票市场价值的 1/4，但由于该指数的价格加权功能，其变化的百分比不应解释为整个市场变化的百分比。

（2）纳斯达克综合指数。纳斯达克综合指数是一个市值加权指数，包括在纳斯达克证券交易所交易的所有股票。该指数以科技股比重大而著称，包括科技市场的几个子行业，如软件、生物技术、半导体等。纳斯达克综合指数也包括其他行业的一些证券，如金融业、工业、保险业和运输业的股票等。

纳斯达克综合指数包括大型和小型公司，但与道琼斯工业平均指数和标准普尔 500 指数不同，它还包括许多市值较小的投机公司。因此，其走势通常体现科技行业的表现以及投资者对更多投机性股票的态度。

（3）标准普尔 500 指数。标准普尔 500 指数是于 1957 年开始编制的加权平均指数，观察范围达 500 只普通股，占总市值约 80%。指数内的 500 只普通股（包括不动产投资信托）都是在美国股市的两大股票交易市场——纽约证券交易所和纳斯达克有多个交易的公司。标准普尔 500 指数覆盖的公司几乎都是全美国股票交易价格很高的公司。与道琼斯工业平均指数相比，标准普尔 500 指数包含的公司更多，产业更加多样，因此风险更为分散，能够反映更广泛的市场变化。此外，相较于道琼斯工业平均指数以股价加权，投资者普遍关注标准普尔 500 指数，因为里面包含了市场中的领先行业。

4. 美国存托凭证

美国存托凭证（ADR），是美国商业银行为协助外国证券在美国交易而发行的一种可转让证书，通常代表非美国企业可公开交易的股票和债券。美国存托凭证是一种间接投资模式，根据美国有关规定，在美国上市的企业注册地必须在美国，在中国注册的企业只能以存托凭证的方式进入美国的资本市场。另外，在美国，一些机构投资者是不能购买外国股票的，如美国的退休基金、保险公司，但是它们可以购买在美国上市且向美国证券交易委员会登记的美国存托凭证。

目前中概股，特别是先期有海外投资基金入股的创业公司，大多以美国存托凭证形式在美国上市，因为美国证券市场容量大、筹资能力强，上市手续简单、发行成本低，发行存托凭证能吸引投资者关注，增加上市公司曝光度，扩大股东基础等。

8.3.3 欧洲资本市场

欧洲作为世界最重要的经济体之一，集合了许多知名企业和品牌，成为全球任何投资者都不可忽视的市场。欧洲的证券市场以其独特的形式有效地促进了资本的积聚和集中，其自身也获得了高速发展。金融公司、投资银行、信托投资公司、证券公司等机构也“水涨船高”，获得了极大的发展。

1. 欧洲证券交易所

欧洲证券交易所是欧洲第一家跨国交易所、欧洲最大交易所、全球第二大衍生品交易所。欧洲证券交易所成立于 2000 年 9 月，由法国巴黎证券交易所、荷兰阿姆斯特丹证券交易所和比利时布鲁塞尔证券交易所合并而成。欧洲证券交易所的合并，是在欧洲经济一体化的大背景下进行的，2002 年欧元的出现加速了欧洲金融证券业的兼并整合。金融证券业的并购目标是通过兼并降低运营成本、提高服务效能、实现规模效益，企业要想在市场竞争中存活，必须有雄厚的资本。事实上，欧洲金融证券业的合并是一种必然趋势，欧洲证券交易所的资本总额、总市值、交易量都是欧洲乃至全球最大的，在全球证券业的并购与整合过程中起到重要作用。

在欧元区强大的经济支持下，欧洲证券交易所拥有雄厚的资金实力，2007 年 3 月底，欧洲证券交易所与纽约证券交易所合并组成纽约-泛欧交易所，并于 2007 年 4 月 4 日在纽交所和欧交所同时挂牌上市。

2. 欧洲资本市场表现评价及原因

欧洲的资本市场在过去十年的表现相对较差。截至 2020 年 12 月 4 日，按英镑计算，MSCI AC 欧洲 TR 指数在过去十年的回报率为 90%。相比之下，MSCI 美国 TR 指数回报率为 315%，MSCI 欧洲以外的所有国家 MSCI 世界指数回报率为 209%。

欧洲资本市场表现欠佳可能的原因如下：

第一，欧洲经济在过去十年并不好。在全球金融危机爆发后，出现了欧元危机，试图减少某些欧洲国家的债务负担意味着经济产出的大幅收缩。虽然德国等经济体的经济表现相对体面，但从整体上看，与北美洲或亚洲相比，欧洲的经济持续低迷。

第二，债务危机的余波进一步波及欧洲股市。为了应对债务危机，意大利和希腊等欧洲国家出现了反欧盟的政治运动，这导致了对欧元区解体的担忧，可能造成经济上的灾难性后果，这些担忧已经反映在股价上。

第三，英国脱欧使投资者对欧盟和英国贸易关系的确切形态感到担忧。

第四，过去十年，欧洲资本市场一直缺乏大型增长型的公司，导致欧洲资本市场增长缓慢，也对整个经济体的发展产生不利影响。欧洲股市是否会触底反弹，还有待观察。

3. 伦敦证券交易所

伦敦是全球最大的金融中心，拥有全球 45%的外汇交易及黄金、白银和原油的定价权。它和纽约、香港齐名，被共誉为“纽伦港”。伦敦的地区生产总值在 2018 年达到了 6 532 亿美元，成为全球最富有、经济最发达、商业最繁荣、生活水平最高的城市之一。

伦敦证券交易所是全球最古老的交易所，如今伦敦证券交易所是世界上最具影响力的综合交易所。随着市场的变化，伦敦证券交易所对多层次市场持续进行改善，除了主板和 AIM 市场之外，伦敦证券交易所还包括若干个不同的市场，以满足不同阶段和不同性质的企业的融资需求，同时满足不同风险偏好、不同投资目标的投资需求。根据其股票发行条例来看，伦敦证券交易所与其他国家和地区的交易所相比政策较为宽松，对上市的企业没有特定的盈利指标，但是在公众持股量、股权分散度以及信息披露等方面有明确的要求，便于企业融资。在维持总体市场交易体系一致性的基础上，伦敦证券交易所在不同的市场上引进不同的交易机制，使市场更加有效地进行交易。

截至 2015 年，在伦敦证券交易所主板上市的中国企业共有 8 家，分别为中国石化、上海石化、燕山石化、中国国航、江西铜业、大唐发电、东南电力、中国石油。而在其

AIM 市场上市的中国企业有 49 家，可见 AIM 是许多中国企业境外上市时的选择。伦敦证券交易所 AIM 市场成立于 1995 年 6 月，是一个世界一流的初级市场。AIM 市场已有 1 300 多家上市企业，其中 180 多家为境外企业。[①]

很多企业之所以选择在伦敦证券交易所 AIM 上市，首先是因为其管理体制更加灵活，在不受主板市场一整套的条件限制的前提下，可以享受很多同等的福利。其次，伦敦证券交易所 AIM 以信息披露为基础，同时对 AIM 企业监管的主体不是政府而是保荐人。另外，AIM 的准入门槛较低，对企业的资本实力、企业规模、经营历史、企业业绩、公众持股比例等都没有规定。AIM 涵盖繁杂的行业板块和分板块，包括高新技术业、传统制造业、服务业。除此之外，在 AIM 进行 IPO 的费用相对较低，上市成本占筹资额的 4%～5%。增发股份时只要董事会决议通过即可，无须召开股东大会也不用再准备文件，交易所也不再另收费用，规则相对更灵活。在 AIM 上市的企业还可以根据国际财务报告准则（IFRS）、英国通用准则或美国通用准则调整报表，无须对以前的报告进行重新核算。最后，AIM 能吸引大批投资者，伦敦主板市场的投资者都能在 AIM 上投资，一些投资者还能享受减税政策。

8.3.4 新加坡资本市场

新加坡交易所（简称“新交所”）于 1999 年 12 月 1 日成立，由新加坡证券交易所和新加坡国际金融交易所合并而成。2000 年，新交所以公开募集和私人发行的形式成功发行股票，成为亚太地区继澳大利亚证券交易所之后第二个成功上市的证券公司。同时，新交所也是亚洲国际化程度最高的交易所，其中约 40%上市公司和 75%上市债券来自新加坡以外地区，其市场范围遍布全球，在多个国家和地区设有代表处。

新交所的主要指数有三个：大盘股指数——新加坡海峡时报指数，中盘股指数——富时海峡时报中盘股指数，小盘股指数——富时海峡时报小盘股指数。富时中国 A50 指数期货是新交所主要股指衍生品之一，是全球唯一跟踪中国 A 股指数的离岸期货产品。新交所是全球率先采用金融市场基础设施准则的交易所之一，也是亚洲首个和唯一获得美国监管机构全面批准的中央交易对手。新交所股市分两个层次：为知名企业提供上市的主板；供中小企业、成长期企业上市的凯利板（Catalist Board）。新交所现有股票、固定收益和衍生品三个市场。

以前大多数中国企业境外上市地点的选择莫过于中国香港和美国，但 2022 年 5 月蔚来汽车选择到新交所上市，让许多企业把目光转向新交所。据统计，在目前中国企业境外上市的地点中，新交所排在香港和美国之后，位居第三。万得数据库 2022 年的数据显示，目前新交所共有中国企业 63 家。

新加坡之所以成为中国企业热门上市地点并非偶然，是长期政治经济博弈的结果。美国证券交易委员会颁布的《外国公司问责法》规定，不符合条件的企业将被禁止在全

---

① 伦敦交易所里中企市盈率仅 12 倍 但他们还想吸引更多中国企业.（2015-06-19）. https://www.jiemian.com/article/308165.html.

美交易所上市，并将面临退出程序。这造成 100 只中概股被列入初步核查名单，另有 40 只中概股转入 2021 财年确认退市名单。在美国上市的中国企业不仅要面对重重施压，还要提前重新布局境外上市地。同时，香港股市自 2022 年起的交易和投资表现较为疲软，其在 2022 年第一季度只发行了 15 只股票，比上年同期减少了 50%以上，融资规模也减少了将近 90%。由此可见，美股、港股两大传统境外上市目的地市场持续走低，使新交所成为新的曙光。

中国香港、新加坡等作为亚洲乃至全球的重要金融中心是许多企业选择上市的首要目的地。企业选择上市地，即是选择资本市场背后国家或地区的政治经济环境及投资营商环境。对于中国企业而言，新交所的市场环境、融资条件、政治背景使其成为优先选择。新交所的法规明晰，上市时间更短，更开放和灵活；有高效的第二上市框架；在语言交流等方面有很大的优势。在国际政治和经济博弈日益复杂的背景下，国内的国际政策和金融市场的开放性与稳定性是重要的考量因素。

8.3.5　我国企业在香港及海外资本市场的上市情况

香港及海外资本市场历史悠久，相比于国内的资本市场，审核制度更为灵活与成熟，资本结构也更多元化，因此许多中资企业，尤其是高科技企业纷纷选择境外上市，加速了我国企业在境外上市的步伐，开启了国际化的道路。

目前全球知名的证券市场包括纽约证券交易所、纳斯达克交易所、上海证券交易所、泛欧交易所、东京证券交易所、深圳证券交易所、香港联合交易所、伦敦证券交易所、孟买证券交易所以及多伦多证券交易所。中资企业只要符合以上证券交易所的上市条件，考虑不同的上市困难和条件、潜在的投资者、资金规模、市场体制和监管模式，即可自行选择合适的证券交易所。

在选择境外上市的企业中，赴港上市企业最多，约占 80%，比如腾讯、蒙牛、中国移动、吉利汽车，而阿里巴巴、京东、百度都是在纽约证券交易所或纳斯达克交易所上市的，中国航油选择在新加坡证券交易所上市，中国国航、大唐发电、江西铜业都选择在伦敦证券交易所上市，中国煤炭、中国风力发电等公司在多伦多证券交易所挂牌。

境外上市相比于境内上市有以下优势。例如境外上市的平均审核以及流程的时间更短，条件也更宽松。中资企业在上交所和深交所上市需要花的时间成本比境外高，通常需要两到三年的时间。此外，就上市融资条件而言，境内上市公司必须连续三年实现三年以上的盈利，并在最近三年内实现净利润不少于 3 000 万元，而境外的公司在运营记录方面的准入门槛相对较低，并且面向全球的投资者，对于中国的互联网企业以及高科技创新企业有很高的认可度，进而会鼓励更多优秀的中国企业到境外上市。境外市场的资金相对充足，刚好能满足国内企业快速实现 IPO、获得巨额融资和快速发展的需要。在制度方面，引进境外的公司治理结构、会计制度、激励制度等能促进中国企业完善经营体制、建立适应国际市场竞争的现代企业制度。最为重要的是，在境外上市能大大提升企业的知名度，加强与境外的供应商和顾客的合作。

表 8-3 和表 8-4 是在香港交易所、美国主要证券交易所上市的代表性中国公司

概览。

表 8-3 在香港交易所 H 股上市的中国公司（前 10 名，截至 2022 年 9 月 2 日）

编号	代码	名称	市值（亿港元）	IPO 日期	类别
1	00700	腾讯	31 600	2004.06	电子商务和信息服务
2	09988	阿里巴巴-SW	19 200	2019.11	电子商务和信息服务
3	01398	中国工商银行	14 000	2006.10	银行
4	00939	中国建设银行	12 000	2005.12	银行
5	00941	中国移动	11 100	1997.10	通信服务
6	03690	美团	10 900	2018.09	电子商务和信息服务
7	03968	招商银行	10 100	2006.09	银行
8	02318	中国平安	8 354.1	2004.06	保险
9	03988	中国银行	8 036.8	2006.06	银行
10	09618	京东	7 620.1	2020.06	电子商务和信息服务

表 8-4 在美国主要证券交易所上市的中国公司（前 10 名，截至 2022 年 9 月 2 日）

编号	代码	名称	市值（亿美元）	IPO 日期	类别
1	TSM	台积电	4 195.54	1997.01	半导体
2	BABA	阿里巴巴	2 430.99	2014.09	互联网零售
3	JD	京东	973.90	2014.05	互联网零售
4	PDD	拼多多	912.76	2018.07	互联网零售
5	PTR	中石油	858.73	2000.04	油气一体化
6	NTES	网易	581.40	2000.06	游戏与多媒体
7	SNP	中石化	559.83	2000.10	油气一体化
8	BIDU	百度	483.94	2005.08	互联网内容与信息
9	LFC	中国人寿	398.53	2003.12	保险
10	CHT	中华电信	305.10	2003.07	电信

【章节回顾】

1. 并购、IPO 和清算是风险投资机构常见的退出渠道。

2. 中国资本市场由场内市场和场外市场两部分构成，场内市场的主板（含中小企业板）、科创板、创业板（俗称二板）和场外市场的全国中小企业股份转让系统（俗称新三板）、区域性股权交易市场（俗称四板）、证券公司主导的柜台市场共同组成我国多层次资本市场体系。

3. 香港及海外资本市场也是可供选择的退出方式，是我国很多高科技企业选择的上市渠道。

【思考题】

1. 对于风险投资机构而言，如何选择合适的退出时机和退出方式？如何评估退出收益率？

2. 在我国主板、科创板、创业板和新三板上市分别有怎样的要求？分别适合具有哪些特征的企业？

3. 与境内的退出渠道相比，香港及海外的资本退出渠道存在哪些优劣势？

第 9 章
创业金融发展的趋势与展望

【本章导读】

中国创业金融行业经历了起步期、发展期、成熟期等多年的发展，为中国创业、创富以及经济繁荣发展作出了重要贡献。当前，我国创业金融行业出现了新的变化和发展趋势，越来越多的公司风险投资（CVC）加入创业投资行业，凭借产业和技术优势大显身手。同时，新兴的创投型城市，如合肥、杭州、深圳等，地方政府以风险投资的方式为众多创业者提供资金政策支持，实现城市和创业者的共同发展。随着越来越多的成功创业者转行做投资，以及优秀的投资者“变身”创业者，将创业者和投资者的身份融为一体的现象也越来越普遍。

9.1 创业金融发展趋势概述

虽然我国的风险投资行业起步较晚，但得益于中国 40 多年来经济高速增长的良好环境，风险投资的萌芽借助创新创业的土壤生根发芽，多元的风险投资机构在中国资本市场百花齐放。近年来，中国创业金融的发展也呈现出新的变化和发展趋势。

9.1.1 创投型城市的出现

扎根于中国独特的制度土壤，创投型城市应运而生，成为中国风险投资市场中不可忽视的一股力量。一直以来，关于城市选择的话题热度不减，在创业投资方面，不同城市呈现各具特色的新变化和新趋势。每座城市都在以自己的方式散发创新创业的活力。

本章后续会以合肥、深圳和杭州三个城市的发展模式为例，详细说明中国创投型城市的发展概况、区位特征等。其中，合肥被誉为“最牛风投城市”，无论是“押宝”京东方、投资长鑫存储还是重金支持新能源汽车产业，都离不开当地政府的支持。深圳是中国风险投资行业发展的重地，我国早期的创新业态产生于深圳，最早的天使投资、风险投资逻辑也是在深圳提出的。杭州一直以创新创业的优良环境闻名全国，民间资本十分活跃，杭州设立的“创业投资引导基金”模式也值得其他城市借鉴。①

---

① 北京之外，这 5 大创投城市正崛起.（2021-12-10）. https://m. thepaper. cn/baijiahao _ 15767205.

9.1.2　公司风险投资的涌现

20 世纪 60 年代起源于美国的公司风险投资，在经济周期更替和股市震荡中螺旋式发展。20 世纪 90 年代之后，美国经济稳定发展，风险投资行业也随之风生水起，公司风险投资作为一种特殊的风险投资方式，成为风险投资行业发展的中坚力量，也受到研究者和实践者的广泛关注。

中国的公司风险投资发展历程相似。本章会系统地介绍公司风险投资的定义及特征、目标及运营模式，同时会对较普遍的独立风险投资模式和公司风险投资模式进行对比，并介绍公司风险投资在中国的发展概况。最后以中国典型的三家互联网公司风险投资为例，展开介绍中国公司风险投资究竟是如何发展壮大的。

9.1.3　创业者与投资者的角色融合

创业和投资紧密相连、不可分割。虽然创业者和投资者社会分工明确，但越来越多的创业者在积累财富后，凭借独到的眼光和专业技能开始做投资，也有越来越多的投资人在投资过程中涌现创业的想法，开始创业旅程。因此，创业者和投资者的角色集于一身也成为创业投资的发展趋势。

高瓴资本合伙人张磊对自己的定位是“我们是创业者，恰巧是投资人”。他的投资哲学是同理心很重要。他在做投资人之前，曾自己创业，他认为这段经历让他可以更容易地换位思考。特斯拉创始人马斯克也是典型的创业者转型“投资人＋创业者”。他在 Paypal 创业成功之后，基于自身的流动资金、创业经验和对市场的把握，注资一些创业企业，如特斯拉、SpaceX，并最终成为实际控制人。他既是创业企业的投资人，也是创业企业的合伙人。后续我们将通过马斯克的案例详细分析这一新兴趋势。

9.1.4　股权众筹的出现与发展

众筹（crowdfunding）又被称作大众筹资或群众筹资，是企业融资的新兴形式之一，具有低门槛、多样性、依靠大众力量、注重创意的特征。众筹活动主要有三个参与主体，分别是发起人、支持者和平台。股权众筹快速、小额和分散的特点是对创业企业融资方式的有益补充。但是近期互联网金融连续“爆雷”，反映出立法滞后、监管缺位、从业者野蛮生长、投资者盲目跟从的乱象。国家监管部门也针对这一情况多次发布和更新相关规定，以期规范国内股权众筹。

9.2　中国创投型城市的发展和现状

9.2.1　中国创投型城市的发展概况

2020—2021 年，随着国内经济持续稳定恢复，股权投资市场迅速回暖，“募、投、退”均打破历史纪录。在募资市场扩容的同时，募资结构两极化趋势也愈发显著，而投资活动在疫情防控常态化后空前活跃，在完成并补足疫情初期被延迟的部分投资的同时，开启了行业和技术更迭大背景下的新一轮投资热潮。[①] 但我国幅员辽阔，地大物博，风险投资行业在我国呈现出不同的区位和地域特征，尤其是南北发展差异明显、沿海和内陆发展不平衡且呈现出区域聚焦的趋势。

从投资案例数量来看，2021 年北京、上海和深圳位列投资案例数城市排行榜的前三名，投资案例数分别为 2 433 起、2 393 起和 1 624 起，同比增长 52.3%、80.2%、67.4%，也是仅有的投资数超过 1 000 起的三个城市，大幅领先于其他上榜城市，位列第五名的苏州投资案例数不足深圳的一半。“京沪深”作为超一线大城市，汇聚了国内头部的创业投资机构和创业项目。中国证券投资基金业协会的数据显示，截至 2020 年 12 月末，我国私募股权、创业投资基金管理人 14 986 家，北京、上海、深圳分别为 2 824 家、2 288 家、2 399 家，占全国总数近一半；管理总规模超 6 万亿元，占全国近七成。

1. 京沪深：创投型城市三巨头

北京是我国的首都，也是全国科技创新中心，资源丰富，既拥有字节跳动、京东科技、京东物流、商汤科技等超级独角兽企业，也汇聚了国内外多家顶级投资机构，例如 IDG 资本、红杉中国、鼎晖投资、高瓴资本。据长城战略咨询发布的《中国独角兽企业研究报告 2022》，2021 年中国独角兽企业共有 316 家，北京占 82 家。除此之外，北京对于创业投资的政策红利也不容小觑。截至 2020 年底，北京市政府引导基金总目标规模超过 2.6 万亿元，多家规模超过千亿的国家级大基金也在北京创办，例如国创基金管理有限公司、国家集成电路产业投资基金、国家制造业转型升级基金股份有限公司等。

上海作为国际金融中心，得益于其得天独厚的地理优势，经济发展迅速，创业金融行业也发展得如火如荼。但是综合来看，上海在创投机构实力、创投活跃度、企业创新实力三方面的评分低于北京，但显著高于深圳。受益于政策扶持，上海自贸区和上海张江国家自主创新示范区等双创示范基地为双创事业的腾飞奠定基础。截至 2020 年，上海政府引导基金目标规模超 3 000 亿元，同时出台优惠政策，符合条件的创投人才可直接申请落户。和北京类似，上海孵化出多家独角兽企业并落地多家投资机构。2020 年上海孵化了 44 家独角兽企业，例如小红书、威马汽车、途虎养车等，整体估值超过 6 000 亿元；宏基投资、霸菱等投资机构都在上海设有办事处。

深圳是改革开放的先锋，创新是其重要的城市基因之一。创新赋予深圳活力，2020 年，深圳获得认定的国家级高新技术企业有 6 999 家，拥有新经济领域独角兽企业 25 家，例如大疆、微众银行、柔宇科技、顺丰快运、喜茶、土巴兔等。深圳创业投资行业的繁荣离不开明星机构的加持，如深创投、东方富海、达晨财智、同创伟业等都是最活跃的机构。深创投是多个地方政府争相学习的经典案例，其目前管理资金总规模约 3 908 亿元，旗下管理 138 只私募股权基金。截至 2021 年 7 月 9 日，伴随英科再生登陆科创板，深创投累计投资并助推上市企业达到 191 家，其中 21 家在科创板上市。得益于深圳创业金融行业的繁荣发展，截至 2021 年 5 月末，深圳私募股权、创投基金管理人管理基金规

① 清科研究中心 . 2021 年中国股权投资城市排名 .

模达 1.37 万亿元，累计吸收创投资金超 6 000 亿元，均位居全国第三，仅次于北京、上海。①

从增长趋势来看，2020—2021 年排名前 25 的城市中，长沙的增长幅度最大，同比增长 166.7%，其次是珠海和常州，增幅都超过了 100%。同时，投资产业呈现出区域聚集的趋势，排名前三的城市分别为京津冀、长三角和珠三角的中心城市，且排名前十的城市中以直辖市和各省的省会为主，大多位于沿海地区。排名前十的城市中，只有成都、武汉深入内陆，分别为西南地区和中部地区风险投资最为活跃的城市。

2. 长三角：中国创投最活跃的经济区域

从投资案例数前 25 名城市所在省份来看，江苏省上榜城市最多，有 5 个城市，分别为苏州、南京、无锡、常州、南通；广东省紧随其后，深圳、广州、珠海、东莞 4 个城市入围；浙江省有杭州、宁波、嘉兴 3 个城市跻身前 25 名。可以看出，长三角地区是当前创业投资机构重点关注的区域。长三角被誉为世界第六大城市群，是国内经济增长的重要引擎。

在企业创新实力方面，长三角地区企业撑起了科创板的半壁江山。长三角十城 2020 年共有 2.53 万家企业被认定为国家高新技术企业，占全国总数超过 30%；独角兽企业有 86 家，占全国约 40%；其中，苏州 2020 年获得认定的国家级高新技术企业 4 172 家，仅次于北上深，位列全国第四，2020 年有 16 家被投企业实现 IPO，和广州持平。截至 2021 年 8 月 8 日，全国 323 家科创板上市企业中，长三角科创板上市企业数量达 149 家，占全国的 46%，总市值 3.02 万亿元，占全国的 53%。科创板市值前十的企业中，长三角地区有 5 家。

长三角以上海为中心，辐射苏、皖、浙三个省份，逐步形成了各自独特的优势产业。具体而言，浙江省杭州市重点发展电子商务、数字经济产业，先后涌现出阿里巴巴、蚂蚁金服、同花顺、恒生电子等企业。苏州是江苏省乃至全国的生物医药产业高地，培育了第一个国家战略性新兴产业集群，多家全球排名前列的优秀生物医药企业，例如信达生物、亚盛医药、开拓药业落户苏州。南京的定位为建设具有全球影响力的创新名城，大力扶持以 IT 为代表的科技行业。2020 年南京获投的近 200 个项目中，IT、生物技术/医疗健康、半导体及电子设备行业的投资项目数量占 70%左右，高于全国 53%的平均水平。知名创业投资机构毅达资本的总部也位于南京，目前管理资金规模达 1 151 亿元，累计投资企业 1 000 余家，成为南京本土成长起来的创投实力担当，投资分布在企业服务、先进制造、智能硬件、文娱传媒等领域。此外，2020 年南京早期阶段（包括种子期和初创期）企业的投资项目数量占比近 40%，高于全国总体水平，这一定程度上表明南京的创新潜力巨大。②

从各城市名次变动来看，合肥投资案例数近年来首次进入前十名，2021 年案例数同比增长高达 88.8%。整体来看，合肥地处长三角城市集群，在长三角一体化、长江经济带、“一带一路”等国家重大战略政策叠加效应下，致力于创新驱动发展，已经逐步从

① 证券时报 . 2021 中国创投金鹰奖暨中国创业企业新苗榜 .

② 证券时报 . 2021 中国创投金鹰奖暨中国创业企业新苗榜.

“工业立市”成长为“产业强市”，创新能力和产业竞争力均得到极大提升，也推动了当地股权投资的发展。

3. 城市投资规模

从投资金额来看，北京、上海和深圳分别以 2 917.2 亿元、2 802.9 亿元和 1 439.42 亿元位列前三，金额同比增长 26.1%、66.4%、54.1%，在前 25 名的榜单中，增幅最大的是福州，同比增长 647.7%，其次是常州和长沙，同比增长超过 500%（见表 9-1）。

表 9-1　2020—2021 年中国城市投资案例情况

排名	城市	2021 年投资案例数（起）	2020 年投资案例数（起）	投资案例数同比增长率	2021 年投资金额（亿元）	2020 年投资金额（亿元）	投资金额同比增长率
1	北京	2 433	1 597	52.30%	2 917.20	2 313.78	26.10%
2	上海	2 393	1 328	80.20%	2 802.90	1 684.40	66.40%
3	深圳	1 624	970	67.40%	1 439.42	934.07	54.10%
4	杭州	978	555	76.00%	689.34	401.68	71.60%
5	苏州	739	438	68.70%	525.24	258.51	103.20%
6	广州	429	330	30.00%	569.44	498.03	14.30%
7	南京	403	241	67.20%	480.14	135.84	253.50%
8	成都	262	163	60.70%	222.55	88.00	152.90%
9	武汉	197	104	89.40%	185.47	56.61	227.60%
10	合肥	151	80	88.80%	143.14	239.43	−40.20%
11	无锡	150	86	74.40%	180.02	53.10	239.00%
12	厦门	134	78	71.80%	82.36	78.48	4.90%
13	西安	130	78	66.70%	63.37	41.26	53.60%
14	长沙	128	48	166.70%	466.48	71.90	548.80%
15	宁波	127	79	60.80%	89.71	41.08	118.40%
16	天津	111	88	26.10%	122.48	100.43	22.00%
17	珠海	110	51	115.70%	465.46	77.69	499.10%
18	常州	100	49	104.10%	368.14	54.94	570.00%
19	东莞	97	67	44.80%	73.53	70.44	4.40%
20	青岛	78	55	41.80%	73.15	114.89	−36.30%
21	重庆	75	50	50.00%	118.54	88.78	33.50%
22	嘉兴	68	53	28.30%	84.15	70.97	18.60%
23	南通	68	48	41.70%	61.73	40.67	51.80%
24	济南	48	44	9.10%	22.29	62.10	−64.10%
25	福州	45	33	36.40%	129.21	17.28	647.70%

资料来源：清科研究中心。

总而言之，“京沪深”汇聚了国内头部创业投资机构和创业企业，注册备案的私募股权、创投基金管理人占全国近半数，资金管理规模占全国近七成，孵化了国内近半数的独角兽企业；长三角是当下创业投资机构重仓区域，此次有十座城市上榜，数量远超珠三角和京津冀两大城市群；中西部创业投资新势力加速崛起，资金和资源逐步向成都、武汉、长沙等核心城市倾斜，获投资金规模逐年增加，和其他区域出现不同程度下降形成较大反差。

4. 城市创投与产业发展

不同城市重点发展和投资的产业也有所区别，如表 9-2 所示。例如投资案例数和投资金额排名前三的城市，重点投资的产业就有所不同，其中北京在 IT 和互联网产业投资位居全国第一，2021 年分别投资 936 起、258 起。投资 IT 产业 200 起以上的还有上海、深圳和杭州，分别为 651 起、496 起和 280 起。相比 IT 产业，投资互联网产业的数量总体较少，超过 200 起的仅有北京和上海。而位于长三角的上海投资最多的是生物技术/医疗健康、半导体及电子设备产业，2021 年分别投资 535 起、295 起。在生物技术和医疗健康产业中，除了上海之外，北京、深圳、杭州和苏州也投资较多，在投资半导体及电子设备产业的城市中，深圳、北京、苏州和南京排在上海之后。深圳在机械制造产业投资位于全国首位，共投资 118 起。在投资机械制造产业的城市中，北京和上海都以 80 起位列第二，其他城市均投资较少，第四名苏州投资案例数不及北京和上海的一半。除了排名前列的城市各产业投资比较均衡之外，部分城市结合区域产业优势，以发展某一种或者两种产业为主，因地制宜打造具有核心竞争力的科技创新高地。例如排名 20 的珠海，主要投资半导体及电子设备产业，占其投资总量的半数左右，而其对互联网以及机械制造产业的投资寥寥无几。

表 9-2 2021 年主要城市重点投资产业分布情况 单位：起

序号	城市	产业				
		IT	生物技术/医疗健康	半导体及电子设备	互联网	机械制造
1	北京	936	432	207	258	80
2	上海	651	535	295	239	80
3	深圳	496	275	289	149	118
4	杭州	280	225	90	146	23
5	南京	105	95	101	29	13
6	苏州	105	294	174	19	36
7	广州	86	80	38	67	15
8	成都	51	73	38	30	15
9	武汉	44	44	39	17	4
10	西安	34	13	32	5	16
11	宁波	32	18	25	2	9
12	合肥	30	21	56	9	5
13	厦门	29	16	25	21	13

续表

序号	城市	产业				
		IT	生物技术/医疗健康	半导体及电子设备	互联网	机械制造
14	长沙	26	19	5	9	14
15	天津	20	23	18	6	12
16	无锡	17	24	56	5	15
17	济南	15	11	5	1	4
18	青岛	14	11	13	5	10
19	重庆	14	9	9	5	9
20	珠海	14	32	50	3	3

资料来源：清科研究中心。

5. 综合指标：中国城市科技金融发展指数

通过投资案例数和投资金额观测地区投资活跃程度是最为直接的方式，清科研究中心推出的中国城市科技金融发展指数更为全面地展现出各地区科技金融的发展情况。清科研究中心选取了政策环境上具备优势、创新创业服务潜力较大、金融活跃度较高、科技金融发展成果显著的 30 个城市进行研究评价；制定了中国城市科技金融发展指数体系，包含政策环境服务、创新创业资源服务、科技金融活跃度、科技金融发展成果等 4 个一级指标、13 个二级指标、41 个三级指标，用以综合衡量区域科技金融发展水平和服务能力。通过该指数，可以对科技和金融结合实施成效进行动态评估，为各城市科技金融发展提供参考、借鉴。

从综合指数来看，东西部城市和南北部城市科技金融发展存在差异。虽然东部城市科技金融发展目前仍呈现领先趋势，但中西部城市崛起之势强劲，如图 9－1 所示。北京、上海、深圳作为金融中心、科创中心，其科技金融发展水平高于其他城市；东部杭州、广州、南京、天津，以及中西部武汉、西安、成都，均是区域重要的经济城市和科技创新城市，其科技金融发展位居前十，但与北京、上海、深圳仍有差距。西安综合排名第八，在创业资源及创新活力、科技发展成果等方面表现良好，在科技金融服务方面有较大的潜力。目前，西安科技金融发展形成了以政策、财政经费支持为主导，科技信贷、股权投资、多层次资本市场等各类金融市场以及科技类企业为主体，孵化器、众创空间等创新创业资源为支持，金融与科技领域联动，协同推进西安科技产业发展的繁荣局面。①

9.2.2 创投型城市：合肥、深圳、杭州的发展新模式

地方政府除了间接推动城市创投繁荣发展之外，还亲自搭台做风险投资，以基金撬动城市创业投资产业发展，形成“创投型城市”，也被称为城市创投，其中以合肥、深圳、杭州的发展模式最为典型。

---

① 清科研究．2021 年中国城市科技金融发展指数．

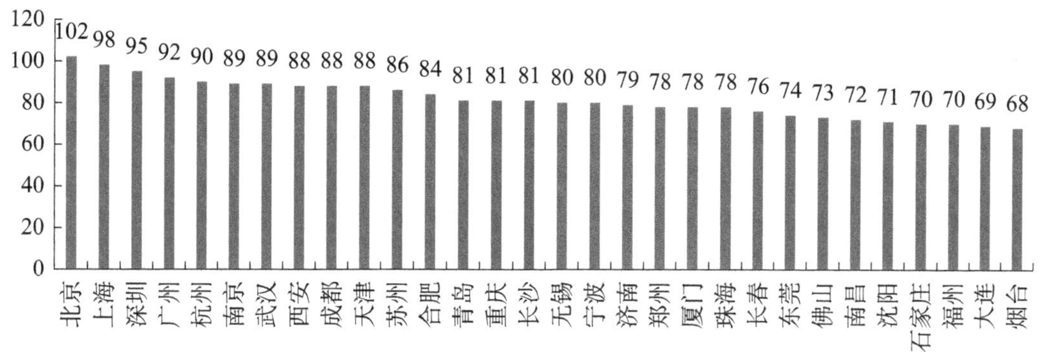

图 9-1　中国城市科技金融发展综合指数

资料来源：清科研究中心。

1. 合肥：政府培育产业模式

合肥是安徽省省会，国务院批复确定的中国长三角城市群副中心城市，也是国家重要的科研教育基地、现代制造业基地和综合交通枢纽。在 20 年内，合肥的经济总量排名从第 82 位升到第 21 位，并成为世界最大平板显示基地、186 家集成电路企业的存储产业基地、科大讯飞领衔的“中国声谷”，这很大程度要归功于合肥政府的投资。

2020 年，合肥以“最牛风险投资机构”的头衔成功在全国打响创投名气。细数合肥的产业建设成就，在 30 亿元“押宝”京东方、100 亿元“投注”长鑫存储、70 亿元“接盘”蔚来汽车等一系列“豪赌”背后，都有当地产业投资基金、母基金的身影。除基金投资外，《2021 中国城市科创实力调研报告》显示，2019 年合肥政府科技拨款比例占总支出的 11.61%，在 54 座上榜城市中排名第二。同时，合肥城市研发经费投入占 GDP 比重达 3.1%，排名前十。①

(1) 合肥“牵手”京东方。20 世纪 80 年代开始，合肥家电产业开始萌芽露尖，依靠荣事达、美菱、天鹅等多个本土知名家电品牌，合肥成为引领中国家电产业发展的排头兵。2000 年开始，合肥实施“走出去、引进来”的招商战略。2005 年前后合肥市又确立了“工业立市”的发展路径，吸引一大批国内外知名品牌相继落户，海尔、美的、长虹、格力、尊贵等企业纷纷在合肥投资建厂或追加投资建设工业园。2011 年，合肥家电产业突破千亿元，成为合肥第一个千亿产业。在市场份额上，合肥超越青岛、顺德，成为全国最大的家电生产基地。

众多家电产业陆续在合肥落地，家电产业本身就是与平板显示、电子信息、集成电路、人工智能等协同发展的产业链，因此“缺屏少芯”的影响进一步凸显。

2010 年 9 月 3 日，中国大陆第一块 TFT-LCD 6 代线液晶屏在合肥点亮。当年 12 月底，中国大陆第一块 50 英寸全高清等离子显示屏在合肥下线，填补了我国中大尺寸液晶电视面板制造的空白。

2008 年，资金压力巨大的京东方接触了一系列投资方和地方政府寻求建设生产基地

① 产业基金崛起，这些城市缘何吸引机构扎根?.(2021-12-03). https://www.chinastarmarket.cn/detail/887781.

的城市，最终合肥成功牵手京东方。总投资 175 亿元的第 6 代 TFT-LCD 液晶面板生产线落地合肥，用于建设中国最先进的液晶屏。175 亿元对于当时的合肥而言是一个大数目，2007 年全市财政收入仅 215 亿元，税收收入仅 90 亿元。为了争取京东方项目，合肥政府甚至给出了项目资本金兜底的承诺，同意帮助企业筹集 90 亿元的资本金，并协助落实 85 亿元的银行贷款，可见合肥政府的魄力与勇气。

京东方入驻合肥，相继投建了第 8.5 代 TFT-LCD 生产线、第 10.5 代 TFT-LCD 生产线，使合肥成为了全球唯一拥有 6 代线、8.5 代线和 10.5 代线三条高世代线的城市。除了京东方本身对合肥发展的拉动作用之外，更重要的是京东方给合肥带来的产业集群效应，三利谱、彩虹、康宁、欣奕华、通彩、商巨、乐凯、泰沃达、先导、江丰、拓吉泰等大批有实力的企业纷纷在合肥投资建厂。

（2）从屏到芯：合肥投资长鑫。2017 年末，合肥出资 75%、兆易出资 25%，成立合资公司合肥长鑫，专攻 DRAM 芯片研发生产。2019 年，长鑫从加拿大知识产权商 Wi-LAN Inc. 手中买下全套专利授权，同年 9 月，合肥长鑫宣布 8GB 颗粒的国产 DDR4 内存实现量产，一举打破由三星主导、海力士和镁光紧随其后的 DRAM 格局。

2020 年 5 月，首个纯国产内存条上市，其搭载的就是合肥长鑫 DRAM 颗粒，实现了国产存储器从无到有的突破。合肥长鑫突围的最大支持者就是合肥政府，最大的资金来源是合肥产投。

如今，合肥长鑫在国内内存芯片的行业地位首屈一指，还获得了 156 亿元的新一轮融资，国家集成电路产业投资基金、湖北小米长江产业投资基金管理有限公司（简称“小米长江产业基金”）纷纷下注。未来合肥长鑫一旦上市，合肥无疑将会是最大赢家。

（3）乘新能源之东风：合肥投资蔚来。合肥最知名的一笔投资，无疑是投资蔚来，仅这一笔投资使合肥政府获利超过 1 000 亿元。

2020 年初，蔚来因为现金流短缺陷入生死存亡之际。蔚来四处寻找资金，与北京亦庄、浙江湖州等地方政府的接触没有后续，与传统汽车公司的“传闻”也没有下文。最终，合肥政府雪中送炭，与蔚来签订了 70 亿元的股权融资。交易完成后，合肥方面合计持有蔚来中国 24.1%的股份，蔚来持有蔚来中国 75.9%的股份。

投资蔚来在当时极具争议，却成了蔚来命运的转折点。此后蔚来的销售量和股价双双暴涨，股价从 2020 年 4 月 30 日的 2.63 美元一路飙升，一度超越宝马和奔驰，成为全球第四大车企。按蔚来中国约占蔚来 85%的股份计算，合肥方面的投资盈利超过 1 000 亿元。

2020 年 5 月，大众集团宣布以约 11 亿欧元入股国轩高科，获得 26.47%的股权并成为后者第一大股东；同时投资 10 亿欧元获得江淮汽车母公司——安徽江淮汽车集团控股有限公司 50%的股份，并增持电动汽车合资企业江淮大众股份至 75%。大众集团频繁的投资行为与合肥完成了深度捆绑，可视为传统国际品牌真正进入中国新能源汽车市场的标志性事件。

目前合肥在新能源汽车产业领域已经相继布局了 50 多个新能源汽车重大项目，上下游 120 余家企业，总投资规模超 500 亿元，形成了涵盖整车、关键零部件、应用、配套的完整产业链。

在2021年6月12日央视《对话》栏目中，合肥市委书记分享了合肥近年风险投资案例。在“合肥现象”的背后，我们也总结出“风投之城”——以“风险投资”为手段带来明显的地域经济增长驱动力的城市具有的属性：第一，风险投资带来明确的产业转型，新兴产业凝结形成新的经济格局和增长引擎。第二，通过一套成体系的方法论，打造一系列的标杆项目，形成规模化传播效应。第三，有明显的地域性特征，形成以某个城市为中心的新产业集群，明显区别于周围地区。

总而言之，合肥主要通过以下方式进行战略布局：通过市场化运作的产业投资基金、母基金服务于招商引资和战略性企业；通过大手笔的资本招商来寻求重量级企业落户；通过投资收益反哺产业投资，持续进行多产业布局。凭借这些手段，合肥成为中国阶梯化大纵深经济结构中崛起的代表。① 如今的合肥，正在产业、科技、金融、外贸、人才培育等领域全面发力，力图在新一轮科技革命和产业变革浪潮中抓住机遇，赢得未来。

2. 杭州：创投引导基金模式

杭州是一座成就梦想的城市，已然成为创业的沃土。当然，一座成功的创新创业之城，除了需要积极的创业者，还需要活跃的资本力量。证券时报·中国资本市场研究院发布的《2021中国内地省市创投实力榜》系列榜单，从创投机构实力、创投活跃度、企业创新实力和政策支持四大维度对内地城市创投实力进行评估。在《中国内地城市创投实力30强》榜单中，杭州仅次于京沪深，居全国第四；在《内地省会城市创投实力10强》榜单中，杭州排名第一。榜单指出，京沪深三地在创投综合实力上稳居全国第一梯队。不过，“后起之秀”杭州在关键领域紧追京沪深，成为全国创业投资最热的城市之一。②

2008年4月，杭州在全国率先设立了总规模10亿元的创业投资引导基金，努力打造“国内外互通、省市区互动”的运作模式，助力集聚“人才＋资本”，推进“大众创业、万众创新”，打造具有全球影响力的“互联网＋”创新创业中心。

（1）设立创业投资引导基金。杭州市投资促进局数据显示，政策支持环境优越是杭州能够成为创业投资的热土的关键因素之一。截至2020年底，杭州市创业投资引导基金累计批复子基金84只，批复规模162.88亿元；累计投资企业632家，投资金额75.53亿元。参股子基金所投企业中，累计有39家企业成功上市（并购上市）。数据背后，引导基金正积极发挥作用，促进优质创业资本、项目、技术和人才向杭州集聚。③

2021年，杭州市人民政府办公厅印发《关于金融支持服务实体经济高质量发展的若干措施》，提出设立总规模1 000亿元的杭州市创新引领母基金，明确做大做强创业投资引导基金，支持央企资金、保险资金等在杭州设立创业投资基金和股权投资基金，推动建立创投股权和私募基金份额报价转让平台，引导设立私募股权投资接力基金，促进私募股权二级市场发展。杭州不仅针对募资难题设立千亿规模母基金，还提出促进S基金

① 下一个“风投之城”. https://www.fofweekly.com/index/index/show/catid/369/id/4715.html.

② 省会城市NO.1！杭州创投实力紧追京沪深.（2021-09-01）. tzcj.hangzhou.gov.cn/art/2021/9/1/art_1621408_58891352.html.

③ 省会城市NO.1！杭州创投实力紧追京沪深.（2021-09-01）. tzcj.hangzhou.gov.cn/art/2021/9/1/art_1621408_58891352.html.

市场发展，从募资和退出两个层面助力私募股权行业发展。2021 年，杭州市创业投资引导基金表现十分活跃，据不完全统计，杭州市创业投资引导基金共投资 23 只子基金，总出资额近 13 亿元，投资了包括啟赋资本、同伟创业、普华资本、元璟资本等机构。2022 年初杭州市创业投资引导基金依旧保持活跃度，已经投资两只新基金。杭州市创业投资引导基金还曾对老鹰基金、梅花创投、华映资本、德同资本、高特佳投资等机构旗下基金进行投资。①

虽然杭州创投实力离第一梯队还有一定差距，但得益于创投资本向新一线城市转移的趋势、深厚的产业基础以及有力的政府支持，杭州的创投环境正在不断优化提升，具有赶超潜力。

（2）把握产业转型机遇。近年来杭州把握产业转型机遇，培育优秀科创企业。当前杭州的数字经济领域对于创业投资极具吸引力。根据近期发布的《2020 年杭州股权投资报告》，2020 年杭州企业获创业投资 241 起，其中数字经济领域 189 起，占比超 78%；获私募股权投资机构投资 200 起，其中数字经济领域 148 起，占比 74%。具体而言，杭州采用以下几种措施：

第一，聚焦战略新兴产业，打造创新发展高地。杭州企业紧盯全球未来产业发展趋势，积极响应杭州市委市政府推动数字经济、建设国家新一代人工智能创新发展试验区、推进生物医药产业创新发展等的号召。杭州市创业投资引导基金通过与相关领域专项基金、专业化机构的多模式合作，加快数字经济、人工智能、生物医药等产业培育，已批复合作医疗健康专项基金 12 只，总规模 42.5 亿元，成功支持 8 家生物医药企业上市，募资 105.8 亿元，如杭州市创业投资引导基金合作启真未来医学基金投资的联川生物是一家专注于精准医疗领域基因科技产品的研发、生产和服务企业，实现了多项重大技术突破，掌握了基因科技上游核心技术，已为全球 3 000 多家高校、医院、科研机构及药厂提供全组学科研服务；企业累计发表客户文章 2 800 余篇，涵盖各类组学服务内容，其中在 CNS 主刊发表超过 50 篇，子刊发表超过 300 篇。2021 年 10 月，企业完成近亿元 Pre-IPO 融资，启动上市辅导，拟挂牌科创板。

第二，提升“科技＋金融”效能，有效推动科技成果转化。杭州以“创新活力之城”为载体，把高校院所科技成果和金融结合，先后与浙江大学、西湖大学、科研院所等成立了科技成果转化子基金，促进科技成果的产业化与商业化。例如，西湖欧米（杭州）生物科技有限公司，由西湖大学生命科学学院郭天南教授联合多位临床合作者共同创立。成立初期，研究人员发现一组蛋白质分子标记物，有望大幅提高结节良恶性判断的准确度。在杭州市创业投资引导基金和西湖大学科学成果转化办公室的协助下，这一科学成果迅速迎来产业化。西湖欧米推进的首个关于甲状腺结节的良恶性诊断检测准确度可达 90%。项目已获得辰德资本、高榕资本、高瓴创投种子轮投资 5 000 万元，最新估值达 4 亿元。②

第三，发挥创投优势，助推杭州“凤凰行动”。创投机构积极发挥专业优势和资源优

---

① 杭州：募资、退出双加持，引导基金活跃出资助力 GP 发展.（2022-03-02）. https://baijiahao.baidu.com/s?id=1726184025916477201&wfr=spider&for=pc.

② 杭州：以创投引导基金打造创新发展高地 .（2022-03-01）. https://www.sohu.com/a/526385041_100011043.

势，帮助企业理清思路，在规范企业管理、解决疑难杂症、整合各方资源、推进资本运作等多方面提供专业支持，切实有效提升企业上市和并购重组的效率和成功率。结合杭州市创业投资引导基金培育的上市公司数量，相当于 5 000 万元的滚动投入就能产生一家上市公司。2021 年园林股份、奥泰生物等 15 家企业上市或过会，累计 55 家企业成功上市实现资本化，其中杭州企业 35 家。同时，杭州注重培育专注于细分市场、聚焦主业、创新能力强、成长性好的专精特新“小巨人”企业，已有杭州国芯科技股份有限公司等 26 家企业入选国家级专精特新“小巨人”企业。例如，汉洋友创投资的参与浙江大学科技成果转化的禾迈股份登陆科创板，发行价高达 557.8 元，成为 A 股“最贵新股”。这家以光伏逆变器等电力变换设备为主营业务的高新技术企业成为“高估值、高发行价、高缴款”的“三高”股。

3. 深圳：着力打造国际风投创投中心城市

深圳是国内最早探索创业投资的城市，在政策引导和制度建设方面一直走在全国前列。早在 1986 年，中共深圳市委员会、深圳市人民政府出台的《关于加强科技工作的决定》提出：要积极提倡和支持生产企业开发技术开发和产品开发；改革科技经费拨款制度，今后市科技经费（包括科技事业费、科技三项经费和科技基建设备费等）每年要按市地方财政收入的合理比例拨给。1992 年，深圳科技三项经费划归深圳市科技局管理，当年有 800 万元，逐年递增。如今，在深创投的引领下，一批民营创投机构崛起，达晨、松禾资本、东方富海、同创伟业、基石资本等形成“创投深圳帮”，成为中国创投本土势力的代表之一。“创投深圳帮”为深圳创新网络的形成与完善、为深圳成为亚洲著名的科技产业创新城市，作出不可低估的贡献。

深圳的城市风格、产业风格使其成为名副其实的风投创投之都，被投企业不仅在这里创业，还在基金化投资的过程中逐步发展壮大。中国早期的创新业态产生于深圳，最早的天使投资、风险投资逻辑也是在深圳提出的。深圳形成了全方位的、囊括投资机构和被投企业的创投业态体系。从地方政府投资来看，外部性收益比投资收益更为重要，制定地方政策的核心逻辑在于能否持续创造良好的外部性环境，提升地区的资本回报率，从而聚集和沉淀更多的市场化资金。深圳的投资实践中还设立了清晰的风险分担和风险容忍机制，充分让渡超额收益，这一点亦走在全国前列。

深圳创投呈现市场化发展格局，以自然人有限合伙人等类型为代表的市场化资金在此发展，随着资产管理行业格局的演变，发挥更加重要的作用。各类创投机构应进一步加强对风险的识别与管理、关注前沿的交易结构和交易模式，面向未来、迎接挑战，共同打造更有效、更完整，更符合深圳的新投资和新产业的生态体系。

在产业链方面，深圳新一代信息技术、数字经济、高端装备制造等七大战略性新兴产业规模近年来持续增长，2020 年增加值达 1.03 万亿元，较 2017 年增长超 20%，占 GDP 比重达 37.1%，成为深圳加快转变发展方式的重要力量，丰富了创业投资的项目来源。针对半导体行业，深圳 2019 年出台了《深圳市进一步推动集成电路产业发展行动计划（2019—2023 年）》，提出要“着力补齐芯片制造业和先进封测业产业链缺失环节”，“强化平台服务。建成集成电路集群促进机构，形成一批集成电路产业基地、产业公共服务平台和中小企业孵化平台，平台服务对产业发展形成强有力支撑”。

在人才引进方面，深圳多措并举，加大创投人才引进和培养力度，如鼓励创投企业申报产业发展与创新人才奖，鼓励全市高等院校结合办学定位和学科布局培养创新人才，拟参照在深金融机构给予重点创投企业符合条件的人才同等待遇。

在营商环境方面，2020 年 10 月 29 日审议通过了《深圳经济特区优化营商环境条例》（简称《条例》），以先行示范区的最高要求和推进要素市场化配置、全面衔接国际通行规则为重点，在创新市场主体融资便利模式等多个领域大胆探索改革创新，加快打造市场化、法治化、国际化一流营商环境的步伐。

此外，近年来，在经济整体下行、国际贸易摩擦等宏观因素影响下，私募股权投资市场持续降温，私募行业普遍存在募资难、投资难、退出难等问题。《条例》（征求意见稿）针对这些问题给出相应对策，如在针对募资难方面，深圳鼓励各区设立创业投资引导基金和天使投资基金，鼓励深圳社保基金等长期资金参与出资设立市场化母基金，开展创业投资试点，鼓励重点创投企业通过上市、并购重组等方式做大做强，拓宽资金来源渠道，着力解决创投行业募资难问题。后续随着创投行业相关政策的落地和执行，私募行业有望迎来新的发展机遇。

9.3 产业资本助推创投发展

9.3.1 公司风险投资的定义及特征

公司风险投资（corporate venture capital，CVC）是风险投资的一种特殊形式，美国风险投资协会将 CVC 定义为非金融类公司的风险投资项目，或其附属投资部门对投资组合企业进行的直接投资。因投资主体的独特性，CVC 又被称为产业投资。和一般的风险投资相比，CVC 具有以下三个显著特征①：

第一，CVC 开展创投活动的首要动机是战略布局。CVC 往往更具灵活性，以实现集团或母公司的战略目标为目的，进行全阶段、全产业链投资。但财务回报并非不在考虑范围内，如何平衡战略布局和财务回报是 CVC 面临的难题。例如京东集团战略投资部投资总监李进龙曾直言："战投难做，又要考虑战略，还要考虑业务协同，还要财务回报，既要也要，比较难做的事情。"对此，联想集团高级副总裁、联想创投总裁、管理合伙人贺志强有不同的看法："在成立之初就跟董事会商量，我们必须有一个底气，就是这个基金要赚钱，不要跟我拿战略说事，战略跟赚钱一点都不矛盾。"因此，在考虑母公司战略布局的同时，CVC 也要兼顾财务回报。

第二，被投资的创业企业是创业者（个人或团队）所有，独立于大公司而运作。虽然 CVC 在投资过程中会以大公司的战略布局为首要考虑目标，但被投资的创业企业依然是独立于大公司而存在的。被大公司并购是 CVC 投资的创业企业退出的重要途径之一，例如阿里巴巴集团于 2015 年、2016 年投资饿了么，公开资料显示，2018 年 4 月阿里巴

---

① 加里·杜什尼茨基，余雷，路江涌．公司创业投资：文献述评与研究展望．管理世界，2021，37（7）：198-216，14，18-25.

巴联合蚂蚁金服发布公告，以 95 亿美元全资现金收购饿了么，而从 2018 年 5 月起，饿了么正式纳入阿里巴巴合并报表。此次收购是 2018 年中国收购市场交易金额最大的收购案。

第三，大公司投资之后，只获取创业企业的少数股权。

图 9－2 是 CVC 运行的框架图，指明了 CVC 运行的三大主体，即母公司、公司创投单元以及被投资的创业企业。

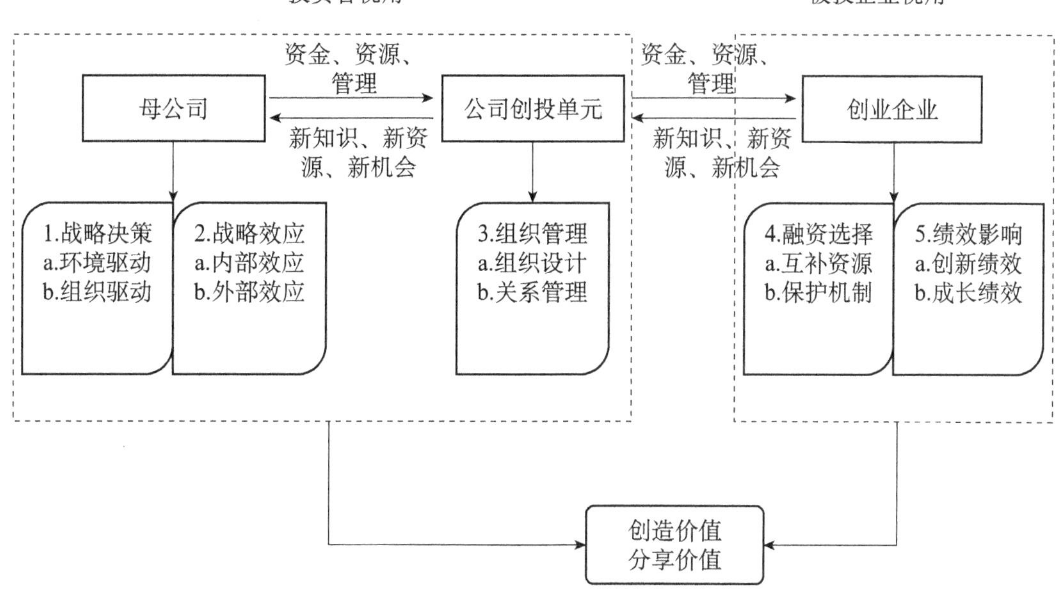

图 9－2　CVC 三大主体及其关系示意图

资料来源：加里·杜什尼茨基，余雷，路江涌．公司创业投资：文献述评与研究展望．管理世界，2021，37(7)：198－216，14，18－25.

母公司通常是大型产业公司，是 CVC 资金和资源的主要来源。母公司在发展到一定阶段，拥有一定的闲置资金时，往往会开始考虑设立公司创投单元，以期通过投资辅助战略布局，实现战略效应，同时也考虑将手头的闲置资金发挥出最大价值。在这一过程中，母公司会向公司创投单元输出资金、资源以及管理。相比于高净值个人和家族基金等主体来说，母公司设立创投单元有其独特的目的。

公司创投单元更像是母公司和创业企业之间的桥梁，也是 CVC 的核心组成部分。它通过吸收母公司的资金和产业资源，帮助母公司发现和培育创业企业，辅助母公司的战略布局。

创业企业则是公司创投单元筛选后，决定注资的企业。创业企业和公司创投单元相互依存，一方面，创业企业需要借助母公司的产业知识和资源基础，另一方面，虽然创业企业的成立时间和规模与母公司有所差距，但创业企业掌握的新知识、新资源、新机会也是母公司的潜在财富之一，因此创业企业也通过公司创投单元向母公司传递新兴的知识和资源。三个主体发挥协同作用，分享自身优势，创造更大的价值。

9.3.2 公司风险投资的目标及运营模式

战略目标是CVC想要实现的首要目标。虽然CVC的母公司一般都是在行业中深耕多年的成熟企业，但新兴的创业企业，尤其是一些领域的独角兽企业或头部企业保持着创新的理念，能够为母公司带来新鲜血液，CVC通过布局新兴赛道，为母公司获取前沿科技。①

除了战略目标以外，业务目标、改革目标、财务税务以及对冲风险等因素也在CVC的考虑范围内。在业务目标方面，母公司通过CVC能够快速扩大产业版图，强化企业核心业务，促成上下游相关产业链协同优势；还能进一步开拓市场、扩大影响力，发展潜在客户，拓宽客户渠道。在改革目标方面，CVC引入新兴的知识和管理模式帮助母公司更加信息化，从而实现改革目标。

同时，CVC帮助母公司运转充足的现金流，获取除主营业务之外的财务收益，同时创业投资也能在税务上给母公司带来一些税费减免。在对冲风险方面，专业的投资团队和有效的投资决策、多样化的产业布局能够为原有产业对冲产业周期更替带来的风险，这也是CVC设立的初衷之一。

1. 公司风险投资的战略目标

战略目标是CVC考虑的首要方面。

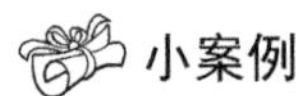
小案例

蔚来资本的战略目标

蔚来资本成立于2016年，聚焦低碳化、数字化的技术和模式创新所带来的产业变革。蔚来汽车是蔚来资本背后重要的有限合伙人之一，因此，蔚来资本将自身定位为产业基金，专注于大出行、能源、科技等领域，重点围绕出行变革、智慧工业、智慧生活等领域进行投资布局，其投资几乎都集中在新能源产业链中，为蔚来汽车提供全生命周期的支持。

可以结合战略的三种类型即横向扩张型、纵向深耕型和生态圈层型来分析战略目标。

（1）横向扩张型。横向扩张型战略又称横向产业扩张，是指企业通过投资获取自身产业领域的更多资源，扩大市场占有率。CVC机构以企业主营业务为基础，以扩大生产规模、降低成本、巩固市场地位、提高竞争优势、增强综合实力为目标，对同行业优质企业进行投资。例如人福医药集团股份有限公司的投资战略就是典型的横向扩张型战略，其注资博沃生物、湖北生物医药、睿健医药等优质生物医药类创业企业，获得来自同行的互补性资源，帮助母公司巩固行业地位。采用此类模式的互联网和模式型企业偏多，蚂蚁金服、腾讯、小米、美团、滴滴出行等早期阶段的CVC都属于此类范畴。

（2）纵向深耕型。纵向深耕型战略又称纵向产业延伸，是指CVC通过加深产业链布局、延伸客户需求，整合更多产业链资源。在此战略中，CVC机构以企业主营业务为基

① 清科研究中心．2020年中国公司创业投资（CVC）发展研究报告．

础，结合产业链上下游发展趋势，对上游和下游相关优质企业进行投资。对上游企业进行投资，可以掌控服务商的原材料、服务或其他资源等供给，节约企业的生产成本和交易成本；对下游企业进行投资，可以开拓企业核心产品的销售渠道、应用场景和落地方式，扩大企业核心业务的应用范围。华为旗下的哈勃投资采用纵向深耕型战略，投资了一系列半导体相关创业企业，例如东微半导、纵慧芯光、灿勤科技，吸纳投资组合中先进的半导体产品、介质滤波器产品的知识与价值，在掌握关键原材料的同时，也达到了节约交易成本的目的。除此之外，商汤科技、拓尔思采用的也是典型的纵向深耕型战略。

（3）生态圈层型。生态圈层型战略是指 CVC 机构完成先期布局后，从企业主营业务产业链出发，进行生态型扩张，吸收并引进与企业主营业务产业链有一定关联的相关业务，扩大企业的经营范围，在行业、地域、轮次等多个维度进行多元化投资，抢占先发优势，并以一定财务回报为目标，增强企业的整体风险抵御能力和盈利能力。滴滴出行就是应用生态圈层型战略的典型代表之一，滴滴出行从单一的网约车业务出发，逐步向代驾、共享单车、AI 基础平台延伸，不断向产业链上下游进行投资，渗透整个出行领域。

纵观三种战略可以发现，纵向深耕型和生态圈层型战略被 CVC 机构广泛应用。纵向深耕型战略旨在围绕企业主营业务产业链，打造辅助企业发展的价值链，增强企业对上下游的话语权；生态圈层型战略旨在扩大企业业务板图，提升企业的抗风险能力和盈利能力。

2. *公司风险投资的运营模式*

CVC 如何运营是实践界讨论较多的话题之一。总体来看，CVC 主要有四种运营模式，即直投部门模式、全资子公司模式、附属投资机构模式以及参投或设立外部基金模式。

（1）直投部门模式。直投部门模式是指企业内部设置直投部门进行投资，通过直投部门统一管理或主导管理集团内部各级子公司的投资业务，直投部门通常不具有独立法人资格。其投资决策涉及公司多个部门决策，募集的资源主要来源于母公司。一般而言，企业的直投部门与战略部门结合为战略投资部门，作为内部的一个职能部门针对母公司的战略布局进行投资，此种模式是开展 CVC 业务最传统的一种形式，大多数企业开展 CVC 业务初期会采用这种模式。比如百度、阿里巴巴、腾讯、滴滴出行、美团等都有战略投资部门负责战略型 CVC 业务。①

（2）全资子公司模式。全资子公司模式是指企业设立具有独立法人主体资格的子公司进行投资，全资子公司作为企业投资、资本运作的平台，负责对包括投资在内的公司业务进行统一管理。其决策由子公司内部进行，对母公司的依赖性较小，募集资金除了来自母公司之外，也会来自其他外部融资机构。采用此模式的多为科技公司，设立母公司的外部研发机构。华为设立哈勃投资等是全资子公司模式较为典型的案例。小米科技也是作为小米公司的投资子公司服务于小米生态链的 CVC 布局。虽然小米公司各项业务板块也会有一部分 CVC 投资，比如金融板块，但是其核心的产品生态战略通过小米科技开展，小米科技的投资逻辑与外部投资机构迥异，更多关注产品逻辑，通过参股型投资

---

① 参考《2019 中国 CVC 行业发展报告》。

打造小米生态圈。其他行业的上市公司，如世纪天鸿，也成立了投资子公司鸿翼教育科技，负责教育出版行业的相关投资。

（3）附属投资机构模式。附属投资机构模式是指由企业全资控股设立投资机构或与第三方管理机构合作设立投资机构，因此也称为 CVC 基金模式。这种模式在组织形式上是独立的风险投资，在业务开展上则是围绕母公司的战略布局，这种模式在中国 CVC 中尤其常见，例如海尔、好未来、美团、科大讯飞、顾家家居、拓尔思等都通过附属投资机构模式开展战略投资。

（4）参投或设立外部基金模式。参投或设立外部基金模式也被称为母基金模式，是指企业以有限合伙人的形式参投第三方投资机构设立的投资基金或企业联合地方政府、产业资本等共同设立母基金或投资基金进行投资，是四种模式中最为松散的模式。此类 CVC 模式往往是企业尝试 CVC 的起步形式，通过联合外部专业传统风险资本，来学习运作 CVC 业务，比如首钢基金早期的 FOF 母基金业务，红豆集团参与深创投的基金，以及宗申集团作为有限合伙人参与外部投资等。[①]

四种运营模式各有优缺点，如内设直投部门模式可以避免委托代理问题，加强企业对投资的管控力度，但是缺乏灵活性；企业参投或设立外部基金模式的资金来源较广，优质资源较多，但是多方决策会导致效率较低。采用何种运营模式，采当结合企业自身特点和战略目标进行选择（见表 9-3）。

表 9-3　CVC 四种运营模式对比

	直投部门模式	全资子公司模式	附属投资机构模式	参投或设立外部基金模式
募资需求	无	少部分	无	无
资金来源	母公司，预算机制不同	母公司、外部融资	母公司	联盟成员
项目获取	企业资源	市场化	企业申请	联盟资源
投资决策	涉及公司内部多个部门	CVC 内部决策，部分投资需要上报母公司	涉及公司内部多个部门	联盟共同决策
投后管理	公司投资团队和风控财务团队负责，管理较松	机构内部团队负责，管理制度化	管理松散	委派成员管理
产业协同	母公司资源为主	母公司资源、LP 资源、社会资源	内部企业互助、母公司资源	联盟产业资源
激励机制	与母公司业绩相关、年终奖和项目奖金制度	市场化激励机制	与收入相关	没有特殊激励
退出选择	无退出压力、公司决策	部分有基金到期压力、团队决策	压力低于外部机构	与联盟合作期限相关

资料来源：清科研究中心。

① 参考《2019 中国 CVC 行业发展报告》。

9.3.3 独立风险投资和公司风险投资对比

1. 独立风险投资和公司风险投资的差异

相比于独立风险投资（independent venture capital，IVC），CVC具有显著的差异化特征。

二者最直接的差异体现在出资方上，IVC的出资方主要是有限合伙人，包括高净值个人、家族基金、慈善基金等；而CVC的出资方主要是母公司，也允许少量外部资本进入。出资方的差异主要导致IVC和CVC在目标、组织结构、资源优势、激励机制以及投后管理模式上的不同。

二者最主要的差异体现在目标上，IVC以财务回报为首要目标，因此IVC关注投资进程，尽量确保投资进程按照时间表进行，不断达成一个个里程碑进而保证投资收益最大化。而CVC首先关注战略目标，同时兼顾财务回报，这也是CVC的一大显著特征。

在组织结构方面，IVC的组织架构以GP/LP模式为主，即LP出资，GP进行一般管理，这种组织结构较为精简扁平，有利于风险投资机构快速决策和响应外部变化。而CVC的组织结构较为复杂，既有松散的母基金模式，也有母公司内设立专门负责CVC业务的直投部门模式。

在资源优势方面，双方不同的LP给创业公司带来了不同的资源优势，例如IVC一般拥有丰富的资本、专业的投资团队和投资关系网络，往往能够更好地和创业企业交流，帮助创业企业进行未来规划。而CVC不仅拥有雄厚的资本实力，也拥有丰富的产业资源和知识，甚至能够为创业企业的研发活动提供支持，但囿于CVC运营模式的不同，支持创业企业的发展需要母公司不同部门的协同，部分CVC运营模式也难以进行资源协调。

在对投资团队的激励机制方面，IVC投资人的薪酬水平与投资绩效紧密挂钩，灵活性较高，并且在投资项目成功退出后可以实现分红。而CVC投资人的薪酬水平更多依赖于母公司的薪酬体系，灵活性较低，大多采用固定工资加年终奖的绩效管理模式，也与母公司当年的盈利情况相关。

表9-4详细地列出了IVC和CVC在各个维度上的对比情况。

表9-4　IVC和CVC多维度对比

	独立风险投资（IVC）	公司风险投资（CVC）
出资方	LP出资，LP通常是养老基金、大学基金、上市公司、高净值个人等	主要是母公司自有资金，但也允许少量外部资本进入
投资目标	财务回报	战略目标及财务回报
组织结构	有限合伙制，LP出资，GP进行管理；采用精简的内部组织制度，便于快速决策	公司内部层级较为复杂，组织结构多样化；投资团队的权力结构服从母公司
投资活动	投资活动是IVC唯一的活动，所有的投资基金都是为了对创业企业进行投资	母公司拥有其他明确的主营业务，CVC年度投资活动与母公司经营和战略发展有关

续表

	独立风险投资（IVC）	公司风险投资（CVC）
资源优势	专业的投资团队，专业化的投资关系网络；LP提供财务资本	公司及行业的知识和经验，不仅拥有雄厚的资本，同时会为初创企业的研发、商业活动等提供支持
关注重点	确保投资进程按照时间表进行，保证投资收益的最大化	长期关注被投项目与母公司的战略是否匹配
激励机制	投资人的薪酬水平与投资绩效紧密挂钩，灵活性高；在项目实现退出后，可以获得分红	投资经理的薪酬水平与母公司薪酬体系具有较高一致性，灵活度低，大多采用固定工资加年终奖金的薪酬制度，并且受制于母公司当年的整体绩效水平
投后管理模式	增值服务，投后监督管理，信号传递	学习机制与协同机制，增值服务

资料来源：IT桔子。

2. 独立风险投资和公司风险投资的竞合

IVC和CVC的竞争和合作是实践中经常讨论的话题。对于被投企业如何选择IVC和CVC，联想创投集团高级合伙人宋春雨表示，被投企业对于投资方的选择，不只面临选择“拿谁的钱”这样的问题，还要选择投资方的资源，比如创业企业希望未来高通能在通信科技方面对其有帮助，或者希望联想在IT制造方面对其有帮助。

DCM中国董事合伙人曾振宇认为IVC和CVC并不存在直接的竞争关系，IVC的竞争对手不是大企业的战略投资部门，而是大企业本身。因为风险投资机构总希望找到一个好的企业，从颠覆性的角度切入去寻找一个新机会，所以风险投资机构是在跟企业竞争。什么时候有竞争呢？通常在最早期，越早期越明显，创业者经常想不清楚是拿IVC的钱好还是拿CVC的钱好，因为他们在早期往往不太确定战略资源对于他们的意义和价值，也不清楚此时是否应该选择一个立场。此时，投资人需要对他们进行说服和教育，双方共同探讨，之后才会变成创业者自我选择的过程。[①]

总而言之，风险投资行业是一个大型生态系统，其中不同类型的风险投资机构互相竞争，同时也互相依存，无论合作还是竞争，最终目的是共赢，打造更加健康、百花齐放的投资生态。

9.3.4 公司风险投资在中国

1. 发展历程

CVC自20世纪60年代兴起后获得长足发展，现已成为风险投资领域的重要组成部分。CVC注重创新，与“十四五”规划中强调的创新驱动高度契合，通过产业和资本的有效配置，既可解决中小科技企业融资难问题，又能为传统企业转型升级开发新路径。因此，在我国，CVC虽然起步晚但发展迅猛，呈现出“起步缓、后劲足”的特点。当前，互联网企业已成为CVC的主角，其他企业可以借鉴这一投资形式，有效解决新技术

① 参考创业邦举办的“2018中国企业战略投资峰会”上的讨论。

研发与新市场布局、产业链结构调整等问题。

1998 年，实达集团以 1 200 万元投资成立仅半年的北京铭泰科技发展公司，这是我国第一个 CVC 投资案例，1998 年因此被称为中国 CVC 投资元年。但 1998—2010 年，受退出机制限制等因素影响，我国 CVC 投资状态低迷，直到 2009 年创业板开市之后，CVC 才迎来真正的复苏。2010 年左右，以腾讯为代表的互联网头部企业先后设立战略投资部门或投资子公司，同时，以联想集团、复星集团、海尔集团等为代表的传统企业也加快了行业内外投资的步伐，CVC 曙光初现。

2013 年，我国 CVC 开始进入高速发展阶段。清科数据显示，2013—2015 年，CVC 投资案例数分别同比增长 57.2%、121.5%和 64.0%，投资金额增长更为显著，分别同比上升 440.2%、176.2%和 60.1%。尤其是 2015 年，在“大众创业、万众创新”的号召之下，国内创业热情空前高涨，CVC 也迎来爆发式增长，2015 年投资案例数共计 828 起，涉及金额 1 031.41 亿元，达到历史性高峰。我国 CVC 机构数量在 2013—2016 年增长速度较快，在 2015 年攀上高峰后趋于平稳。

2. 发展近况和特点

清科私募通数据显示，2019 年中国股权投资市场整体收缩，CVC 投资案例数 705 起、投资金额 1 139.13 亿元，前者同比下降 17%，后者同比下降 41%。同年全球市场却呈现小幅上涨趋势，投资案例数 3 234 起、投资金额 751 亿美元，分别同比上涨 8%、3%，全球 CVC 投资也在连续上涨中达到历史最高值。而同处于亚洲的印度投资案例数也同比上涨 47%。

2020 年受到新冠疫情影响，CVC 投资愈加谨慎，截至 2020 年 6 月底，中国 CVC 机构数量为 727 家。在投资轮次上，CVC 主要集中在 A 轮和 B 轮，2019 年 A 轮和 B 轮投资案例数分别为 249 起和 157 起，投资金额分别为 153.85 亿元和 160.27 亿元。

从投资特点来看，中国 CVC 投资决策较独立，投资方式更加多样化，CVC 机构大多建立直投部门、自己组建普通合伙人做投资或联合其他产业资本作为有限合伙人进行投资。从投资领域来看，中国 CVC 偏向投资最前沿、最先进的技术，如互联网、健康医疗等，更多关注处于激烈技术变革、高度竞争、弱独立性的行业。

中国 CVC 机构以科技公司为主，信息技术领域的 CVC 机构数量居首位，占比接近 30%。例如以蚂蚁金服、百度为代表的科技公司 CVC 更偏重为母公司构建产业生态，蚂蚁金服 CVC 主要围绕金融、支付场景、技术开放、海外板图四大战略展开；复星集团、好未来、新东方等企业的 CVC 重点则锁定在本公司的主营业务，在垂直领域打造产业链生态。值得注意的是，独角兽企业也陆续加入 CVC 队伍，如商汤科技、北京腾云天下等，目前，独角兽企业 CVC 机构数量较少，仅有 20 家，占全部投资机构数量的 2.75%。

同时，中国 CVC 投资向头部集中，显现马太效应，互联网 CVC 机构逐渐占据主流。2019 年中国 CVC 投资案例数和金额均出现下滑，但向头部企业集中的趋势却更加明显。2019 年中国 CVC 投资金额最多的十家产业集团分别是腾讯、阿里巴巴、蚂蚁金服、京东、小米集团、网易、字节跳动、绿地集团、百度和联想创投，投资金额合计 904.67 亿元，在 2019 年 CVC 投资总额中占比高达 79.4%。其中，腾讯以 353.29 亿元的投资金额排名第一，阿里巴巴以 259.00 亿元次之。2010—2019 年，腾讯 CVC 累计投资金额为

2 072.77 亿元，阿里巴巴 CVC 累计投资金额为 1 744.26 亿元，是仅有的两家累计投资金额在千亿元以上的 CVC 机构。

9.3.5 腾讯、阿里巴巴、小米的创业投资模式

1. 腾讯的 CVC 模式

腾讯在投资上表现得相当激进，2014—2019 年，其投资成果很是亮眼，全球 586 家独角兽企业中，腾讯投资了将近 1/10，高达 52 家，仅次于红杉资本。腾讯在 2008 年成立投资并购部，2011 年实施开放战略，业务发展逻辑是将通信、社交和内容之外的其他业务都交给合作伙伴，同时成立腾讯产业共赢基金，由此开启投资系统化布局。在开放战略下，腾讯 CVC 和大部分基金合作，不强调控股，不追求大股东地位，大多通过小比例持股方式进行投资。

腾讯的 CVC 投资有以下五大特征：

一是项目的精炼性和互补性。腾讯通过参股、控股等方式布局全产业链，以此抵御技术进步可能带来的重大风险。

二是布局的前瞻性。腾讯对于当下及未来几年内可预测的热点领域几乎都有投资布局，且关注不同阶段、不同产业的项目。

三是投资的长期性和耐性。腾讯基本是长期持有所投项目，其减持和处置的项目极少，还会在重点项目上持续加注，当被投企业上市时，腾讯也较少选择变现，通常会再次认购加注。

四是投资出海。腾讯不满足于中国市场，而是在海外进行早期投资布局。例如在游戏领域，腾讯斥资并购超级细胞、拳头公司等欧美游戏公司。

五是深耕投后。腾讯通过专业咨询管理帮助被投企业建立绩效管理、薪酬体系及长期激励机制，甚至会帮助被投企业建设企业文化，由此可见腾讯对投后管理的重视。

2. 阿里巴巴的 CVC 模式

2014—2019 年，阿里巴巴集团经营净现金流总计为 6 352 亿元，投资净现金流合计为 5 176 亿元，这相当于阿里巴巴经营上每赚 100 元，会拿出 80 元进行投资。截至 2020 年底，阿里系共对外投资 433 家公司，发起或参与投资事件 529 起，总披露投资金额达 8 276.9 亿元。

阿里巴巴的投资具有如下特点：

一是独立投资占比高。在所有 529 起投资事件中，独立投资事件共 292 起，披露投资金额 2 820.74 亿元，在总投资金额中的占比高达 34.1%。业内普遍认为，相比于腾讯更偏重于战略入股的对外投资策略，阿里巴巴更偏爱全面并购，在投资中有更大话语权，34.1%的独立投资事件占比数据也充分印证了这一点。

二是侧重考虑自身商业生态。阿里巴巴曾在 2018 财年年报中明确提出，投资和收购决策不会出于纯粹的财务原因，而是侧重于加强阿里巴巴的生态系统、创造战略协同效应，并提高企业整体价值。①

---

① 王晓晴．国内风投企业（CVC）发展模式探讨．互联网天地，2021（4）：22-27.

三是投资领域多元化。从投资金额排名前 20 的项目类型来看，除了饿了么、滴滴出行、菜鸟、苏宁易购、ofo 等典型的互联网企业外，还包括实体零售（高鑫零售、Samyama）、传媒文化（分众传媒、万达影业、华人文化）、国企央企（中国联通、邮储银行）以及泛房地产（恒大地产、居然之家）等类型，体现了阿里巴巴投资布局的多元化策略。

四是偏好战略投资。企查查数据显示，从阿里巴巴对外投资的轮次分布来看，该企业战略投资共 136 起，占比最高；“Pre-A 至 A＋轮”和“C 轮及以上”的投资以 99 起、84 起分列第二、第三；并购有 45 起。分析发现，阿里巴巴在战略投资、并购类项目中，单笔平均投资金额约为 27 亿元。不同于投资早期项目需要承担各种未知风险和时间成本，待项目步入成熟期直接收割能快速收获稳定的生态流量。①

3. 小米的 CVC 模式

作为一家以手机、智能硬件和 IoT 平台为核心的互联网公司，小米凭借旗下的小米长江产业基金和战略投资部门，在创投圈打造了独树一帜的“小米生态链”。2017 年，小米和湖北省签署战略合作协议，与长江产业基金共同发起募资规模为 120 亿元的小米长江产业基金，用于支持小米及小米生态链企业的业务拓展。成立至今，小米长江产业基金共参与 124 起投资，其中，2021 年最为活跃，该基金偏好中后期成熟阶段的被投企业，战略融资占比约 19.35％，芯片半导体行业投资数占比约 56.45％。②

小米的战略投资部门，主要围绕四个细分领域开展投资：手机周边、智能硬件、生活耗材以及文娱传媒。2021 年 5 月，小米私募股权基金正式成立，从披露的已投案例来看，小米私募股权基金的投资策略或将围绕手机硬件和汽车两大业务展开，芯片半导体、传感设备和新能源电池等也是主要的关注领域。

小米的创业投资呈现出以下五大特点：

一是互联网思维明显。小米的企业定位是一家以智能手机、智能硬件和 IoT 平台为核心的互联网公司，因此无论是公司整体的经营风格，还是公司制定的各种战略，都会体现明显的互联网思维。小米对市场的判断、对客户的获取、对产品的推介都十分依赖互联网，这进一步影响其后续业务的开展，比如小米对新零售业务的投资过程就具有浓厚的互联网思维。

二是“手机×AIoT”特征明显。在小米的发展战略中，“手机”项目一直是企业的核心，其所有业务的开展和战略的制定都必须考虑与手机项目的协同作用。在 IoT 业务兴起之后，小米也积极投入万物互联的业务，通过投资众多的生态链企业使得小米的 IoT 业务成功跻身世界前列。在 5G 时代来临之际，小米更是提出了“手机×AIoT”，凸显其对于这两大业务领域的重视。

三是对外投资多在被投企业发展初期进行。自 2013 年起，小米便陆陆续续开始对外生态链投资，公开信息显示，小米对生态链企业的投资大多开展于被投企业的发展初期，通过“参股不控股，介入不控制”的做法，小米既为生态链企业的发展提供了资金周转，

---

① 张津嘉．阿里近十年投资超 8 000 亿战投构建阿里系商业生态圈．财富时代，2021（2）：9－10.

② 中国 CVC 机构盘点 | 小米集团：12 年投超 450 家企业 竹林生态的践行者．(2022－04－08). news.hexun.com/2022－04－08/205682086.html.

还为自身打造生态链“护城河”奠定了基础。

四是以投资取代自主研发的轻资产。在进行生态链企业布局时，小米避开了布局庞大、投资回收期长且存在重大不确定风险的自营方式，选择“以投资取代研发”的方式，通过投资拥有技术的初创企业辅助其获得技术成果，并且进一步实现对技术成果的运用。这样的投资方式也帮助小米快速实现了智能生态产品的产品布局与客户获取。

五是生态链投资。小米对于生态链的投资聚焦于初级发展阶段的小微企业，其目标在于通过投资细分行业中有实力的企业，助力其打造出具有强大吸引力的爆款产品，快速获取客户并且提高市场占有率，进而实现压缩竞争对手市场份额的目的。待该企业成为行业中的龙头企业时，小米可以借助这些企业的客户流量和数据实现更高水平的价值变现。①

9.4 创业者与投资者的角色融合

9.4.1 马斯克的创业历程

埃隆·马斯克（Elon Musk），是 SpaceX、特斯拉、PayPal 等公司的联合创始人，并于 2022 年 10 月 27 日收购了全球最具影响力的社交平台之一推特，在 2022 年《福布斯》美国亿万富豪排行榜上，以 2 190 亿美元的身家名列第一，被媒体誉为现实中的“当代钢铁侠”。马斯克在创业以及投资的过程中不断扩大其商业版图，被称为“技术狂魔”以及跨界企业家。2003 年马斯克带资入伙特斯拉，在特斯拉陷入困境时，通过技术研发为特斯拉带来了新的希望。特斯拉的股票也特别神奇，从 2010 年开始上市到 2020 年的十年间从未盈利，但是公司市值却翻了 100 倍。

马斯克在宾夕法尼亚大学毕业后直接保送到斯坦福大学攻读物理学博士，但他感觉属于自己的 IT 时代即将到来，开学不久后便辍学开始了他的创业旅程。当时互联网刚兴起，马斯克和弟弟创办了一个叫作 Zip2 的软件公司，《纽约时报》和《芝加哥论坛报》都是马斯克的顾客。1999 年美国电脑制造商康柏以 2.8 亿欧元买下了这家新公司。马斯克在此次交易中获得近 2 000 万欧元的收益。之后马斯克又发现了新的机会。在电商发展热潮下，马斯克创办了一家在线金融服务和电子支付业务公司 X.com，也就是如今的 PayPal。2002 年，eBay 以 15 亿美元高价收购 PayPal，马斯克获利 1.6 亿美元。但是马斯克的创业之路并非一直顺风顺水。

马斯克成功的创业投资收入让他得以涉足“太空技术”这个领域，继续他学生时代的太空梦想。在出售 PayPal 之后，他在同一年创办了 SpaceX，并且在特斯拉的 A 轮融资中投入 635 万美元。SpaceX 主要经营火箭再生制造业务，马斯克准备了 1 亿美元进行火箭发射的试验，但是三次试验都失败了。2008 年金融危机带来了冲击，特斯拉在生产制造成本中也出现了计算失误，面临各种法律诉讼，生死攸关，马斯克急需融资投入汽

① 小米集团投资战略实施现状，特征是什么？生态链投资特点是什么？.（2022-04-13）. https://baijiahao.baidu.com/s?id=1729984066435294322&wfr=spider&for=pc.

车研发。但是，没有任何投资人对特斯拉有信心并提供融资救助。马斯克孤注一掷将仅剩的 4 000 万美元再次投入特斯拉的研发，特斯拉“起死回生”了。这不仅让特斯拉的团队见识到作为 CEO 的马斯克对于公司的信心以及坚决的态度，也为团队注入了“强心剂”。同年，奇迹出现了，“猎鹰 1 号”在第四次发射试验中成功进入预设轨道，且发射费用远低于美国航空航天局的发射费用。

对于马斯克而言，特斯拉远远不仅是一家电动汽车公司，他在 2016 年利用特斯拉的 26 亿美元全股票收购 SolarCity，将其和特斯拉的绿色能源理念结合起来。SpaceX 也依靠一系列成功的试验和合同，开始获得积极的牵引力。这三家公司在领域上开始慢慢交织在一起，创造更多可能性。

马斯克前两次创业的成功，可能是时代浪潮风口带来的红利，但也正因为如此，他才有信心和资本去实现自己的目标。他转危为“机”的经历，也为他后来进军更高难度的未知领域奠定了基础，助他实现多元化拆分与融合，打破产业门槛的限制，使他成为未来科技的推动者。马斯克吸引各行各业的人才组成强大的商业团队，作为他实现理想的后盾。

9.4.2　马斯克的投资历程

基于过往的创投经历，马斯克转变身份，作为天使投资人投身早期融资阶段的众多高科技企业，以人工智能和生物技术领域的创业企业为重点投资项目。

2003 年马斯克投资了总部位于加利福尼亚州弗里蒙特的 Everdream 公司，该公司主要是向小型企业出售桌面管理服务、管理和修复防病毒软件，并进行数据备份的数据加密管理公司。2007 年马斯克将这家公司卖给了戴尔公司。

2005 年马斯克在萨里卫星技术有限公司的首轮融资中购买了 10%的股份，这将为 SpaceX 做世界上最成功的小型廉价航天器供应商提供一个窗口，为天气监测、通信和其他目的建造、发射和运营小型航天器。

长期以来马斯克一直是可持续发展和绿色技术的倡导者，为了与特斯拉的节能理念契合，他对 SolarCity 进行了大量投资，该公司是美国最大的家用太阳能电池板安装商之一，他也担任该公司的董事长。

2007 年马斯克在 B 轮投资 Mahalo. com 200 万美元，这是一个基于互联网进行交流的网站，于 2007 年 5 月推出。它与谷歌和 Ask. com 等算法搜索引擎以及 DMOZ 和雅虎等其他目录网站不同，追踪并为许多当前流行的搜索词建立搜索结果。

2007 年 1 月马斯克又以 250 万美元投资了创立于 2006 年的网络广告公司 OneRiot。最终，OneRiot 在 2011 年被沃尔玛实验室收购。

马斯克也有为数不多的投资失败案例，例如，他在 2010 年投资 DNA 测序公司 Halcyon Molecular Inc. 1 000 万美元。该公司在 2009 年表示，它希望在不到 10 分钟的时间内以不到 100 美元的价格对 100%完整的人类基因组进行测序，但是竞争太过激烈，公司在 2012 年就倒闭了。

2011 年，马斯克在 DeepMind Technologies 成立当年投资了 165 万美元，该公司在 2014 年被谷歌收购并更名为谷歌 DeepMind。该公司的目标是通过将机器学习和神经科学融合到强大的、多用途的计算机算法中来提供智能解决方案。

此外，马斯克转向投资 1 020 万美元于 PayPal 最大的竞争对手之一——一家名为 Stripe 的在线支付创业公司。Stripe 是一家金融服务公司，于 2009 年创立。2010—2011 年公司处于关键发展阶段时，马斯克以天使投资巨头的身份在种子轮进入。

马斯克也投资了一些领先的人工智能公司，这些公司正在研究如何使未来的智能机器人更加友好，例如成立于 2010 年的人工智能初创公司 Vicarious。马斯克在 2004 年向其投资了 4 000 万美元。根据 Vicarious 的网站，其主营业务是建立一个统一的算法架构，以便在视觉、语言和运动控制方面实现人类水平的智能化功能。

为了降低人们对于人工智能的恐惧，准备好以可控的方式处理潜在的危险后果，马斯克在 2015 年 12 月投资了非营利组织 OpenAI。该组织旨在成为一个研究论文、博客文章、代码和专利的储存库，领先的科学家和机构可以公开合作。马斯克为该公司筹集 10 亿美元资金作出了贡献。

马斯克还投资了 2007 年成立的初创公司 NeuroVigil，该公司开发分析大脑信号的产品，开发了世界上第一个便携式大脑监测器——iBrain。马斯克于 2015 年 5 月投资 50 万美元成为该公司的主要投资人。NeuroVigil 专注于分析大脑的电信号，以帮助药物公司进行临床试验，以及诊断和治疗神经系统和神经退行性疾病患者。

The Boring Company 作为 SpaceX 的子公司，成立的目的是通过建造地下隧道缓解城市交通堵塞，它是马斯克的副业之一。The Boring Company 在 2018 年成为独立实体，并于 2021 年在拉斯维加斯完成了一个隧道项目，使游客能穿梭在拉斯维加斯会议中心的下面。

“超回路列车”（Hyperloop）是马斯克开发的一个概念，用于超快速的城市间旅行。将金属管内的旅行舱打造为汽车、飞机、船只和火车之外的“第五种运输模式”。2017 年马斯克投资 1 500 万美元于超级铁路交通技术公司（HTT），这是一家美国研究公司，基于 Hyperloop 概念，采用人群合作的方式在世界各地开发商业运输系统。

2022 年 4 月，马斯克以 440 亿美元收购推特，成为大股东。他的计划包括通过“用新功能增强产品，使算法开源以增加信任，击败垃圾邮件机器人，并对所有人类进行认证”，让推特“比以前更好”。

图 9－3 是马斯克的创业和投资历程概览。

9.4.3 创业与投资的融合

马斯克是一位全能型的天才，而且他的想法非常前卫。目前马斯克所涉及的领域有很大的发展潜力，甚至可能影响整个人类的文明进程。马斯克作为企业家很重要的特质就是持之以恒、有始有终的态度，所以他成为投资者之后，对创业项目的选择有独到的见解。

马斯克在投资上有三个最重要的优势：坚持不懈、敢于冒险、资源整合能力。

1. 坚持不懈

马斯克坚信“第一性原理”，他坚持用物理学的眼光观察世界，用积极的思维去剥离表面的东西，直到发现它的本质。尽管这样做需要花费大量的精力和时间，但是它会带

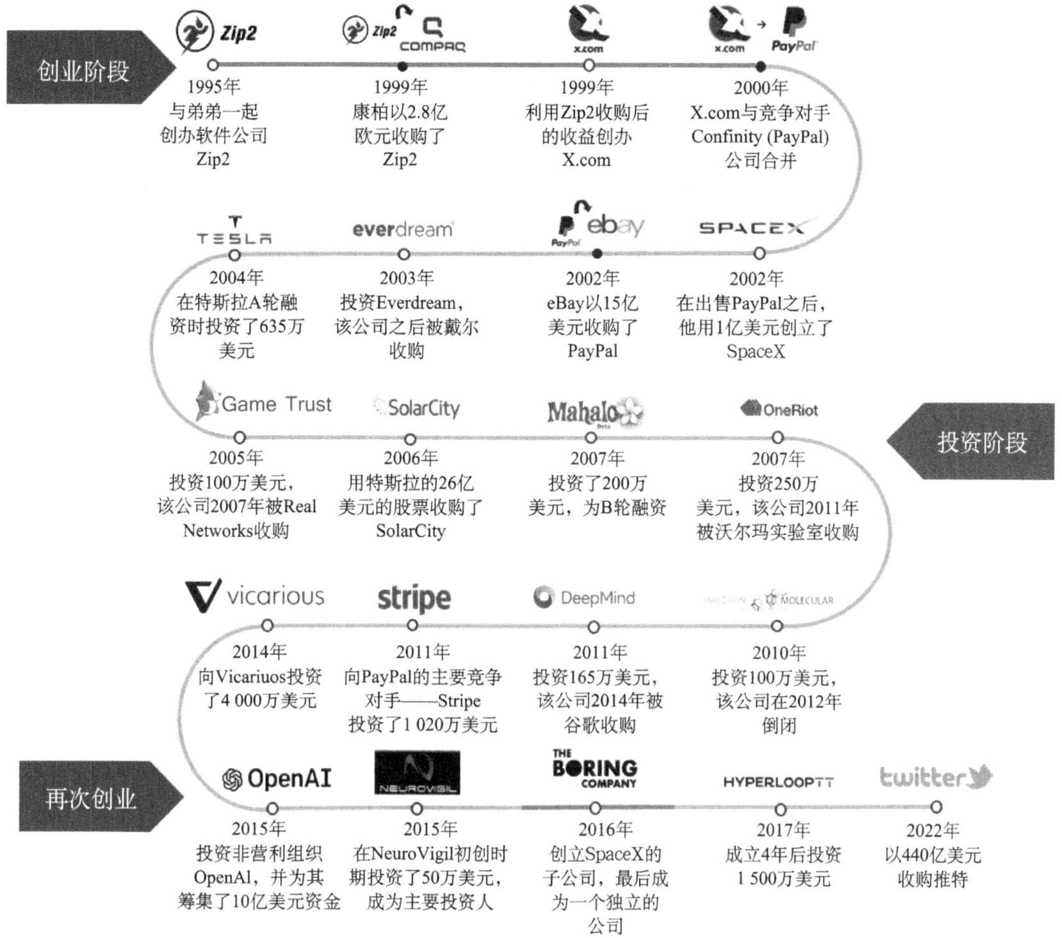

图 9-3　马斯克创业和投资历程

来大量的迭代和颠覆性的创新。早期的创业让他领悟到企业控制权的重要性。Zip2 和 PayPal 的经历曾让马斯克在企业经验管理和权力控制上吸取了重要的教训：引入大量的外部风险投资资金造成了个人股份的稀释，个人在企业中的决策权也相对减少，因此马斯克曾面临被强制剥夺 CEO 的职位，无法实现自己的企业愿景。尽管马斯克在 X. com 的股权和地位上占据很大的优势，但是他最终还是失去了 CEO 的位置。吸取教训后，马斯克对自己的投资和影响力都有严格的控制。在特斯拉的几次融资事件中，马斯克都牢牢地掌控着公司的控制权，保证公司的发展朝着他的目标前进。

2. 敢于冒险

2008 年特斯拉资金链断裂时，马斯克不惜将个人资产全部押注企业。如今，特斯拉股价飙升，市值不断攀升，马斯克却没有减持特斯拉股份。高盛集团和摩根士丹利一直是马斯克的私人借款方，两家公司均承认特斯拉在资本市场的大量交易。马斯克在公司里的收入并不多，但他的目标和股东们的期望是一致的，而且投资者对他对于公司的执着态度是非常欣慰的。他对于投资者的资金也非常负责，他个人资金的投入会让其他投资者更具有安全感。

3. 资源整合能力

马斯克在他的商业蓝图上构建了极具创造性的生态系统。从马斯克的投资事件中不难发现，他所投资的企业都是他了解、熟悉的领域，以及他所熟知和信任的社会关系网络。他过往的投资一开始都是与亲戚、校友之间的合作，通过这种自然的融洽社会关系，除了在管理公司的传统董事会和投资者控制机制上拥有话语权，他还能在人际关系方面有更大的影响力。马斯克的天使投资大多都有他的个人关系在内，例如 2003 年 Everdream 由马斯克的堂兄创立，他之后也联合创办了 SolarCity；2005 年 Game Trust 由马斯克在宾夕法尼亚大学的室友创立；2007 年 Mahalo. com 的创始人与马斯克有共同好友；2007 年 OneRiot 的 CEO 是他的弟弟。马斯克投资的都是他了解的领域，以及他所认识和信任的人。从他的投资项目来看，SpaceX、特斯拉和 SolarCity 属于不同的行业，但是它们之间却有紧密的联系，马斯克通过三家企业共享员工和投资者、共设目标或实际业务的机制形成牢固的生态系统，协作实现企业的最终价值。

此外，马斯克与政府之间的合作也非常微妙，他将特斯拉、SpaceX 和 SolarCity 获得的政府资金中的 30%通过退税和减税等方式释放给消费者，并与政府的绩效目标和消费承诺相联系，这一举措不但实现了对政府的承诺，也促进了下游市场的发展。马斯克在 2014 年开放了特斯拉的专利，这相当于间接地邀请别人加入公司的研究，并且将研究成果以更便宜、更快捷的方式进行外包。这不但为特斯拉节省了大量的成本，而且从长远来看，也是为改善生态系统而共享。2013 年 8 月，特斯拉发布了一份名为 Hyperloop Alpha 的白皮书，为具有革新意义的交通方式的初步研究和构想作了详尽的说明。这一举动激发了大众的想象力，并催生出一群超级创意公司，即他后来投资的 HTT。这是马斯克构建一个生态体系的巧妙方式。当这个系统运行时，一定会考虑利用特斯拉或者 SolarCity 提供的服务，这便是双赢。

当人们谈及马斯克时，似乎总要从特斯拉开始说起。虽然马斯克在进入特斯拉以前已经有两次成功的创业，但是特斯拉对他而言是一个重要的转折点，影响了他后来的投资偏好。马斯克对于高风险企业以及早期融资有非常大的偏好，他的投资领域遍布航天、新能源、人工智能、脑机接口、生物基因测序等，这些领域的共同点是风险太大，并且需要长时间持有才能盈利。但是，马斯克的投资建立在全局整体规划之上，他的投资真谛是“长期持有的价值投资”，价值投资的本质在于企业持续创造财富的能力。投资的关键不在于博弈，而在于在其所信仰的价值体系里实现双赢。马斯克的早期投资以及对企业投后管理的积极投入，至少促成了四个“从无到有”的创新科技计划，其中包括猎鹰 9 号火箭、空间站货运、特斯拉以及星链。马斯克过往的创业经历以及失败的经验使得他与其他的投资人在投后管理上有很大区别，他不但是公司的负责人，更是直接参与项目的设计和开发，并且给出具体的技术方案，充分体现了他的执行力。

在中国，许多创业者和投资者正在走向投资和创业的融合之路。例如小米的创始人雷军，在带领小米蒸蒸日上之后，又摇身一变做投资人，投中网评价其“不仅在创业上登顶，投资上也全面开花”；蔚来汽车的创始人、董事长李斌，在创立蔚来汽车之后，又创立蔚来资本，帮助蔚来汽车进行全产业链布局。创业者和投资者这两种身份不再有难以逾越的鸿沟，一些成功的创业者既拥有闲置的资金，又有在创业中积累的行业资源和经验，甚至能够设身处地为创业者着想；而一些优秀的投资人，随着对产业经验的积累，对于创业机会也有更加敏锐的感知。

9.5　股权众筹成为一种新型融资方式

9.5.1　众筹与股权众筹

众筹活动往往包含三个最基本的要素，即发起人、支持者和平台。其中，发起人主要指的是有创造能力但缺乏资金的人，支持者主要是指对筹资者的故事和回报感兴趣的、有能力支持的人，平台是连接发起人和支持者的互联网终端。创业者将想法或设计以视频、图片和文字的方式进行展示，投资人如果感觉这个想法很靠谱，就可以把钱投资给创业者以换取相应的承诺。

众筹模式按照回报方式的不同，主要可以分为四种：捐赠模式、回报模式、股权模式和债权模式。其中前两种属于购买模式，后两种属于投资模式，见图 9－4。

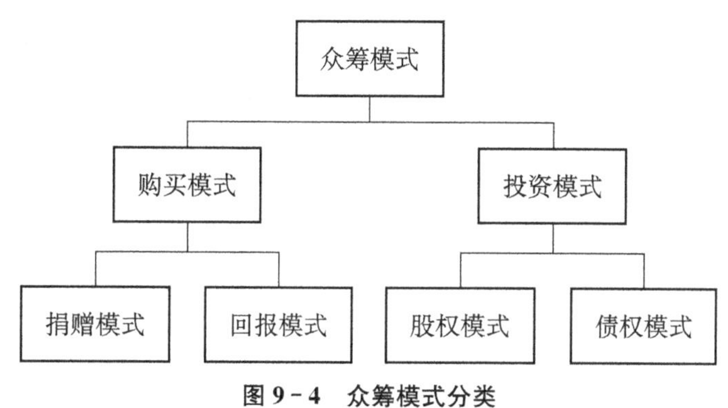

图 9－4　众筹模式分类

（1）捐赠模式。即投资者对项目进行无偿捐赠，例如乡村学校、公益午餐等就是典型的捐赠模式。

（2）回报模式。即投资者投资项目，获得相应的产品和服务。例如京东众筹，消费者投资创业项目获取商品。早期的特斯拉也是靠众筹来研发和生产新能源汽车。

（3）债权模式。顾名思义，投资者投资项目获得一定的债权，例如拍拍贷、人人贷等，债权模式政策已经明确，P2P 最高融资金额为 100 万元。

（4）股权模式。即以投资换股权，例如 36 氪、京东东家等国内较为知名的股权众筹平台。股权模式由于其低成本、小金额、快速、直接等特点，已经成为风险投资活动的有益补充。从有无担保的角度，又可以将股权模式分为有担保的股权众筹和无担保的股权众筹，区别在于众筹过程中是否有第三方公司提供相关权益的担保责任。

9.5.2　股权众筹的监管

近期互联网金融连续“爆雷”，反映了立法滞后、监管缺位、从业者野蛮生长、投资者盲目跟从的乱象。在股权众筹平台野蛮生长期间，国家相关部门多次出台或更新相关政策，希望能够规范国内的股权众筹市场。

1. 中国对于股权众筹的监管政策

2014 年 5 月，中国证监会新闻发布会提到股权众筹“是对传统融资方式的补充，主要服务于中小微企业，对于拓宽中小微企业融资渠道，促进资本形成，支持创新创业，完善多层次资本市场体系均有现实意义”，发布会再次明确了股权众筹对于国内经济发展的意义。2014 年 12 月，中国证监会发布《私募股权众筹融资管理办法（试行）（征求意见稿）》。2015 年 7 月，中国人民银行联合十部委出台了《关于促进互联网金融健康发展的指导意见》，规定股权众筹融资主要是指通过互联网形式进行公开小额股权融资的活动。同年 8 月，中国证监会发布了《关于对通过互联网开展股权融资活动的机构进行专项检查的通知》，通知中明确了股权众筹融资与互联网非公开股权融资活动的区别，全国的股权众筹平台纷纷改名。2016 年，国务院公布《互联网金融风险专项整治工作实施方案》，重点整治 P2P 网络借贷和股权众筹业务，明确股权众筹平台不得发布虚假标的，不得自筹，不得“明股实债”或变相乱集资，应强化对融资者、股权众筹平台的信息披露义务和股东权益保护要求，不得进行虚假陈述和误导性宣传。股权众筹平台未经批准不得从事资产管理、债权或股权转让、高风险证券市场配资等金融业务。

《中华人民共和国证券法》和《最高人民法院关于审理非法集资刑事案件具体应用法律若干问题的解释》也强调了股权众筹的红线。《中华人民共和国证券法》第九条规定：公开发行证券，必须符合法律、行政法规规定的条件，并依法报经国务院证券监督管理机构或者国务院授权的部门注册。未经依法注册，任何单位和个人不得公开发行证券。证券发行注册制的具体范围、实施步骤，由国务院规定。有下列情形之一的，为公开发行：（一）向不特定对象发行证券；（二）向特定对象发行证券累计超过二百人，但依法实施员工持股计划的员工人数不计算在内；（三）法律、行政法规规定的其他发行行为。此类违法属非法证券行政违法行为，归属证券监管机构受理管辖。

根据 2010 年 12 月《最高人民法院关于审理非法集资刑事案件具体应用法律若干问题的解释》，违反国家金融管理法律规定，向社会公众（包括单位和个人）吸收资金的行为，同时具备下列四个条件的，除刑法另有规定的以外，应当认定为刑法第一百七十六条规定的“非法吸收公众存款或者变相吸收公众存款”：（一）未经有关部门依法批准或者借用合法经营的形式吸收资金；（二）通过网络、媒体、推介会、传单、手机信息等途径向社会公开宣传；（三）承诺在一定期限内以货币、实物、股权等方式还本付息或者给付回报；（四）向社会公众即社会不特定对象吸收资金。此类违法属于非法证券类犯罪，归属公检法受理管辖。

2. 美国乔布斯法案

美国在 2015 年批准《乔布斯法案》以规范美国的股权众筹平台行为。美国将股权众筹定义为小额融资，《乔布斯法案》重点监控募资公司、投资人、信息披露和众筹平台四个方面。

（1）募资公司。募资公司在 12 个月内，通过众筹方式发行证券的募资总额最多不超过 100 万美元。

（2）投资人。个人投资者在 12 个月内参与众筹的投资额如下：如果个人投资者的年收入或净值少于 10 万美元，则可以投资 2 000 美元，或年收入或净值较小者的 5%；如果个人投资者的年收入或净值都不少于 10 万美元，则可以投资其年收入或净值较小者的 10%；12 个月内，通过所有众筹方式卖给单一个人投资者的证券总金额不得超过 10 万美元。

（3）信息披露。强制披露证券的公开发行价格或定价方法、目标发行额、达到目标发行额的截止时间，以及募资公司是否接受投资额超过目标发行额；基于募资公司在 12 个月内发行和销售证券的金额的公司财务报表，以及公司的纳税申报信息；财务报表需要由独立公共会计师评审，或是由独立审计师审计；主要管理人员的信息，以及占股 20%以上的大股东的信息。

（4）众筹平台。集资门户（funding portal）需要通过美国证券交易委员会注册成为新型集资门户（new form funding portal），并且成为国家证券协会的成员。符合要求的募资公司一次只能在一个众筹平台上发行证券。

9.5.3　股权众筹的发展与展望

股权众筹作为最新的一种融资方式和融资渠道，通过把互联网技术与金融相融合，大大降低了初创企业的融资成本，提高了融资效率。股权众筹与天使投资、风险投资、私募股权融资、公募、传统融资途径银行、二级市场等形成了一个完整的融资链条，尤其为早期的创业企业提供了新的融资渠道。互联网金融模式为个人提供了新的投融资渠道和便利，满足了普通民众的金融需求。股权众筹平台的发展取决于国内创业的势头，以及早期投资人对于风险与收益的接受情况。

然而，股权众筹融资市场才刚刚开始发展，还没有成熟的行业规则，行业监管也存在较大空白，其背后的商业模式仍需要进一步完善。数字货币众筹平台发起人黄建认为："传统风险投资的投资优势正在逐渐减弱，通过众筹的方式聚拢资金和人才进行投资才是未来的趋势，一切都向扁平化发展。"数字货币的出现，为股权众筹提供了新的发展机会。

数字货币能解决"国际物联网、贸易之间的结算、结汇"问题。数字货币之所以引起全球众多领域的关注，是因为它正在制造一个全球化的快流通，并且流通领域愈大、范围愈广，其适用价值愈高。

数字货币将成为互联网时代的黄金，开启创业融资的全球化。2016 年 1 月 20 日，中国人民银行数字货币研讨会上作出了争取早日推出数字货币的表态，数字货币目前已在深圳等地试行。

【章节回顾】

1. 不同地区风险投资行业的发展与其制度环境密不可分，我国地方政府在推动创业投资繁荣发展上作出了重要贡献，形成了以合肥、深圳和杭州为代表的"创投型城市"。

2. 产业资本助推我国风险投资行业的发展，催生了以大公司为主体的公司风险投资。

3. 股权众筹是创业企业融资的新型渠道，有助于降低融资成本、提高融资效率，其发展高度依赖于我国相关行业规则的完善和规范。

【思考题】

1. 与独立风险投资相比，由政府、大公司主导的风险投资有哪些典型特征？创业企业应该如何选择？

2. 成功的创业者和成功的投资者分别具有哪些特征？请选择一位我国同时具有创业和投资经历的人物，简要分析其投资者和创业者的角色融合。

3. 股权众筹在我国的发展面临哪些机遇和挑战？如何规范股权众筹的发展？

第 10 章

创业金融综合案例[①]

10.1 Facebook 的发展与融资历程

摘要

自 2004 年 2 月 4 日网站上线到 2011 年，Facebook 在短短七年内用户数量突破 6 亿，赶超雅虎，与微软、谷歌一起成为全球三大网站。2012 年，Facebook 在纳斯达克正式上市，创下美国科技公司有史以来规模最大的上市活动。对于高速发展的科技公司而言，如何选择资本伙伴，如何把握融资节奏是支撑企业快速成长的关键。本案例以 Facebook 为研究对象，重点介绍其业务发展与融资历程，分析创始人如何处理资本与控制权之间的关系，如何在提高估值增长和发展业务之间寻求平衡。

案例正文

一、起点：始于哈佛大学宿舍的创业

1. Facebook 创业团队

2004 年 2 月 4 日，实名制社会化网络站点 Facebook 上线。当时哈佛大学学生扎克伯格注册了 thefacebook.com 域名，他和朋友萨维林各出资 1 000 美元，按 70%和 30%分配股权。随后扎克伯格邀请同学加入，形成了 Facebook 最初的四人团队：扎克伯格任首席执行官，萨维林任首席财务官，莫斯科维茨任工程副总裁和首席技术官，休斯任发言人。

扎克伯格是创业团队核心。进入哈佛大学后的第一个星期，熟谙电脑技术的他就推出了自己的第一款产品“Coursematch”，核心功能允许学生根据其他同学的课表进行选课。产品一经推出便广受好评，让扎克伯格尝到了互联网连接用户产生的化学反应的甜头。

之后，扎克伯格再接再厉和两位朋友一起建立了 Facebook 的第一代网站——theFa-

① 本章案例为作者基于公开资料和自身投资实践整理、编写而来，仅供课堂讨论使用，而不是说明对某一管理问题的处理是否有效。

cebook，扎克伯格、萨维林和莫斯科维茨按 65%、30%和 5%的股权结构组建了 Facebook 公司，此时，网站注册人数已经超过了 15 万。

2004 年扎克伯格邀请帕克出任公司总裁。帕克曾成功创建了音乐分享网站 Napster 和在线名片系统 Plaxo 公司。扎克伯格为公司扩张做足了准备，他希望帕克利用组建和运作公司的丰富经验对 Facebook 的组织架构和股权配比进行改良，并希望借助帕克的关系网络，为 Facebook 进军硅谷做准备。

但此时，公司管理团队出现了分歧，萨维林不喜欢硅谷的氛围，对帕克积极帮助扎克伯格寻找新投资者非常不满，他害怕因此失去对公司的控制权。为获得更多融资，扎克伯格重组公司，将股权结构调整为扎克伯格 51%、萨瓦林 34.4%、莫斯科维茨 6.81%、帕克 6.47%。①

在这次重组中，萨维林反对帕克及其主张的融资策略，为维持运转，扎克伯格只得把积攒的自有资金投入公司。几个月后，网站注册会员达到 20 万。萨维林返回哈佛大学继续学业，扎克伯格和莫斯科维茨则留在加利福尼亚州发展公司。

2. Facebook 网站的首次亮相

Facebook 最初能够成功是凭借向大学生提供在实体社区不能获取的信息服务。Facebook 最初只是简单地提供一种更全面的学生指南，包括每个学生的课程计划和社交网络。Facebook 并没有创建一个全新的社区，相反，它是为已存在的实体社区提供更便捷的信息和交流服务。大学生在校园里缺乏一个很好的途径来更多地了解自己社交圈子之外的学生。Facebook 首先按照课程表组织学生，让用户拥有更多机会了解其他学生，根据六度空间理论，一个人和任何一个陌生人之间所间隔的人不会超过六个。互联网服务和通过熟人的熟人拓展网络社交，构成了 Web 2.0 时代 SNS 网站迅猛发展的理论基础。

值得一提的是，与当时流行的 MySpace 等匿名博客网站相比，Facebook 最大的不同是最开始就确立了严格实名制的商业模式，加入 Facebook 必须使用 harvard.edu 的邮箱注册，保证个人简介页面的真实性。实名制是 Facebook 建立熟人社交网络的基础。

截至 2004 年 9 月，Facebook 推出了两大功能，增强用户的交互体验和黏性。第一个功能是留言板（“The Wall”），用户可以在好友个人简介页面下面留言和公开互动。第二个功能是群组，任何人都可以基于任何原因建立一个群组，每个群组有专属简介页面，群组成员可以在群内交流。

二、发展：早期投资的注入

1. 第一轮天使投资

在 Facebook 成立数月后，扎克伯格迎来了新的合作者——彼得·蒂尔。2004 年 9 月，参照 500 万美元的企业估值，蒂尔投入 50 万美元，获取公司 10%的股份和一个董事席位，公司名称也由 thefacebook 改为 Facebook。虽然扎克伯格认为 500 万美元的估值偏低，但因为蒂尔认同其战略构想，不干预公司运作，并且具有运营 PayPal 等公司的成

---

① Facebook 五次融资 凸显扎克伯格治理谋略.（2011-02-24）. https://www.163.com/money/article/6TL9CKBD00253G87.html.

功经验，扎克伯格决定接受投资。扎克伯格把蒂尔亲自出任董事作为接受融资的条件。该轮融资最终总融资额达到了 60 万美元。

此前 Facebook 只有扎克伯格一位董事，蒂尔注资后，重建了董事会，包括蒂尔、帕克、扎克伯格以及由扎克伯格控制的另外一个空余席位，这种安排使公司以外的人在数量上没有优势，从而保证扎克伯格对公司的控制权。

在 Web 2.0 时代，网民已经可以在相当大的自主空间内发布个人信息而不受传统封闭式门户的约束，信息生产与信息传播的主动权在一定程度上回归大众，信息传播的内容多样性、互动便捷性与个性化定制功能大大增强，以个人为中心的 Web 2.0 应用已经摆脱了少数商业精英的控制，自媒体促进了草根阶层的迅速崛起，推动互联网朝着亲和、开放的方向发展，显示出一种全新的传播生态。在这样的发展浪潮下，获得天使轮融资的 Facebook 走上了高速扩张的快车道。截至 2004 年 12 月，Facebook 的用户数量已经突破了 100 万。

2. 第二轮融资

2005 年 3 月，维亚康姆集团提出以 7 500 万美元买下 Facebook，扎克伯格拒绝了收购提议。之后，《华盛顿邮报》提出投资 600 万美元获取公司 10%的股份，在双方洽谈后，扎克伯格坚持投资方的董事需由其老板格雷厄姆亲自出任。由于种种原因，双方正式协议的签署遭到拖延。

在此期间，位于硅谷的阿克塞尔合伙公司向 Facebook 抛出橄榄枝，提出投资 1 270 万美元。这让扎克伯格面临两难选择：《华盛顿邮报》估价低但不干预管理，且已经达成了口头协议。阿克塞尔合伙公司会干涉公司事务，但是给出的估价更高，且是 Facebook 进军硅谷的重要契机。

经过多番考虑，扎克伯格最终决定接受阿克塞尔合伙公司的投资，但他要求对方的主要合伙人布雷耶亲自担任董事，而不是实际负责该项目的合伙人担任董事，以此保证对公司实际控制权。最终，布雷耶以个人名义对 Facebook 投资 100 万美元，同时担任 Facebook 的董事。这次融资造成了萨维林与扎克伯格的决裂，前者带着持有的 5%的股份退出了 Facebook 的管理。但毫无疑问的是，这次融资对于 Facebook 是有益的，仅仅在几个月后，Facebook 网站的注册用户就突破了 500 万。

三、迭代：产品升级与市场扩张

正如埃里克·莱斯在《精益创业》中提到的，创业者需要不断地验证最小可行产品（minimum variable product，MVP）来实现产品的迭代升级。这在 Facebook 的发展中得以体现。Facebook 推出了两大制胜产品：相册与 NewsFeed，并通过市场检验不断迭代。

1. 推出相册，进军图片分享市场

随着图片分享平台（如 Flickr）风靡全球，扎克伯格开始思考在该领域发挥 Facebook 的创造力。相比于 MySpace 平台的高清优质图片，扎克伯格认为 Facebook 赢得市场的独特优势是其平台上沉淀的大量社交关系，用户身边发生的事情会比好莱坞发生的事情有更高的消费价值，用户对于图片的核心关注点是谁在照片里。于是，Facebook 允许用户将图片中的好友标记，供好友查看。图片功能推出一个月后，85%的用户至少在一张图片被标记，70%的用户每天都会登录 Facebook 查看好友的动态更新，85%的用户至少一周登录一次，图片功能极大提升了平台用户活跃度。

2. 推出 NewsFeed，个性化分发信息

2006 年扎克伯格提出，平均每个用户每天最多阅读 300 条新鲜事，因此下一个重大产品更新目标就是将用户感兴趣的好友信息汇集成 NewsFeed，在这里，用户可以随时看到最新动态更新合集。

按照扎克伯格的设想，NewsFeed 借助算法调整用户打开 Facebook 网页之后看到的一切内容，不仅包括好友的状态更新、好友最近浏览内容、重要新闻推送，而且可以在其中植入原生广告或软文。用户所看到的内容都是通过机器对用户习惯的分析做出的智能推荐。

2006 年 9 月 5 日，新产品推出，同时问世的还有 MiniFeed（即个人动态），每个用户从 NewsFeed 中能够看到定制化的好友更新动态。围绕 NewsFeed，Facebook 又设计了一系列产品辅助功能，比如 2009 年推出的“点赞”按钮，这个功能也成为此后社交媒体的标准配置。早期 NewsFeed 的推荐引擎非常简单，考虑的因素也比较少，尤其是涉及展示内容的排序问题。曾参与 NewsFeed 设计的首席产品官克里斯·考克斯公开表示：当时的内容排序就是“拍脑袋”决定的，图片权重要高一些，其他信息的权重低一些。所以当用户登录 Facebook 后，首先映入眼帘的都是权重比较高的图片信息、用户点赞或转发，而用户随后的一系列行为将成为后续内容推荐的依据。时至今日，Facebook 依然不遗余力地在调整 NewsFeed 的算法，力图使用户获得更为精准的兴趣推荐，这项功能也成为公认的 Facebook 的经典产品之一。

3. 扩大用户群，走向全民

Facebook 早期的用户定位是在高校之间形成的不同校友网络，2005 年扎克伯格成功将高中生纳入用户群体后，乐观地认为，Facebook 走向成年人领域的时机已到。但与设想恰恰相反，新产品 Work Network 在职场没有掀起任何波浪，Facebook 在扩张上遭遇了成立以来最大的失败。

Work Network 遭遇的挫折，并未使扎克伯格气馁。他仍然坚持 Facebook 应该服务所有人，他对 Facebook 的定位是底层通信工具，而不是一个年轻人的兴趣社区，既然是工具，就应该人人都能用。随着 NewsFeed 等产品的更新迭代，每天涌入 Facebook 的新用户快速增长，Facebook 成为年轻人争相追捧的潮流代表，优秀的日活量让扎克伯格重新看到了扩大用户群的希望。

2006 年 9 月，在推出 NewsFeed 三周之后，Facebook 宣布开放全民注册，用户只要有邮箱就可以进入网络。一周后，成年人开始不断加入，就如核裂变一般，并邀请他们的朋友加入 Facebook，互相分享点赞日常生活。数据显示，在全面开放注册前，Facebook 日均新增用户约为 2 万，开放后增长到 5 万。Facebook 终于正式宣布完成全民拓展，成为扎克伯格梦寐以求的全民社交平台。

四、加速：平台战略的成功与估值的迅速上升

2006 年初，维亚康姆集团想要注资或收购 Facebook，但最终双方洽谈失败。2006 年 4 月，由格雷洛克公司牵头，联合美瑞泰克资本公司、彼得·蒂尔和阿克塞尔合伙公

司等投资人，按注资前 5 亿美元估价，投入 2 750 万美元，来自格雷洛克公司的斯泽成为 Facebook 董事会的观察员。

2007 年 5 月，Facebook 启动开放平台战略。实际上，早在其成立第二个月扎克伯格就谈论过自己的平台理论——Facebook 可以对标 Windows 或者 Macintosh，成为一个平台，吸引诸多应用开发者为其开发应用。同时扎克伯格更想做一个完全中立的平台，即 Facebook 自身的应用不应该相比于外部应用有任何特权。而此时，他认为推行平台战略的时机已到。NewsFeed 的推出也为 Facebook 推荐其他应用程序提供了重要抓手。

2007 年 5 月 24 日，Facebook 举行 F8 开发者大会，扎克伯格宣布开启 Facebook 的平台计划，平台免费对应用开发者开放。事实证明，活跃在平台上的小程序让 Facebook 以低成本获取用户，6 个月后，一半的用户已至少使用了一款小程序。数据显示，当时的活跃用户数是 2 400 万，每天新增 15 万，用户可以在上面运行各种各样的应用程序。“开心农场”游戏一类的软件像雨后春笋一样在 Facebook 上流行起来。这些生长于 Facebook 的软件公司创造了与 Facebook 一样的销售收入，一些由小程序孵化而成的明星公司（如 Zynga、Playfish 等），总融资达到 3.59 亿美元。

在快速扩张中，平台收集到的大量用户信息最终也被 Facebook 转化为商业价值。2007 年 10 月，Facebook 推出定制广告服务，广告主可以根据用户的个人信息、爱好以及朋友圈子等，选定特定的投放人群。例如，一名将状态改为“已订婚”的用户能看到来自当地婚纱店的广告推送。Facebook 海量的用户信息帮助广告商精确锁定用户，而当用户使用 Facebook 账户和密码登录其他网站时，Facebook 又能了解到他们在上述网站的活动情况。这似乎与扎克伯格给 Facebook 的定义相符：让世界更加开放，更加紧密相连。换句话说，分享用户信息，创造更多商业价值。

Facebook 比其他社交网站更能吸引广告机会，因为其从校园起家的特点，扎克伯格更能让自己的产品深入渗透到一系列微社区（例如各大学校园）内。如果一个地方的广告商想定位一个特殊的社区投放广告，Facebook 是将广告信息传递给观众的最佳途径。在每个微社区内，日均 65%和周均 85%的用户登录率保证了广告商能够非常有效地操作时间导向的广告活动。① 知名品牌的广告商能够通过一次广告宣传覆盖几乎每一位社区成员。Facebook 有大量的机会使自己的盈利渠道多样化。

通过推行主打应用程序和广告推广的平台战略，Facebook 身价倍增，也完成了公司的国际化。令人称道的是，Facebook 几乎没有为非美国用户做任务和产品设计，完全是依托用户的自主流量变现推广和平台战略的扩张力。2007 年 10 月，已经成为互联网公司新秀的 Facebook 开始在谷歌和微软两大巨头间周旋寻价，最后微软同意 Facebook 150 亿美元的估值水平，以 2.4 亿美元的投资获得 1.6%股权。但同时，微软为防止 Facebook 成为谷歌系的一员，双方协商决定禁止 Facebook 接受谷歌的融资。随微软一同投资的还有李嘉诚（1.2 亿美元）、德国的风险投资公司（1 500 万美元）。

2009 年 4 月，Facebook 全球用户数已达 2 亿，覆盖全球各大洲。2009 年 12 月，Facebook 的独立人次达到 4.69 亿。早期进入 Facebook 的机构投资者获得了非常高的回报，

① 蒲开今．美国 Facebook 网站的核心竞争力分析及借鉴．今传媒，2009 (4)：89 - 91.

以阿克塞尔合伙公司为例，该机构在2006年投资了1 220万美元，当时Facebook估值仅数千万美元，2010年底，阿克塞尔合伙公司出售了17%的股票，当时Facebook估值已经超过300亿美元，总体投资回报率超过1 200倍。

五、危机：隐私权纠纷下的估值下降

2009年对于Facebook来说是喜忧参半的一年。前期充足的资金链条和正确的平台战略使得Facebook发展势如破竹。2009年5月，Facebook获得了俄罗斯的数字天空技术投资集团按100亿美元估值投入的2亿美元，再次展现其强大的吸金能力。

但好景不长，全新的互联网社区运营模式使Facebook的内在问题进一步显现。其中最为人所诟病的是积怨已久的用户隐私权问题。Facebook在发展初期，并未在用户体验上遇到太多麻烦，直到2006年推出"动态消息"（NewsFeed能将好友的各种动态汇总自动显示在用户的页面上），此举引发大批用户不满。用户认为自己的隐私遭到了泄露，"做任何事别人都知道，像被跟踪了一样"。扎克伯格立刻为此道歉，Facebook随后做出改动，允许用户对隐私公开进行自定义设置。另外，有人质疑，Facebook方面能够自动登录用户的电子邮箱账户取得其通信录（即用户联络人的电子邮箱地址），从而告知用户有哪些朋友使用Facebook。但是，无人知晓Facebook会用这些密码做什么，这很大程度上加重了社会公众对于信息安全的焦虑。

2009年5月，黑客成功入侵Facebook，盗取部分用户的密码，并发送垃圾邮件。这一行为极大地引发了民众对于互联网社交社区的恐惧，Facebook的商誉也因此损失惨重。这次攻击及其附带的负面影响不仅让Facebook的估值下降，同时也让Facebook走上了为用户隐私重重设防的道路。但时至今日，还常常会有黑客攻击Facebook系统，获取用户账号密码，非法售卖个人信息。

2010年6月，Facebook的总估值达到240亿美元，Elevation Partners向其投资1.2亿美元，2011年1月，Facebook总估值500亿美元，高盛集团和数字天空技术投资集团共投资5亿美元。根据高盛集团向潜在投资者出示的Facebook财务数据，Facebook在2011年前9个月净利润为3.5亿美元，营业收入为12亿美元。同时，2009—2010年，Facebook营业收入大幅增长了180%，净利润增长7倍。谷歌在2004年上市前首次公布财务数据时，营业收入增长率为140%。与谷歌发展的类似阶段相比，Facebook的数据更为乐观。Facebook的现金和现金等价物总额超过10亿美元，而谷歌2004年的现金和现金等价物总额为5.5亿美元。

六、新生：人员变动与战略定位

Facebook在"小步快跑"的融资节奏中，保持不断进化的动力来源不仅仅是强大的产品研发能力，还包括公司在人才引进和商业战略上的不断优化，特别是2004年"硅谷鬼才"帕克以及2008年来自谷歌的桑德伯格的加入，让扎克伯格获得了左膀右臂，在他们的帮助下，Facebook从一个热度未减的创业公司，逐渐成为创造历史的互联网巨头。

帕克：扎克伯格的幕后顾问

肖恩·帕克（Sean Parker）在加入Facebook之前，曾一手创办Napster和Plaxo两家公司，吸引了几千万的用户，在硅谷一举成名，被称为“硅谷鬼才”。

2004 年，帕克偶然发现刚刚起步的 Facebook，敏锐的他立即主动联系当时还在哈佛大学上学的扎克伯格，两人在纽约见面之后相见恨晚。扎克伯格随即邀请帕克加入 Facebook，出任第一任总裁。帕克在早期发挥了难以估量的作用：他促使扎克伯格全职投入网站发展；他吸取自己从前的经验教训，制定有利的融资结构，与风投基金寸土必争，确保扎克伯格在多次融资之后依旧牢牢掌控公司（目前扎克伯格仍然有公司多数投票权）。

虽然帕克只在 Facebook 工作了一年，但他依旧持有 Facebook 的大量股份，他和扎克伯格交情很深，经常就网站发展提供自己的建议。从某种意义上来说，帕克是扎克伯格的幕后顾问。

桑德伯格：扎克伯格的绝佳拍档

2008 年 3 月，雪莉·桑德伯格（Sheryl Sandberg）从谷歌跳槽至 Facebook，负责 Facebook 的销售、营销、收购、合作、人事、公共政策和联络事宜。在她的努力下，Facebook 积极应对长期困扰自身的用户隐私问题。同时，在桑德伯格的协调下，Facebook 确定了依靠数据实现广告盈利的商业化战略。

2007 年，Facebook 收入 1.5 亿美元，净亏损 1.4 亿美元，仍处于烧钱状态。桑德伯格加入后，开始推行商业化战略，她认为 Facebook 可以根据海量数据，从用户消费行为创造需求。例如，谷歌能够帮助消费者找到最合适的数码相机，但谷歌无法让消费者产生购买念头，而这正是 Facebook 应该关注的市场。在她的倡导下，Facebook 推出了“参与广告”，它类似于现在的朋友圈广告，广告主可以推出多种和用户互动的广告，而用户则可以评论并和朋友互动。很快，“参与广告”成为 Facebook 最重要的广告产品。

在这之后，Facebook 的广告收入突飞猛进。2009 年，Facebook 财报显示，公司的广告收入达到 7.8 亿美元，同比增长 185%，其中品牌广告收入达到 3.4 亿美元。Facebook 的估值也从 500 万美元跃升至超过千亿美元。Facebook 的成功源于其将定位从简单的社交扩展到对大数据的掌控。

数据显示，2021 年全年，Facebook 广告均价同比增长 24%。Facebook 2020 年第四季度广告收入为 271.87 亿美元，2021 年第四季度增长为 326.39 亿美元。截至 2022 年第二季度，Facebook 拥有超过 1 000 万广告商。

七、上市：打破全美科技公司 IPO 记录

2012 年，Facebook 在纳斯达克 IPO，创下美国科技公司有史以来最大规模的上市活动。Facebook 筹集了 160 亿美元资金，成为美国有史以来第三大 IPO，仅次于 2008 年的维萨 IPO 和 2010 年的通用汽车 IPO。在科技市场，此前规模最大的 IPO 是杰尔系统上市，融资 41 亿美元。

Facebook 上市时已经是互联网的主导品牌之一，在全球拥有超过 5 亿日活跃用户和 10 亿美元的季度营收。2020 年，历经 16 年风雨的 Facebook 仍然是全球下载量排名第二的应用程序。Facebook 旗下的另外三款主要应用也上榜，分别是：排名第三的 WhatsApp，排名第四的 Instagram，排名第六的 Facebook Messenger。

2021 年 10 月 28 日，Facebook 母公司宣布改名为 Meta，正式从社交媒体向元宇宙

进军。扎克伯格同时还公布了打造“元宇宙”的计划，Meta 平台将成为一个全新的、功能更多元的互联网社交媒体形式，借助 VR 和 AR 技术及设备，吸引用户在 3D 虚拟世界中，建立一种类似于现实世界，可以进行人际互动，能满足工作、交流和娱乐的空间。

案例讨论

1. 是什么力量让一个大学生在七年时间里成就 Facebook？是技术、商业模式还是资本？

2. 企业估值与业务发展之间有何联系？如何平衡估值增长与企业发展？

3. 在经历了互联网行业发展的 Web 1.0、Web 2.0、Web 3.0 时代，下一个创业风口会在哪里？元宇宙会成就 Facebook 的新辉煌吗？

附录一：Facebook 的创始团队

姓名	职位	创办/加入 Facebook 的缘由	股份
马克·扎克伯格	创始人及首席执行官	从小热爱计算机技术，学校里的经历为其提供灵感，他创办了 Facebook 网站，一举成名	65%
爱德华多·萨维林	联合创始人及首席财务官	大学时与扎克伯格一起建立了 Facebook，担任首席财务官，随着 Facebook 在美国各大学迅速扩张，萨维林和扎克伯格因意见不合而产生矛盾，后续由于外来投资越来越多，萨维林在 Facebook 中的话语权也逐渐消弭	30%
达斯汀·莫斯科维茨	联合创始人及工程副总裁	扎克伯格在哈佛大学的室友，技术出身，作为 Facebook 的共同创立者担任公司的首席技术官及工程副总裁，2008 年离开 Facebook，获得 6%的股份	5%
克里斯·休斯	联合创始人及发言人	毕业于安多佛菲利普斯学院和哈佛大学，在宣传上展现出独特才能。休斯不仅是 Facebook 网站的四位创始人之一，还协助奥巴马当选美国总统。后续推出了慈善事业版的 Facebook——Jumo 网站	

资料来源：Facebook 完全历史 . http://zt. blogchina. com/2012zt/facebook1/.

附录二：Facebook 的融资历程

时间	里程碑事件
2004 年 2 月	thefacebook. com 上线
2004 年 9 月	获得天使投资 50 万美元，估值 500 万美元
2005 年 5 月	获得 1 270 万美元的 A 轮投资，估值达 1 亿美元
2006 年 4 月	获得 2 500 万美元的 B 轮投资，估值达 5.25 亿美元
2007 年 10 月	获得 2.4 亿美元的 C 轮投资，估值达 150 亿美元
2009 年 5 月	获得 2 亿美元的 D 轮投资，总估值达 100 亿美元
2010 年 6 月	获得 1.2 亿美元投资，总估值达 240 亿美元
2011 年 1 月	获得 5 亿美元投资，总估值达 500 亿美元
2012 年 5 月 18 日	上市当天的市值达 1 152 亿美元

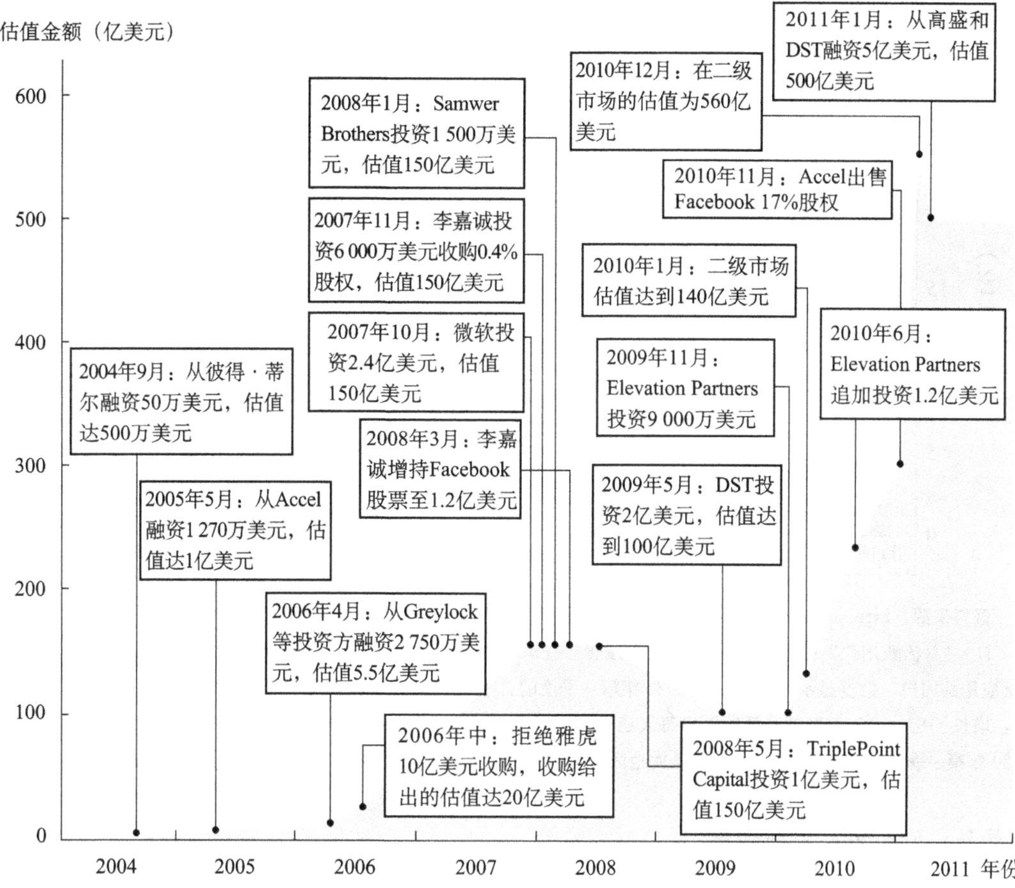

附录三：Facebook 的用户规模

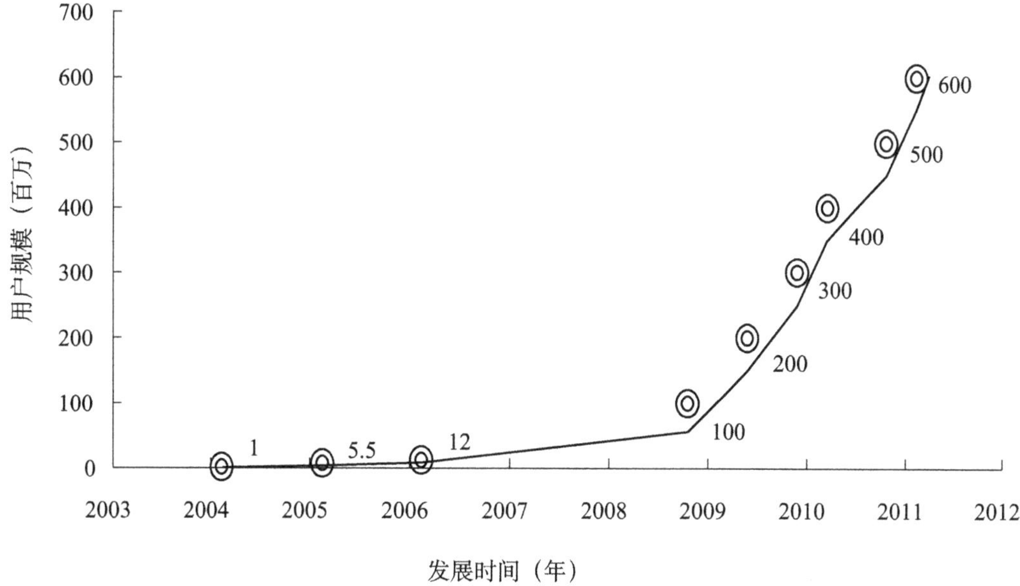

附录四：Facebook 日活跃用户（DAU）规模

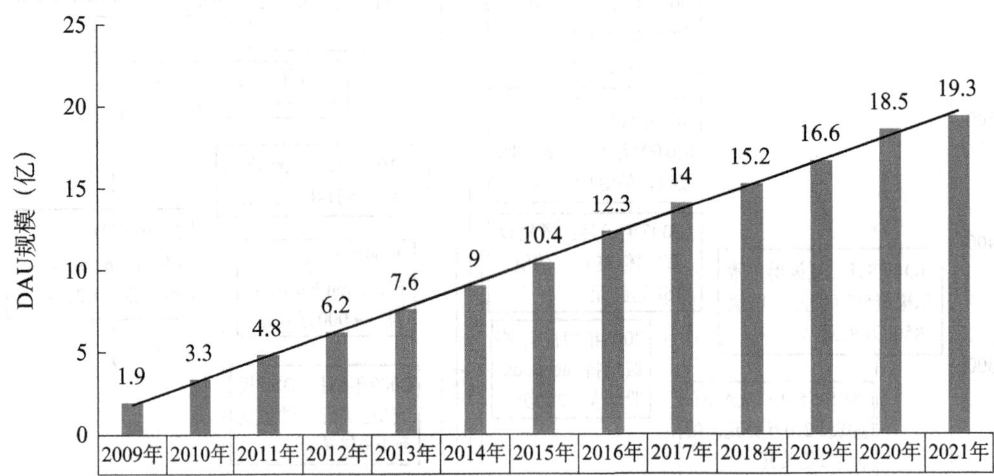

资料来源：https://www.statista.com/statistics/1092227/facebook-product-dau/.

注："日活跃用户"指的是在 Facebook 上注册并登录的用户，或者是在某一天通过网站或移动设备使用 Messenger 应用的用户。数据显示，Facebook 2021 年第一季度的日活跃用户规模从 2020 年第一季度的 17.3 亿增长到 18.8 亿，增长了 8%。65.96%的月活跃用户每天通过移动设备或桌面登录，23.79%的世界人口每天使用 Facebook。从 2020 年第一季度到 2021 年第一季度，亚太地区和欧洲地区是 Facebook 日活跃用户增长的主要贡献者。

附录五：Facebook 营收情况

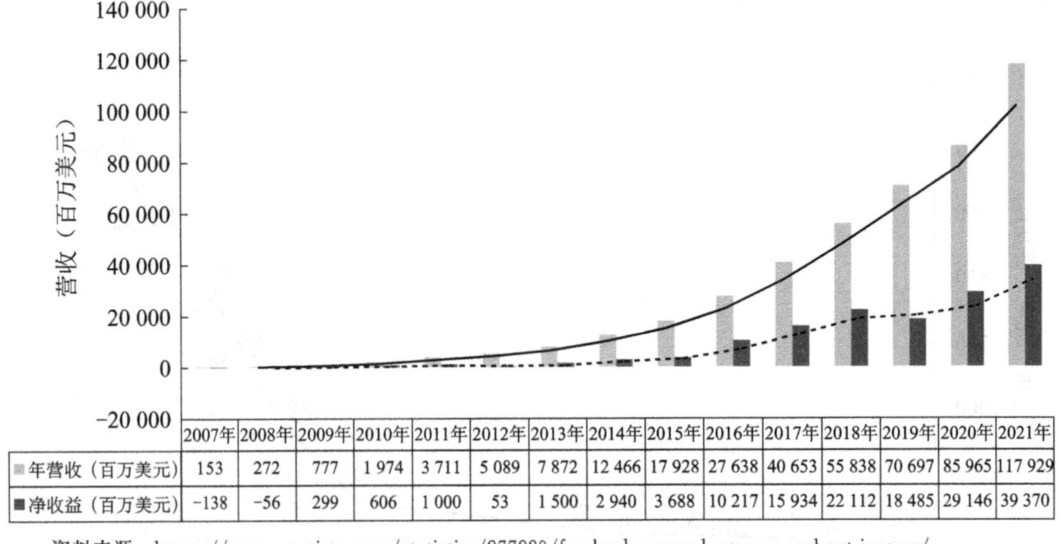

	2007年	2008年	2009年	2010年	2011年	2012年	2013年	2014年	2015年	2016年	2017年	2018年	2019年	2020年	2021年
年营收（百万美元）	153	272	777	1 974	3 711	5 089	7 872	12 466	17 928	27 638	40 653	55 838	70 697	85 965	117 929
净收益（百万美元）	−138	−56	299	606	1 000	53	1 500	2 940	3 688	10 217	15 934	22 112	18 485	29 146	39 370

资料来源：https://www.statista.com/statistics/277229/facebooks-annual-revenue-and-net-income/.

10.2　豆瓣网的未来：月亮还是六便士？

摘要

2005 年 3 月 6 日，豆瓣网正式上线。豆瓣怀揣着文艺与理想一路前行，却也因此陷入了自我束缚的商业模式，商业化进程缓慢。作为互联网公司中典型的一家“慢公司”，如何平衡现实与情怀、如何转型是豆瓣面临的挑战。本案例以豆瓣为对象，以豆瓣的诞生、发展、转型和挑战为脉络，介绍豆瓣的创始人、融资历程以及业务发展历程，呈现豆瓣在理想和现实中不断调整和打磨商业模式的过程。

案例正文

始于原创和情怀的豆瓣曾经是一代代年轻人心中的文艺圣地、美好的社区乌托邦。豆瓣是独特的，它的生产动力来源于用户自身，拥有高度自由和开放的表达环境，利用权威评分和个性化评论吸引用户，以书籍和影音为切入点精准聚焦文艺青年，通过小组的方式为用户打造心灵家园。从一开始，豆瓣便满怀文艺社区的理想。

然而，豆瓣“清高佛系”的气质也限制了豆瓣的商业化。豆瓣为何不上市？很多人在十年前就曾发问。2021 年 3 月，知乎向美国证券交易委员会提交 IPO 申请，计划在纽约证券交易所挂牌上市；同年 3 月 29 日哔哩哔哩在港二次上市。相比而言，同为在互联网时代起家的“小而美”的代表，豆瓣创立时间更早，但商业化的步伐似乎更为谨慎和缓慢。[①]

一、“阿北”其人

杨勃是豆瓣网的创始人兼 CEO，以网名“阿北”为人所熟知。阿北从小便具有极高的物理天赋，被保送到清华大学物理系就读本科，后来博士毕业于加利福尼亚大学圣迭戈分校。1998 年，阿北的第一份工作是在 IBM 担任顾问科学家，2000 年，阿北毅然决然地从 IBM 辞职。

阿北是一个文艺的理工男。他喜欢音乐、电影、读书，并乐此不疲地写乐评、影评、书评。阿北是个低调的人，曝光度很低。在团队中，阿北有耐心，善于倾听。阿北说话语速比较慢，对话时回应也比较慢，思路却很清晰。

阿北文艺且充满理想主义，体现在豆瓣文艺、清高、不妥协的氛围。阿北也被称赞为“一个沉得住气的开拓者”，在浮躁的社会中沉稳地经营豆瓣，塑造了豆瓣与众不同的气质，将豆瓣变成一个与世无争的“精神角落”。

二、豆瓣的诞生和两轮天使投资

1. 豆瓣的诞生

2000—2004 年，刚回国的阿北在北京参与了有关供应链管理解决方案的企业“快步

---

① IPO 大门前，为什么只有豆瓣掉队了. https://www.jiemian.com/article/5832540.html.

易捷”的创立，并担任首席技术官，获取了首次创业的经验。阿北认为这次创业经历“更多的是受到了当时创业热潮的感染，并没有想好自己能做什么。跟当年很多怀有远大理想的企业一样，‘快步’的目标是成为中国最重要的物流 E 化方案供应商。但是经历了融资、‘烧钱’等过程之后，‘快步’却没能朝着目标再前进一步”。

2004 年 7 月，阿北决定创业。阿北最早想要创建的是一个叫作“驴宗”的自助旅游类网站。不过，“驴宗”只是“豆瓣”的实验品，“相对旅游而言，看书、听音乐、看电影是一种更加普遍的需求，也是我的爱好”，于是，阿北更换了选择。

阿北最初发现没有人做分享电影、音乐、书籍的平台，于是就自己开始做。阿北的初衷是以“兴趣和发现”为逻辑建立人与物与人的联系。凭借初心，阿北仅用三个月就写出了豆瓣的源代码，并以豆瓣胡同的名字命名。几个月后，豆瓣上线，阿北对豆瓣的定位是书籍和影音周围的“社区网站”，口号是“萝卜青菜，各有所爱”。

2005 年 3 月，由阿北一个人开发和运营的豆瓣作为一款社区产品正式上线。阿北起初想把豆瓣注册为一个非营利组织，后来发现在中国非营利组织不能依靠广告支持，并且注册流程非常复杂，最终才将豆瓣注册为一家商业公司。但阿北骨子里对商业化仍然保持着非常谨慎的态度。①

在豆瓣上，用户可以标记自己喜欢的书籍、电影和音乐，豆瓣会根据标记推荐合适的内容。尽管一开始被这片“荒原”吸引来的用户极少，但用户黏性却极高。

在豆瓣之前，从未有过一个以评论和推荐为主的网站，豆瓣的创新在中国乃至世界都是首屈一指的。豆瓣成为了原创 Web 2.0 的标杆。豆瓣以“豆瓣电影评分”和“商业独立”为原则和策略，始终如一。豆瓣开始成为国内电影书籍评分最权威的网站，核心是“不屈服于名利”“尊重用户”，因此受到用户的喜爱。

2. 两轮天使投资

创业之初，阿北说用 20 万元人民币（约 2.5 万美元）就可以做出一个雏形来，可二次创业的阿北连 20 万元的初始资金也拿不出来。

开始编写豆瓣网站程序不久，阿北就想到了天使投资。阿北找到了自己的大学同学、好友梁文超，他当时正在硅谷的 Maxim 公司工作。

2004 年底，梁文超投资了 1.5 万美元，并鼓动同事投资 1 万美元。当时并没有签订协议，只是口头上的君子协定，梁文超是出于信任才把钱“借”给了阿北。于是，阿北成功筹集到第一轮 2.5 万美元的天使投资。关于天使投资人的回报问题，阿北回应：“我们当时就说好了，一年后他们可以选择是让我还钱还是把投资转换成公司的股票。”这种做法相当于阿北风险自担。

2005 年底，梁文超等人按照约定选择将 2.5 万美元的投资转换成公司的股票，而那时，豆瓣的估值已经达到约 67 万美元。2006 年初，阿北获得第二轮 6.5 万美元的天使投资，此时公司估值百万美元。

---

① 豆瓣不识阿北. https://news.pedaily.cn/202204/490821.shtml.

三、豆瓣的发展和三轮风险投资

1. 豆瓣的核心功能

豆瓣的核心是用户自行编辑内容形成的个人中心和网站分享中心。豆瓣集合了Web 2.0的各项重要技术，包括社会性网络服务（SNS）、维客（wiki）、简易信息聚合（RSS）、标签提取（TAG）、博客（Blog），实现了豆瓣“趣味相投”“个人形象塑造”以及评论导向的功能。

豆瓣的内容都是用户生产的，目前豆瓣已经有书籍、电影、音乐几个类别的近100万条目录。豆瓣使用标签提取技术为用户撰写的读书笔记“贴上”标签，用聚合简易信息技术聚合内容，用户只需要点击“我看过”“我听过”“我想过”“我正在听”等，就可以拥有自己的个性“书单”。豆瓣会根据用户行为判断用户的爱好，并马上推荐用户最可能感兴趣的内容。但是，豆瓣也存在信息良莠不齐的问题，增加了用户筛选信息的难度，降低了豆瓣信息的性价比。

社会性网络服务是豆瓣最主要的盈利来源，与电子商务类似，用户看到感兴趣的东西，可以在网站推荐的网店购买，豆瓣为用户提供了相关价格的比较，并获得销售分成。

豆瓣的评分和点评机制是豆瓣的核心功能，豆瓣已经成为电影文学作品比较权威的点评平台。豆瓣的评分系统通过每个用户的评分和评论形成，但也存在恶意“买水军刷评分”的威胁。豆瓣的评分系统不能为豆瓣带来利润，其他点评网站的兴起也给豆瓣带来了用户被抢夺、利润被蚕食的威胁。

2. 豆瓣的业务发展历程

豆瓣的业务可以分为营收业务和用户增长业务。豆瓣的业务体系已经发展得非常成熟：在营收业务层面，豆瓣有流量变现、知识付费和电商业务，主要包括豆瓣时间、豆瓣FM、豆瓣阅读、豆瓣豆品和豆瓣影业等；在用户增长业务层面，豆瓣以书、影、音为切入点，结合兴趣社区，做大社区内各垂直领域的流量，主要包括豆瓣影视、豆瓣读书、豆瓣音乐、豆瓣同城、豆瓣小组等。

（1）业务发展初期——功能创新和完善时期。

1.0版本的豆瓣是一个偏向工具性质的产品，只有读书和小组功能，基本上是一个对书、影、音等条目进行评分、标记、收藏与讨论的平台。“一开始，豆瓣只需要关注书评、书籍推荐等网友看中的核心价值就可以了。”当时的阿北满怀着热爱和情怀，想把豆瓣注册为一个非营利组织，却因为手续的复杂和条件不满足，把豆瓣注册为一家营利性公司。谈及“豆瓣未来规划”，阿北答道：“我对豆瓣的期望，不能用数字来描述。我希望它能促进文化产品的多元化发展。譬如，即便是很生涩的书，你也能在豆瓣找到同道中人，无论多匪夷所思的爱好，你也能在豆瓣小组中发现同好。”

成立一年，豆瓣功能的创新和完善都是阿北一人在与豆瓣用户的互动中逐步实现的。在书评的基础上，阿北逐渐新增了“以书会友”“比价系统”“二手交换”等功能，还增加了电影和音乐等方面的内容。

2005年4月9日，小组藏书功能开通。豆瓣小组是被算法迅速聚集起来的志趣相同的趣味群组，用户可以在趣味圈中分享和了解任何事情。2005年4月19日，豆瓣增加

“和你口味最像的人”的功能，还在部分书籍的介绍页里开通了“豆瓣成员认为类似的书”功能。只要在豆瓣有超过八本书或电影的清单，网站就会自动推荐口味最接近的豆瓣小组。豆瓣社区以用户原创内容、内容推荐、社交互动为发展方向，将生活中具有相似爱好的用户聚集在一起，在小组内讨论交流，分享生活。“物以类聚，人以群分”的运营机制有利于豆瓣培养深度“潜水”用户，吸引新用户，并且可以有效增强豆瓣用户的黏性。①

“比价系统”的上线让豆瓣真正发展成庞大的社区。比价系统收录互联网各大图书网站的图书售价，方便用户挑选。这一功能将豆瓣推入飞速发展阶段。早期豆瓣的主要收入来源是和当当网等网站的收入分成，豆瓣通过提供“比价服务”将有购买意向的用户链接到相应网站，用户每完成一笔消费，豆瓣能够得到10%的回报，这被阿北视作一种“优雅的赚钱方式”。在用户数量经过一轮激增后，阿北也顺势与卓越网（现亚马逊中国）、当当网等各大网上书城展开合作，靠广告推广维持经营。尽管如此，阿北对于广告投放的次数、广告的调性都有极高的要求。豆瓣最辉煌时刻每十次点击便会促成一次购买行为。策源创投投资人赞叹道：“通过长期的观察和接触，我们逐步感觉到杨勃是一个实实在在做事情的人。在相当长的一段时间内，基本上都只是杨勃一个人在做豆瓣，而且做得越来越有声色。”

2005 年 5 月 2 日，因为小组“爱看电影”的迅猛发展，豆瓣电影单列开通上线。2005 年 7 月 18 日，豆瓣音乐单列开通上线，主要提供唱片数据服务，是乐迷们分享、获取音乐信息的重要来源。2005 年 8 月 23 日，豆瓣同城上线，帮助用户获取城市活动信息，活动类型包含音乐、戏剧、讲座、聚会、电影、展览、公益、旅行等。2005 年 10 月 7 日，豆瓣开通二手书碟交换功能。

2005 年 12 月，豆瓣已经有 5 万多名注册用户。2006 年 3 月，豆瓣正式上线一周年之际，注册用户数已经超过 11 万，拥有 4 000 个小组。截至 2006 年 6 月 30 日，连同阿北在内，豆瓣一共只有五名正式员工，还都是豆瓣前 2 500 名注册用户，但豆瓣却给当当网贡献了上百万元的销售额。从用户当中发展员工的好处是他们自己对豆瓣比较熟悉，有感情，能从用户角度对功能发展提出见解。

2007 年，豆瓣影视网站成立，以互联网方式向用户提供影视、动漫、游戏、综艺、体育等娱乐内容服务。2007 年 8 月，网站依托 P2P 技术，向用户实现全面免费，豆瓣影视成为无须注册并且完全免费的互动娱乐网站，赢得了众多用户的支持与喜爱。2008 年 11 月，豆瓣推出音乐人页面。2009 年，豆瓣开发的个性化音乐收听工具——豆瓣 FM 上线。豆瓣 FM 可以根据用户的喜好，自动发现并且播放符合用户音乐品位的歌曲。

（2）业务发展探索时期——盈利模式探索时期。

2010 年，豆瓣推出了自己的广告产品，主要包括展示类广告、品牌小站和豆瓣 FM 中的音频广告，豆瓣团队也围绕豆瓣读书、豆瓣 FM、豆瓣电影、品牌广告的产品线构建了完整的产品和运营团队。阿北对于投放广告非常谨慎，追求“不庸俗的商业化”，并制定了非常严格的广告规则：每天只开放 1/4 的流量给广告；一个产品广告，用户一天内只能看到一次。到 2012 年 11 月，豆瓣已经与将近 200 个品牌合作，为它们提供定制

---

① 豆瓣不识阿北．https://news.pedaily.cn/202204/490821.shtml.

化的广告方案。这些品牌横跨汽车、时尚、IT、家电、旅游、奢侈品、化妆品、快消品等多个领域。在豆瓣看来，合作的品牌是否为世界500强并不重要，最核心的原则是品牌的定位要与豆瓣的用户高度贴合。

2011年1月26日，读书笔记功能上线。2012年，豆瓣读书每月有超过800万的来访用户，上亿次的访问次数。2012年5月7日，豆瓣阅读商店上线，正式发售作品，内容多元，拥有《世界文学》《外国文艺》《环球科学》《新发现》《九州幻想》等内容提供方。

2012年5月，豆瓣电影上线在线购票和选座业务。2013年1月7日，豆瓣发布旗下电台产品的升级版——豆瓣 FM Pro。2014年，豆瓣音乐与 V Fine Music 合并。

（3）业务发展成熟时期——移动端时期。

豆瓣1.0。2014年8月，豆瓣移动端 App 在苹果应用商店上线，在移动互联网兴起的黄金三年里，豆瓣陆续上线12款 App。

豆瓣2.0。2014年12月，豆瓣 App 2.0 版本发布，其不再局限于书影音内容，收集更多好内容，在美食、旅游、技术宅等兴趣标签中呈现，覆盖大众生活的各个方面。截至2014年底，豆瓣注册用户突破1亿，月活跃用户2.7亿。大量互联网上的好内容在豆瓣被创造和分享。2015年3月，移动版的豆瓣小组上线。豆瓣评分使豆瓣在市场中站住了脚，多元化的书影音市场和年轻化的用户群体给豆瓣社区带来了机遇。豆瓣社区慢慢从兴趣社区转向生活社区，情感生活、娱乐八卦、追剧吐槽等形成了豆瓣社区的基调。

豆瓣3.0。2015年11月，豆瓣3.0版本上线，标语是“和有趣的人做有趣的事”，主推新板块“小事”，从人与信息的联结转变为人与人的联结，社交属性在移动端得到加强。社交功能“小事”被置于豆瓣首页，底部新增“精选”“书影音”“圈子”功能，是豆瓣移动端的一次重要升级。

豆瓣4.0。2016年7月，豆瓣4.0上线，豆瓣在产品层面更加重视原创，注重内容生产，引入“赞赏”的功能。2016年8月，经过半年试水后，豆瓣影业公司成立，豆瓣正式涉足电影制作。2017年3月，豆瓣时间上线。作为一款内容付费产品，豆瓣时间邀请学界名家、行业达人，精心制作了付费专栏。豆瓣时间旗下的青椒学院开设许多线上课程供用户学习。

豆瓣5.0。2017年7月，全新的豆瓣5.0在首页设置了“豆瓣时间”“市集”与“豆瓣书店”三个导航模块，宣告豆瓣进军知识付费市场与精品电商市场。豆瓣内部进行业务调整，关闭一些长期没有起色或小规模营收的产品和业务，包括一拍一、豆瓣东西、同城票务交易和一刻，更聚焦核心业务。产品线主要是基于豆瓣 App 和用户内容的扩展；商业线主要是广告、豆瓣时间和豆瓣市集。2017年7月，豆瓣豆品上线。豆瓣豆品是一款以科技推广和应用服务为主的电子商务产品，商家可以在平台上销售出版物、食品、工艺品、服装、日用品、家用电器、电子产品等商品，用户可以获得技术推广、技术进出口、代理进出口等服务。

豆瓣6.0。2018年8月，豆瓣6.0版本上线。豆瓣回归初心，以书影音为入口，基本建立了“书影音评分工具＋兴趣社区＋知识付费＋精品电商”的成熟业务模式，并以泛娱乐市场、知识付费市场与电商市场为主要目标市场。近几年，随着国内电影产业和网络视频行业进入高速发展阶段，泛娱乐市场的繁荣必然带动更多的用户去豆瓣评分、评论，而豆瓣榜单、豆瓣评分和豆瓣热评等模块也将大量用户引流到视频网站观看视频与电影，形成良性的双向业务发展模式。

豆瓣7.0。2021年1月25日，豆瓣App 7.0版本上线。相比于6.0版本，新版本的关注点从功能转移到社区，围绕“社区”进行更具体深入的环境改造和设施升级，除了进一步强化个性化表达与社交互动机制，豆瓣也对社区内容进行整合，让用户可以持续创建话题。在2021年综合社区类App排名中，豆瓣排名第五，见表10-1。权威的书影音评分工具吸引了客户，而豆瓣小组则增强了用户黏性，真正留住了客户。

表10-1　2021年综合社区类App排名

App	活跃人数（万）	活跃人数全网渗透率	活跃人数领域渗透率	活跃人数行业渗透率	启动次数（万次）	启动次数领域渗透率	启动次数行业渗透率	使用时长（万小时）	使用时长领域渗透率
全网	102 719.5	—	—	—	—	—	—	—	
社交	101 644.8	99.0%	—	—	67 492 434.1%	—	—	4 782 201.2	
综合社区论坛	22 738.8	22.1%	—	—	940 377.5%	—	—	107 602.8	
小红书	11 174.9	10.9%	11.0%	49.1%	467 108.9%	0.7%	49.7%	59 816.7	1
知乎	5 913.8	5.8%	5.8%	26.0%	207 538.2%	0.3%	22.1%	22 920.6	0
百度贴吧	3 595.4	3.5%	3.5%	15.8%	165 987.8%	0.2%	17.6%	16 388.4	0
OPPO社区	1 369.5	1.3%	1.3%	6.0%	4 333.5%	0.0%	0.5%	125.9	0
豆瓣	883.8	0.9%	0.9%	3.9%	54 732.7%	0.1%	5.8%	5 027.9	0

3. 豆瓣的三次融资历程

外界投资一直是豆瓣资金来源的重要支柱。阿北原本并不打算过早地寻找机构投资，但2005年以来中国创业投资市场竞争加剧，风险投资机构率先找到阿北。最先找到阿北的是IDG资本的投资经理。早在2000年，IDG资本就投资了阿北参与创立的快步易捷。2005年6月，IDG资本注意到刚刚起步的豆瓣。在获得投资前，阿北半推半就地见了15家左右的投资机构，最终选择了有本土背景的联创策源。

不过，联创策源创始合伙人冯波并非与豆瓣“一见钟情”。尽管冯波很早就已经是豆瓣的注册用户，但是豆瓣上线时间短，用户少，冯波难以找到足够的理由说服自己投资。2006年6月1日，经过几个月的接触与讨论，双方正式签署了投资意向书。

A轮融资。2006年6月下旬，豆瓣获得了来自联创策源的200万美元A轮融资。为了维护豆瓣初创团队的主体地位，阿北选择了联创策源的投资，“策源出价其实并不是最高的，但它是一只很新的基金，这就从时间框架上允许它看得比较远”。

2007年，豆瓣的用户达到100万。豆瓣内容从最初的豆瓣音乐、豆瓣图书、豆瓣电影扩展到人们生活的方方面面。同时，豆瓣给工程师提供了一个宽松的环境，他们几乎不用背负用户数量的配额。阿北直言：“我们做的是别人没有做过的产品，我们需要不断地去摸索和试错。用户数量的增长是自然而然的事情。”

B轮融资。2009年底，豆瓣获得了来自挚信资本和联创策源的近千万美元的B轮风险投资。2011年，豆瓣上线了广告平台，截至2013年8月，已经有超过200个品牌客户在豆瓣投放广告。但豆瓣对广告主采取有选择性地合作，拒绝了很多与豆瓣“气质”不符的品牌。豆瓣对广告质量的要求也很高，豆瓣与雀巢公司、路虎、大众汽车和英国航空公司等合作的广告，还曾获得中国广告长城奖。阿北遵循“以用户为中心”的原则，只在有限领域做出不损害自身品质的商业化尝试。在 2011 年谷歌列举的全球 1 000 个访问量最高的网站中，豆瓣排名 172 位，甚至高于世纪佳缘和京东商城。

C 轮融资。2011 年 9 月，豆瓣获得了来自挚信资本、红杉资本和贝塔斯曼亚洲投资基金共同投资的 5 000 万美元的 C 轮风险投资。2012 年，豆瓣日均页面浏览量曾达到 1.6 亿；而在商业化上，豆瓣当时对外的表述还是“已接近盈利”。

豆瓣的资金运营在社区网站中算是比较顺利的，资金支出主要用于维护网站运营的大型设备、人员工资和一些基本运营开销。豆瓣资金运营的最大问题是只能靠赚小钱基本维持收支平衡，电子读物的兴起、返利网的兴起都对豆瓣的收入来源造成了较大的冲击。因此，豆瓣如果无法找到更有效的盈利模式，依靠投资资金维持收支平衡的资金运营模式将无法长久。

四、豆瓣的互联网机遇和挑战

豆瓣“文艺、清高、不妥协”的气质对于商业运营而言，并不是一件好事。豆瓣曾辉煌过，但也与不少成为巨头的机会擦肩而过。豆瓣的商业之路异常艰难。

1. 有想法无行动

早在 2012 年，阿北就曾经有过用推荐引擎解决信息问题的想法，类似今日头条，但这个想法只是一闪而过；豆瓣同城、豆瓣小组曾有做出一个“陌陌”的可能；豆瓣的种草和好物分享小组有机会成为小红书；下厨房小组也许能独立成为一个 App；豆瓣 FM 错过了成为一个播客产品的机会……

2. 错失售票机遇

豆瓣离商业化最近的一次机遇是电影票。2012 年 5 月，用户可以在豆瓣电影上直接购票，豆瓣可以获得一定服务费。根据报道，豆瓣电影团队曾在电影票市场份额占据领先地位，超越猫眼电影。当时豆瓣的电影团队只有 30 人，而竞争对手可能是上百人，但阿北很快以“卖电影票不赚钱”的理由把购票业务关掉了。

3. 错失移动互联网的黄金三年

2011 年，移动端全面繁荣，豆瓣却没有把握好移动互联网的转型机遇。面对全新的用户场景和使用习惯，移动端无法完美复制和呈现 PC 端的豆瓣，只得分散成一大堆不完善的 App。用户开始抱怨无法在移动端找到自己原来熟悉的小组、音乐评论、影视评论等。错失移动互联网的黄金三年后，阿北在豆瓣年会上坦言是自己对技术和产品的过度自信导致豆瓣错失良机。2014 年 8 月，融合了所有功能的豆瓣 App 重新上线，但也没能重现往日的辉煌，用户活跃量反而不断下跌。由于错失移动互联网的机遇，豆瓣的用户量在达到 1.6 亿峰值后跃入低谷，彻底沦为一个“小而美”的产品，走上和知乎、哔哩哔哩不同的道路。

4. 商业化加速后口碑崩塌

2011 年 9 月，豆瓣获得 C 轮 5 000 万元融资之后，迫于投资压力开始寻求商业变现。

2012 年 1 月，豆瓣发布了豆瓣阅读器产品，豆瓣用户可以在豆瓣阅读频道申请成为作者，作品可以定价销售，跟豆瓣分成。2013 年 1 月，豆瓣上线付费版的豆瓣 FM，付费版提供更高音质以及去除广告两项服务。2013 年 10 月，豆瓣上线“东西频道”，获得分享商品权限的豆瓣用户可以在豆瓣分享某个电商网站或店铺的商品，如果有人购买，豆瓣能分成。2014 年，在移动端的产品聚焦到“豆瓣 App”的同时，豆瓣商业化步伐明显加快。阿北在博客中表示，“豆瓣团队在多方向探索几年之后，重新回到集中、专注、快速的工作方式中”。

但豆瓣商业化加速后，之前积累的口碑和公信力在很多用户心中崩塌。比如在电影影评方面，有豆瓣老用户质疑豆瓣收了片方的钱，纵容“水军刷分”。人民日报客户端的一篇评论也提到“豆瓣里存在恶意刷某些国产电影评分的问题。”阿北在 2015 年发表《豆瓣电影评分八问》来回应甚嚣尘上的电影评分话题。

5. *难有起色的盈利现状*

尽管做出了一些商业化的改进，但豆瓣的盈利能力还是处于较低的水平。2012 年，媒体透露豆瓣已经接近盈利，直到 2015 年，豆瓣仍然是接近盈利的水平。豆瓣由于难以盈利，至今还未上市。

从资本的角度来看，阿北不是资本青睐的对象。阿北在豆瓣电影的商业化上一直很偏执，虽然手握电影评分功能，并一度将猫眼电影“踩在脚下”，但是一句“卖电影票不赚钱”就将这项业务停掉。有太多钱是阿北不愿意赚的，有太多活儿是阿北不愿意干的。一个文艺理想的老板，却碰到了物欲横流的时代。

五、豆瓣盈利模式的嬗变

1. *豆瓣传统的盈利模式*

通过推荐销售抽取佣金。起初，豆瓣的盈利主要来源于豆瓣读书。豆瓣网与当当网、卓越网等电子商务平台合作，根据用户的阅读兴趣，提供图书评价、图书推荐列表、图书比价服务及购书链接。同样，豆瓣网也与巨鲸音乐网、九天音乐网等音乐网站合作，设置试听链接，促进音乐服务的销售。与商家合作分成、抽取佣金的盈利模式后来延伸到豆瓣同城、豆瓣东西等产品，至今仍是豆瓣网主要的盈利模式之一。[①]

通过精准广告赚取利润。广告盈利是豆瓣网站维持运营的支柱之一，豆瓣与商家合作，依据不同用户群体的兴趣精准投放广告。豆瓣在发布广告时非常重视用户对于广告的反馈，针对每一位用户呈现的广告都不同。豆瓣为了保持自身风格，广告的设置往往量少而质优，每个页面只发布一则静态广告。商家可以通过豆瓣抓住小众用户群体的需求，借助豆瓣口碑，投放精准的商业信息，并获得更多的利润。

2. *豆瓣盈利模式的创新*

近几年，豆瓣在逐渐探索其他盈利模式，如影院购票、音乐会选座等服务，同时还联合品牌做广告营销，上线旗下的豆瓣 FM 付费版以及豆瓣阅读电子书等。

豆瓣阅读：售卖电子书。随着网民阅读方式的转变，更多网民选择在网上读书，而

---

① 王贞君．豆瓣网的盈利模式及广告形式浅析．商，2015（22）：199－200.

不是购买实体书。为了迎合大众阅读趋势，豆瓣开发了一个覆盖 PC 端和移动端的数字化作品的阅读、出版平台——豆瓣阅读。

豆瓣阅读依据用户的阅读兴趣，建立读者数据库，开展有针对性的读者服务，使用户可以自行选择喜欢的原创作品和精品电子书，付费阅读。豆瓣阅读售卖的电子书有免费、付费两种，豆瓣会与作者或出版社按一定比例分成。这是豆瓣第一个直接向用户收费的产品，其盈利模式开始从被动转向主动。

豆瓣电影：在线售票和电影制作。原豆瓣电影负责人黄福建认为："豆瓣希望形成一个关于电影的服务闭环，从看完影评、看排片，再买票看电影，之后再返回豆瓣写影评。"豆瓣电影正是这样做的。2012 年 5 月，豆瓣电影开通线上购票业务，用户在查阅最新电影介绍、影评等的基础上，可以根据自己的兴趣点击相关链接，在线选座，直接购买电影票。随着全国 2 500 多家电影院加入，豆瓣在此业务的盈利也随之增长。

2016 年 8 月 23 日，阿北发布内部信称，"豆瓣阅读经过半年多的试水，正式进入电影制作。"豆瓣一直作为一个互联网中的"慢公司"而存在，豆瓣此次的动作是一种商业化的新尝试。

有媒体发出名为《豆瓣睡醒了》的文章评论："豆瓣在商业化上的坚守，一直不紧不慢地发展。现在只是证明，豆瓣越来越感觉到，自己地里长出来的庄稼不能再任别人去收割了。"对此有两种截然相反的观点：一种观点认为，在"无刷票不数据"的中国互联网中，豆瓣电影评分可谓是最后一道防线。如果豆瓣自身开始做电影，那么这个评分还能坚守其客观、公正的独立意见吗？另一种观点认为，豆瓣开始聚焦于商业闭环，以后豆瓣阅读上的 IP 就要变成电影了，然后放到影评界面让观众打分……如果能够循环起来，投资就基本成功了。

豆瓣 FM Pro：付费订阅会员制。豆瓣 FM 根据用户的喜好，自动发现并播放符合用户品位的歌曲。2013 年，豆瓣 FM 推出升级版——豆瓣 FM Pro，采取付费订阅的方式盈利。免费版通过插播广告赚取广告费；付费版为用户免去广告的困扰，提供"最高 192Kbps 码率"的音乐，但向用户收取会员费。豆瓣通过自身长期积累的用户收听音乐的数据分析，并依照他们的评价体系建立个性化推荐系统，以推荐系统作为卖点吸引会员。

与十年前相比，如今豆瓣的盈利模式从单一变得多元，已经进行了许多尝试。这些不仅将用户的购买欲望直接转化为实际的购买行为，更为网站增添了新的活力。但在互联网快速发展的今天，面对多种同类专业平台的兴起，豆瓣的差异化优势被削弱，用户的凝聚力面临被瓦解的威胁。因此，豆瓣需要在品牌风格和行业盈利之间做好平衡，在注重培养用户凝聚力和对平台的忠诚度的同时，更加注重多元化盈利体系的构建。就盈利模式而言，豆瓣未来的转型之路依然任重而道远。

六、豆瓣的挑战

2020 年 7 月 6 日，豆瓣所属公司北京豆网科技有限公司股东成员和经营范围均发生变化。原本的最大股东糜云飞和上海挚信投资管理有限公司退出股东，新增李亚飞为北京豆网科技有限公司最大股东，持股比例为 96.08%。此外，新股东还包括宁波梅山保税港区挚美五期股权投资合伙企业（有限合伙）、上海世纪出版（集团）有限公司，如表 10－2 所示。

表 10-2 北京豆网科技有限公司股权变更信息

股东	变更前股权比例	变更后股权比例	股权变更日期
李亚飞	0	96.08%	2018-12-13
上海挚信投资管理有限公司	1.26%	0	2018-12-13
宁波梅山保税港区挚美五期股权投资合伙企业（有限合伙）	0	1.26%	2018-12-13
上海世纪出版（集团）有限公司	0	1%	2018-12-13
糜云飞	97.08%	0%	2018-12-13

面对“阿北离开、豆瓣变天”的流言，豆瓣方面回应称：“豆瓣是一个‘VIE结构’的公司，实际股权结构需要在海外才能看出来，境内股权结构是为了方便管理而产生的形式变更，目前豆瓣的实质股权结构没有任何变化。阿北没有退出豆瓣，仍是豆瓣CEO；股权无实质变更，最大持股仍是挚信资本，李亚飞为公司副总裁，股份为代持。”在创业实践中，很多企业家因为操作不当最终丧失公司控制权，或者造成公司资产被转移等无法挽回的损失。而阿北作为公司CEO却没有公司的实际控制权，也为豆瓣的革新增加了难度。

2016年，51岁的阿北迎来了自己的女儿，原本就低调的他更少露面。在豆瓣广播的动态也停留在2019年。随着阿北的“半隐退”和妥协，多年来，错失机遇的豆瓣并没有在商业化上形成规模。2021年，豆瓣踏足直播行业已然违背了豆瓣的初衷。

商业化的失败不是致命的，最终压垮豆瓣的是豆瓣用户的割裂。豆瓣的核心用户主要是书影音小组的文艺青年和八卦小组的“吃瓜”群众，而这两部分用户一直是存在割裂的。尤其2018年“选秀”兴起，相关小组越来越多，“饭圈”生态形成。“八卦来了”小组被迫关停，成员集体迁移到后来知名的“豆瓣鹅组”。豆瓣官方给予豆瓣鹅组“无限自治权”。管理的松散直接导致组内充斥谩骂和攻击。鹅组开始接二连三遭遇整顿，豆瓣娱乐小组乱象丛生。近期，豆瓣累计关停了包括鹅组在内的几十个小组，豆瓣小组陷入危机。

豆瓣的书影音业务也面临挑战。近年来，豆瓣频频爆出舆论危机，评分机制被质疑，豆瓣成为“粉黑大战”阵地。2019年2月，国产科幻片《流浪地球》大火，有网友质疑，豆瓣上存在改评分的情况，原来的五星好评被改成了一星。许多明星的作品都出现恶意打低分、作品上线前就收获差评等现象，引发争议。

2015年底，阿北在《豆瓣电影评分八问》一文中详细回应了豆瓣评分机制及如何解决“水军”等问题。“豆瓣评分早已经不能反映文艺青年的喜好”，阿北在文中表达了这样的观点。尽管豆瓣也一直在研究反水军机制，降低新账号打分权重，但水军也会提前“养号”。层出不穷的舆论危机和刷分产业链使得豆瓣评分的公信力遭到严重挑战。豆瓣已经不是当年的豆瓣了。

2021年1—11月，网信部门先后对豆瓣实施20次处置处罚，多次予以顶格50万元罚款，累计罚款已经达到900万元。[①] 2021年12月1日，国家互联网信息办公室负责人

① 评分体系再遭质疑，今年已被罚900万：豆瓣怎么了？.https://www.thepaper.cn/newsDetail_forward_15676214.

约谈豆瓣网主要负责人、总编辑，针对近期豆瓣及其账号屡次出现法律、法规禁止发布或者传输的信息，情节严重，依据相关法律法规，责令其立即整改，严肃处理相关责任人。2022 年 3 月 15 日，国家互联网信息办公室指导北京市互联网信息办公室派出工作督导组，进驻豆瓣督促整改。

野蛮生长的豆瓣被诟病“监管缺失”“氛围变味”，还经常被中华人民共和国工业和信息化部下架。对此，阿北作为 CEO 难辞其咎，但他从未公开表态，导致豆瓣陷入用户不断下跌的困境。时代已经变了，豆瓣的“佛系”和过于理想化注定了豆瓣的衰落。但也有许多依旧热爱豆瓣的用户怀着对豆瓣的缅怀和期许，不希望豆瓣倒下，甚至愿意众筹支持豆瓣。

没有大规模融资、商业化步伐较为谨慎，与同期成立的企业相比，豆瓣的发展似乎有些跟不上互联网的速度，因此也被贴上了“慢公司”的标签，月亮与六便士之间的平衡是豆瓣发展过程中面临的关键挑战。

案例讨论

1. 如何在情怀和现实、烧钱和盈利的模式之间取舍？豆瓣的转型是否来得太慢？
2. 豆瓣在移动互联网快速发展的背景下，如何依托资本市场适时从 PC 端转向移动端？
3. 假如你是投资人，你是否愿意继续投资豆瓣？

附录一：北京豆网科技有限公司核心成员

成员	职务	持股比例	简介
李亚飞	法定代表人/股东/董事长/总经理	96.08%	现任北京豆网科技有限公司董事长、总经理
杨勃	CEO	0	豆瓣网创始人兼 CEO，2005 年开始搭建豆瓣网，并在一年后成立公司
姚文坛	副总裁	0	豆瓣副总裁
赵俊博	高级副总裁	0	豆瓣高级副总裁，纽约大学 CILVR 实验室博士，具备多年自然语言处理和计算机视觉研究经验，曾在 Facebook、英伟达、Clarifai、豆瓣等国内外知名公司从事研究工作
赵嘉敏	董事/股东	1.30%	豆瓣董事，东西时代创始人，毕业于清华大学、美国南加州大学。曾任甲骨文技术开发员、译言总经理、中信出版数字内容总经理
管红艳	董事	0	资讯科技公司任财务总监
阚宁辉	董事	0	现任北京豆网科技有限公司董事
陈辉	内容副总经理	0	豆瓣内容副总经理
张卫	监事	0	互联网网站体验设计
伍志广	合伙人	1.26%	北京豆网科技有限公司股东，宁波梅山保税港区挚美五期股权投资合伙企业执行事务合伙人
黄强	合伙人	1.00%	北京豆网科技有限公司股东，上海世纪出版（集团）有限公司法定代表人
陈平	合伙人	0.36%	北京豆网科技有限公司股东

资料来源：天眼查 App。

附录二：豆瓣网融资历程概览

融资轮数	时间	融资金额	主要参与方
天使轮	2005 年底	2.5 万美元	梁文超及其同事
天使轮	2006 年初	6.5 万美元	未知
A 轮	2006 年 6 月	200 万美元	联创策源
B 轮	2009 年底	1 000 万美元	挚信资本、联创策源
C 轮	2011 年 9 月	5 000 万美元	挚信资本、红杉资本、贝塔斯曼亚洲投资基金
战略投资	2019 年 2 月	金额未知	挚信资本
战略投资	2020 年 7 月	金额未知	上海世纪出版（集团）有限公司

资料来源：天眼查 App。

附录三：豆瓣产品结构与业务板块

<table>
<tr><th>产品结构</th><th colspan="2">内容</th><th>业务板块</th></tr>
<tr><td rowspan="2">动态展示</td><td colspan="2">动态</td><td rowspan="2">豆瓣广告
网页设计</td></tr>
<tr><td colspan="2">搜索框</td></tr>
<tr><td rowspan="22">书影音</td><td rowspan="6">影视</td><td>找电影</td><td rowspan="6">豆瓣电影</td></tr>
<tr><td>豆瓣榜单</td></tr>
<tr><td>豆瓣猜</td></tr>
<tr><td>豆瓣片单</td></tr>
<tr><td>影院热映</td></tr>
<tr><td>豆瓣视频</td></tr>
<tr><td rowspan="8">读书</td><td>找图书</td><td rowspan="7">豆瓣读书</td></tr>
<tr><td>豆瓣榜单</td></tr>
<tr><td>豆瓣猜</td></tr>
<tr><td>豆瓣书单</td></tr>
<tr><td>新书速递</td></tr>
<tr><td>今日推荐/话题推荐</td></tr>
<tr><td>豆瓣书店</td></tr>
<tr><td>优质类型小说平台</td><td>豆瓣阅读</td></tr>
<tr><td rowspan="5">音乐</td><td>榜单</td><td rowspan="4">豆瓣音乐</td></tr>
<tr><td>分类</td></tr>
<tr><td>资讯</td></tr>
<tr><td>推荐</td></tr>
<tr><td>优质类型音乐平台</td><td>豆瓣 FM</td></tr>
<tr><td rowspan="3">同城活动</td><td>活动</td><td rowspan="3">豆瓣同城</td></tr>
<tr><td>地区</td></tr>
<tr><td>购票</td></tr>
</table>

续表

<table>
<tr><th>产品结构</th><th colspan="2">内容</th><th>业务板块</th></tr>
<tr><td rowspan="5">小组</td><td colspan="2">搜索框</td><td rowspan="5">豆瓣小组</td></tr>
<tr><td colspan="2">推荐讨论组</td></tr>
<tr><td colspan="2">分类找小组</td></tr>
<tr><td colspan="2">我的讨论小组</td></tr>
<tr><td colspan="2">已加入的小组讨论动态</td></tr>
<tr><td rowspan="5">集市</td><td colspan="2">豆瓣豆品</td><td>豆瓣豆品</td></tr>
<tr><td rowspan="4">豆瓣时间</td><td>青椒学院</td><td rowspan="4">豆瓣时间</td></tr>
<tr><td>时间发现</td></tr>
<tr><td>时间专栏</td></tr>
<tr><td>我的时间</td></tr>
<tr><td>租房</td><td colspan="2">豆瓣租房</td><td>豆瓣租房</td></tr>
</table>

附录四：豆瓣功能改变时间线

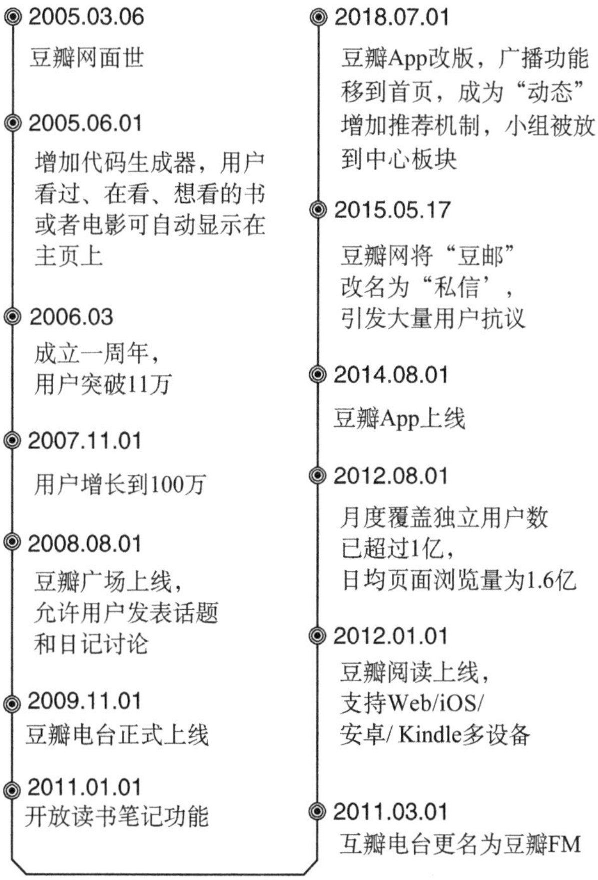

2005.03.06
豆瓣网面世

2005.06.01
增加代码生成器，用户看过、在看、想看的书或者电影可自动显示在主页上

2006.03
成立一周年，用户突破11万

2007.11.01
用户增长到100万

2008.08.01
豆瓣广场上线，允许用户发表话题和日记讨论

2009.11.01
豆瓣电台正式上线

2011.01.01
开放读书笔记功能

2011.03.01
互瓣电台更名为豆瓣FM

2012.01.01
豆瓣阅读上线，支持Web/iOS/安卓/ Kindle多设备

2012.08.01
月度覆盖独立用户数已超过1亿，日均页面浏览量为1.6亿

2014.08.01
豆瓣App上线

2015.05.17
豆瓣网将“豆邮”改名为“私信’，引发大量用户抗议

2018.07.01
豆瓣App改版，广播功能移到首页，成为“动态”增加推荐机制，小组被放到中心板块

资料来源：15 年来，谁在用豆瓣？.（2021-06-22）. https://www. yicai. com/news/101069633. html.

10.3 阿里巴巴的融资之路

摘要

1999 年 9 月 9 日，阿里巴巴注册成立，20 多年来，阿里巴巴由一家电子商务公司彻底蜕变为以技术驱动，包含数字商业、金融科技、智慧物流、云计算、人地关系、文化娱乐等场景的平台型企业，服务于数以亿计的消费者和数千万的中小企业。阿里巴巴的融资历程可以说是现代企业融资的成功案例之一，巧妙地解决了股权融资伴随的股权稀释问题和企业控制权之间的矛盾。本案例以阿里巴巴为研究对象，重点介绍其四次融资经历，以支付宝事件为核心的与雅虎之间的爱恨情仇，以及阿里巴巴自创的以合伙人制度控制公司董事会进而控制公司的模式。

案例正文

与早期中国互联网创始人要么是海归 IT 精英、要么是本土 IT 极客不同，英语教师出身的马云对 IT 技术基本是门外汉。创业初期，马云带着“十八罗汉”，靠着大家七拼八凑而来的 50 万元启动资金，憧憬着“要做一件伟大的事情”。

那时候的马云团队被称为“三无团队”——一无显赫出身，二无成功案例，三无技术优势，这种团队背景是难入投资人法眼的。马云回忆：“我记得 1999 年到硅谷寻找资金，跟很多风投、资本家接洽，但是没有人有兴趣投资阿里巴巴，我被一一回绝。”

一、阿里巴巴的融资历程

1. 第一轮融资

在 18 位创始人中，对于阿里巴巴后续融资最为关键的人物便是蔡崇信。阿里巴巴成立后不久，马云就见到了事业中的第一个贵人——蔡崇信。这位律师出身，有着华尔街背景的投行高管很快就施展了他的才华。蔡崇信于 1999 年 5 月加盟阿里巴巴出任首席财务官，帮助阿里巴巴注册公司、拟定股权协议，把十八罗汉捆绑在一起。

1999 年 10 月，蔡崇信利用在高盛集团和老东家瑞典银瑞达集团的旧关系，很快吸引了风险投资机构，由高盛集团牵头，联合瑞典银瑞达集团以及新加坡政府科技发展基金等共同向阿里巴巴投资 500 万美元（见图 10 - 1）。蔡崇信的加入不仅给刚刚成立的阿里巴巴带来了巨额的资金，也带来了国际一流的制度，从一开始就搭建了一套国际化的资本架构。[①] 这笔融资解决了阿里巴巴的燃眉之急，更重要的是把阿里巴巴成功推向海外资本市场，吸引了海外一线投资人的关注。拿到融资之后，资金稍显宽裕的阿里巴巴终于告别了马云自住的居民楼，搬到了写字楼华星大厦办公。

---

① 市值超 5 000 亿美金的阿里巴巴 10 次融资历程深度解析．(2020-04-14)．https://mp.weixin.qq.com/s/3LkSCaazmSrQ4jSxPhbFHw.

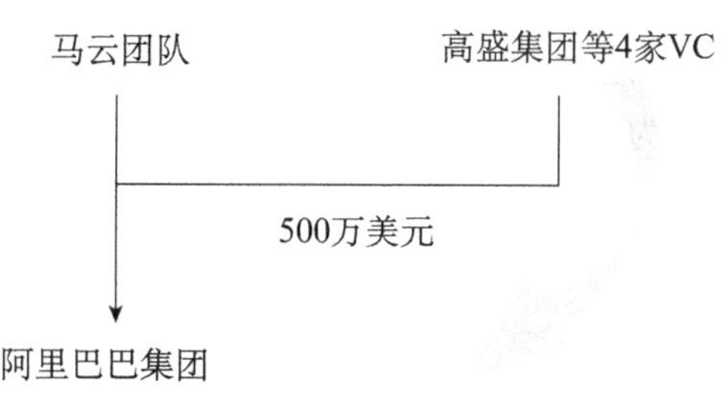

图 10-1　阿里巴巴第一轮融资

注：此股权结构仅为示意图，股权比例不详。

2. 第二轮融资

马云获得第一轮融资之后不久，日本软银集团主席孙正义来到中国物色投资项目。当时孙正义的名号在互联网界可谓如雷贯耳，因为他投资了如日中天的雅虎，随着雅虎的上市，软银获得了超百倍的回报。

软银邀请了当时中国最知名的一些互联网创业者，包括新浪的王志东、搜狐的张朝阳、网易的丁磊等人，马云获悉后也赶了过去。按照马云的说法，他那次并不是为了融资而去，因为刚刚拿到高盛集团的 500 万美元，并没有太迫切的再融资需求，他只想去跟孙正义谈谈阿里巴巴并且听听孙正义对阿里巴巴的看法。

那天马云迟到了，一屋子人看着一个黑瘦男人推门进来，不知是何方神圣。时间紧迫，马云上前即道："我不缺钱，如果你有兴趣，我可以给你介绍一下阿里巴巴的情况。"于是他对着孙正义侃侃而谈他的阿里巴巴。

马云的演讲口才征服了在场的所有人，包括孙正义在内。孙正义事后得知马云居然已经获得高盛集团的投资，而且还有一位华尔街投资银行家背景的蔡崇信做他的首席财务官。孙正义立马决定要投资马云，而且是"必须投"。于是在 2000 年 1 月，软银联合富达、汇亚资本、日本亚洲投资、瑞典银瑞达集团、新加坡政府科技发展基金等，共同向阿里巴巴投资 2 500 万美元，领投的软银自己砸下 2 000 万美元（见图 10-2）。

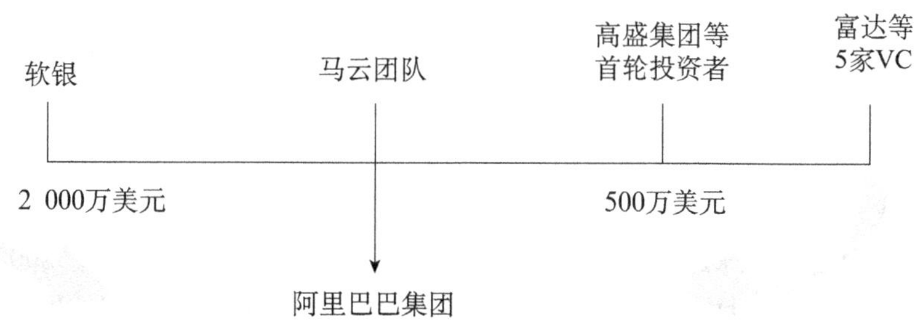

图 10-2　阿里巴巴第二轮融资

注：此股权结构仅为示意图，股权比例不详。

3. 第三轮融资

2003 年下半年，eBay 收购易趣网登陆中国本土，并控制了 C2C 市场 80%的份额，对阿里巴巴形成大兵压境之势，为了与 eBay 抗衡，阿里巴巴以攻为守推出淘宝网。2004 年 2 月，阿里巴巴再次获得软银联合富达投资、寰慧投资和 TDF 合计 8 200 万美元的投资，其中，软银的 6 000 万美元是单独注资给淘宝网的，软银也因而成了淘宝的大股东（见图 10－3）。在阿里巴巴内部，马云团队仍然是第一大股东，持股比例为 47%，第二大股东为软银，持股比例为 20%，富达投资持股比例为 18%，其他几家股东合计为 15%。

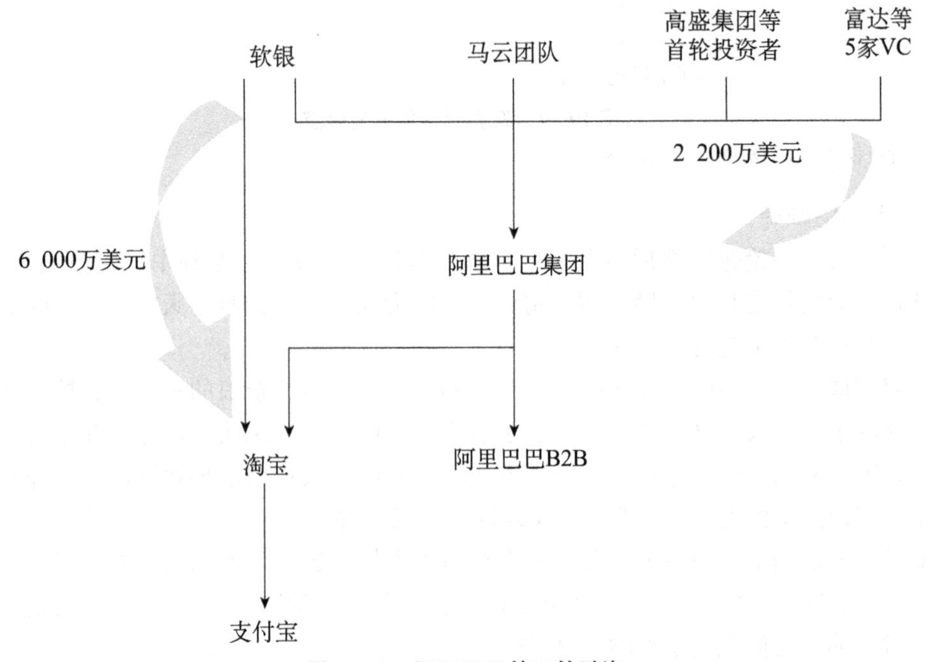

图 10－3 阿里巴巴第三轮融资

注：此股权结构仅为示意图，股权比例不详。

4. 第四轮融资

2005 年 8 月，雅虎以 10 亿美元和中国资产换取阿里巴巴 39%的股权，为阿里巴巴提供了强力的资金支持，利用这笔资金，阿里巴巴旗下的淘宝网、支付宝迅速做大，并成功渡过了 2008 年的金融危机，奠定了日后阿里巴巴在中国互联网行业中的地位。但这一交易的代价是，马云及创业团队让出阿里巴巴第一大股东的位置。

二、阿里巴巴与雅虎

1. 雅虎——eBay 逼宫下的入局者

eBay 作为当时全球最大的网络公司，在美国纳斯达克挂牌上市。2003 年，eBay 以 1.8 亿美元收购了当时中国最大的个人拍卖网站易趣。淘宝和易趣的业绩在中国 C2C 市场不分伯仲。

2005 年，淘宝与 eBay 两年的烧钱大战仍不见胜负，双方难分难解的较量势必要继续进行下去，而两年前淘宝融资获得的 6 000 万美元几近耗尽，急需再次“输血”。

所谓屋漏偏逢连夜雨，在和 eBay 竞争的同时马云还面临许多其他难题。

其一，在中国互联网界占据领先地位的腾讯也推出了拍拍网加入 C2C 的战局，而且也与淘宝一样打出免费的旗号，这意味着淘宝不得不同时面对拍拍网和 eBay 两个强敌。

其二，此时的淘宝资金窘迫，而阿里巴巴前几轮风险投资人自1999年持有阿里巴巴股权起，已有四五年，但迟迟等不到阿里巴巴上市，急不可耐要求套现退出，马云不得不想办法为这些前期的风险投资人找到股权的接盘者。

其三，eBay在和淘宝的竞争中也打着新算盘，所谓“杀敌一千自损八百”，eBay不愿意再与淘宝继续恶战下去，因而向孙正义抛出橄榄枝，谋求收购淘宝进而一统中国C2C市场的江山。eBay开出的价钱是10亿美元，孙正义动了心。

如果eBay真的实现对淘宝甚至阿里巴巴的收购，那对马云来说绝对是个灾难。因为时任eBay首席执行官惠特曼性格强势，绝不可能让马云掌控企业，双方对于企业控制权的斗争将不可避免。eBay收购易趣后，易趣的创始人邵亦波失去了对企业的控制权就是前车之鉴。

因而对企业控制权异常在乎的马云强烈抵制eBay的收购提议，但孙正义在巨大的利益面前似乎并不愿迁就马云。于是，二人各退一步——找一个eBay之外的接盘者，既能满足孙正义及其他前几轮投资人的套现需求，又使马云不至于失去对企业的控制权，还能额外再向阿里巴巴投资以解决淘宝后续发展的资金问题。纵观全球能符合以上条件的接盘者，似乎只有与eBay相当的互联网跨国巨头雅虎，于是在孙正义的撮合下，雅虎得以入局阿里巴巴。

2. 雅虎正式入局

2005年8月，马云、杨致远、孙正义三人“桃园三结义”，雅虎入局，以10亿美元现金外加雅虎中国的所有资产，换取阿里巴巴集团40%的股权。雅虎与阿里巴巴集团的这场交易空前复杂，实际由四笔交易组合而成，见图10-4。

交易一：雅虎以3.6亿美元收购软银所持有的全部淘宝股权。

交易二：软银套现淘宝股权所得3.6亿美元，拿出其中一半用于接手阿里巴巴前三轮投资人所转让的2 770万股阿里巴巴股票。

交易三：雅虎以3.9亿美元收购阿里巴巴前三轮投资人（除软银外）所持有的剩余6 000万股阿里巴巴股票。

交易四：雅虎以2.5亿美元现金从软银手上购得的淘宝股权和雅虎中国的全部资产，换取阿里巴巴集团向雅虎增发的2.016亿股股票。

这四笔交易完成之后，阿里巴巴集团形成了三足鼎立的股东构成，雅虎持股40%，马云团队持股31%，软银持股29%。雅虎的正式入局也意味着：第一，阿里巴巴除软银之外的前三轮投资人彻底套现退出——他们当初投入的总成本是3 200万美元，退出时获得5.7亿美元，即17.8倍回报；第二，软银也获得部分套现，软银此前对阿里巴巴与淘宝的总投入是8 000万美元，如今不仅套现1.8亿美元，而且继续持有阿里巴巴29%的股权；第三，雅虎支付的10亿美元，实际上只有2.5亿美元进入阿里巴巴，其余部分被前三轮投资人套现瓜分。

雅虎此次股权交易也为阿里巴巴提供了强力资金支持，高额的注资令淘宝在与eBay的烧钱大战中彻底胜出。支付宝也乘东风而起，为阿里巴巴日后在中国互联网界称霸奠定基础。

当然，此次股权交易也让马云不得不开始面对阿巴巴最大的隐患：马云及其创业团

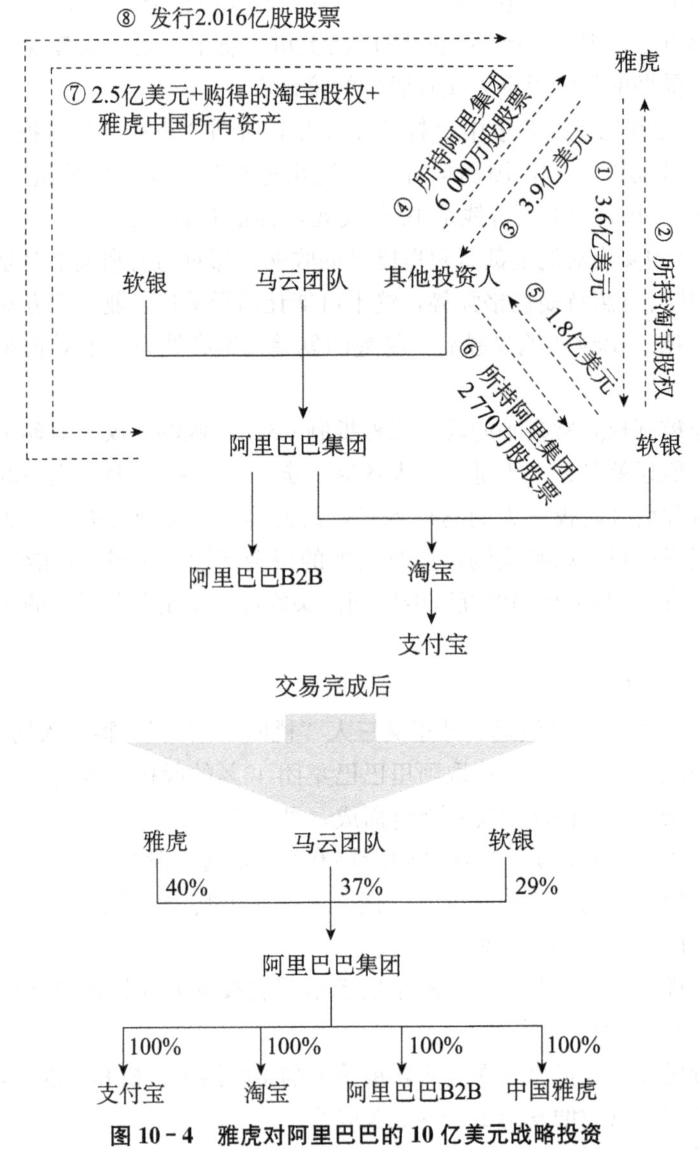

图 10-4　雅虎对阿里巴巴的 10 亿美元战略投资

资料来源：https://www.valuetize.com/global/?p=1565.

队不得不将阿里巴巴第一大股东的位置让给雅虎，这意味着马云有可能丧失对企业的控制权。

据说，马云曾与雅虎创始人杨致远在雅虎入股之前进行过一场私人会晤，明确杨致远对阿里巴巴控制权的真实想法，疑虑打消后，马云才将意向最终确定下来。

不仅如此，马云还通过交易合同中的具体条款来强化自己对企业的控制权：

第一，雅虎虽然持有阿里巴巴 40%的股权，但只拥有 35%的投票权，多余部分投票权归马云团队所有，此条款有效期至 2010 年 10 月。

第二，阿里巴巴董事会的四个席位中，马云团队拥有两席，作为大股东的雅虎只有一席，另一席属于软银。到 2010 年 10 月，雅虎才有权获得与马云团队数量相等的董事会席位，可以有两位董事。

第三，在2010年10月之前，董事会在任何情况下都不得解除马云的阿里巴巴CEO职务。

有了上述条款的保证，在2010年10月之前，马云团队的控制权基本上不会受到挑战。而杨致远在主政雅虎期间，履行合同中的条款，基本没有干预阿里巴巴的运营，而且在公开场合他与孙正义也都表态支持马云。这很大程度上缓解了马云因股份稀释而对失去阿里巴巴控制权的担忧。

3.“蜜月”后的争执

2009年1月，由于雅虎的业绩远未达到华尔街的期望，杨致远被迫辞任雅虎CEO，由卡罗尔·巴茨接任。自此，阿里巴巴与雅虎之间的“蜜月”期结束，矛盾日益加深，马云也公开表达了回购雅虎所持阿里巴巴股权的意愿。

2010年10月到来后，马云在雅虎入股阿里巴巴时所设置的包括投票权、董事会席位、CEO任免等有利于自身的控制条款统统失效。雅虎随时可能行使自己的权利，马云团队对于阿里巴巴的控制权岌岌可危。

4.支付宝事件

2011年5—6月，雅虎与马云团队之间爆发了严重的冲突。

2011年5月10日，雅虎发布公告称：马云将支付宝从阿里巴巴转移到马云与谢世煌（阿里巴巴创始人之一）二人设立的浙江阿里巴巴电子商务有限公司（现为“蚂蚁科技集团股份有限公司”，马云和谢世煌分别占股80%和20%），而作为阿里巴巴大股东的雅虎，对此毫不知情。消息爆出，雅虎股价应声下跌7.3%。

马云未获得阿里巴巴董事会的授权许可转移支付宝的行为在华尔街看来，是严重违背公司治理规则的。而且，雅虎声称支付宝的转让价格仅为3.3亿元，远低于彼时支付宝的实际价值。

于是雅虎与马云之间上演了一场“国际舆论战”，雅虎抨击马云是在其不知情的情况下“窃取”了支付宝，而马云则回应“不完美，但唯一正确”。他所说的“不完美”指的是单方面取消阿里巴巴与支付宝之间的“协议控制”，有违约之嫌；而“唯一正确”则意指这一行为100%遵守了国家法律。

此次支付宝的转移，有相关政策背景。2010年6月，中国人民银行出台了《非金融机构支付服务管理办法》，规定从事第三方支付的企业必须向中国人民银行申请许可证，且申请者必须是“境内依法设立的有限责任公司及股份有限公司”，而对于有外资成分企业的牌照申请则“由中国人民银行另行规定，报国务院批准”。这个“另行规定”在支付宝转移时还并未出台。

阿里巴巴在过去一直由外资控股，且雅虎是第一大股东。而此前马云又与雅虎屡曝分歧，他一直在谋求从雅虎手中回购股权，以重新获得控股权以及对企业的绝对控制权。于是支付宝事件很自然地被外界解读成“马云借助中国人民银行禁止外资的政策机会，以极低的价格私自将支付宝转移到个人腰包，进而增强与雅虎谈判股权回购的筹码”。

当然“支付宝事件”也令马云付出了极为惨重的声誉代价，这在其创业史中并不多见。

（1）支付宝事件后的补偿。

众所周知，在“生米煮成熟饭”之后，马云与雅虎、软银达成了关于支付宝的补偿协议。根据阿里巴巴 IPO 文件的披露，相关框架协议于 2011 年 7 月 29 日签署，并于 2012 年 11 月 15 日及 2014 年 5 月 3 日进行了两次修订。协议约定：

第一，在与支付宝相关的特定清偿事件发生时（包括支付宝 IPO、转移支付宝 37.5%或更多股权、出售支付宝全部或绝大多数资产），蚂蚁科技集团股份有限公司将向阿里巴巴支付相当于支付宝市值 37.5%的金额，最低 20 亿美元，最高 60 亿美元。

第二，如果十年内特定清偿事件没有发生，阿里巴巴有权要求支付宝尽快启动清偿。

第三，马云及蔡崇信分别拿出各自所持有的阿里巴巴 3 500 万股及 1 500 万股，注入一家特殊目的公司（SPV）APN Ltd.，并将其质押给阿里巴巴，作为清偿事件支付的保障。

第四，如果七年内特定清偿事件没有发生，蚂蚁科技集团股份有限公司或 APN Ltd.，必须向阿里巴巴支付 5 亿美元，此支付额在日后发生清偿事件时，可从支付总额中扣除。

第五，支付宝每年向阿里巴巴支付知识产权许可费与技术服务费，金额为当年税前净利润的 49.9%，该项费用的支付到支付宝上市时终止（2012 财年、2013 财年、2014 财年前三季度，支付宝向阿里巴巴支付的此项费用分别为 2 700 万元、2.77 亿元、6.33 亿元）。

第六，支付宝向阿里巴巴提供支付处理等商业服务，前者向后者按年收取服务费（2012 财年、2013 财年、2014 财年前三季度，阿里巴巴向支付宝付款分别为 13.07 亿元、16.46 亿元、18.99 亿元）。

第七，所有与支付宝框架协议相关的事项，必须获得雅虎及软银委派的董事许可方可执行。

（2）支付宝事件后的阿里巴巴。

支付宝脱离阿里巴巴之后，以其为核心逐渐孕育出阿里小微金融服务集团，除支付宝之外还包括阿里小额贷款、天弘基金、众安保险等金融业务，它们的持股母体皆为蚂蚁科技集团股份有限公司。事实证明，支付宝从阿里巴巴分离出来是有利于自身发展的。

据阿里巴巴集团 IPO 文件披露，马云向阿里巴巴书面承诺：有意逐渐减少其在小微金融服务集团中持有的直接或间接经济权益，保证在阿里巴巴 IPO 之前，他在小微金融服务集团中权益所占比例，不超过他以及他的关联方在阿里巴巴所占权益，并且他本人不会在这种减持中获得任何经济收益。

5. 赎身雅虎

与雅虎新任 CEO 的矛盾公开化之后，马云回购雅虎所持股权的努力从未停止，甚至在 2012 年 2 月曾“无限接近双方交易成功”，但双方还是在签字前夕宣布谈判破裂。

2012 年 5 月 20 日，阿里巴巴终于与雅虎达成股权回购协议。此次阿里巴巴 IPO 文件的披露包含此回购交易的相关细节。在回购之前，雅虎共计持有阿里巴巴 10.466 亿股股票。2012 年 5 月 20 日，双方签署协议约定，阿里巴巴以 13.5414 美元/股的代价，向雅虎回购 5.23 亿股股票（约为雅虎持股总量的一半），总代价为 70.82 亿美元。其中，62.82 亿美元以现金支付，8 亿美元通过可赎回优先股支付。

所谓“可赎回优先股”，简言之，阿里巴巴当时并没有充足现金一次性回购，故将其中 8 亿美元以优先股的方式代替现金支付，日后再用现金将这部分优先股赎回，从此二者互不相欠。接下来，马云要做的就是筹集足够多的资金。

2012 年 8 月 27 日，阿里巴巴以 15.5 美元/股的价格，向中国投资有限责任公司牵头的财团发行了 1.677 亿股普通股，融资 26 亿美元，在阿里巴巴的总股本中占比约为 7.2%。关于此次融资的出资财团详情，阿里巴巴向美国证券交易委员会提交的文件仅仅披露了中国投资有限责任公司为领投方，其他投资人名称未公开。根据阿里巴巴之前的官方公告，财团还包括国开金融、博裕资本、中信资本等，这些机构共同“分食”了这 7.2%的股权。

2012 年 8 月 31 日，阿里巴巴再次发行一批 A 系列可转换优先股，融资 16.88 亿美元，该优先股可按照 18.5 美元/股的价格转换为普通股（最终转股数量为 9 124.32 万股）。此次融资的具体投资人在阿里巴巴的招股文件中同样未披露。根据当时的媒体报道，投资人包括对冲基金、主权财富基金、共同基金等 12 家国际机构。

此外，阿里巴巴还进行了一笔 40 亿美元的债权融资，但并未披露参与此次银团贷款的金融机构名单。根据阿里巴巴之前的官方公告，其中 10 亿美元由国家开发银行提供，另外花旗银行、瑞士信贷、德意志银行、巴克莱银行等八家国际银行提供等额贷款。阿里巴巴的财报显示，截至 2013 年末，其长期银行贷款余额为 302.26 亿元。

在获得上述股权和债权的融资之后，2012 年 9 月 18 日，阿里巴巴完成了对雅虎所持 5.23 亿股普通股的回购，总计支付 62.28 亿美元现金、8 亿美元优先股。2013 年 5 月 16 日，阿里巴巴利用贷款所得的 8 亿美元现金，赎回雅虎所持的等额优先股。

回购完成之后，雅虎所持阿里巴巴的股票还剩余 5.236 亿股，占比 22.6%。根据 2013 年 12 月 13 日双方修订的回购协议，在阿里巴巴 IPO 之时，雅虎需进一步出售 2.08 亿股（修订前约定的数字为 2.615 亿股），此部分股票或者向公众出售，或者由阿里巴巴回购。此次出售完成后，雅虎所持股票仅剩 3.156 亿股，持股比例降至 13%以下。

虽然马云基本完成了从雅虎“赎身”，但随着从雅虎回购的股权被注销，原本第二大股东软银的持股比例相对上升，成为持股 34.4%的第一大股东。同时，由于回购雅虎所持股权的过程中引进大量第三方股东，IPO 之前，马云团队合计持股比例仅为 13%左右。为了实现马云等少数股东对企业的控制，阿里巴巴出台了“合伙人制度”。

三、阿里巴巴的合伙人制度

阿里巴巴这个曾经被香港证监会拒之门外的“合伙人制度”，随着其赴美 IPO 文件的公布彻底浮出水面。按照招股书上的内容，创业团队以及集团的管理层一直秉承合伙人精神来运营和管理公司。2010 年 7 月，为了保证公司的使命、愿景和价值观的可持续性，阿里巴巴决定将这一合伙人制度正式命名为“湖畔合伙人”，或称为“阿里巴巴合伙人”。

阿里巴巴合伙人具体是指公司的运营者、业务的建设者、文化的传承者以及股东。

合伙人制度则是通过公司的章程和相关协议，赋予合伙人提名董事会中大多数董事的权利，使合伙人具有远超出其持股比例的控制权。这一制度的特点是控制权与持股比例不相关，即无视股权；在该制度下，合伙人可通过公司董事会掌握公司的实际控制权，外部股东无论持有多少股权均无法控制公司。①

2013 年 9 月 10 日，阿里巴巴公开披露了合伙人制度，阿里巴巴的合伙人由 28 名成员组成，包括 22 位阿里巴巴管理层成员以及 6 位关联公司及附属公司的资深高管，将雅虎和软银两个最大股东排除在外。招股书中并未披露这 28 位合伙人的具体名字，仅表示阿里巴巴的合伙人是一个动态的组成。2014 年 6 月 16 日，阿里巴巴在更新的招股书中正式公布合伙人名单，共计 27 人。2022 年 7 月，阿里巴巴在年报中披露了最新合伙人名单，共计 29 人。②

1. 合伙人的提名与选举

现有合伙人可以提名新的合伙人，需要以一人一票的方式获得 3/4 现有合伙人多数通过。新合伙人获得提名的基本条件是：高标准的个人操守；在阿里巴巴或关联公司任职至少五年；拥有突出的业绩贡献；高度认同公司文化，愿意为公司使命、愿景和价值观竭尽全力。此外，为使合伙人的行为与公司股东利益保持一致，合伙人任职期间需要持有一定数量的公司股票。

2. 合伙人的退出与罢免

马云与蔡崇信为永久合伙人，其他合伙人成员在其离职或者退休时，将自动失去合伙人资格。现有合伙人（包括马云与蔡崇信），如果遭到半数现有合伙人投票罢免，同样将失去合伙人资格。

3. 合伙人的董事提名权

阿里巴巴 IPO 之后，董事会成员从 4 人增加至 9 人，而马云控制的合伙人将获得其中 5 席的提名权。合伙人通过投票以简单多数的方式选举出董事候选人，如果合伙人提名的某一董事候选人未获得股东大会通过或者中途离任，合伙人有权委任另一名临时董事，直到下一年股东大会召开。合伙人对董事提名权的规定，在 IPO 之后将写入阿里巴巴的公司章程。如果要修改公司章程中关于合伙人提名董事的条款，需获得全体股东 95%通过。

2014 年阿里巴巴的招股书披露，马云持股 8.9%，蔡崇信持股 3.6%，其余联合创始人持股比例皆低于 1%，按此计算马云团队合计持股比例大约为 13%。而阿里巴巴最大的股东软银持股比例高达 34.4%，第二大股东雅虎持股 22.6%，二者合计占股高达 57%。通过合伙人制度及合伙人拥有的超半数董事提名权，马云团队依托仅仅 13%左右的股权即实现了对董事会的绝对控制。

4. 额外的控制权保障

马云在此基础上还额外增加两道保险——与雅虎及软银的股东协议以及与中国投资

① 郑浩然，陈安国．阿里巴巴融资过程中控制权的维护．中国高新科技，2017，1（9）：78－80.

② 阿里申请香港纽约双重主要上市，年报披露最新合伙人名单．（2022-07-26）. https://36kr.com/p/1843731015371395.

有限责任公司等投资人的股东协议。

根据招股书，阿里巴巴在 IPO 完成时，将同马云、蔡崇信、软银以及雅虎签订一项投票权协议。该协议将保证软银有特定的信息权，并有权向董事会提名一位董事。当软银持股低于 15%时，其提名权终止。

此外，软银还同意：在每年的年度股东大会上投票赞同阿里巴巴合伙人的董事提名人选；在未和马云及蔡崇信取得一致意见的情况下，不罢免任何阿里巴巴合伙人提名的董事；将所持股份超过总股本 30%部分的投票权售出，以支持马云及蔡崇信的投票。

马云和蔡崇信也将在每年的年度股东大会上，用其拥有的投票权支持软银的董事候选人当选。协议同时约定，雅虎需在每年的年度股东大会上，投票支持所有阿里巴巴合伙人提名的董事以及软银提名的董事当选。

另外，根据马云与中国投资有限责任公司、中信资本、国开金融、博裕资本等股东（共计持股 7.2%）的协议，这些股东作为一个联盟，将会在投票中与马云保持一致，包括批准交易或建议、选举或罢免任何董事、公司有关董事任免或董事会权力的公司章程修订等。

这意味着马云所控制的投票权，除了他自己和管理层团队控制的约 13%投票权，还包括软银售出的 4.4%，外加中国投资有限责任公司财团承诺的 7.2%，总计约为 25%。

5. 合伙人制度——马云的加冕之路

阿里巴巴起初想要在香港上市，不过因为港交所不允许同股不同权的“A/B 股双层结构”，马云才设计了合伙人制度，以达到以少数股权控制企业的目的。与我国不同，美国资本市场原本就有 A/B 股制度，可以通过 1∶10 的超级投票权设计来达成同一目的，但马云依然沿用了自创的合伙人制度。

阿里巴巴官方解释：阿里巴巴的合伙人制度不同于一般的将超级投票权的股份集中在创始人手中的双层股权结构，它体现的是一个大集团合伙人的视野，这种治理结构既可以保证团队的创新能力，也确保了管理的持续性和稳定性，不会由于个别创始人的退休或者身份变动而影响公司的运营。

实际上，无论是美股惯用的 A/B 股制度，还是阿里巴巴独创的合伙人制度，最终目标都是以少数股权实现对企业的控制。相较而言，A/B 股制度更加透明，因为创始人拥有的超级投票权是明确的，股东大会的投票过程也是公开的。而合伙人制度名义上有章可循，但实际运行中不可避免地存在大量“人治”色彩，合伙人的人选情况、当选情况、罢免情况、推选情况，都将受到马云个人意见的左右。

此外，两种制度更为关键的区别是，A/B 股制度仅仅赋予创始人在股东大会投票上的特权，并无超越其股权比例委派董事的特权；合伙人制度却令创始人拥有了远远超出其持股比例的董事会成员委派权。在实际的企业运作中，真正提交到股东大会进行表决的议案是少数，多数都在董事会层面决策。因此，从控制权的实用性来看，控制董事会优于控制股东大会。

对于阿里巴巴来说，合伙人制度最明显的弊端即“以马云为首的合伙人控制董事会”这个规则永远不能变，除非被 95%以上的股东否决，但马云自身持股 8.9%使之难以实现。

依靠阿里巴巴的合伙人制度，马云凭借少数股权获得绝对控制权，可以说，在“合伙人制度”的支持下，马云最终完成了“加冕”。

四、阿里巴巴上市之路

2007 年，阿里巴巴 B2B 业务曾在港交所上市。2013 年 8 月，阿里巴巴筹划整体上市时首选地是港交所，曾向港交所提出了合伙人制度的上市建议。然而，2013 年 9 月，港交所因合伙人制度不符合香港证监会对投资者利益的保障，拒绝特批阿里巴巴破例以合伙人制度上市，于是阿里巴巴宣布转赴纽约证券交易所，启动赴美上市事宜。

2014 年 9 月 19 日，阿里巴巴在美国纽约证券交易所正式挂牌交易，股票交易代码“BABA”，按照 68 美元/ADS 的发行价计算，其融资额约为 220 亿美元，超越维萨上市时的 197 亿美元，刷新了美国市场 IPO 的交易纪录，成为美国股票市场有史以来最大规模的 IPO，首个交易日总市值达到 2 285 亿美元。

2018 年，港交所启动上市制度改革，宣布允许创新型公司采取双重股权结构入港上市，这为包括阿里巴巴在内的大量境内互联网公司在港上市创造了条件。2019 年 11 月，阿里巴巴选择二次赴港上市，一是为了进一步完善阿里巴巴的融资渠道，二是为了分散在美国资本市场的风险。2019 年 11 月 26 日，阿里巴巴正式在港交所上市，拟募资 130 亿元。

2022 年 7 月 26 日，在实现香港二次上市、纽约仍为主要上市地后，阿里巴巴宣布将从二次上市转为双重上市，申请香港联交所主要上市地位。

案例讨论

1. 你认为谁是阿里巴巴的“白衣骑士”（当公司成为其他企业的并购目标后（一般为恶意收购），公司的管理层为阻碍恶意接管的发生，去寻找一家“友好”公司进行合并，而这家“友好”公司被称为“白衣骑士”）？

2. 阿里巴巴如何通过合伙人制度实现对公司的控制权？以此控制公司是不得已而为之的安排，还是一个可以复制的模式？

3. 讨论支付宝剥离的案例，你认为是企业发展重要还是契约精神重要？

附录一：阿里巴巴十八罗汉

成员	职位	履历背景
马云	阿里巴巴集团创始人	曾为大学英语教师
金建杭	阿里巴巴集团总裁	曾在中国国际电子商务中心工作
吴泳铭	阿里巴巴集团资深副总裁	曾在中国黄页工作
戴珊	阿里巴巴 B2B 事业群业务总裁	毕业于杭州电子科技大学
蔡崇信	阿里巴巴集团执行副主席	律师出身
彭蕾	阿里巴巴资深副总裁	毕业于浙江工商大学企业管理专业
谢世煌	阿里巴巴资深总监	曾任资讯科技公司财务总监
蒋芳	阿里巴巴首席人才官	马云的学生

续表

成员	职位	履历背景
麻长炜	淘宝网产品技术中心用户体验设计总监	从事互联网网站体验设计
盛一飞	支付宝用户体验部总监	曾在中国黄页工作
张瑛	阿里巴巴联合创始人	马云的妻子
孙彤宇	淘宝网总裁	曾在中国黄页工作
楼文胜	阿里巴巴联合创始人	曾为B2B中国市场运营部产品规划师
金媛影	阿里巴巴联合创始人	马云的学生
韩敏	支付宝市场运营部总监	阿里巴巴联合创始人之一
周悦虹	阿里巴巴联合创始人	马云的学生
师昱峰	阿里巴巴联合创始人	曾在中央气象局工作
饶彤彤	阿里巴巴国际事业部	—

附录二：阿里巴巴融资历程概览

融资轮数	时间	融资金额	主要参与方
第一轮	1999年10月	500万美元	高盛集团牵头，联合新加坡政府科技发展基金、瑞典银瑞达集团等基金
第二轮	2000年1月	2 500万美元	软银提供2 000万美元，其余来自富达、汇亚资本、日本亚洲投资、新加坡政府科技发展基金、瑞典银瑞达集团等五家风险投资企业
第三轮	2004年2月	8 200万美元	软银出资6 000万美元，富达、新加坡政府科技发展基金等四家风投公司投入2 200万美元
第四轮	2005年8月	超过10亿美元	雅虎兑现阿里巴巴集团39%普通股，并获得35%的股票权
第五轮 香港上市	2007年11月	15亿美元	香港联交所上市，市值约280亿美元
第六轮	2011年9月	20亿美元	美国银湖资本、俄罗斯DST Global、新加坡淡马锡以及中国的云锋基金
第七轮	2012年8月	43亿美元	中国投资有限责任公司、中信资本、博裕资本、国开金融等机构成为新股东，银湖资本、DST Global、淡马锡分别进行增持
第八轮 美国上市	2014年9月	220亿美元	美国纽约证券交易所上市，市值约2 300亿美元
第九轮	2019年11月	130亿美元	二次赴港上市，募资130亿美元

附录三：阿里股权结构调整

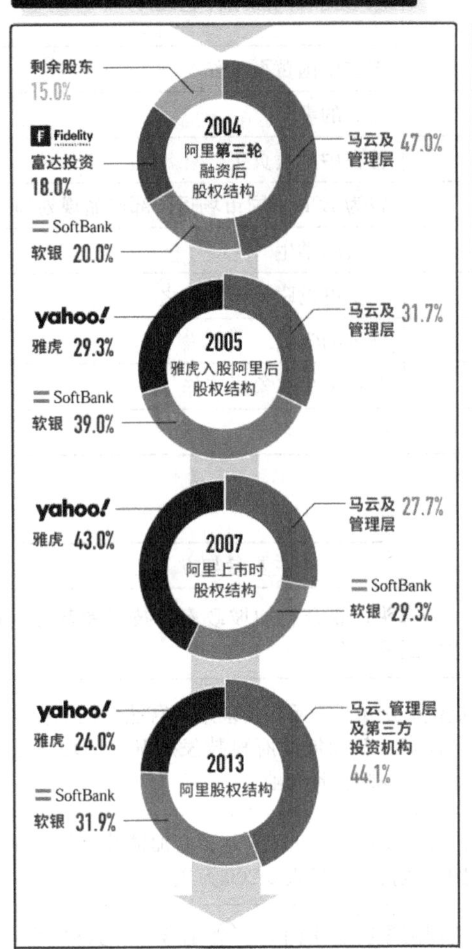

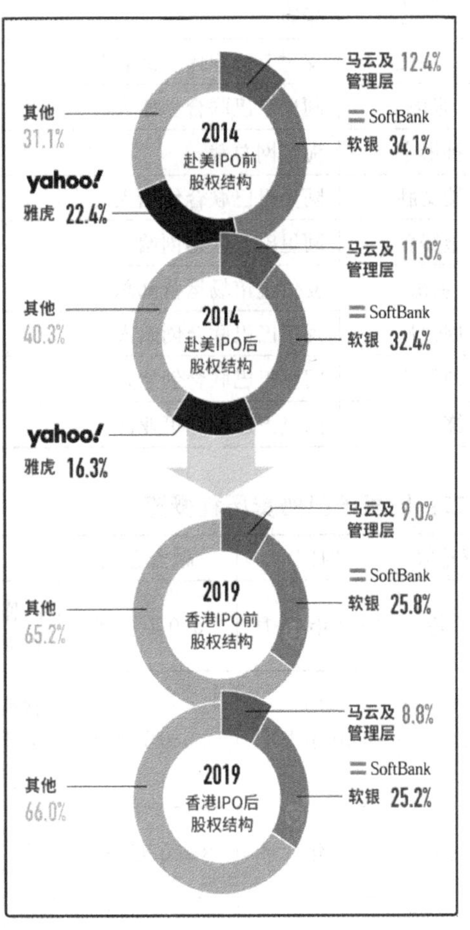

资料来源：https://new.qq.com/omn/20191125/20191125A0MDR100.html.

附录四：阿里巴巴最新合伙人名单

姓名	年龄	性别	加入集团的年份	当前在阿里巴巴集团的职位
蔡景现	45	男	2000	云智能事业群高级研究员
陈鹿娟	41	女	2003	云智能事业群副总裁
程立	47	男	2005	集团首席技术官
戴珊	46	女	1999	国内数字商业事业群总裁
樊路远	49	男	2007	阿里文娱事业群总裁
方永新	48	男	2000	本地生活业务总经理
蒋芳	48	女	1999	集团副首席人才官

续表

姓名	年龄	性别	加入集团的年份	当前在阿里巴巴集团的职位
蒋江律	40	男	20008	云智能事业群副总裁
刘振飞	50	男	2006	高德业务总裁
马云	57	男	1999	阿里巴巴合伙人
彭蕾	48	女	1999	阿里巴巴合伙人
邵晓锋	56	男	2005	集团资深副总裁
宋絮	43	女	2000	集团人力资源副总裁
孙利军	45	男	2002	集团公益基金会理事长
童文红	51	女	2000	集团首席人才官
蔡崇信	48	男	1999	集团执行副主席
王坚	59	男	2008	集团技术委员会主席
汪海	42	男	2003	集团国内数字商业事业群副总裁
王磊	42	男	2003	集团资源副总裁
闻佳	45	女	2007	集团公共事务总裁
武衡	54	女	2007	集团董事
吴泳铭	47	男	1999	集团资深副总裁
吴泽明	42	男	2004	本地生活首席技术官
俞思瑛	47	女	2005	集团首席法务官
俞永福	45	男	2007	生活服务事业群总裁
张建锋	49	男	2004	云智能事业群总裁、阿里巴巴远摩院院长
张勇	50	男	2007	集团董事会主席兼首席执行官
郑俊芳	48	女	2010	集团首席风险官、首席平台治理官兼首席客户官
朱顺炎	51	男	2014	阿里健康董事长兼首席执行官

资料来源：阿里巴巴集团 2022 财年年报。

10.4　宏睿通信的投资与退出

摘要

创立于 2006 年 6 月的浙江宏睿通信技术有限公司是一家专注于无线传感网技术、专用无线宽带网络通信系统和数字对讲机终端芯片业务的高科技企业，2012 年获得浙江 TJ 股权投资有限合伙企业 1 500 万元股权投资，2013 年被浙江大华系统工程有限公司全资收购。本案例详细介绍了浙江 TJ 投资对宏睿通信开展的尽职调查、投委会表决、签订投资协议与补充协议、投后管理等活动，揭示了风险投资机构投资与退出的全流程。

案例正文

一、企业简介

浙江宏睿通信技术有限公司（简称“宏睿通信”）创立于2006年6月，核心团队成员主要来自浙江大学。依托骨干员工多年专业技术的积累，宏睿通信在专用无线通信设备、信号处理、芯片设计等方面具有核心技术和强大的研发创新能力，获得浙江省高新技术企业资质。

宏睿通信主要有三大高科技产品系列：基于无线传感网技术的微功率无线用电信息采集系统、专用无线宽带网络通信系统、数字对讲机终端芯片及整机解决方案，产品主要应用于智能电网、应急通信、公共安全、商业对讲等领域。

自2006年创立以来，宏睿通信经历了以下四个发展阶段：

技术储备阶段（2006—2008年）：侧重于产品算法设计；

产品化设计阶段（2008—2009年）：侧重于芯片模块设计；

商业化试点阶段（2009—2011年）：聚焦于产品和整机设计；

市场推广阶段（2011年以后）：致力于为客户提供系统化的解决方案。

二、投资及退出全流程

浙江TJ股权投资有限合伙企业（简称“TJ投资”）是宏睿通信的投资方之一，自2012年起对宏睿通信开展尽职调查、投委会表决、签订投资协议与补充协议等投资活动，2013年宏睿通信被浙江大华股份有限公司（简称“大华股份”）全资子公司浙江大华系统工程有限公司并购，TJ投资成功退出。其投资和退出时间如表10-3所示。

表10-3　投资及退出流程

时间	流程
2012年9月	签订投资意向协议
2012年10月	进行尽职调查
2012年11月	投委会表决
2012年12月	签订投资协议、补充协议（估值调整）
2013年11月	并购方入场尽职调查
2013年12月	并购方董事会决议

1. 尽职调查

尽职调查的目的在于帮助TJ投资对宏睿通信进行全面评估，了解其优劣势，判断市场价值和投资风险，为后续投资协议的签订提供依据。尽职调查环节的主要工作包括签订前期协议、确定尽职调查清单、开展尽职调查和撰写尽职调查报告。TJ投资在与宏睿通信签订意向协议后，便针对其主要产品（芯片、集抄、宽带产品）制定了尽职调查清单，与其沟通下一步的调研安排。清单中的企业包括宏睿通信的主要客户、竞争者等（见表10-4）。

表 10-4 宏睿通信尽职调查清单

产品线	调查对象	是否需要宏睿联系
芯片	泉州对讲机厂家（2～3家）	是
	深圳意向代理商	是
	杭州代理商	否
集抄	某供电公司	是
	某电力公司营销服务中心	否
	某电网营销部、某研究院	否
	某科技公司	否
宽带产品	某支队	是
	某管理局	否
	某电力巡检、应急指挥中心	是
	某信通公司	是

在阅读和分析材料的基础上，经过对上表中各家单位为期两个月的现场考察与深度调查，TJ投资完成了对宏睿通信的尽职调查报告，报告框架及主体内容如表10-5所示。

表 10-5 宏睿通信尽职调查报告框架①

一、发行人简介

1. 企业名称：杭州宏睿通信技术有限公司
2. 住所：杭州市滨江区××路××号××大厦
3. 法定代表人：赵某某
4. 注册资本：2 110万元
5. 历史沿革：初始股东结构及股东架构变迁情况

初始股东结构：

名称	认缴额（万元）	实缴额（万元）	投资方式	占注册资本比例
赵某某	4	4	货币	40%
陈某某	2	2	货币	20%
楼某某	2	2	货币	20%
宋某某	2	2	货币	20%
总计	10	10		100%

第三次增资后新股东结构：

名称	认缴额（万元）	本次实缴（万元）	累计实缴（万元）	投资方式	本次实缴占比
赵某某	453.65	107.5	453.65	货币	21.50%
陈某某	168.8	40	168.8	货币	8.00%
钟某某	168.8	40	168.8	货币	8.00%

① 本表内容基于2012年企业信息完成，与现在的情况存在差异，仅供学习参考。

名称	认缴额（万元）	本次实缴（万元）	累计实缴（万元）	投资方式	本次实缴占比
宋某某	168.8	40	168.8	货币	8.00%
陈某某	168.8	40	168.8	货币	8.00%
付某某	379.8	90	379.8	货币	18.00%
朱某某	506.4	120	506.4	货币	24.00%
王某某	94.95	22.5	94.95	货币	4.50%
总计	2 110	500	2 110		100.00%

至此公司注册资本全部到位。

我们注意到在公司历史沿革中，公司存在以下情况：

1）公司法人、实际控制人赵某某现仍属浙江大学在职人员。

2）2008 年公司首次增资后，公司大股东发生变化，由赵某某变更为朱某某，但实际控制人还是赵某某及创业团队。

3）公司现股东中朱某某和付某某为公司第一、第三大股东，而其分别为已上市公司大华股份的总裁、董事长。

4）公司后三次增资所有现金来源为朱某某和付某某，由此二人将股本溢价部分先经个人账号汇至其他股东，再由其他股东与此二人共同平价增资至公司。

5）2008 年开始的三次增资，作为外部投资人的朱、付二人共计出资 2 100 万元，占公司 42%的股权比例，即公司估值为 5 000 万元，每股价格为 2.37 元。

6. 组织结构图

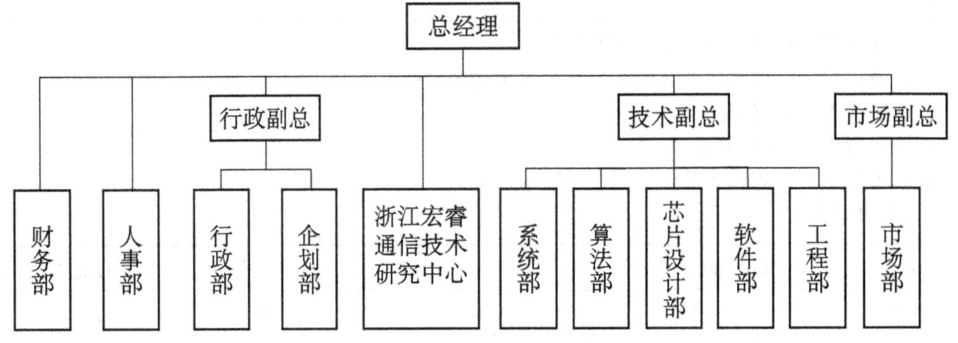

公司正在重新调整公司组织结构，组建以三大产品分类的事业部组织形式。

7. 职工人数及构成

公司现有职工 65 人，其中：

部门	人数	占职工总人数比例
财务部	2	3.08%
人事部	2	3.08%
行政部	3	4.61%
企划部	1	1.54%
研究部	45	69.23%
市场部	8	12.31%
管理层	4	6.15%
合计	65	100.00%

上述人员中：

职工学历	人数	占职工总人数比例
博士及以上	4	6.15%
硕士	7	10.77%
专本科	50	76.92%
专科以下	4	6.15%
合计	65	100.00%

公司为全体职工办理社保和公积金缴存。缴存基数按职工基本工资确定。

8. 经营范围与业务现状

经营范围：服务：通信器材、电子产品、计算机软硬件的技术开发、技术服务、集成电路设计；批发、零售：通信器材、电子产品（除专控）、计算机及配件集成电路芯片。

现已基本完成数字对讲集群终端、微功率无线用电信息采集、电力无线应急通信与热像/视频巡检、无线宽带网络通信四大产品系统的开发与产品定型，并开始形成批量销售。

公司现有主要产品的特点及SWOT分析：（分析略）

8.1　数字字对讲机和集群终端专用通信芯片（HR _ C5000）

8.2　微功率无线用电信息采集系统

8.3　无线宽带网络通信系统

9. 生产与采购、销售

9.1　生产与采购

公司生产完全采取外加工模式，根据芯片和其他产品的不同，有两种模式：

9.1.1　芯片生产与采购

由于芯片生产的设备与环境要求高，普通企业难以企及，因此公司芯片全部由专业芯片生产厂商生产。芯片投产前期存在较高的一次性生产准备，需要支付较高的费用（投片费用），而且国内的正规大厂数量也不多，可选范围不大，一旦选定很难更换。

芯片生产由公司交付生产图纸和性能指标要求，由厂家生产后按公司要求发往各仓库或客户。公司按实际购买量付款收货，生产原料由厂家提供。

9.1.2　其他产品生产与采购

其他产品的生产大致分为集成电路贴片、组件总装、测试包装。由于公司受场地和设备、人工限制，基本也以外协加工为主。但与芯片生产不同，此类产品生产需由公司提供主要生产原料，加工厂仅提供制作劳务、部分辅料等。

公司总体生产与采购流程如下：

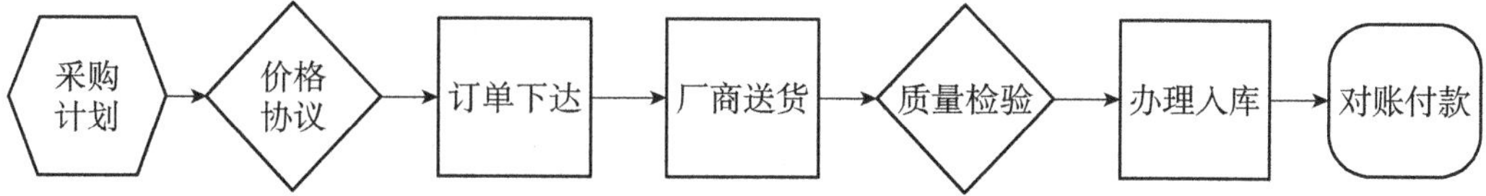

10. 产业链简介

公司总体属于产业环节上的一个系统集成商或方案提供商，其产业上游是各类电子及其他配套厂家，下游为各系统运用终端客户（或代理、分销商），见下图：

芯片业务生产电子中间件产品，实质上处于下图“电子元器件”中。

11. 无形资产

专利、软件著作权、荣誉证书。

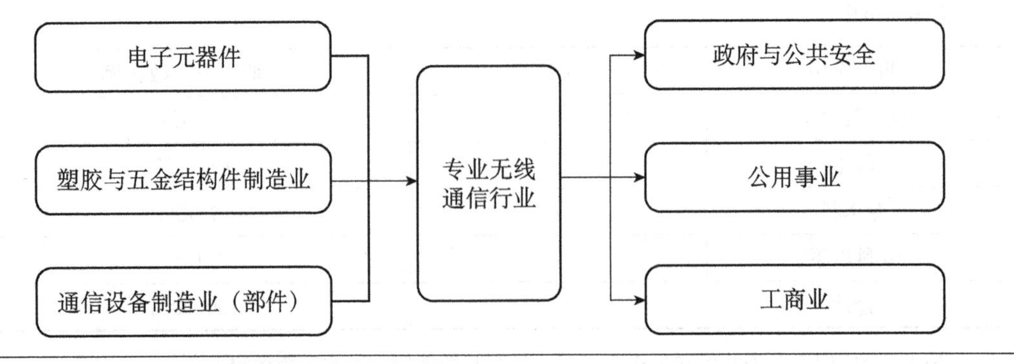

二、行业背景、行业概况、竞争情况

1. 数字对讲机

1.1 国内外数字对讲机发展动态（分析略）

1.2 数字对讲机和模拟对讲机比较（分析略）

1.3 数字对讲机方案介绍（分析略）

小结：

可以预见，数字对讲机的未来必将是辉煌的，但目前发展推广缓慢。国内厂家进入数字对讲机领域相对较晚，要在数字对讲机市场竞争中后发制人，就必须在对讲机技术方面有所突破，那么研制数字对讲机专用芯片是一个很好的切入口。

如果专用芯片能成功应用，那么数字对讲机的生产成本和销售价格将大幅下降，直接推动“模转数”的过渡，此外，还将形成技术优势，带动国内企业发展，推动产业升级，突破国外屏障壁垒，进军国际市场，参与全球竞争，加快经济发展转型升级。

虽然数字对讲机是未来发展的主流方向，但现阶段仍不具备市场爆发的可能。

1）销售价格很高。原因有以下两点：

成本较高。目前数字对讲机仍然使用通用芯片作为核心芯片，芯片的功能和模块设置没有针对性，资源浪费严重。虽然产品性能优越，功能齐全，但研发与生产成本支出巨大，所以价格昂贵。

垄断严重。摩托罗拉、欧宇航等是专业无线通信行业的领导厂商，它们在行业标准制定、专利、核心技术方面拥有明显的优势，依靠强大的综合实力和品牌形象，占据了全球专业无线通信行业的大部分市场份额。而国内仅有海能达、北峰、科力讯、联拓科技等少数厂家能够成熟批量生产数字对讲机，竞争力十分有限。

由于目前数字对讲机的平均价格远远高于中低端模拟对讲机的价格，大部分用户倾向于使用模拟对讲机，数字对讲机只能被少数高端的专业用户接受，这导致国内数字对讲机销售规模占整个专业无线通信市场规模的比例远低于全球平均水平，国内数字对讲机的推广进度缓慢。

2）国家标准缺乏。对讲机通信中，数字对讲机与模拟对讲机有所不同，模拟对讲机的基带是音频信号，只要频道一样，模拟对讲机之间就可以实现互联互通。而数字对讲机各厂家对基带的数字化处理不同，语音编解码方式、4FSK 编码格式和信道交织、纠错方法都不一致，造成不同品牌的数字对讲机在相同频道无法通信。为解决这一问题，欧洲制定了数字对讲机 DMR/dPMR 标准，日本和美国也形成了相关标准，而国内尚没有统一的数字对讲机国家标准，使得国内部分研发、制造数字对讲机的企业也只是开发具备各企业协议标准的数字对讲机，相互之间无法联通，直接影响数字对讲机的发展、推广。

国内对讲机生产企业众多，最大的生产企业是海能达和科立讯，但只有海能达和福建联拓科技、无锡士康有数字对讲机芯片的研制和生产能力。虽然目前能提供数字对讲机芯片的企业不多，但随着“模转数”的时间窗口临近，国内众多模拟机生产厂家必然会采取各种方案以获得数字产品的生产和研发能力，届时可能会有更多的企业涉足数字对讲机芯片领域。

2. 集抄器（分析略）

3. 无线宽带网络通信系统（分析略）

三、关联交易情况

除股东借款外无关联交易情况。

债务人名称	欠款金额（元）	占其他应收款比例
陈某某	53 674.78	5.15%
赵某某	500 050	48.02%
陈某某	10 000	0.96%
王某某	128 000	12.29%

经确认，此部分借款均系正常经营性借款，并可及时核销清账，未发生股东长期非经营性占款。具体情况请见财务分析。

四、公司董事、监事及高级管理人员

1. 总经理：赵某某

基本信息（姓名、性别、年龄、出生年月、最高学历、毕业院校及专业）：

教育、培训经历：

获得专业资格、职称：

工作经历：

目前从事的岗位/项目：

已获得的奖项或项目成果：

2. 副总经理：陈某某（所含信息同上）
3. 副总经理兼研发中心主任：陈某某（所含信息同上）
4. 总经理助理：肖某某（所含信息同上）
5. 财务负责人：杜某某（所含信息同上）
6. 技术骨干（所含信息同上）

五、财务会计信息

1. 财务报表（略）
2. 财务分析

2.1 财务指标（金额单位：万元）

项目	2009年	2010年	2011年	2012年6月
流动比率	104.19	55.97	3.67	6.00
速动比率	102.84	53.61	3.14	3.93
存货周转率	—	2.81	2.79	0.56
资产负债率	0.92%	1.69%	26.10%	14.72%
息税折旧前利润（扣非）	36.08	−419.74	−213.64	−300.14
净资产收益率（扣非）	−0.90%	−26.81%	−27.09%	−36.26%
销售毛利率	71.22%	36.12%	34.64%	34.31%
销售净利率（扣非）	−4.31%	−199.78%	−33.68%	−122.50%

由于2009年公司收入以技术服务为主，2010年初步形成硬件产品规模销售，对存货的需求较小，所以流动比率与速动比率较高。由于技术服务销售毛利率远高于硬件销售毛利率，所以销售毛利率从2010年起显著下降。

公司业务存在季节性波动，收入主要在下半年形成，所以2012年6月的存货周转率较低。

2.2 财务状况分析

2.2.1 资产主要构成

项目	2009年	2010年	2011年	2012年6月
流动资产占总资产比例	96.25%	94.73%	95.76%	88.39%
非流动资产占总资产比例	3.75%	5.27%	4.24%	11.61%
货币资金占流动资产比例	98.06%	52.38%	44.13%	23.17%
存货占流动资产比例	0.00%	3.10%	14.40%	32.98%

2009年公司增资刚结束，货币资产为公司的主要资产，2010年及以后随着各项业务的开展，公司资产中存货和应收款项上升较快。

2.3 负债结构分析

项目	2009年	2010年	2011年	2012年6月
应付账款占总负债比例	0.00%	109.96%	94.15%	123.91%
其他应付账款占总负债比例	0.19%	1.04%	0.48%	0.55%
应付工资占总负债比例	77.61%	0.00%	0.00%	0.00%
应缴税费占总负债比例	22.15%	−10.97%	5.15%	−24.46%

由于没有银行贷款，公司负债以应收账款为主。

2.4 盈利能力分析（金额单位：万元）

时间	技术服务				无线宽带产品			
	收入（增长率）	成本（增长率）	毛利（增长率）	毛利率（增长率）	收入（增长率）	成本（增长率）	毛利（增长率）	毛利率（增长率）
2009年	466.62	131.00	335.61	71.92%	—	—	—	0.00%
2010年	179.00（−62%）	103.35（−21%）	75.65（−77%）	42.26%（−41%）	19.29	12.41	6.89	35.69%
2011年	26.00（−85%）	12.15（−88%）	13.85（−82%）	53.29%（26%）	105.54（447%）	43.92（254%）	61.63（795%）	58.39%（64%）
2012年1—6月	0.00	0.00	0.00	—	57.44	23.63	33.81	58.86%

由于2010年之前公司以技术服务费为主要收入来源，并以其为其他研发项目的经费来源，所以收入较高。但2010年之后公司重新确定了发展方向与定位，中止了技术服务这一相对技术含量低且无法形成公司核心优势的业务。

时间	无线微功率集抄产品				DMR数字对讲机芯片			
	收入（增长率）	成本（增长率）	毛利（增长率）	毛利率（增长率）	收入（增长率）	成本（增长率）	毛利（增长率）	毛利率（增长率）
2009年	—	—	—	0.00%	—	—	—	0.00%
2010年	35.90	30.41	5.48	15.28%	6.00	4.20	1.80	30.03%
2011年	1 100.33（2 965%）	747.09（2 356%）	353.24（6 341%）	32.10%（110%）	7.69（28%）	0.52（−88%）	7.18（298%）	93.29%（211%）
2012年1—6月	313.36	218.02	95.34	30.43%	6.04	2.95	3.09	51.11%

无线宽带产品和无线微功率集抄产品均于2010年定型上市，由于产品质量可靠，在2011年得到了较快较好的发展，所以销售收入上升较快。而且随着批量生产，单位成本有效减少，毛利率快速提高。但我们注意到2012年上半年的销售收入与上年同期基本相同，没有明显的财务数据能反映其今年的增长率可以保持上年的增速。

数字对讲机芯片业务至今仍处于小批量生产阶段，而且产品成本波动较大。2010年产品成本较高主要是由于首次试产，前期费用较高；2011年是正式投片期，前期费用已由2010年产品分担，而2011年130余万元的投片费用因在年底支付，尚未得到摊销，造成毛利率畸高；2012年上半年成本毛利率基本可反映目前正常的小批量生产成本，但如果今后产量能进一步增加，其毛利率还有较高的上升空间。

公司现在销售规模较业内同行还相当有限，因此客户集中度非常高。三大产品线（技术服务不再考量）各自的年度销售客户最多为8家，上年各产品线客户都在5家以内。高度集中的客户对公司经营会造成较大风险，如果今后不能进一步拓展客户群体，业绩波动会加剧。

公司业务有一定的季节性波动：

1）无线宽带网络通信系统广泛应用于公安、消防、武警、电力、水利、石油等行业，而此类政府行业招标项目主要集中在每年的下半年。

2）无线微功率用电信息采集系统可广泛应用于城镇、农村、山区等环境的居民用电表数据采集和传输，电力行业的招标主要集中在每年的下半年，而目前国网集中采购的频率为每季度进行一次。

3）数字对讲机集群终端解决方案，该产品线没有明确的销售季节性或周期波动性。

2.5 费用分析（金额单位：万元）

	2009年	2010年	增长率	2011年	增长率	2012年6月	占上年比率
营业费用	36.25	88.68	144.63%	162.43	83.16%	151.33	93.17%
工资福利	13.37	27.26	103.89%	73.53	169.74%	92.51	125.81%
差旅费	2.99	20.64	590.30%	12.69	−38.52%	28.56	225.06%
招待费	0.32	10.81	3 278.13%	33.35	208.51%	8.61	25.82%
小车费		1.80		3.79	110.56%	1.58	41.69%
宣传费		1.08		4.29	297.22%	4.17	97.20%
其他	19.56	27.10	38.55%	34.78	28.34%	15.90	45.72%
管理费用	339.66	493.36	45.25%	697.55	41.39%	387.14	55.50%
工资福利	39.01	53.52	37.20%	89.18	66.63%	59.86	67.12%
研发费	261.61	415.54	58.84%	577.37	38.94%	305.56	52.92%
办公费用	8.08	4.92	−39.11%	7.18	45.93%	1.93	26.88%
差旅费	2.80	2.91	3.93%	3.57	22.68%	0.37	10.36%
招待费	3.13	0.24	−92.33%	0.94	291.67%	2.40	255.32%
小车费	6.59	1.85	−71.93%	2.01	8.65%	0.96	47.76%
资质、协会	0.75	1.96	161.33%	2.51	28.06%	1.80	71.71%
易耗品、折旧	11.11	7.17	−35.46%	8.77	22.32%	6.31	71.95%
其他	6.58	5.25	−20.21%	6.02	14.67%	7.95	132.06%

公司费用整体处于连年增长的态势，这与公司目前逐步拓宽市场、完善公司管理的企业发展阶段相匹配。由于公司在销售能力上还处于弱势，进一步引进资源十分迫切，营业费用还有较大的上升空间。

3. 利润分配政策与利润分配情况

公司章程未对利润分配政策进行特殊规定，且近三年未进行利润分配。

六、与主要竞争对手的财务数据对比

1. 财务指标对比（金额单位：万元）

	竞争对手 A		竞争对手 B		竞争对手 C		宏睿通信	
	2010 年	2011 年	2010 年	2011 年	2010 年	2011 年	2010 年	2011 年
营业收入	28 688.41	48 829.61	23 238.22	37 701.60	32 485.45	46 872.09	240.19	1 239.56
营业利润	3 606.07	8 550.53	10 178.08	21 237.55	8 686.30	14 933.22	−492.68	−422.77
利润总额	3 987.07	8 910.55	11 387.31	24 015.49	9 714.31	15 644.11	−439.86	−249.11
净利润	3 367.27	7 579.81	20 409.10	20 409.10	8 505.86	13 109.62	−439.86	−249.11
总资产	36 923.31	46 646.37	22 093.19	43 319.99	42 440.74	114 580.86	1 820.93	2 085.24
净资产	13 996.01	24 450.82	18 741.04	136 342.76	27 147.43	101 960.44	1 790.10	1 540.99

2. 资产管理能力比较

时间	项目	竞争对手 A	竞争对手 B	竞争对手 C	宏睿通信
2010 年	应收账款周转率	2.73	6.01	3.95	8.17
	存货周转率	3.33	3.85	3.59	2.81
	总资产周转率	0.78	1.05	0.86	0.13
	应付账款/销售收入比	0.58	0.06	0.16	0.14
2011 年	应收账款周转率	4.16	7.49	4.02	1.98
	存货周转率	2.88	4.74	3.57	2.79
	总资产周转率	1.05	0.26	0.60	0.59
	应付账款/销售收入比	0.25	0.05	0.13	0.41

3. 盈利能力比较

时间	项目	竞争对手 A	竞争对手 B	竞争对手 C	宏睿通信
2010 年	销售毛利率	26.98%	43.80%	26.75%	36.12%
	销售净利率	11.74%	44.59%	26.18%	−199.78%
	净资产收益率	26.93%	55.26%	31.33%	−26.81%
	经营现金净流量/销售收入	0.15	0.35	0.21	−4.94
2011 年	销售毛利率	29.01%	56.33%	31.86%	34.64%
	销售净利率	15.52%	54.13%	27.97%	−33.68%
	净资产收益率	38.78%	14.97%	12.86%	−27.09%
	经营现金净流量/销售收入	0.18	0.60	0.06	0.01

4. 增长能力比较

时间	项目	竞争对手 A	竞争对手 B	竞争对手 C	宏睿通信
2011 年	销售收入同比增长	70.21%	62.24%	44.29%	416.07%
	利润总额同比增长	123.49%	110.90%	61.04%	−43.37%
	净利润同比增长	125.10%	96.96%	54.12%	−43.37%

5. 产品业务比较

由于公司产品线比较特殊，尚未发现与公司业务完全一致的可比企业，特别是数字对讲机芯片业务的相关企业科力讯和海能达都只采用数字对讲机芯片而未有单独销售业务，增加了比较难度，因此我们主要就炬华科技、东软载波、新联电子的采集器业务和海能达的系统产品业务与公司进行大致对比分析。

七、风险因素分析

1. 技术与标准风险

通信科技行业内的主要技术及标准都由国外龙头企业创立，国内企业基本处于应用创新和跟风状态。而同一应用可能涉及多种不同的技术方式，国内企业在产品研发过程中大多只能选择其中一种技术方式，如果技术方式选择失误可能导致整个研发或生产的失败。另外，如果受到外来新技术的冲击，也可能造成国内企业产品寿命缩短、降价等不利影响。

2. 核心技术人员流失的风险

公司产品研发周期长、升级换代要求高，使得公司研发任务较为繁重。而产品研发具有一定的承继性，核心技术人员的惯性思维也会影响研发工作。如果核心技术人员流失，会导致公司研发工作受到影响，而且高层次的技术人员在续招、磨合等方面也相对困难。

3. 市场风险

公司宽带与集抄产品终端客户以电网等高端客户为主，此类客户市场进入门槛较高，业务开拓具有较大的不确定性，且此类客户的采购行为并不以产品质量为主要考量指标，受政策等影响很大，增加了公司销售的难度。而数字对讲机芯片业务客户也以大中型对讲机制造企业为主，产品进入需要较长时间的测评，也使公司难以形成爆发式的业绩增长。

4. 管理风险

公司团队属于典型的研究性团队，长期以来更多关注研发管理和学术研究，缺乏综合管理，特别是市场管理的专门人员与经验，这给即将到来的阶段性业务发展造成了较大的压力。

5. 财务风险

5.1　客户集中度的风险

公司现有业务客户非常集中，过度的客户信赖性也导致公司在市场开发过程中受到较多的牵制，利益损失也较大。而考虑到公司现状，短期内改善此种现象的可能性较小，特别是芯片业务如果采取国内独家代理的方式，客户集中度在短期内还会加剧。

5.2　应收账款风险

公司在销售环节总体处于相对劣势，受中间商影响较大，且高端客户也导致只能给予高端信用政策，加上质量保证尾款等因素，应收账款金额会持续性增大，如不加以控制，会给公司正常资金周转带来很大压力。

八、重大合同及或有事项

代理销售合同

九、本次募资需求及投向

1. 本次募集资金主要用于：

1）销售资金链补充：公司目前抄表产品尾款收款周期为一年，合同周期为一年，合同金额占比20%，对资金需求较大，目前已有约 400 万元尾款。随着 2012—2014 年智能电网集抄系统建设在农村电网环境的推进，无线集抄市场份额将不断扩大，因此抄表产品线的资金需求量将会扩大到 800 万～1 000 万元。同时，C5000 芯片 2012 年秋冬季开始小批量销售，后续批量供货时，需要垫付 3～6 个月的晶圆、流片加工费用，预计 2013 年、2014 年分别为 200 万元、400 万元。本轮募集资金中 1 000 万元将用于该产品销售合同资金链需求。

2）市场投入：公司电力、公安、数字对讲机厂商业务市场渠道拓展投入，包括前期销售渠道开拓投入、试点工程投入、展会和广告等市场选产策划投入，预计 300 万元。

3）新产品研发投入：C5000 数字对讲机芯片的后续版本开发和语音 IP 授权（C6000＋AMBE3000 授权），在完善 C5000 芯片整机解决方案的基础上，为进一步提高基于芯片的整机产品价格竞争力和集成度，设计研发 C6000 基带协议、语音处理一体化芯片。预计投入 500 万元。

2. 2012—2014 年公司成本和收入预测表

财务年度	抄表产品线		宽带应急通信		数字对讲机芯片		管理成本	总计（万元）		利润
	成本（研发＋生产）	收入	成本（研发＋生产）	收入	成本（研发＋生产）	收入		成本（研发＋生产）	收入	
2012 年	300＋1 000	1 500	160＋100	300	170＋150	350	290	920＋1 250	2 150	－20
2013 年	300＋1 800	2 500	150＋250	800	250＋200	1 000	300	1 000＋2 250	4 300	1 050
2014 年	300＋3 000	5 000	150＋300	1 000	200＋500	2 000	350	1 000＋3 800	8 000	3 200

十、投资建议

1. 投资建议

1）公司技术实力雄厚，而且主要技术团队由原浙江大学师生组成，已经有长时间团队合作历史，关系稳定。目前公司组织结构较为健全，财务及管理体系完整规范。

2）现 C5000 数字芯片在国内属于先发产品之一，竞争优势明显。集抄系统和无线宽带产品均已初步打开销路，存在一定的市场爆发可能性。

3）现有股东背景较好，存在潜在的市场资源支持，有并购等快速进入资本市场的可能性。

4）公司目前最大的短板在于市场营销能力，而我公司刚好具有可直接对接的资源，有利于我公司取得较好的价格。

2. 投资方案

2.1 估值

我公司拟以投后 7 500 万元对其进行估值，判断标准为：

1）2013 年公司预计 1 000 万元的净利润，我公司认可 2013 年估值为 PE 的 10 倍，即 1 亿元，但考虑到此业绩的实现目前还存在较大的不确定性，且我公司不需要对方进行业绩对赌，故我公司今年给予公司 7 500 万元估值。

2）从产品线来看，公司最具技术优势的数字芯片产品虽然已经定型，开始小批量生产，但由于市场局面尚未打开，目前拟采取的独家代理制存在较大经营风险，我公司给予 4 000 万元的估值；集抄系统和无线宽带产品成熟度虽然较数字对讲机芯片产品为高，但由于此行业的特殊现状，导致公司无法轻易进入终端市场，需要借用中间商等渠道进入，直接削弱了公司的盈利能力，我公司给予 3 500 万元的估值。二者相加，公司总体估值为 7 500 万元。

2.2 投资总额

鉴于目前公司对研发和生产、营销的资金需求在 1 800 万元左右，考虑到公司目前账面上依然有货币资金 306 万元、应收账款 374 万元，实际资金需求量可以控制在 1 500 万元以内。所以我公司拟投资 1 500 万元，占其 20％的股份，即每股 2.84 元，共计投入 528 万股。

3. 业绩完成预期及资金占用

集抄业务：2011 年存货/销售比为 15.73％，应收账款/销售比为 27.27％，如 2012 年完成 1 500 万元销售，则需存货 236 万元，应收账款 409 万元，考虑到销售成本约占 70％，则总共占用公司资金 236＋409×70％＝809 万元。

宽带业务：由于此业务基本以订单方式生产，无须占用存货，且收账期较短，暂不计资金占用。

数字对讲机芯片：根据其拟签订的销售代理合同，数字对讲机芯片需要一次投产，按月收款，销售成本率约为 50％，所以如果 2012 年要完成 350 万元销售，则会占款 350×50％÷2＝88 万元。

以上总共需资金约 900 万元。加上研发费用 635 万元、管理费用 290 万元，共需资金 1 825 万元，与公司账面现金 306 万元加上我公司拟投 1 500 万元基本一致。因此，我公司认为如果本轮增资到位，在公司生产、研发、经营预期正常开展的情况下，实现 2012 年业绩预期是可能的，不会再出现资金短缺问题。

浙江 TJ 股权投资有限合伙企业
2012 年××月

2. 投委会表决

在完成尽职调查后，上述报告将提交至 TJ 投资的投委会，投委会成员就尽职调查报告所反映的重要问题进行讨论并表决，最终形成由投委会签字认可的意见书，如表 10－6 所示。

表 10－6　投资委员会意见书

浙江 TJ 股权投资合伙企业（有限合伙）
投资委员会意见书

浙江 TJ 股权投资合伙企业（有限合伙）投资委员会（以下简称“投委会”）于 2012 年 11 月 3 日召开会议，就杭州宏睿通信技术有限公司（以下简称“宏睿”）股权投资项目进行了审议，并达成以下一致意见：

宏睿在三项主要产品：数字对讲机专用芯片、无线集中抄表产品、无线宽带网络通信技术在技术研发方面在国内具有一定领先优势，其微功率集抄器和宽带产品市场容量大，在改善现有营销制度和市场运营后有较大的市场增长空间；其数字对讲机芯片现在属于对讲机产业升级换代的核心技术产品，虽然目前该市场还在培育阶段，但在对现有产品进行完善、市场需求被激发后，在市场和利润方面有巨大的爆发性增长空间。尽管公司目前处于亏损状态，但经过前几年的产品研发和市场积累，已经基本具备业绩爆发的潜力。经投委会讨论决定有条件同意对宏睿进行股权投资，投资额度不超过 1 500 万元。

投资的前提条件为：

第一，加大投资方和公司创业团队的业绩对赌：2013 年，对赌股份 100 万股，要求销售收入达到 5 000 万元以上；2014 年，对赌股份 200 万股，要求销售收入达到 1 亿元以上。

第二，宏睿应进行有效的机构与人员重组，调整管理层薪酬体制，加大考核奖惩力度。

第三，委派营销负责人对宏睿进行销售业务的重组工作，参与宏睿经营班子决策。

第四，协调原投资人朱某某、付某某（大华股份高管）增加资金、业务渠道等投入。

投委会委员签字：

浙江 TJ 股权投资合伙企业（有限合伙）
投资决策委员会
2012 年××月××日

3. 签订投资协议及补充协议

在尽职调查报告通过投委会讨论后，TJ 投资与宏睿通信就投资条款清单的细节内容进行谈判协商，直至达成一致。2012 年 12 月，TJ 投资与宏睿通信签署了包括投资协议在内的相关文件。

（1）投资协议概要。

估值：甲方（TJ 投资）以人民币 1 500 万元认购本次新增注册资本 543.60 万元，占增资后注册资本总额的 20%。

分期出资：出资分两期缴付，第一期缴付 1 000 万元，第二期缴付 500 万元，在

2013 年 7 月 31 日前完成。增资后股权结构变化如表 10－7 所示：

表 10－7　股权结构变化情况

名称	认缴额	本次实缴	累计实缴	投资方式	占比
赵某某	453.65	0	453.65		16.69%
陈某某	168.8	0	168.8		6.21%
钟某某	168.8	0	168.8		6.21%
宋某某	168.8	0	168.8		6.21%
陈某某	168.8	0	168.8		6.21%
付某某	379.8	0	379.8		13.97%
朱某某	506.4	0	506.4		21.00%
王某某	94.95	0	94.95		3.49%
甲方	0	543.6	543.6	货币	20.00%
总计	2 174	543.6	2 718		100.00%

公司治理：协议生效后公司应调整董事会成员为七名，甲方委派两名董事。

核心人员：公司应保证核心人员三年内不从公司离职，离职后两年内不得从事同业竞争业务。如无法履行劳动合同，应按违约日计算并按相应比例向甲方转让公司股权。

知情权：公司每月提供财务报表，包括利润表、资产负债表和现金流量表。

优先转让权：在公司新一轮融资时，甲方有权优先转让所持有的公司股权。

反稀释条款：未获得甲方书面同意情况下，公司后续增资价格不得低于本次增资价格。

估值调整（补充协议）：根据 2013 年、2014 年营业业绩调整股权比例。具体调整方式如表 10－8 所示：

表 10－8　出资金额调整方式

2013 年	销售额（万元）	≤3 000	>3 000，≤3 500	>3 500，≤4 000	>4 000，≤5 000	>5 000
	调整出资金额（万股）	−60	−30	0	30	80
2014 年	销售额（万元）	≤4 000	>4 000，≤5 500	>5 500，≤6 000	>6 000，≤8 000	>8 000
	调整出资金额（万股）	−60	−30	0	30	80

注：销售额是指由甲方和乙方共同指定的审计机构出具的审计报告中认定的公司当年主营业务收入；并且毛利润不低于以上销售额区间下限的 40%。

调整的出资金额按甲方及/或乙方在本次增资后各自所持丙方出资额占该方合计持有的丙方出资总额的比例进行支付或分配。上述出资额调整在次年的 3 月 31 日前办理完成。

（2）投资后期计划。在签订投资协议的同时，TJ 投资也为宏睿通信制订了翔实的投资后期工作计划，包括 2012 年第四季度、2013 年度和 2014 年工作计划及预期目标。

以 2012 年度第四季度为例，工作计划包括：

岗位制度调整：2012 年 12 月完成公司人事岗位、绩效、薪酬制度调整，大力加强核心销售团队建设、精简冗余岗位和人员，绩效考核和市场目标进展紧密关联，薪酬和岗位、效益紧密关联。

市场渠道开拓：加大客户渠道开拓工作，和客户建立良好的沟通渠道和合作意向。

挖掘市场人才：提升市场团队核心竞争力，设定三个产品市场总监岗位，通过招聘、推荐和猎头方式挖掘市场高端人才，特别是电力行业市场总监人选。

加强收款：加强销售合同和应收账款控制，加大应收账款催款力度，争取 12 月完成本年度主要应收账款。

降低芯片方案成本：进一步加大数字对讲机芯片客户推广，覆盖中低端市场，进一步降低方案成本，完成 AMBE3000 DSP 授权、产品化，并提交客户试用，实现泉州个别厂家整机产品小批量试制。

无线采集招投标：无线采集产品力争获得绍兴Ⅱ型采集器标（约 400 万元）、重庆扩大试点项目（预期 100 万元）和跟进 2013 年招标工作计划、陕西Ⅱ型采集器二包（约 300 万元）、其他应用 100 万元；通过渠道和伙伴跟进四川、安徽无线采集器的运作和招标工作。

宽带项目落实：第四季度完成五个左右销售项目，实现 150～200 万元销售额。

2013 年销售铺垫：对电力、公安行业重点区域客户、合作伙伴进行公关，在 2013 年 11 月、12 月的计划中筹备相应的采购内容。

制定的阶段性目标包括：

1）用六个月左右，实现以市场为核心的管理模式、运营目标的转变，提升市场团队竞争力，转变人事考核、员工激励方式，精简人员和控制运营费用。

2）通过 1～2 年的努力实现公司电力行业市场渠道资源的深入拓展，在 1～2 个省建立稳定的市场渠道，与客户建立良好的关系，成为电力无线抄表领域前三名的供应商。

3）用 1～2 年通过直接渠道和合作伙伴建立稳定的客户渠道和合作关系，实现宽带图传、应急通信百台级/年规模的年销售和应用。

4）大力推进数字对讲机芯片推广工作，到 2013 年底实现数字芯片 10 万级芯片规模的销售应用，为后续大规模销售打下基础。

4. 并购与退出

2013 年 12 月，宏睿通信实际控制人赵某某选择回到浙江大学全职任教，投资人决定退出。大华股份全资子公司浙江大华系统工程有限公司以一亿元估值收购投资方股权，TJ 投资实现了退出。尽管退出的估值并不理想，但面对实际控制人的出走，投资方也只能无奈接受。

案例讨论

1. 对于创业企业而言，同时投入多产品、进军多领域对其发展有何影响？

2. 优先清算权的设置对于投资人起到了怎样的作用？

3. 保护性条款的设置对于保护中小股东有何意义？

10.5 康奋威的转型与机遇

摘要

2005 年创立的杭州康奋威科技股份有限公司是一家专业的自动化解决方案提供商，始终奉行“解放全人类的双手”的理念，致力于用“机器换人”来提高劳动生产率。创立至今，康奋威经历了从手套机控制器生产商到光伏生产设备提供商的成功转型，并于 2016 年正式进军物流行业，形成太阳能光伏与智慧物流两大行业自动化产品开发设计与生产的支柱性业务。本案例介绍了康奋威的发展现状，以及创始团队如何把握市场机遇，成功实现创业转型。

案例正文

一、公司概况

杭州康奋威科技股份有限公司（简称“康奋威”）创立于 2005 年，由国家“万人计划”专家任天挺创立并担任法人，是一家专业从事智能装备研发与制造的国家级高新技术企业。康奋威自创立以来专注于自动化控制、机械设计、信息化方面的技术研究，主要为太阳能光伏、智慧物流行业的客户提供智能装备产品和自动化生产集成解决方案。

1. 发展历程

2005 年，杭州康奋威科技股份有限公司成立，早期主要进行全电脑横机控制系统等设备的研发和生产；

2011 年，康奋威实施多元化发展战略，开始致力于太阳能光伏行业智能设备的研究，同年被认定为国家级高新技术企业；

2014 年，康奋威入选首批杭州市“机器换人”优势服务企业；

2015 年，康奋威荣获重点华侨华人创业团队称号；

2016 年，康奋威的产品研发进军智慧物流行业，成功入选杭州高新区（滨江）瞪羚企业榜单；

2017 年，康奋威获得杭州市企业高新技术研究开发中心证书；

2018 年，康奋威获得 ISO9001 认证；

2021 年，康奋威成为省级高新技术企业研究开发中心。

2. 核心产品

康奋威目前主要涉足太阳能光伏新能源和智慧物流两大行业自动化产品的开发设计与生产。其中，光伏行业产品涵盖电池片超高速全自动串焊机、汇流条焊接机、排版机、注胶组框一体机以及电池组件自动化生产线全线产品，致力于提供光伏组件制造的整线解决方案和“交钥匙”工程服务，如图 10-5 所示。

物流行业产品包括分拣系列、信息化系列等。该业务板块是为了解决物流行业人力成本高、分拣任务重、分拣效率和准确性低等痛点问题而发展出来的，致力于为快递、物流行业提供包裹处理及分拣的定制化解决方案，见表 10-9。

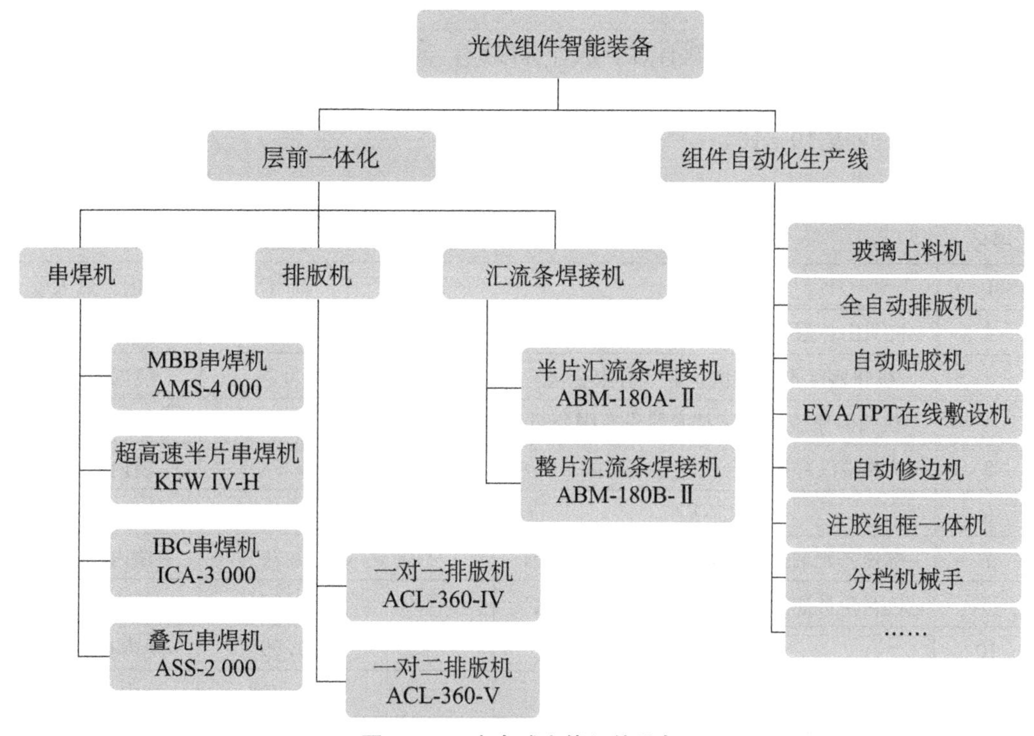

图 10－5　康奋威光伏组件设备

表 10－9　康奋威物流产品线

产品系列	研发阶段	产品名称	备注
分拣系列	优化迭代	环形交叉带分拣机	主打销售产品
	量产阶段	直线式旋转分拣机	已上市并形成销售
	小批量测试	高速环形交叉带分拣机	样机测试完成
		翻盘分拣机	客户现场试用
		智能分拣搁架	客户现场试用
信息化系列	量产阶段	狂扫系统	试用完毕，新上市销售
无人上包系列	样机阶段	智能无人上包系统	样机调试中
智能仓储系列	立项调研阶段	—	

支撑以上两条产品线的是康奋威的智能制造智慧工厂。康奋威拥有 25 000 平方米的生产车间，主要生产光伏组件生产设备及智慧物流输送分拣设备，通过严格的质量控制制度，对原材料和供应商进行严格的质量控制，并对生产过程进行实时监控，确保稳定高效的生产。康奋威采用严格的精益制造 7S 管理体系，选材精良，通过定期库存盘点，对设备库存数量进行监控，以确保随时库存充足。生产车间保持整洁有序，使施工过程的每一步都顺畅快捷。产品装配的每个环节均设有独立的操作区间，以优化生产效率，使整个生产流程有序高效，从而确保每一笔订单准时交付。最终通过高度智能化制造工艺流程、标准化操作作业，使生产出的产品性能更加可靠。

3. 融资历程

截至2020年6月，康奋威有过一次外部融资，为2015年12月杭州海康威视数字技术股份有限公司以货币资金出资，取得公司10%的股权，共计480万股。目前海康威视占股9.52%，见表10-10。

表10-10　公司整体股本结构

序号	股东名称	持股数	持股比例	股份性质
1	任天挺	1 672	33.17%	境内自然人股
2	杭州山林冠投资合伙企业（有限合伙）	800	15.87%	境内法人股
3	杭州盛江投资合伙企业（有限合伙）	670	13.29%	境内法人股
4	杭州海康威视数字技术股份有限公司	480	9.52%	境内法人股
5	杭州瑞汉祥投资合伙企业（有限合伙）	450	8.93%	境内法人股
9	郭某某	408	8.10%	境内自然人股
7	杭州齐元瑞投资合伙企业（有限合伙）	240	4.76%	境内法人股
8	杭州众员迪投资合伙企业（有限合伙）	200	3.97%	境内法人股
10	冯某	80	1.59%	境内自然人股
11	沈某某	40	0.79%	境内自然人股
	合计	5 040	100.00%	

二、行业环境与机遇

1. 光伏行业市场趋势

2020年是气候保护关键的一年，《巴黎协定》的成员国原计划在该年年底审核各国应对气候变化的行动安排。按照目前全球升温的状况，科学家预测2020—2030年平均每年需减排7%以上才能达成《巴黎协定》设置的不超过1.5℃的升温限制。加之过去一年全球自然灾害频发，迫使各国政府进一步正视气候处于紧急状态的问题，因此发展新能源必然是重中之重。长期来看光伏仍然是替代传统能源的最有利选择，发展前途毋庸置疑。

从国内市场来看，我国有可能完全取消国家层面的光伏补贴，产业全面进入竞价甚至平价时代；从国外市场来看，中国以外的市场占光伏行业的70%，遭受全球疫情影响，康奋威的资金链也受到了考验。尽管如此，康奋威坚信，虽然光伏产业在中短期内会受到不小的挑战，但是长期来看其所处的可再生能源行业前景广阔，因此康奋威始终坚持在光伏领域的产品布局。

2. 物流行业市场趋势

近年来，国家颁布了一系列规划和行动纲要，大力支持智能制造的发展，为物流行业的转型升级提供了宝贵的机遇。2016年，工业和信息化部正式发布《智能制造发展规划（2016—2020年）》，提出到2025年智能制造支撑体系基本建成，重点产业初步实现智能转型的目标。2017年，国家邮政局发布《快递业“十三五”发展规划》，提出要加强物联网、大数据、AI 等高科技发展与应用的目标。2020 年，国家邮政局再次发布《邮政强国建设行动纲要》，倡导为制造企业提供“移动仓库”、入厂物流等一体化服务，提供智慧快递及供应链解决方案，并带动专用车辆、货机、分拣、安检等关联产业发展。

从市场需求来看（见图 10－6），作为基础保障性行业，依托电商快速发展的物流行业有明确的发展前景，保持高速增长。疫情背景下，物流行业面临招工难、人力成本上升、仓储成本高等一系列挑战，由此催生了物流仓储“机器换人”的需求，智能制造、智能物流/仓储成为我国物流行业发展的大趋势，进一步推动配套自动化产业发展。目前，国内市场的仓储物流自动化行业竞争日趋激烈（见图 10－7），而印度、东南亚国家等市场仍是蓝海。因此，在国家政策对智能制造、机器换人行业的大力支持下，以及人力成本上升、市场需求不断凸显的背景下，康奋威进军物流行业是明智举。

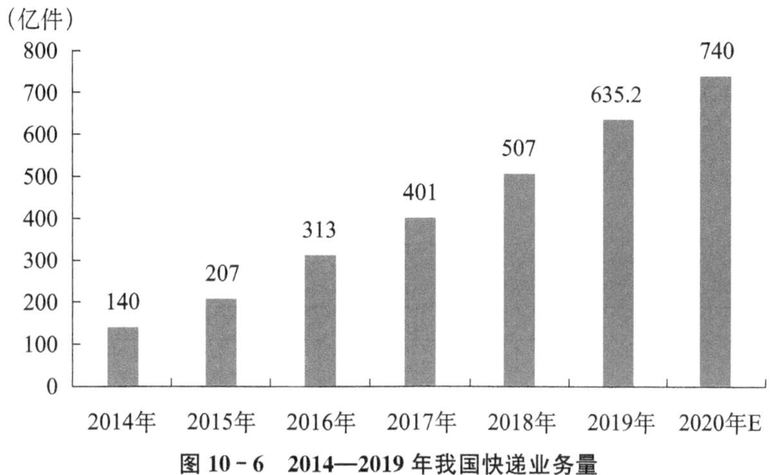

图 10－6　2014—2019 年我国快递业务量

资料来源：国家邮政局。

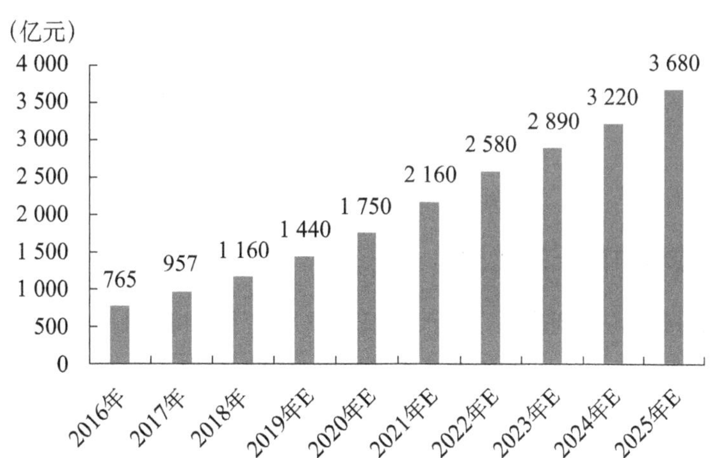

图 10－7　我国自动化物流装备市场规模

资料来源：中国物流联合行业协会。

三、组织架构

1. 创业团队

康奋威的创始人任天挺是教授级高级工程师，致力于自动化技术研究 20 余年。任天挺 1994 年本科毕业于清华大学电机工程与应用电子技术系，获工学学士学位；1997 年，硕士毕业于美国克拉克森大学电气工程系，获科学硕士学位；1997—2005 年，任职于美国新罕什尔州海别得公司，先后任电气工程师、资深电气工程师、技术经理，获得两项美国发明专利。2005 年，任天挺回国创建杭州康奋威科技股份有限公司，希望能为祖国的智能制造行业的发展贡献一份力量，先后主持开发了全自动电脑横机控制器、电池片全自动串焊机等项目。目前，康奋威核心团队人员包括任天挺、秦少国、张承业、楼克，其中任天挺为总经理，秦少国、张承业、楼克均为副总经理。

2. 组织架构

康奋威的组织架构如图 10－8 所示。康奋威打造了一只高素质的技术团队，同时通过设立光伏和物流两个事业部，支撑核心业务的发展。

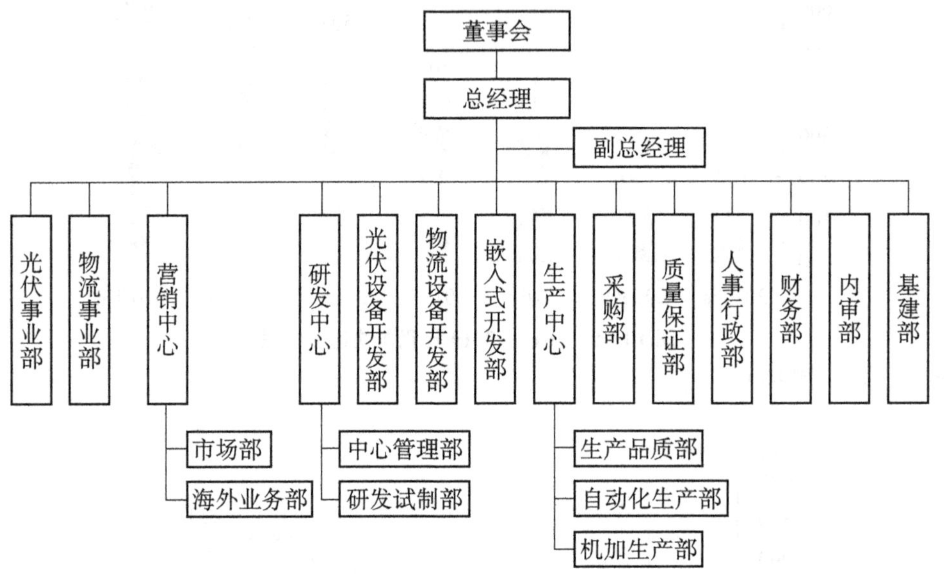

图 10－8 康奋威的组织架构

四、创业过程中的三次转型

2005 年康奋威公司刚刚成立，任天挺偶然发现了手套机控制器的市场机遇，便马上招聘人才开工。随着手套机控制器研发成功，第一款产品诞生了，很快便成功打入市场。接下来康奋威开始研发生产各类纺织设备的控制器产品，把从枯燥、重复的工作中解放纺织工人的双手作为公司的使命。2008 年金融危机爆发，市场大幅萎缩，公司员工也纷纷离职，创业第一次受挫。但任天挺坚持初心，公司在 2009 年陆续推出新产品，开发的全自动电脑横机控制器大大提高了生产效率，真正解放了纺织工人的双手，公司发展进入了一个新的阶段。

公司进入稳定的发展期，任天挺也在思考能否引进一个终端产品，生产直接面对客户的产品。经过深入的调查研究，他发现当时光伏行业发展得很快。2010 年成为康奋威的转折之年，公司进行第二次创业。康奋威开始组建一个机械、电气领域人才的全新团队，研发太阳能电池片自动串焊生产设备。2013 年，第一台全自动电池片串焊机成功面世，并以优越的品质受到市场的青睐。这一款为光伏组件企业提供的可实现单晶和多晶硅太阳能电池串焊的生产设备，只需要工人设置参数，就可以完成取片、摆片、传输、焊接等一系列工作，一台焊接设备就能节约近 30 个工人，两年就能收回成本，经济效益显著。凭借这款高技术含量光伏生产设备，康奋威逐渐在光伏行业站稳脚跟。经过几年努力，康奋威的产品从最初的串焊机一台单体设备逐渐发展成光伏组件生产线的全线设备，包括玻璃的上料、电池片排版机、汇流条焊接机等 30 余种关键生产设备，公司进入了快速发展阶段，多条产品线大幅扩张，提高了在行业内的口碑和影响力。

2016 年，随着快递物流行业的发展，公司的又一发展机会出现了。当时物流行业的痛点是劳动力密集，人员过于庞大，一个大型的物流公司大概就有数万劳动大军，其中 50%左右的劳动力专门从事包裹的分拣工作。“招工难”问题凸显：一方面，高工资也难以招聘到合适的人，另一方面，员工嫌工作太辛苦、重复枯燥。这为康奋威的第三次转型提供了机遇。公司开始研发智能交叉带分拣机，其运行速度可以达 2.5 米/秒，每小时分拣量超过 2 万件，错件率低于万分之一。以 10 万件/天的网点为例，智能交叉带分拣设备的使用可以节约 20～30 人，并且能大大降低错件率。公司物流产品线逐渐完善，高速直线分拣机、翻盘机、狂扫系统等陆续研发成功。主要物流企业“三通一达”、邮政、溪鸟等都是公司的客户。2021 年公司销售收入达到 2.88 亿元。

无论是光伏行业还是物流行业，都是传统的劳动密集型产业。随着劳动力成本逐年上升，行业对提高生产速度需求迫切，工厂的自动化升级成为一种刚需。用技术红利替代人口红利成为此类劳动密集型产业优化升级和持续增长的必然之选。康奋威从单一行业、单一产品向多行业多产品转化，理念就是打造一个自动化设备研发的技术平台。公司不局限于服务某个行业，只要市场有需求，都可以介入，比如机器人应用技术、工业相机技术、传感器技术，以及对于机械设计和驱动技术的理解和应用。公司奉行的宗旨就是解放全人类的双手，用“机器换人”来提高劳动生产率。

五、不断学习、享受创业

与其他创业者一样，在创业过程中，公司创始人任天挺遇到困难和挫折也有犹豫、彷徨的时候，但他始终坚守初心，践行梦想。他认为创业是一件快乐的事情，创业十多年，他并没有感觉到太大的压力和痛苦，相反一直比较乐观，享受整个创业的过程，同时坚持学习，在学习中不断提高自身的能力。作为新一代企业家，任天挺不但兴趣爱好广泛，掌握多维度的知识，具有扎实的技术功底，同时富有人文关怀。在“有所为而有所不为”的哲学理念指导下，他主动脱离事务性工作，用更多的时间来思考，洞察行业发展的方向，把握市场机遇，确定企业经营战略。任天挺富有人文关怀的思考也推动了康奋威生产对客户、对社会有价值的产品。从最初回国创业建立工业自动化事业，到后来二次创业，研发太阳能全自动串焊设备和物流自动分拣设备，康奋威的关注点一直是产品的社会价值。正如公司秉持的理念：康奋威致力于将工人从重复、枯燥、危险的工作中解放出来，研发的产品不仅能为企业带来经济效益，同时能改善工人的工作环境。康奋威的产品受到市场青睐的同时，也产生了巨大的社会效益，实现企业和社会的双赢。

案例讨论

1. 企业在创办过程中什么问题是最棘手的？资金、团队、产品还是客户？为什么？
2. 在创业过程中，靠什么力量凝聚团队？为什么？
3. 如何理解创业企业的转型？应该如何实现“机器换人”？
4. 如果可以重来，创始人在哪些方面可以做得更好？

图书在版编目（CIP）数据

创业金融：理论与实践/冯涛，沈睿著．--北京：中国人民大学出版社，2023.3
ISBN 978-7-300-31497-6

Ⅰ.①创… Ⅱ.①冯… ②沈… Ⅲ.①企业管理一金融投资一研究 Ⅳ.①F275.1

中国国家版本馆 CIP 数据核字（2023）第 036116 号

创业金融：理论与实践
冯涛 沈睿 著
Chuangye Jinrong：Lilun yu Shijian

出版发行	中国人民大学出版社		
社　址	北京中关村大街 31 号	邮政编码	100080
电　话	010－62511242（总编室）		010－62511770（质管部）
	010－82501766（邮购部）		010－62514148（门市部）
	010－62515195（发行公司）		010－62515275（盗版举报）
网　址	http://www.crup.com.cn		
经　销	新华书店		
印　刷	固安县铭成印刷有限公司		
开　本	787 mm×1092 mm　1/16	版　次	2023 年 3 月第 1 版
印　张	17.25 插页 1	印　次	2024 年 1 月第 3 次印刷
字　数	382 000	定　价	69.00 元